2025

편드투자권유자문인력

빈출 1000제

김일영 · 이진

2025

펀드투자권유자문인력

빈출 1000제

인쇄일 2025년 2월 1일 초판 1쇄 인쇄
발행일 2025년 2월 5일 초판 1쇄 발행
등 록 제17-269호
판 권 시스컴2025

ISBN 979-11-6941-623-8 13320
정 가 23,000원

발행처 시스컴 출판사
발행인 송인식
지은이 김일영, 이진

주소 서울시 금천구 가산디지털1로 225, 514호(가산포휴) | **홈페이지** www.nadoogong.com
E-mail siscombooks@naver.com | **전화** 02)866-9311 | **Fax** 02)866-9312

발간 이후 발견된 정오 사항은 나두공(시스컴) 홈페이지 도서정오표에서 알려드립니다(홈페이지→자격증→도서정오표).

머리말

펀드투자권유자문인력은 사전교육 + 인증시험으로 이루어져 있습니다. 따라서 투자자 보호 관련 집합교육을 의무 이수한 후 인증시험 합격자에게만 펀드투자권유(판매) · 투자자문자격을 부여합니다.

펀드투자권유자문인력은 투자자를 상대로 집합투자기구의 집합투자증권(펀드)에 대하여 투자권유 또는 투자자문 업무를 수행하는 사람이며, 이 책은 펀드를 판매하기 위한 업무수행에 필요한 내용을 담고 있습니다.

시대에 발맞추어 보다 전문적이고 합리적인 펀드투자권유자문인력의 역할이 그 어느 때보다 필요합니다. 이 책에는 각 과목 장별로 해당 부분의 학습에 필요한 출제 가능성이 높은 빈출 문제들을 수록하여 문제풀이와 관련 이론학습으로 정리할 수 있도록 구성하였습니다. 또한 최신 기출 유형을 반영한 FINAL 실전모의고사를 전격 수록하였고, 각 과목별 출제범위 변동 등을 고려하여 수험생으로 하여금 시행착오를 겪지 않도록 보다 충실히 내용을 담고자 노력했습니다.

이 책이 펀드투자권유자문인력 적격성 인증시험을 준비하는 수험생 여러분의 많은 도움이 되기를 바라며 건투를 빕니다.

시험 정보

① 시험 주관

- 금융투자협회(http://www.kofia.or.kr)

② 응시 접수

- 금융투자협회 자격시험접수센터
  홈페이지 (http://license.kofia.or.kr)에서 작성 및 접수
  ※ 인터넷(온라인) 접수만 가능함
  ※ 접수 후 시험의 연기 및 고사장 변경은 불가능함
  ※ 기타 접수에 관한 공지사항이 있을 시 홈페이지에 공지함

③ 응시서 교부

- 접수 시 응시자가 PC에서 직접 출력함

④ 문제 형식

- 객관식 4지선다형

⑤ 시험시간

- 120분

⑥ 합격 기준

- 응시과목별 정답비율이 50% 이상인 자 중에서 응시 과목의 전체 정답 비율이 70%(70문항) 이상인 자

⑦ 시험과목 및 문항 수

시험과목		세부과목	문항 수	문항 수	
				총	과락
1과목	펀드일반	법규	13	60	30
		직무윤리 · 투자자분쟁예방	15		
		펀드영업실무	8		
		펀드 구성 · 이해	16		
		펀드 운용평가	8		
2과목	파생상품펀드	파생상품펀드 법규	7	25	13
		파생상품펀드 영업	8		
		파생상품펀드 투자 · 리스크관리	10		
3과목	부동산펀드	부동산펀드 법규	5	15	8
		부동산펀드 영업	5		
		부동산펀드 투자 · 리스크관리	5		

합계	100문항
시험시간	120분

⑧ 합격자 발표

• 금융투자협회 자격시험접수센터(http://license.kofia.or.kr)에 로그인 후 「합격확인」에서 합격자 확인

⑨ 응시 제한 대상(응시 부적격자)

• 동일시험 기합격자
•『금융투자전문인력과 자격시험에 관한 규정』 제3-13조 및 제3-15조의 자격제재에 따라 응시가 제한된 자
•『금융투자전문인력과 자격시험에 관한 규정』 제4-21조 제3항 및 제4항에 따라 부정행위 등으로 시험응시가 제한된 자
• 투자권유자문인력 적격성 인증 시험의 경우 『금융투자전문인력과 자격시험에 관한규정』 제5-2조에 따라 투자자 보호 교육의 수강 대상이 아니거나, 해당 교육을 수료하지 못한 자

※ 상기 응시 부적격자는 응시할 수 없으며, 합격하더라도 추후 응시 부적격자로 판명되는 경우 합격 무효 처리함. 또한 5년의 범위 내에서 본회 주관 시험응시를 제한함

※ 상기 시험은 시험 접수 시 해당 시험 관련 투자자 보호 교육 이수 여부를 확인하며, 이에 부적합할 시 시험접수가 제한됨

⑩ 과목면제대상

• 종전의 증권펀드투자상담사(간접투자증권판매인력)의 자격요건을 갖춘 자는 펀드일반 과목(제1과목) 면제
• 종전의 파생상품펀드투자상담사의 자격요건을 갖춘 자는 파생상품펀드 과목(제1,2과목) 면제
• 종전의 부동산펀드투자상담사의 자격요건을 갖춘 자는 부동산펀드 과목(제1,3과목) 면제

※ 과목별 쉬는 시간 없이 진행되며, 면제자는 해당 시험시간 동안에만 시험에 응시한 후 퇴실

※ 면제자의 경우, 면제가 의무사항은 아니며 원서접수 시 면제 또는 전 과목 응시 중 선택할 수 있음(단, 전 과목 응시 선택 시 합격기준은 비면제자 합격기준과 동일하게 적용됨) – 두 과목 응시자의 경우, 과목별 부분합격은 인정되지 않음

※ 3가지(증권, 파생상품, 부동산) 펀드투자상담사 자격을 모두 갖춘 자는 시험 응시 불가

※ 규정신분증

구분	규정신분증	대체 가능 신분증
일반인 또는 대학생	주민등록증, 운전면허증, 여권	주민등록증 발급신청 확인서
주민등록증 미발급자 (초 · 중 · 고등학생)		신분확인증명서, 재학증명서, 학생증, 청소년증
공무원		공무원증
군인		장교/부사관 신분증, 군복무확인서, 신분확인증명서
외국인	외국인등록증 또는 여권	재외국민국내거소신고증

※ 모든 신분증, 증명서에는 사진이 부착되어 있으며, 발급기관장의 직인이 찍혀있어야 신분증으로 인정 가능

- 시험시작 20분 전까지 입실 완료하여야 하며 시험 종료 40분 전까지 퇴실 금지

※ 시험시작 이후 고사장 입실 및 응시 불가

- 대리응시, 메모(답안 등) 작성 및 전달, 메모(답안 등) 수령 및 기재, 문제지와 답안지 유출행위 등 시험부정행위, 감독관의 정당한 지시에 불응하는 행위, 시험 진행 방해 등으로 인해 시험응시 무효 또는 0점 처리될 수 있음
- 자격시험 신청서의 허위기재 및 기타 부정한 방법으로 시험에 합격한 경우 합격을 취소하며, 응시무효 및 합격취소자의 경우 상기 사유가 발생한 날로부터 3년 이내의 범위에서 금융투자협회 주관 시험 응시가 제한됨
- 본인의 응시번호를 답안지에 정확히 마킹하지 않은 경우 0점 처리됨

구성 및 특징

과목별 빈출 문제

각 과목별로 빈출 문제의 유형을 분석하여 가장 대표적인 유형의 문제를 엄선하였습니다.

편드투자권유자문인력 빈출 1000제

1장 법규

001
자본시장법상 공모형펀드의 설명 중 가장 거리가 먼 것은?

① 성과결과에 따라서 운용자가 항상 성과보수를 받는다.
② 자금운용과정에 투자자는 소극적인 역할을 담당한다.
③ 투자자는 펀드의 운용실적대로 투자지분에 따라 수익을 배분받는다.
④ 투자자금이 자금운용자의 고유재산과 분리된다.

문제 해설

유사문제에서 오답을 확실히 피할 수 있도록 문제의 요지에 초점을 맞추어, 해당 선택지가 문제의 정답이 되는 이유를 논리적이고 명확하게 설명하였습니다.

ㅔ 대한 내용이다. 가장 거리가 먼 것은?

ㅐ 시 광고는 Positive 방식을 취한다.
ㄷ거없이 다른 펀드를 열등하거나 불리한 것으로
· 표절하는 광고는 허용된다.
률을 보장하거나 보장되고 있는 듯한 오해를 주

다른 광고를 모방 혹은 표절하는 광고는 금지된다. Positive 광고는 반드시 표시해야 하는 내용을 의미한다. 투자설명서 또는 간이투자설명서를 반드시 읽어볼 것, 손실이 발생하면 투자자에게 귀속된다는 것, 과거의 수익률이 미래의 수익률을 보장하는 것이 아니라는 것 등을 확실히 알려야 한다.

더 알아보기

문제와 관련된 내용을 정리하고 심화 학습을 할 수 있도록 보충설명이나 알아두면 좋은 참고사항을 수록하였습니다.

003
신탁업자의 업무와 가장 거리가 먼 것은?

① 펀드재산의 보관 및 관리
② 자산운용회사의 운용지시 등에 대한 감시
③ 펀드재산에서 발행하는 이자, 배당, 수익금, 임대료의 수령
④ 집합투자증권의 판매

더 알아보기 신탁업자의 업무내용
- 펀드재산의 보관 및 관리
- 집합투자업자의 운용지시에 따른 자산의 취득 및 처분
- 집합투자의 운용지시에 따른 펀드의 환매대금 및 이익금의 지급
- 집합투자업자의 운용지시 등에 대한 감시
- 펀드재산에서 발생하는 이자, 배당, 수익금, 임대료의 수령
- 무상으로 발생되는 신주의 수령
- 증권의 상환금의 수입
- 여유자금 운용이자의 수입

실전모의고사

001 금융투자상품이 예금이나 보험상품과 다른 점 중 가장 특징적인 것은?

① 위험성 ② 투자성
③ 수익성 ④ 안정성

002 투자신탁의 수익증권에 대한 다음 설명 중 가장 거리가 먼 것은?

① 신탁업자의 확인을 받아 집합투자업자가 발행한다.

실전모의고사

실제 시험과 같은 문항수와 동형의 형태로 모의고사 1회분을 수록하여 최신 출제 경향을 파악하고 실전에 대비할 수 있도록 하였습니다.

빠른 정답 찾기

빠른 정답 찾기로 문제를 빠르게 채점할 수 있도록 한 눈에 정리하였습니다.

01	②	02	②	03	④	04	②	05	②
06	②	07	③	08	④	09	④	10	①
11	②	12	②	13	③	14	①	15	①
16	③	17	②	18	③	19	②	20	③
21	④	22	③	23	④	24	③	25	②
26	②	27	④	28	②	29	②	30	①
31	②	32	①	33	②	34	②	35	①
36	③	37	③	38	④	39	②	40	④
41	①	42	①	43	④	44	④	45	②
46	④	47	④	48	②	49	④	50	②
51	②	52	①	53	②	54	②	55	③
56	④	57	④	58	③	59	③	60	④
61	④	62	②	63	②	64	①	65	④
66	④	67	①	68	④	69	③	70	③
71	③	72	②	73	④	74	③	75	①
76	③	77	③	78	①	79	③	80	④
81	③	82	④	83	④	84	①	85	②
86	②	87	②	88	①	89	④	90	④
91	②	92	③	93	①	94	①	95	③

002

발행가액은 기준가격으로 발행한다.

투자신탁 수익증권
- 신탁업자의 확인을 받아 집합투자업자가 발
- 수익증권 발행가액 전액이 납입된 경우 신 의 확인을 받아 수익증권 발행
- 원칙적으로 금전을 납입이나 사모투자신탁의 수익자 전원의 동의하에 실물자산으로 납입
- 무액면, 기명식으로 발행

003

재산상 이익을 제공하거나 제공받는 행위는 불 행위로 금지사항이다.

004

모의고사
정답 및 해설

03	④	04	②	05	②
08	④	09	④	10	①
	③	14	①	15	①

001 정답 ②

투자성이 가장 특징적인 것이다. 투자성은 원본이 손실을 볼 수 있는 경우를 의미한다.

금융투자상품의 조건
- 이익을 얻거나 손실을 회피할 목적이 있다.
- 현재 또는 장래의 특정시점에 금전, 그 밖의 재산적 가치가 있는 것을 지급하기로 한다.
- 금전 등의 지급시점이 현재이면 증권으로 구분한다.
- 금전 등의 지급시점이 장래의 특정시점이면 파생상품으로 구분한다.
- '투자성'이 전통적인 예금상품과 구분된다.
- '투자성'이 보험상품과 구분된다.

002 정답 ②

정답 및 해설

실전모의고사에 대한 각 문제의 해설을 상세하게 풀어내어 문제와 관련된 개념을 이해하기 쉽도록 하였습니다.

목 차

1과목
펀드일반

2과목
파생상품펀드

3과목
부동산펀드

FINAL
실전모의고사

Study Plan

과목		학습예상일	학습일	학습시간
1과목 펀드일반	법규			
	직무윤리 및 투자자분쟁예방			
	펀드영업실무			
	펀드 구성 · 이해			
	펀드 운용 · 평가			
2과목 파생상품펀드	파생상품펀드 법규			
	파생상품펀드 영업			
	파생상품펀드 투자 · 리스크관리			
3과목 부동산펀드	부동산펀드 법규			
	부동산펀드 영업			
	부동산펀드 투자 · 리스크관리			
FINAL 실전모의고사	3과목[100문항]			

펀드투자권유자문인력 대표유형+실전문제

동영상 강의 커리큘럼

1강	법규(1)
2강	법규(2)
3강	법규(3)
4강	법규(4)
5강	법규(5)
6강	법규(6)
7강	직무윤리와 투자자분쟁예방(1)
8강	직무윤리와 투자자분쟁예방(2)
9강	직무윤리와 투자자분쟁예방(3)
10강	펀드영업실무(1)
11강	펀드영업실무(2)
12강	펀드 구성 · 이해1(1)
13강	펀드 구성 · 이해1(2)
14강	펀드 구성 · 이해2(1)
15강	펀드 구성 · 이해2(2)
16강	펀드운용(1)
17강	펀드운용(2)
18강	펀드운용(3)
19강	펀드평가

▦ 펀드투자권유자문인력 빈출 1000제는 문제풀이집으로, 별도의 강의가 준비되어 있지 않습니다.

2과목 파생상품펀드

20강	파생상품펀드 법규
21강	파생상품펀드 영업(1)
22강	파생상품펀드 영업(2)
23강	파생상품펀드 투자1(1)
24강	파생상품펀드 투자1(2)
25강	파생상품펀드 투자1(3)
26강	파생상품펀드 투자2(1)
27강	파생상품펀드 투자2(2), 파생상품펀드 리스크 관리

3과목 부동산펀드

28강	부동산펀드 법규
29강	부동산펀드 영업
30강	부동산펀드 투자
31강	부동산펀드 리스크 관리

1과목

펀드일반

1장 법규

2장 직무윤리 및 투자자 분쟁예방

3장 펀드 영업실무

4장 펀드 구성 · 이해

5장 펀드 운용 · 평가

1장 법규

001

자본시장법상 공모형펀드의 설명 중 가장 거리가 먼 것은?

① 성과결과에 따라서 운용자가 항상 성과보수를 받는다.
② 자금운용과정에 투자자는 소극적인 역할을 담당한다.
③ 투자자는 펀드의 운용실적대로 투자지분에 따라 수익을 배분받는다.
④ 투자자금이 자금운용자의 고유재산과 분리된다.

사모형펀드의 경우는 성과보수가 인정되나 공모형펀드의 경우 일부 제한된 경우만 가능하다. 성과보수의 기준은 사전에 정해야 한다.

002

신탁계약의 주요내용 변경 시 수익자총회 의결사항이다. 가장 거리가 먼 것은?

① 보수 및 수수료의 인상
② 신탁업자의 변경
③ 폐쇄형펀드에서 개방형펀드로의 변경
④ 투자신탁의 종류 변경

수익자총회의 결의를 얻어야 하는 약관의 주요 변경사항
- 보수 및 수수료의 인상
- 신탁업자의 변경
- 개방형펀드에서 폐쇄형펀드로 전환
- 투자신탁의 종류 변경
- 신탁계약기간의 변경

003

신탁업자의 업무와 가장 거리가 먼 것은?

① 펀드재산의 보관 및 관리
② 자산운용회사의 운용지시 등에 대한 감시
③ 펀드재산에서 발행하는 이자, 배당, 수익금, 임대료의 수령
④ 집합투자증권의 판매

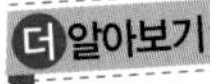

더알아보기 신탁업자의 업무내용
- 펀드재산의 보관 및 관리
- 집합투자업자의 운용지시에 따른 자산의 취득 및 처분
- 집합투자자의 운용지시에 따른 펀드의 환매대금 및 이익금의 지급
- 집합투자업자의 운용지시 등에 대한 감시
- 펀드재산에서 발생하는 이자, 배당, 수익금, 임대료의 수령
- 무상으로 발생되는 신주의 수령
- 증권의 상환금의 수입
- 여유자금 운용이자의 수입

문제해설
집합투자증권의 판매는 판매회사의 업무이다.

004

다음은 펀드의 판매광고에 대한 내용이다. 가장 거리가 먼 것은?

① 자본시장법에서의 판매 시 광고는 Positive 방식을 취한다.
② 비교광고 시 명확한 근거없이 다른 펀드를 열등하거나 불리한 것으로 표시할 수 없다.
③ 다른 광고를 다소 모방 · 표절하는 광고는 허용된다.
④ 원본, 이익 또는 수익률을 보장하거나 보장되고 있는 듯한 오해를 주는 광고는 금지된다.

문제해설
다른 광고를 모방 혹은 표절하는 광고는 금지된다. Positive 광고는 반드시 표시해야 하는 내용을 의미한다. 투자설명서 또는 간이투자설명서를 반드시 읽어볼 것, 손실이 발생하면 투자자에게 귀속된다는 것, 과거의 수익률이 미래의 수익률을 보장하는 것이 아니라는 것 등을 확실히 알려야 한다.

정답 001 ① | 002 ③ | 003 ④ | 004 ③

005

투자회사의 해산에 관한 설명이다. 가장 거리가 먼 것은?

① 투자회사의 존립기간의 만료는 해산사유에 해당한다.

② 투자회사가 법원의 명령 등으로 해산되는 경우에는 집합투자업자가 청산인 및 청산 감독인을 선임한다.

③ 주주총회의 의결, 합병, 파산, 법원의 해산 명령 등은 해산사유에 해당한다.

④ 투자회사의 존립기간 만료, 주주총회의 의결로 해산되는 경우에는 법인이사 및 감독이사가 청산인 및 청산 감독인이 된다.

문제해설 

투자회사는 상법상의 주식회사이므로 주식회사의 청산규정을 준용해야 한다. 따라서 법원의 명령 등으로 해산되는 경우에는 금융위가 청산인 및 청산 감독인을 선임한다.

006

펀드의 자산운용보고서에 간한 설명이다. 가장 거리가 먼 것은?

① 집합주자업자는 신탁업자의 확인을 받아야 한다.

② 집합투자업자는 투자자에게 직접 또는 전자우편의 방법으로 교부해야 한다.

③ 자산운용보고서의 작성 및 교부비용은 집합투자업자가 부담한다.

④ 6개월에 1회 이상 투자자에게 제공하여야 한다.

자산운용보고서는 집합투자업자가 신탁업자의 확신을 받아 3개월에 1회 이상 투자자에게 제공하여야 한다.

더 알아보기 자산운용보고서 기재사항

- 자산 · 부채
- 기준가격
- 해당 운용기간의 운용경과와 개요 및 손익사항
- 보유자산 종류별 평가액과 비율
- 해당 운용기간 중 매매한 주식의 총수
- 매매금액 및 매매회전율

007

투자회사와 관계회사들인 판매회사, 신탁업자, 일반사무관리회사와는 법적으로 어떤 관계인가?

① 위임관계
② 신뢰관계
③ 신임관계
④ 상호교류관계

문제해설

투자회사는 명목상의 회사이므로 자체적으로 업무를 수행할 수 없어 관계회사(펀드판매회사, 펀드운용회사, 신탁업자, 일반사무관리회사)들과 법적으로 업무를 위임하는 위임관계에 있다.

008

펀드상품을 추가설정 여부에 따라 분류하는 것은?

① 투자신탁형, 회사형
② 개방형, 폐쇄형
③ 공모형, 사모형
④ 추가형, 단위형

문제해설

법적 형태에 따른 분류(투자신탁형, 회사형), 환매가능 여부에 따른 분류(개방형, 패쇄형), 추가설정 여부에 따른 분류(추가형, 단위형), 모집방식에 따른 분류(공모형, 사모형), 법의 소재지에 따른 분류(국내펀드, 국외펀드)

009

MMF가 당일가격으로 매매가 되는 경우와 가장 거리가 먼 것은?

① 투자자가 금융투자상품의 매도나 환매에 따라 수취한 결제대금으로 결제일에 MMF를 매수하기로 집합투자증권을 판매하는 투자매매업자 또는 투자중개업자와 미리 약정한 경우
② 투자자가 급여 등 정기적으로 받는 금전으로 MMF를 매수하기로 집합투자증권을 판매하는 투자매매업자 또는 투자중개업자와 미리 약정한 경우
③ 외국환평형기금이나 연기금(MMF 및 증권펀드)에 MMF를 판매하는 경우
④ 전환형 펀드에서 MMF 펀드를 전환하는 경우

문제해설

펀드는 모두 미래가격으로 매매하여야 하나 MMF의 경우 일정한 조건일 경우 당일가격으로 매매가 가능한데 당일가격으로 매매되는 경우는 ①, ②, ③번에 한하다.

정답 005 ② | 006 ④ | 007 ① | 008 ④ | 009 ④

010

적합성의 원칙에 대한 설명 중 가장 거리가 먼 것은?

① 투자권유 불원고객을 상대로 투자권유를 해서는 안 된다.
② 고객은 본인의 투자성향보다 투자 위험도가 높은 집합투자증권을 매입하고자 하는 경우 해당 집합투자증권의 투자 위험성을 고지 받았다는 사실을 서명으로 확인하고 매입할 수 있다.
③ 적정성의 원칙은 모든 금융투자상품의 투자권유에 적용된다.
④ 투자자 정보의 일부만을 제공한 고객에 대해서는 해당고객이 제공한 정보의 범위 내에서만 적합한 투자권유를 하여야 한다.

문제해설 

적합성의 원칙은 모든 금융투자상품의 판매 시 적용되고, 적정성의 원칙은 파생상품형 집합투자증원의 권유에 추가적으로 적용된다.

011

투자회사의 업무 중 주주총회, 기타 사무를 위임받아 수행하는 자는?

① 집합투자업자 ② 신탁업자
③ 자산보관회사 ④ 일반사무관리회사

투자회사의 자산보관업무는 신탁업자가 일반사무업무는 일반사무관리회사에서 위임받아 수행한다.

012

집합투자업자의 회계업무에 관한 설명 중 가장 거리가 먼 것은?

① 회계기간은 집합투자업자마다 상이하다.
② 펀드재산과 고유재산을 구분하여 회계처리한다.
③ 금융위는 회계처리기준을 금융감독원에 위탁한다.
④ 금융위가 정하는 회계처리기준을 준수해야 한다.

더알아보기 회계처리
펀드재산과 고유재산을 구분하여 회계처리를 할 때 금융위가 정하는 회계처리기준을 적용한다.

금융위는 최계처리준칙을 한국회계기준원에 위탁한다.

013

다음 중 투자설명서를 교부해야 하는 경우는?

① 전문투자자
② 일반투자자
③ 모집매출기준인 50인 산정대상에서 제외되는 자
④ 투자설명서 받기를 거부한다는 의사를 서면으로 표시한 자

문제해설

일반투자자에게는 투자설명서를 교부해야 한다. ③에 해당하는 자로는 회계법인, 신용평가회사, 발행인에게 용역을 제공하는 전문자격자(법무법인 등), 발행인의 사업내용을 잘 알고 있는 연고자 등이 있다.

014

다음 중 펀드투자의 장점과 가장 거리가 먼 것은?

① 소액으로도 투자가 가능하다.
② 투자자산에 대한 전문성이 없더라도 투자가 가능하다.
③ 분산투자가 가능하다.
④ 즉각적인 환금성이 보장되어 있다.

환금성은 인정되나 즉각적이지는 못하다. 해외투자펀드의 경우 환매 시 7~10일 정도 시간이 필요하다.

015

펀드재산의 10%를 초과하여 동일 종목에 투자하는 것을 금지하고 있으나 일부 예외규정을 두고 있다. 펀드재산의 100%를 투자할 수 있는 투자증권에 해당하는 것은?

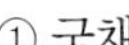

① 국채 ② 지방채
③ 최고우량주식 ④ 은행CD

국채에는 펀드재산의 100%를 투자할 수 있다.

정답 010 ③ | 011 ④ | 012 ③ | 013 ② | 014 ④ | 015 ①

016

일방형펀드와 모자형펀드로 구분하는 분류 기준은?

① 펀드의 운용구조(환매가능 여부)
② 펀드설정 구조
③ 법적 형태
④ 추가설정 여부

① 펀드의 운영구조(환매가능 여부)에 의해 개방형과 패쇄형으로 구분된다.
② 일반형펀드와 모자형펀드로 구분하는 기준은 펀드설정 구조의 차이이다.
③ 법적 형태에 따라 투자신탁과 투자회사로 구분한다.
④ 추가설정 여부에 따라 추가형과 단위형으로 구분한다.

017

다음 중 집합투자기구의 법적 형태와 가장 거리가 먼 것은?

① 투자유한회사
② 투자무한회사
③ 투자합자회사
④ 투자회사

법적 형태에 따라 투자신탁, 투자회사, 투자유한회사, 투자합자회사, 투자익명조합, 투자조합으로 구분된다.

018

특수한 구조의 모자형펀드에 대한 설명 중 가장 거리가 먼 것은?

① 자펀드의 투자자로부터 받은 납입금으로 모펀드에 투자한다.
② 펀드설정 구조의 차이로 일반펀드와 구별된다.
③ 자펀드의 집합투자업자와 모펀드의 집합투자업자는 달라도 된다.
④ 펀드 운용업무의 간소화 및 합리화 차원에서 유리하다.

모자형펀드는 자펀드가 투자자의 자금을 모집하고 자펀드는 모펀드에 투자하며 모펀드는 투자대상에 투자한다. 그리고 자펀드와 모펀드의 집합투자업자는 같아야 한다.

019

사모펀드에 대한 다음 설명 중 가장 거리가 먼 것은?

① 사모펀드는 49인 이하의 투자자로 구성된다.
② 사모펀드는 일반적으로 헤지 펀드와 PEF로 구분된다.
③ 사모펀드에서는 파생상품 매매에 따른 위험평가액을 순자산의 400%까지 허용하고 있다.
④ 사모펀드에서 금전의 대여를 할 경우 대여금의 회수 수단(담보권 등)을 확보한 후에 대여할 수 있다.

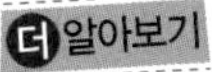

사모펀드의 특례사항
- 증권신고서 제출의무가 없다.
- 파생상품투자 시 위험평가액이 펀드재산 400%까지 가능
- 부동산개발업자에게 대출 시 담보권 등 회수 수단의 확보가 없어도 가능

공모펀드의 적용내용의 배제
- 성과보수 사항
- 기준가격의 일일공시
- 회계감사의 수감
- 자산운용보고서의 제공
- 수시공시사항
- 집합투자업자에 대한 신탁업자의 확인 및 감시

사모펀드는 공모펀드와는 달리 금전의 대여의 경우 담보권 등 회수 수단의 확보가 없이도 가능하다.

020

외국 집합투자기구의 집합투자업자 및 펀드 요건에 대한 다음 설명 중 가장 거리가 먼 것은?

① 최근 사업연도 말 운용자산규모가 1조 원 이상이어야 한다.
② OECD 가맹국의 법률에 의한 펀드는 국내 판매가 가능하다.
③ 보수, 수수료 체계가 국제관계에 비추어 높으면 안 된다.
④ 투자자의 요구에 직 · 간접적으로 환매 등의 방법으로 회수가 가능해야 한다.

보수, 수수료 체계가 국제관례에 비추어 지나치게 높으면 안 되며, 비용에 관한 사항이 명확히 규정되어 있어야 한다.

정답 016 ② | 017 ② | 018 ③ | 019 ④ | 020 ③

021

회사형펀드의 집합투자업자의 업무와 가장 거리가 먼 것은?

① 투자신탁 설정, 해지, 운용
② 펀드재산의 운용 및 운용지시
③ 주주총회 소집
④ 펀드의 직접 판매

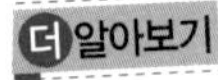

집합투자업자의 업무

- 펀드의 설정 및 해지
- 펀드재산의 운용 및 운용지시
- 펀드의 직접 판매
- 펀드기준가격의 산정

주주총회 소집은 일반사무관리회사의 업무이다.

022

다수펀드의 통합 주문 시 자산의 배분 기준에 관한 사항이다. 가장 거리가 먼 것은?

① 다수펀드에서 동일한 자산을 매매하는 경우 통합매매를 효율성을 위해 허용하고 펀드별로 기재된 매매주문서와 펀드별 지분 배분 내역서를 작성한다.
② 취득 · 매각한 자산을 우수펀드의 우선원칙으로 결정한 가격으로 배분하여야 한다.
③ 취득 · 매각한 자산의 수량이 미리 정하여진 배분수량에 미달하는 경우에 미리 정해진 배분수량에 비례하여 배분한다.
④ 펀드별 매매주문서와 자산 분배내역을 전산으로 기록 · 보관한다.

자산의 배분 기준

- 취득 · 매각한 자산을 균등한 가격으로 배분할 것
- 취득 · 매각한 자산의 수량이 미리 정하여진 배분수량에 미달하는 경우에 미리 정해진 배분수량에 비례하여 배분한다.
- 펀드별 매매주문서와 자산 분배내역을 전산으로 기록 · 보관한다.

023

투자합자회사에 대한 다음 설명 중 가장 거리가 먼 것은?

① 무한책임사원과 유한책임사원으로 구성된 상법상의 합자회사이다.
② 투자회사에 적용하고 있는 규정을 준용한다.
③ 유한책임사원의 책임은 출자액까지이다.
④ 이익배당 및 손실 배분 시 무한책임사원과 유한책임사원의 배당은 달리 적용이 가능하다.

이익배당 시 무한책임사원과 유한책임사원의 배당은 달리 적용이 가능하나 손실배분 시에는 달리 적용하면 안 된다.

024

자본시장법의 패러다임에 대한 설명 중 가장 거리가 먼 것은?

① 열거주의에서 포괄주의 규제 체제로 변경하였다.
② 증권에 파생결합증권과 투자계약증권을 포함시켰다.
③ 기능과 위험을 기준으로 규제하고 있다.
④ 집합투자업은 30인 이상의 투자자로부터 금전을 모아 운용하고 그 결과를 투자자에게 귀속시키는 것이다.

더 알아보기 펀드의 정의
- 2인 이상의 자에게 투자권유
- 운용결과를(손익) 투자자에 배분
- 투자자의 일상적인 운용지시를 받지 않는다.

집합투자업은 2인 이상의 자에게 투자권유하고, 투자로부터 모은 금전을 모아서 운용한다.

정답 021 ③ | 022 ② | 023 ④ | 024 ④

025

다음 중 환매연기 사유와 가장 거리가 먼 것은?

① 집합투자재산의 처분이 불가능하여 사실상 환매에 응할 수 없는 경우
② 환매를 요구받은 집합투자업자, 투자매매 또는 중개업자, 신탁업자, 투자회사 등이 해산 등으로 환매할 수 없는 경우
③ 투자자의 수익성을 해칠 우려가 있는 경우
④ 금융위가 필요하다고 인정하는 경우

투자자의 수익성이 투자자 간의 형평성을 해칠 우려가 있는 경우 환매연기 사유가 된다.

026

펀드 운용 제한에 대한 다음 설명 중 가장 거리가 먼 것은?

① 동일종목의 지분증권에는 10%를 초과하여 투자하는 것이 금지되어 있다.
② 한 종목의 시가총액이 거래소의 총 시가총액의 10%를 초과하는 경우에는 20%까지 투자할 수 있다.
③ 집합투자업자의 계열회사 등의 이해관계인과 거래를 할 수 없다.
④ 집합투자기구에서 부동산펀드를 제외하고는 자금의 차입이나 보증은 원칙적으로 금지되어 있다.

한 종목의 시가총액이 거래소의 총 시가총액의 10%를 초과하는 경우에는 그 시가총액비중까지 투자가 가능하다.

027

파생펀드의 파생상품거래에 따른 다음 설명 중 가장 거리가 먼 것은?

① 자본시장법상 파생결합증권은 증권의 범주에 속한다.
② 공모파생펀드의 파생결합증권 펀드 한도는 30%이다.
③ 파생상품투자에 따른 위험공시의무는 사모펀드의 경우에는 배제된다.
④ 파생상품매매에 따른 위험평가액이 자산총액에서 부채총액을 뺀 가액의 10%를 초과할 수 없다.

파생상품매매에 따른 위험평가액이 자산총액에서 부채총액을 뺀 가액의 100%를 초과할 수 없다.

028

판매보수 및 판매수수료에 대한 다음 설명 중 가장 거리가 먼 것은?

① 판매보수와 판매수수료는 두 가지 모두 받을 수 없다.
② 받을 수 있는 상한선이 정해져 있지만 사모펀드의 경우는 상한선이 없다.
③ 판매수수료는 집합투자규약에서 정하는 방법에 의해 차등하여 받을 수 있다.
④ 후취 판매수수료는 환매시점에 받는다.

판매보수와 판매수수료는 징구 근거가 다르기 때문에 두 가지 모두 받거나 하나만 받을 수도 있다.

더 알아보기 판매모수와 판매수수료의 비교

구분	판매수수료	판매보수
부담근거	집합투자증권 판매행위의 대가	지속적으로 제공하는 용역의 대가
부담주체	투자자	집합투자기구
계산방식	특정시점의 양(Stock) × 율(%)	특정기간 평잔(Flow) × 율(%)
기준가격	기준가격에 영향을 미치지 않음	기준가격에 영향을 미침
총 부담금액	사전적으로 확정	사전적으로 불확정
장점	• 장기투자 유도효과 • 다양한 유형의 상품도입	• 판매 시 마케팅에 유리 • 투자자는 단기투자 시 저비용
단점	• 펀드회전율 증가요인 • 투자자의 거부감	투자자는 장기투자 시 부담

정답 025 ③ | 026 ② | 027 ④ | 028 ①

029

다음 중 집합투자업자가 직접 자산의 취득 및 매각을 할 수 있는 경우와 가장 거리가 먼 것은?

① 단기대출
② CD의 매매
③ 모든 장내외 파생상품의 매매
④ 외국환거래법에 의한 대외지급수단의 매매

장외파생상품은 집합투자업자가 직접 자산의 취득 및 매각을 할 수 없고 헤지의 목적으로의 매매만 가능하다.

030

집합투자기구의 자산운용에 대한 다음의 설명 중 가장 거리가 먼 것은?

① 다수의 집합투자기구를 운용하는 경우, 모든 집합투자기구의 자산총액으로 동일법인이 발행한 지분증권 총수의 10%를 초과하여 투자할 수 없다.
② 파생상품 매매에 따른 위험평가액이 펀드재산의 100%를 초과하여 투자할 수 없다.
③ 기초자산 중 동일법인이 발행한 증권의 가격변동으로 인한 위험평가액이 각 집합투자기구 자산총액의 10%를 초과하여 투자할 수 없다.
④ 동일거래 상대방과의 장외파생상품 매매에 따른 '거래상대방 평가위험액'이 각 집합투자기구 자산총액의 10%를 초과하여 투자할 수 없다.

더 알아보기 운용 시의 제한 사항

- 증권
  - 동일종목증권에 펀드재산의 10% 초과 투자금지
  - 집합투자업자가 운용하는 모든 펀드에서 동일법인이 발행한 지분증권에 20% 초과 투자금지
- 파생상품
  - 총위험 평가액이 펀드 순재산의 100% 초과 투자금지(사모펀드는 400%)
  - 동일법인이 발행한 증권의 위험평가액의 10% 초과 투자금지

다수의 집합투자기구를 운용하는 경우, 모든 집합투자기구의 자산총액으로 동일법인이 발행한 지분증권 총수의 20%를 초과하여 투자할 수 없다.

031

펀드투자의 특징과 가장 거리가 먼 것은?

① 집단성과 간접성
② 고유자산과 펀드자산의 혼장보관
③ 실적배당원칙
④ 투자자 평등의 원칙

펀드자금은 펀드 운용자의 고유자산과 법적으로 엄격하게 분리하고 있다.

1과목 펀드일반

032

펀드의 운용구조에 대한 다음 설명 중 가장 거리가 먼 것은?

① 개방형펀드는 추가로 펀드 지분 발행이 가능하다.
② 패쇄형펀드는 추가로 펀드 지분 발행이 불가능하다.
③ 패쇄형펀드는 펀드 지분이 거래소에 상장된다.
④ 패쇄형펀드는 투자회사의 경우 고정된 자본금이 유지된다.

패쇄형펀드도 집합투자규약에 정해진 경우 간헐적으로 펀드 지분의 추가발행이 가능하다.

033

다음 중 법정해지에 해당하는 경우는?

① 신탁계약에서 정한 신탁계약기간이 종료된 경우
② 공모 · 개방형펀드로서 설정하고 1년이 지난 후 1개월간 계속하여 투자 신탁원본액이 50억 원에 미달하는 경우
③ 당해 투자신탁수익증권 전부 환매의 청구를 받아 투자신탁계약을 해지하고자 하는 경우
④ 수익자 전원이 동의하는 경우

투자신탁의 해지에는 임의해지와 법정해지가 있으며, 신탁계약에서 정한 신탁계약기간이 종료된 경우에는 법정해지에 해당된다.

정답 029 ③ | 030 ① | 031 ② | 032 ② | 033 ①

034

집합투자기구 재산에 대한 운용제한에 대한 설명 중 가장 거리가 먼 것은?

① 동일종목의 투자증권에는 10%를 초과하여 투자하는 것이 금지되어 있다.
② 투자증권의 동일종목 시가총액이 10%를 초과하는 경우에도 10%를 초과하여 투자할 수 없다.
③ 집합투자기구에서 자금의 차입이나 채무보증은 원칙적으로 금지되어 있다.
④ 투자증권의 대여는 불가능하지만, 예외적으로 콜론은 허용된다.

문제해설 

투자증권의 동일종목 시가총액이 10%를 초과하는 경우에는 시가총액 비율까지 투자가 가능하다.

035

집합투자증권의 환매연기에 대한 다음 설명 중 가장 거리가 먼 것은?

① 환매연기 기간 중에는 환매연기대상 집합투자증권의 발행 및 판매행위도 금지된다.
② 환매연기결정은 집합투자총회 전에 집합투자업자가 결정하며, 의결이 되지 않는 경우 계속해서 환매연기 할 수 있다.
③ 부분환매연기란 재산의 일부가 환매연기사유에 해당하는 경우 그 일부에 대해서만 환매를 연기하고 나머지는 투자자의 지분에 따라 환매에 응하는 것을 말한다.
④ 계속적인 부분환매연기를 위해서는 반드시 펀드분리를 해야 한다.

더 알아보기

환매연기사유
- 펀드재산의 처분이 불가능하여 환매에 응할 수 없는 경우
- 투자자 간의 형평성을 해할 우려가 있는 경우
- 금융투자업자의 해산 등으로 환매에 응할 수 없는 경우

부분환매
- 부실자산은 환매연기하고 나머지는 환매에 응하는 것
- 전체 환매연기보다 투자자의 이익이 발생하는 경우에 실행

펀드분리
- 부실자산은 펀드에서 분리하여 별도로 펀드를 구성
- 정상자산의 펀드는 판매 및 환매의 재개

계속적인 부분환매연기를 위해서는 펀드분리가 필요하며, 펀드분리는 투자자의 동의 절차 없이 가능하다. 펀드의 분리는 경제성이 있을 때 하는 것이 비용이 적게 들어간다. 장기적으로 보아서 연기되는 대상채권의 회수가 불가능하다면 펀드를 분리하여 별도로 관리해야 하지만 어느 정도 시점이 지나 환매가 가능하다면 굳이 분리할 필요가 없다.

036

신탁업자의 확인 사항에 대한 설명 중 가장 거리가 먼 것은?

① 자산운용에 대하여 집합투자업자에게 시정을 요구한 경우 그 이행내역을 확인하여야 한다.
② 운용전략의 적정성 및 재산의 평가가 공정한지 여부도 확인대상이다.
③ 집합투자업자가 산정한 기준가격과 신탁업자가 산정한 기준가격의 편차가 1000분의 3 이내면 적정한 것으로 본다.
④ 투자설명서의 운용전략이 투자설명서에 의거 수행하는지 확인하여야 한다.

문제해설 

운용전략의 적정성은 자산운용회사의 고유적인 업무로서 확인사항이 아니다. 신탁업자의 업무내용상 운용전략에 관한 사항은 잘 알 수가 없다. 단지 법적으로 투자설명서에 근거하여 업무를 수행하는지가 확인의 대상이 된다.

037

투자자에게 자산보관 및 관리보고서의 제공을 해야 하는 경우는?

① 투자자가 수령거부 의사를 서면으로 표시한 경우
② 10만 원 이하의 투자자
③ 집합투자기구 자산총액이 100억 원 이하인 소형 집합투자기구
④ MMF, 폐쇄형펀드, ETF로서 인터넷 홈페이지 등을 통해 공시하는 경우

③번에 대해서는 제공해야 한다.

038

공모펀드에서 성과보수를 받는 경우의 제한내용에 관한 설명 중 가장 거리가 먼 것은?

① 펀드의 최소 존속기간이 3년 이상이고 폐쇄형펀드여야 한다.
② 금융위가 정하는 최소 투자금액 이상을 투자하면 된다.
③ 성과보수가 금융위가 정하는 기준지표에 연동하여 산정되어야 한다.
④ 운용성과가 기준지표보다 낮은 경우 성과보수를 적용하지 않는 경우보다 적은 운용보수를 받는 보수체계를 갖추어야 한다.

공모펀드의 성과보수는 ②, ③, ④번 외에도 펀드의 최소 존속기간이 1년 이상이고 폐쇄형펀드여야 한다.

정답 034 ② | 035 ④ | 036 ② | 037 ③ | 038 ①

039

집합투자의 정의에서 제외되는 경우의 특별법과 가장 거리가 먼 것은?

① 부동산투자회사법 ② 수신전문금융업법
③ 선박투자회사법 ④ 산업발전법

문제해설
①, ③, ④ 외에 '여신전문 금융법'에 의거 사모방식인 경우 집합투자의 정의에서 제외된다.

040

외국집합투자기구의 국내판매를 위한 규정에 대한 설명 중 가장 거리가 먼 것은?

① 외국집합투자증권을 국내에서 판매하려면 해당 외국집합투자기구를 금융위에 등록해야 한다.
② 자산운용보고서는 3개월에 1회 이상 제공하여야 한다.
③ 외국집합투자업자의 자산운용규모가 5조 원 이상이어야 한다.
④ 외국집합투자증권은 OECD가맹국, 홍콩, 싱가포르 법률에 의해 발행 되어야 한다.

문제해설
외국집합투자업자의 자산운용규모가 1조 원 이상이어야 한다.

더 알아보기 외국펀드의 국내판매규정
- 자산운용보고서는 3개월에 1회 이상 제공하여야 한다.
- 외국집합투자업자의 자산운용규모가 1조 원 이상이어야 한다.
- 외국집합투자증권을 국내에서 판매하는 경우 등록 후 판매할 수 있다.
- 외국집합투자증권은 OECD가맹국, 홍콩, 싱가포르 법률에 의해 발행되어야 한다.

041

펀드의 평가 시 공정가액에 대한 설명 중 가장 거리가 먼 것은?

① 믿을 만한 시가가 없는 경우에는 공정가액으로 평가한다.
② 평가위원회가 충실의무를 준수하여 일관성 있게 평가한 가격을 의미한다.
③ 가격평가 시 취득가격, 거래가격, 전문가가 제공한 가격 등을 고려하여 평가한다.
④ 부실화된 자산은 3단계로 분류하여 평가(부실우려, 발생, 개선)한다.

문제해설
부실화된 자산은 4단계로 분류하여 평가(부실우려, 발생, 개선, 악화)한다.

042

투자신탁의 재산의 보관, 관리업무를 담당하는 자는?

① 집합투자업자 ② 신탁업자
③ 수탁회사 ④ 자산보관회사

자본시장법상의 투자자산의 보관 및 관리를 담당하는 자는 신탁업자이다.

043

펀드투자 광고 시 준수해야 할 사항에 대한 설명 중 가장 거리가 먼 것은?

① 투자 광고안에 대해 금융투자협회의 심사를 득할 것
② 준법감시인의 사전 혹은 사후 확인을 받을 것
③ 수익률이나 운용실적을 좋은 기간의 것만으로 표시하지 말 것
④ 금융투자업자의 경영 실태평가 등을 다른 금융투자업자의 것과 비교 광고하지 말 것

펀드 광고는 금융투자협회에서 규제하며 금융투자회사는 준법감시인의 사전 확인을 득해야 한다.

044

다음 빈칸에 알맞은 내용은?

> 펀드의 환매기간은 15일을 넘지 않는 범위에서 집합투자규약에서 정할 수 있으나 다만, 집합투자기구 자산총액의 (㉮)%를 초과하여 시장성 없는 자산에 투자하는 경우와 집합투자기구 자산총액의 (㉯)%를 초과하여 외화자산에 투자하는 경우에는 환매기간을 15일을 초과하여 정할 수 있다.

	㉮	㉯		㉮	㉯
①	10%	30%	②	10%	50%
③	30%	30%	④	30%	50%

각각 10%와 50%이다.

정답 039 ② | 040 ③ | 041 ④ | 042 ② | 043 ② | 044 ②

045

펀드의 환매연기에 대한 다음 설명 중 가장 거리가 먼 것은?

① 환매연기를 결정한 날로부터 6주 이내에 총회를 개최해야 한다.
② 자본시장법에서는 부분환매연기제도는 인정하지 않는다.
③ 환매연기대상자산과 정상자산을 분리하여 환매연기대상자산을 현물로 납입하여 별도의 펀드를 설립하는 것을 펀드분리라고 한다.
④ 집합투자업자 및 투자회사는 수익자의 동의 없이도 펀드를 분리할 수 있다.

문제해설 

자본시장법에서는 부분환매연기제도를 인정하고 있다. 부분환매연기란 일부는 환매연기하고 일부는 지분에 따라 환매에 응하는 제도이다.

046

파생상품 및 부동산의 운용에 대한 다음 설명 중 가장 거리가 먼 것은?

① 파생상품매매의 위험평가액이 자산총액의 10%를 초과하는 경우 공시해야 한다.
② 장외파생매매의 위험평가액이 자산총액의 10%를 초과하는 경우 운용에 따른 위험관리방법을 금융위에 신고해야 한다.
③ 집합투자기구가 부동산을 취득하는 경우 금융기관으로부터의 금전의 차입은 가능하나 다른 부동산 집합투자기구로부터는 차입은 금지된다.
④ 부동산 취득을 위해 차입한 금전은 부동산 취득에만 사용해야 한다.

문제해설 

펀드는 원칙적으로 금전 차입이 금지되어 있으나 부동산펀드는 예외적으로 가능하고 다른 부동산 집합투자기구로부터의 금전차입도 가능하다.

047

집합투자재산의 평가에 대한 다음 설명 중 가장 거리가 먼 것은?

① 집합투자재산은 시가를 구할 수 없는 경우 공정가액으로 평가한다.
② MMF는 장부가 평가를 허용하고 있다.
③ 집합투자재산은 원칙적으로 시가로 평가한다.
④ 집합투자재산의 평가는 신탁업자의 '집합투자재산 평가위원회'에서 평가한다.

문제해설 

집합투자재산의 평가는 집합투자업자의 '집합투자재산 평가위원회'에서 평가하고 신탁업자의 확인을 받는다.

048

집합투자기구의 투자대상자산에 대한 설명 중 가장 거리가 먼 것은?

① 증권펀드에서는 특별자산에 투자할 수 있다.
② 부동산펀드에서는 특별자산에 투자할 수 있다.
③ MMF에서는 특별자산에 투자할 수 있다.
④ 특별자산펀드에서는 특별자산에 투자할 수 있다.

더알아보기 참고 |

	증권펀드	부동산 펀드	특별자산 펀드	MMF	혼합자산 펀드
증권	○	○	○	○	○
부동산	○	○	○	×	○
파생상품	○	○	○	×	○
특별자산	○	○	○	×	○

– 투자가능 : ○, 투자금지 : ×

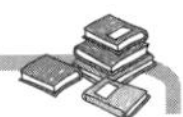
문제해설

MMF에서는 증권에만(특히 단기증권) 투자할 수 있다. 파생상품, 부동산, 특별자산에는 투자할 수 없다.

049

펀드의 투자회사에 대한 설명 중 가장 거리가 먼 것은?

① 투자회사는 투자신탁이 아니라 투자회사와 합병하는 경우가 아니면 다른 회사와 합병할 수 없다.
② 투자회사는 법인이사 1인과 감독이사 2인 이상을 선임하여야 한다.
③ 투자회사에서 정관이 정하는 사항에 대한 의결은 주주총회를 거쳐야 한다.
④ 투자회사는 등록신청 당시 자본금 또는 출자금이 1억 원 이상이어야 한다.

문제해설

이사회의 결의로는 투자회사의 운용상 중요하다고 인정되는 사항으로서 정관이 정하는 사항을 의결할 수 있으며 주주총회는 정관 중요사항의 변경을 의결할 수 있다.

1과목 펀드일반

정답 045 ② | 046 ③ | 047 ④ | 048 ③ | 049 ③

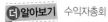

050

투자신탁의 수익자총회에 대한 설명 중 가장 거리가 먼 것은?

① 서면에 의한 의결권 행사도 가능하다.
② 수익자총회는 수익증권 5% 이상 보유의 수익자면 총회를 소집할 수 있다.
③ 수익자총회는 출석한 수익자의 의결권의 과반수와 발행된 수익증권 총좌수의 4분의 1 이상의 수로 결의된다.
④ 수익자총회의 의장은 집합투자업자가 된다.

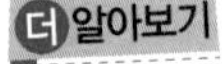 수익자총회

- 총회의 소집권자는 집합투자업자, 신탁업자, 수익증권 5% 이상 보유의 수익자
- 수익자 중에서 의장선출
- 수익자총회는 출석한 수익자의 의결권의 과반수와 발행된 수익증권 총좌수의 4분의 1 이상의 수로 결의된다.
- 서면에 의한 의결권 행사가능

의장은 수익자 중에서 선출한다.

051

투자회사에 대한 다음 설명 중 가장 거리가 먼 것은?

① 직원을 고용하거나 상근임원을 둘 수 없다.
② 투자업무 외의 업무를 할 수 없다.
③ 실체가 없는 서류상의 회사이다.
④ 본질적인 업무를 제외한 대부분의 일을 외부의 전문가에게 위탁해야 한다.

 투자신탁과 투자회사의 차이

구분	투자신탁	투자회사
형태	계약관계	회사형태
투자기구 관련 의사 결정	집합투자업자가 대부분의 사항에 대해서 의사 결정	이사회, 주주총회에서 의사 결정
가능한 투자 기구의 형태	MMF, 주식형, 채권형 등 일반적인 투자상품	일반적 상품(MMF 제외) 외에 M&A 투자기구, 부동산투자기구, 기업구조조정 투자기구, PEF 등 가능

투자회사는 모든 업무를 외부의 전문가(운용회사, 판매회사, 신탁업자, 일반사무관리회사)에게 위탁해야 한다.

052

집합투자기구에 대한 다음 설명 중 가장 거리가 먼 것은?

① 수익자총회를 소집하는 경우 예탁결제원의 명의로 된 명부에 의거 소집한다.
② 연기 수익자총회는 1회에 한하여 소집한다.
③ 투자회사의 감사는 내부감사가 없고 외부감사가 의무화되어 있다.
④ 해당 투자회사의 발기인은 최초 감독이사의 선임 시에는 제외시켜야 한다.

문제해설

수익자총회를 소집하는 경우 예탁결제원 명의의 명부가 아니라 투자자 이름이 기재되어 있는 실질수익자 명부에 의거 소집한다. 실질수익자 명부는 판매회사에도 보관되어 있다.

053

집합투자기구의 설립 및 등록에 대한 다음 설명 중 가장 거리가 먼 것은?

① 투자회사 정관의 단순변경은 주주총회의 의결사항이다.
② 공모펀드의 경우 등록신청서와 증권신고서를 동시에 제출하는 경우에 증권신고서가 수리되면 등록된 것으로 의제하고 있다.
③ 익명투자조합의 경우 집합투자업자가 등록을 신청한다.
④ 투자조합의 경우 등록 신청 시 출자금이 1억 원 이상이어야 한다.

문제해설

투자회사의 정관변경은 주주총회에서가 아니라 이사회의 결의로서 변경한다. 더욱 중요한 사항은 주주총회에서 의결이 필요하다.

054

집합투자증권의 발행에 관한 다음 설명 중 가장 거리가 먼 것은?

① 공모, 사모펀드 모두 투자자 전원의 동의가 있는 경우 현물로 납입이 가능하다.
② 수익증권은 집합투자업자가 발행한다.
③ 일괄예탁 발행 시 수익자 명부에는 예탁결제원이 수익자로 등재된다.
④ 집합투자증권을 공모 발행한 후에는 발행실적 보고서를 제출해야 한다.

문제해설

현물납입은 공모펀드는 안 되고 사모펀드는 투자자 전원의 동의가 있는 경우 현물(증권, 부동산, 실물자산) 납입이 가능하다.

정답 050 ④ | 051 ④ | 052 ① | 053 ① | 054 ①

055

판매보수 및 판매수수료에 대한 다음 설명 중 가장 거리가 먼 것은?

① 보수 및 수수료 모두 징구할 수도 있고 하나만 징구할 수도 있다.
② 사모펀드의 경우 보수 및 수수료의 상한선이 없다.
③ 판매보수의 상한선은 집합투자재산의 연평균가액의 2% 이내이다.
④ 판매수수료의 상한선은 납입금액 혹은 환매금액의 2% 이내이다.

더알아보기 판매수수료
집합투자증권을 판매하는 행위에 대한 대가로 투자자로부터 직접 받은 금액을 말한다.

문제해설

판매보수의 상한선은 집합투자재산의 연평균가액의 2%가 아니라 1% 이내이며, 판매수수료의 상한선은 2%이다.

056

집합투자의 개념에 대한 다음 설명 중 가장 거리가 먼 것은?

① 50인 이상의 자에 투자권유해야 한다.
② 투자자로부터 모은 금전을 집합하여 운용해야 한다.
③ 펀드 투자자총회를 통한 간접적인 관여만 허용한다.
④ 재산적 가치가 있는 투자대상 자산을 취득, 처분 그 밖의 방법으로 운용해야 한다.

문제해설

2인 이상의 자에 투자권유하면 된다. 그래서 50인 이상의 투자자가 모이면 공모가 되고, 49인까지는 사모가 된다.

057

환매금지형(패쇄형) 집합투자기구에 대한 다음의 설명 중 가장 거리가 먼 것은?

① 펀드 자산총액의 20%를 초과하여 시장성 없는 자산에 투자하는 경우 반드시 폐쇄형으로 하여야 한다.
② 존속기간을 정한 펀드에 한하여 패쇄형으로 만들 수 있다.
③ 패쇄형펀드는 최초로 발행한 날로부터 90일 이내에 증권시장에 상장하여야 한다.
④ 페쇄형펀드는 최초 발행 이후 펀드를 추가로 발행할 수 없다.

더알아보기 추가 발행이 가능한 경우
- 기존 집합투자자의 이익을 해할 우려가 없는 경우로서 신탁업자의 확인을 받은 경우
- 이익 분배금 범위 내에서 추가로 발행하는 경우
- 기존 투자자 전원의 동의가 있는 경우

문제해설

패쇄형 펀드도 몇 가지 경우에 한하여 추가로 발행이 가능하다.

058

집합투자증권의 광고에 반드시 포함해야 할 내용과 가장 거리가 먼 것은?

① 펀드 평가회사의 평가결과
② 펀드 취득 전에 투자설명서를 읽어볼 것을 권고하는 내용
③ 투자원금의 손실 가능성
④ 과거의 운용 수익률이 미래의 수익률을 보장하지는 않는다는 사실

더알아보기 광고 시 준수사항
- 수익률이나 운용실적을 표시하는 경우 좋은 기간의 것만을 표시하지 말 것
- 비교 광고 시 명확한 근거 없이 다른 펀드를 열등하거나 불리한 것으로 표시하지 말 것
- 투자광고문에 금융투자협회 심사필 또는 준법감시인 심사필을 표시할 것
- 금융투자업자의 경영실태평가결과와 영업용순자본비율 등을 다른 금융투자업자의 그것과 비교하는 방법 등으로 광고하지 않을 것

문제해설

광고 시 필수 기재사항
- 투자원금의 손실 가능성
- 펀드 취득 전에 투자설명서를 읽어볼 것을 권고하는 내용
- 과거의 운용 수익률이 미래의 수익률을 보장하지는 않는다는 사실

1과목 펀드일반

059

집합투자증권의 발행에 대한 다음 설명 중 가장 거리가 먼 것은?

① 집합투자증권을 공모로 발행하는 경우에는 증권신고서 규정을 적용받는다.
② 증권신고서가 금융위에 제출한 후 수리되기 전에도 일정한 규모의 집합투자증권의 모집 · 매출이 가능하다.
③ 집합투자증권의 투자권유는 투자설명서에 의해서만 할 수 있다.
④ 집합투자증권을 공모발행한 후에는 발행실적 보고서를 제출해야 한다.

문제해설

자본시장법상 펀드 발행 시 증권신고서가 금융위에 제출되어 수리되기 전에는 집합투자증권의 모집 · 매출을 할 수 없다.

060

집합투자업자를 비롯한 펀드 관련 회사들의 인허가 기관은?

① 국무총리 ② 금융투자협회
③ 금융위원회 ④ 판매인력관리위원회

문제해설

집합투자업자를 비롯한 펀드 관련 회사들의 인허가 기관은 금융위원회이다. 과거 기획재정부에서 인허가를 담당하였으나 자본시장법하에서는 금융위가 모든 금융기관의 인허가를 담당하고 있다.

정답 055 ③ | 056 ① | 057 ④ | 058 ① | 059 ② | 060 ③

061

집합투자업자가 주식의 의결권을 행사함에 있어서 중립적(Shadow Voting)으로 해야 하는 경우와 가장 거리가 먼 것은?

① 집합투자업자(그 이해관계인 및 사실상 지배자 포함)가 해당 주식 발행법인을 계열회사로 편입하기 위한 경우
② 집합투자재산인 주식을 발행한 법인이 그 집합투자업자와 계열회사관계 혹은 사실상 지배자 관계에 있는 경우
③ 그밖에 투자자 보호 또는 집합투자재산의 적정한 운용에 저해되는 경우
④ 집합투자재산에 손실이 초래될 것이 명백하게 예상되는 경우

더 알아보기 일반적으로 중립적으로 하여야 하나 펀드투자자산에 피해가 있을 것이 명백한 경우에는 적극적으로 행사하여 투자자의 이익을 보호해야 한다.

문제해설

④번의 경우는 중립적으로 행사하지 않고 적극적으로 의결권을 행사해야 한다.

062

다음 중 펀드 투자회사의 조직에 없는 기관은?

① 이사회　② 주주총회
③ 감독이사, 법인이사　④ 내부감사

문제해설

투자회사의 조직의 내부는 감독이사, 법인이사로 구성되어 있으며, 내부감사는 없고 외부로부터 감사를 받는다.

063

자본시장법상 주된 보호대상자는 누구인가?

① 금융투자업자　② 전문투자자
③ 일반투자자　④ 투자권유전문인력

더 알아보기 전문투자자
- 국가, 지방자치단체
- 한국은행
- 대통령령으로 정하는 금융기관
- 주관상장법인
- 해외증권시장에 상장된 주권을 발행한 국내법인
- 공사, 기금, 공제회
- 금융투자상품의 잔고가 100억 원 이상인 법인
- 금융투자상품 잔고가 50억 원 이상인 개인
- 외국 정부, 외국 중앙은행, 국제기구

문제해설

자본시장법상 보호대상은 비전문가인 일반투자자이며 전문투자자는 보호대상이 아니다.

064

집합투자증권의 발행에 대한 다음 설명 중 가장 거리가 먼 것은?

① 집합투자증권은 실물발행을 하지 않고 예탁결제원에 일괄예탁 방식으로 발행한다.
② 수익자(주주) 명부에는 집합투자업자가 1인 수익자(주주)로 등재된다.
③ 투자회사의 주권은 당해 투자회사가 발행한다.
④ 투자회사의 주식은 보통주로만 발행해야 한다.

문제해설

수익자(주주) 명부에는 예탁결제원이 1인 수익자(주주)로 등재된다. 다만 수익자총회(주주총회) 시에는 실질수익자(실질주주) 명부를 제출받아 작성하는 것이 실질수익자(실질주주) 명부이다.

065

투자설명서에 대한 다음 설명 중 가장 거리가 먼 것은?

① 투자설명서는 법정 투자 권유문서이다.
② 투자설명서의 내용은 증권신고서 내용과 일정 부분 달리할 수 있다.
③ 투자설명서는 증권신고서 효력 발생 후에만 사용할 수 있다.
④ 예비투자설명서는 증권신고서 효력 발생 전에 사용할 수 있다.

문제해설

투자설명서의 내용은 증권신고서 내용과 원칙적으로 동일해야 한다.

066

집합투자업자의 주식 의결권 행사와 관련된 다음 설명 중 가장 거리가 먼 것은?

① 집합투자업자가 자산 운용기준을 위반하여 초과 취득한 주식의 의결권은 행사할 수 없다.
② 제3자와 계약에 의거 의결권을 교차하여 행사하는 것은 금지된다.
③ 집합투자업자가 규정을 위반하여 의결권을 행사한 경우 금융위는 6개월 이내에 처분을 명할 수 있다.
④ 집합투자업자는 의결권 행사의 내용을 주총 1주일 전까지는 증권시장에 공시해야 한다.

집합투자업자는 의결권 행사의 내용을 주총 5일 전까지 증권시장에 공시해야 한다.

정답 061 ④ | 062 ④ | 063 ③ | 064 ② | 065 ② | 066 ④

067

다음 중 특수구조의 펀드에 대한 설명 중 가장 거리가 먼 것은?

① 종류형펀드를 통상 멀티클래스펀드라고 한다.
② 종류형펀드의 특정 종류만이 수익자총회 개최가 가능하다.
③ 전환형펀드는 환매수수료 부담없이 펀드를 전환할 수 있다.
④ 모자형펀드의 자펀드는 모펀드 및 다른 펀드에 투자할 수 있다.

문제해설 

모자형펀드에서 자펀드는 모펀드에만 투자가 가능하다. 또한 다른 펀드에서는 모펀드에 투자할 수 없다.

068

다음 중 자본시장법상 전문투자자와 가장 거리가 먼 자는?

① 주권상장법인
② 국제기구
③ 지방자치단체
④ 금융투자상품 잔고가 20억 원 이상이 되는 개인

문제해설 

금융투자상품 잔고가 100억 원 이상의 일반법인, 잔고가 50억 원 이상의 개인이 전문투자가이다.

069

펀드운용 관련 불건전 영업행위와 가장 거리가 먼 것은?

① 투자운용인력이 아닌 자에게 집합투자재산을 운용하게 하는 행위
② 계약 · 담합 등에 의해 집합투자재산으로 특정자산에 교차하여 투자하는 행위
③ 관계인수인이 인수한 증권을 인수 일부터 3개월이 지난 후 집합투자재산으로 매수하는 행위
④ 특정 집합투자재산을 집합투자업자의 고유재산 또는 그 집합투자업자가 운용하는 다른 집합투자재산, 투자일임재산 또는 신탁재산과 거래하는 행위

문제해설 

자기 또는 관계인수인이 인수한 증권을 집합투자재산으로 매수하는 행위는 금지되지만, 인수 일부터 3개월이 지난 후 매수하는 경우는 예외적으로 허용된다.

070

집합투자기구의 자산운용에 대한 다음의 설명 중 가장 거리가 먼 것은?

① 각각의 집합투자기구는 동일종목의 증권에 자산총액의 10%를 초과하여 투자할 수 없다.
② 동일법인이 발행한 증권 중 지분증권과 지분증권을 제외한 것을 모두 합하여 동일종목으로 본다.
③ 국채, 통안증권은 100%까지 투자할 수 있다.
④ 지방채, 파생결합증권은 30%까지 투자할 수 있다.

동일법인이 발행한 증권 중 지분증권을 한 종목으로 보고, 그리고 지분증권을 제외한 증권을 한 종목으로 본다.

071

다음 금융투자업 중 자본시장법상 등록업종인 것은?

① 투자중개업 ② 집합투자업
③ 투자자문업 ④ 신탁업

- **인가업종** : 투자매매업, 투자중개업, 집합투자업, 신탁업
- **등록업종** : 투자자문업, 투자일임업

072

반대수익자의 수익증권매수청구권과 관련된 다음 설명 중 가장 거리가 먼 것은?

① 수익자총회의 결의에 반대하는 수익자가 집합투자업자에게 자신의 수익증권을 매수청구하는 것이다.
② 매수청구한 수익자는 매매수료 등의 기타비용을 부담하지 않는다.
③ 매수가격은 매수청구기간의 종료일에 환매청구한 것으로 간주하여 청구기간 종료일 다음날의 기준가격으로 한다.
④ 매수자금이 부족하여 매수에 응할 수 없는 경우에는 금융위원회의 승인을 받아 수익증권의 매수를 연기할 수 있다.

문제해설

매수가격은 매수청구기간의 종료일에 환매청구한 것으로 간주하여 신탁계약에서 정하는 바에 따른다.

정답 067 ④ | 068 ④ | 069 ③ | 070 ② | 071 ③ | 072 ③

073

펀드의 회계처리에 대한 다음의 설명 중 가장 거리가 먼 것은?

① 자본시장법에서는 펀드회계를 일반기업의 회계처리 기준과 동일하게 적용하고 있다.
② 자본시장법에서는 펀드의 회계기간에 대해서 별도의 규정을 두고 있지 않다.
③ 투자회사의 법인이사는 결산서류의 승인을 위하여 개최 1주일 전까지 결산서류를 이사회에 제출하여 승인을 얻어야 한다.
④ 자산총액이 300억 원 이하인 집합투자기구는 펀드회계에 대해서 외부감사를 받지 않아야 된다.

문제해설 

자본시장법에서는 펀드회계를 일반기업의 회계처리 기준과 다른 회계처리 기준을 적용한다.

074

집합투자기구의 설립에 대한 다음 설명 중 가장 거리가 먼 것은?

① 자본시장법에서는 집합투자기구를 금융위에 등록하도록 하고 있다.
② 부동산펀드는 패쇄형으로만 만들어야 한다.
③ 집합투자업자는 수익자와 신탁계약서에 의거 신탁계약을 체결한다.
④ 신탁계약을 변경 시에는 그 내용을 공시하여야 한다.

문제해설 

집합투자업자는 신탁업자와 신탁계약서에 의거 신탁계약을 체결한다. 투자자는 집합투자규약에 의거 투자신탁의 주요당사자로서 수익증권을 교부받는다.

075

투자자의 장부 · 서류 열람청구권에 관한 설명 중 가장 거리가 먼 것은?

① 다른 투자자에게 손해를 끼칠 가능성이 명백한 경우는 거부할 수 있다.
② 정당한 사유가 있어도 반드시 응해야 한다.
③ 해산된 펀드의 장부, 서류의 보존기간 등의 사유로 요청에 응하지 못할 수 있다.
④ 청구대상 장부, 서류 중에는 펀드재산 명세서도 포함된다.

더 알아보기 응하지 않아도 되는 경우

- 그 정보가 다른 업무에 이용되거나 타인에게 제공될 것이 명백한 경우
- 다른 투자자에게 손해를 끼칠 가능성이 명백한 경우
- 해산된 펀드의 장부, 서류의 보존기간 등의 사유

문제해설 

다른 투자자에게 손실을 끼칠 수 있거나 기타 정당한 사유가 있으면 응하지 않아도 된다.

076

투자회사에 관한 다음 설명 중 가장 거리가 먼 것은?

① 감독이사는 회계 감사인에 대하여 회계감사에 관한 보고를 요구할 수 있다.
② 해당 투자회사의 발기인은 어떠한 경우에도 감독이사가 될 수 없다.
③ 투자회사의 대주주 및 특수관계인은 감독이사가 될 수 없다.
④ 법인이사로부터 계속적으로 보수를 받고 있는 자는 감독이사가 될 수 없다.

문제해설

해당 투자회사의 발기인은 최초 감독이사 선임 시에 한하여 감독이사가 될 수 없다.

077

다음 중 자본시장법의 증권신고서 제도에 관한 내용 중 가장 거리가 먼 것은?

① 집합투자증권 발행자는 투자자에게 펀드를 판매하기 전에 증권신고서를 금융위에 제출한다.
② 공모펀드는 투자신탁, 투자회사 등 법적 형태에 관계없이 금융위원회에 펀드등록을 하고 펀드신고서를 제출하여야 한다.
③ 사모펀드는 증권신고서 제출의무만 있고 펀드등록 의무는 없다.
④ 증권신고서 제도는 자본시장법상 투자자 보호의 필요성이 있는 모든 증권에 대해 판매 전에 금융위원회에 증권신고서를 제출하도록 하는 것으로 투자자를 보호하기 위한 제도이다.

문제해설

사모펀드는 펀드등록 의무만 있으며 증권신고서 제출의무는 없다.

078

펀드의 집합투자증권 발행과 관련한 다음 설명 중 가장 거리가 먼 것은?

① 수익자는 판매회사에 언제든지 반환청구를 요구할 수 있다.
② 집합투자업자가 수익자의 요구에 따라 예탁원에 위탁하여야 한다.
③ 수익증권의 재발행은 판매회사에 청구할 수 있다.
④ 무액면으로 집합투자증권을 발행할 수 있다.

문제해설

집합투자증권의 재발행은 집합투자 업자나 투자회사에 청구한다. 이에따른 비용은 투자자가 부담한다. 집합투자증권은 액면이 없고 좌수(1,000좌, 10,000좌 등)가 수익증권에 표기되어 있어서 해당 좌수와 매매 기준가를 곱하면 투자자의 펀드 평가액이 산출된다.

정답 073 ① | 074 ③ | 075 ② | 076 ② | 077 ③ | 078 ③

079

공모집합투자기구가 성과보수를 받을 수 있는 경우와 가장 거리가 먼 것은?

① 성과보수가 금융위가 정하는 일정한 기준지표에 연동하여 산정될 것
② 운용성과가 기준지표의 성과보다 낮은 경우 성과보수를 적용하지 않는 경우보다 적은 운용보수를 받게 되는 보수체계를 갖출 것
③ 운용성과가 기준지표의 성과를 초과하더라도 해당 운용성과가 부의 수익률을 나타내거나 일정성과가 금융위가 정하는 기준에 미달하는 경우에는 성과보수를 받지 않을 것
④ 개방형펀드 형태여야 하며, 집합투자증권을 추가로 발행할 것

문제해설

패쇄형펀드여야 하며 집합투자증권을 추가로 발행하지 않은 것이어야 한다.

080

신탁업자가 수탁받은 펀드재산의 보관 및 관리에 대한 설명 중 가장 거리가 먼 것은?

① 수탁받은 펀드재산과 자기의 고유재산은 상호 거래하지 못한다.
② 투자회사의 신탁업자는 집합투자업자의 계열회사가 아니어야 한다.
③ 신탁업자는 집합투자업자의 기준가격 산출이 적정한지 확인해야 한다.
④ 수탁받은 펀드재산과 신탁업자의 고유재산은 함께 관리한다.

문제해설

투자자 재산을 보호하기 위해 수탁받은 펀드재산과 신탁업자의 고유재산은 구분하여 관리해야 한다. 고유자산의 운용자와 펀드의 운용자도 엄격히 분리하여야 한다.

081

집합투자증권의 발행에 대한 다음 설명 중 가장 거리가 먼 것은?

① 수익증권은 신탁업자가 발행한다.
② 수익증권의 발행가액 납입은 원칙적으로 금전으로 한다.
③ 수익증권은 무액면으로 발행한다.
④ 수익증권은 기명식으로 발행한다.

문제해설

집합투자업자가 신탁업자의 확인받아 수익증권을 발행한다. 수익증권은 무액면 · 기명식으로 발행하며 사모신탁의 경우 수익자 전원의 동의가 있는 경우 증권, 부동산, 실물자산으로 납입이 가능하다.

082

집합투자업자의 설립 및 등록에 대한 다음 설명 중 가장 거리가 먼 것은?

① 투자신탁 및 익명투자조합은 해당 집합투자업자가 금융위에 등록한다.
② 회사형 펀드 및 투자조합은 당해회사 및 조합이 금융위에 등록한다.
③ 투자신탁 이외의 펀드는 등록 당시 자본금 혹은 출자금이 10억 원 이상이어야 한다.
④ 금융위에서 등록한 집합투자기구의 내용이 변경된 경우에는 2주 이내에 변경등록해야 한다.

투자신탁 이외의 펀드는 등록 당시 자본금 혹은 출자금이 1억 원 이상이어야 한다.

1과목 펀드일반

083

집합투자의 개념에 대한 설명 중 가장 거리가 먼 것은?

① 2인 이상에게 투자권유할 것
② 투자자로부터 모은 금전을 집합하여 운용할 것
③ 펀드투자자총회를 통한 직접적인 관여만 허용
④ 재산적 가치가 있는 투자대상자산을 취득, 처분 그 밖의 방법으로 운용할 것

집합투자는 2인 이상의 투자자에게 권유를 하는 것이 조건이다. 사모와 공모의 경우는 49인이 기준이 된다.

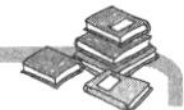

투자자로부터 일상적인 지시를 받지 않고 펀드투자자총회를 통한 간접적인 관여만 허용하고 있다.

084

다음 중 투자신탁의 관계당사자가 아닌 자는?

① 집합투자업자
② 신탁업자
③ 수익자
④ 수탁회사

①, ②, ③번은 관계당사자이고 수탁회사는 과거 집합투자법상의 수탁자이다.

정답 079 ④ | 080 ④ | 081 ① | 082 ③ | 083 ③ | 084 ④

085

투자설명서를 전자문서로 받을 수 있는 경우와 가장 거리가 먼 것은?

① 전자문서의 내용이 서면에 의한 투자설명서의 내용과 동일해야 한다.
② 전자문서에 의해 투자설명서를 받을 것을 전자문서 수신자가 동의해야 한다.
③ 전자문서의 수신자가 전달받을 시간과 장소를 지정해야 한다.
④ 수신자가 전자문서를 받은 사실이 확인되어야 한다.

전자문서의 수신자가 전달받을 전자매체의 종류와 장소를 지정해야 한다.

086

다음 중 신탁업자의 보고서에 기재하는 사항과 가장 거리가 먼 것은?

① 신탁약관 혹은 정관의 주요기재사항
② 회계감사인 선임에 관한 사항
③ 총회의 의결사항
④ 기준가격의 변경에 관한 사항

기준가격은 집합투자업자의 업무사항으로 기준가격의 변경에 관한 사항도 집합투자업자의 업무에 관한 사항이다.

087

다음 중 투자설명서의 종류로 속하지 않는 것은?

① 투자설명서
② 예비투자설명서
③ 간이투자설명서
④ 요약투자설명서

더 알아보기 투자설명서
- **(정식)투자설명서** : 증권신고서 효력 발생 후에만 사용
- **예비투자설명서** : 수리 후 효력 발생 전에 사용
- **간이투자설명서** : 중요사항만 발췌하여 효력 발생 전후에 사용

투자설명서의 종류는 투자설명서, 예비투자설명서, 간이투자설명서가 있다.

088

금융투자상품의 투자권유 시 금융위가 정해 놓은 원칙에 해당하지 않는 것은?

① 요청하지 않은 투자권유 금지　② 수익성 원칙
③ 적합성 원칙　④ 재권유 금지

문제해설

투자권유 시 원칙적으로는 설명의무, 적합성 원칙, 요청하지 않은 투자권유금지, 재권유 금지 등이 있다.

089

다음의 빈칸에 알맞은 내용은?

> 집합투자업자는 매수청구가 있으면 매수청구기간(수익자총회 결의일로부터 20일 이내) 만료일로부터( )일 이내에 매수해야 한다.

① 7일　② 10일
③ 15일　④ 30일

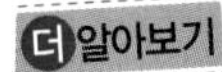
더알아보기 15일 초과의 경우
- 펀드재산 총액의 10%를 초과하여 시장성 없는 자산에 투자한 경우
- 펀드재산의 50%를 초과하여 외화자산에 투자한 경우

문제해설

15일 이내에 매수해야 한다.

090

투자회사에 대한 다음 설명 중 가장 거리가 먼 것은?

① 법인이사는 투자회사를 대표한다.
② 당해 투자회사의 집합투자업자가 법인이사가 된다.
③ 집합투자업자는 직무의 범위를 정하여 임직원 중 법인이사를 선임할 수 있다.
④ 감독이사는 1인 이상이어야 한다.

더알아보기 투자회사는 자산운용회사가 법인이사가 되면서 설립된 명목상의 주식회사로서 미국에서는 뮤추얼펀드라고 한다.

문제해설

투자회사의 감독이사는 2인 이상으로 정하고 있다.

정답 085 ③ | 086 ④ | 087 ④ | 088 ② | 089 ③ | 090 ④

2장 직무윤리 및 투자자분쟁예방

001

투자자의 구분에 대한 설명으로 옳지 않은 것은?

① 임직원 등은 투자권유 이전에 고객이 일반투자자인지 전문투자자인지 여부를 확인하여야 한다.
② 금융투자상품에 대한 지식과 경험, 위험감수능력 등의 전문성을 구비한 전문투자자를 일반투자자와 구분하여 규제상 보호의 정도를 차별화한다.
③ 전문투자자가 일반투자자로 보호받기 원하는 경우 서면에 의한 통지와 금융투자업자의 동의를 얻어 일반투자자가 될 수 있다.
④ 장외파생상품 거래를 하는 경우 주권상장법인은 전문투자자로 간주된다.

문제해설

장외파생상품 거래를 하는 경우 주권상장법인은 일반투자자로 간주되나 금융투자업자에게 전문투자자 대우를 받겠다고 통지한 겨우 전문투자자로 전환된다.

002

다음의 내용을 가장 적절하게 설명하는 용어는?

> 투자권유를 필요로 하지 않으며 모든 투자를 스스로 판단하여 결정하겠다는 의사를 표시한 일반투자자

① 투자권유 희망고객
② 투자권유 불원고객
③ 정보제공 고객
④ 정보 미제공 고객

문제해설

투자권유 불원고객에 대한 설명이다. 일반투자자는 투자권유 희망고객과 투자권유 불원고객으로 분류하고 투자권유 희망고객을 다시 정보제공 고객과 정보 미제고 고객으로 구분한다.

003

다음 중 고객에 대하여 이익을 보장하는 표현을 한 경우가 아닌 것은?

① 사내직원들에 대해서만 제공되는 수익예상자료를 보여주면서 고객을 설득하는 경우
② 의견과 예상을 구별하면서 장래의 전망에 대해서 근거 있는 자료를 제시하는 경우
③ 수치로 표시된 예상수익률을 조리 있게 설명하는 경우
④ 과거의 예를 설명하면서 손실이 나더라도 회사가 문제를 해결할 수 있다는 것을 은근히 표현하는 경우

의견과 예상을 구별하면서 장래의 전망에 대해서 근거 있는 자료를 제시하는 경우에는 이익을 보장하는 표현이 아니다. Fact를 제공하여야 하며 주가연계증권 등은 그래프를 제공하여 예상이익과 손실을 근거 있게 설명해야 한다.

004

다음 보기에서 해외투자펀드를 고객에게 권유하는 경우에 설명해야 하는 것을 모두 고르면?

> ㉠ 투자대상국가의 경제여건
> ㉡ 투자대상국가의 시장위험
> ㉢ 환율변동 위험
> ㉣ 환위험 해지 여부 및 목표 환위험 헤지 비율

① ㉠ ② ㉠, ㉡
③ ㉠, ㉡, ㉢ ④ ㉠, ㉡, ㉢, ㉣

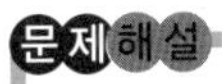

투자대상 국가 · 지역과 관련된 위험, 환율 및 환위험과 관련된 내용 등을 설명해야 한다.

해외자산에 투자하는 집합투자기구의 집합투자증권을 투자권유하는 경우에는 설명사항

- 투자대상 국가 또는 지역의 경제여건 및 시장현황에 따른 위험
- 집합투자기구 투자에 따른 일반적 위험 외에 환율변동 위험, 해당 집합투자기구의 환위험 헤지 여부 및 목표 환위험 헤지 비율
- 환위험 헤지가 모든 환율 변동 위험을 제거하지는 못하며, 투자자가 직접 환위험 헤지를 하는 경우 시장 상황에 따라 헤지 비율 미조정시 손실이 발생할 수 있다는 사실
- 모자형 집합투자기구의 경우 투자자의 요청에 따라 환위험 헤지를 하는 자펀드와 환위험 헤지를 하지 않는 자펀드 간의 판매비율 조절을 통하여 환위험 헤지 비율을 달리(예: 20%, 40%, 60%)하여 판매할 수 있다는 사실

정답 001 ④ | 002 ② | 003 ② | 004 ④

005

금융투자회사는 일반투자자를 상대로 투자권유를 함에 있어서 설명의무를 위반한 불완전판매의 경우 배상할 손해배상 추정액은?

① 투자자가 해당 금융투자상품을 취득하는 데 따른 지급총액에서 해당 금융투자상품 처분 등을 통한 회수가능 금전 등 총액을 가산한 금액
② 해당 금융투자상품 처분 등을 통한 회수가능 금전 등 총액
③ 투자자가 지급하였거나 지급하여야 할 금전의 총액에서 그 금융투자상품의 처분, 그밖의 방법으로 회수하였거나 회수할 수 있는 금전의 총액을 차감한 금액
④ 투자자가 해당 금융투자상품을 취득하는 데 따른 지급총액

문제해설 

손해배상 추정액은 투자자가 지급하였거나 지급하여야 할 금전의 총액에서 그 금융투자상품의 처분 그 밖의 방법으로 회수하였거나 회수할 수 있는 금전의 총액을 차감한 금액으로 한다.

006

집합투자증권의 판매와 관련하여 일반적 기준에 대한 설명으로 가장 거리가 먼 것은?

① 금융투자회사 임직원은 투자상담 등 직무수행과정에서 알게 된 고객정보를 누설하거나 고객 아닌 자의 이익을 위하여 부당하게 이용하는 행위를 하여서는 안 된다.
② 고객에 관한 어떤 사항이 비밀정보인지 여부가 불명확할 경우에는 일단 공개 가능한 정보인 것으로 분류한다.
③ 고객의 정적인 금융거래정보 외에도 동적인 정보도 자기 또는 제3자의 이익을 위하여 이용하는 행위를 금지하고 있다.
④ 금융투자회사의 임직원은 회사와의 관계에서도 선량한 관리자의 주의의무를 다해야 한다.

문제해설 

고객에 관한 어떤 사항이 비밀정보인지 여부가 불명확할 경우에는 비밀이 요구되는 정보인 것으로 취급하여야 한다.

007

임직원의 대외활동 시의 준법절차와 관련된 내용 중 가장 거리가 먼 것은?

① 임직원이 금융투자업무 관련 내용으로 회사외부의 기관 · 정보전달 수단 등과 접촉하여 다수인에게 영향을 미치는 활동을 말한다.

② 임직원 개인이 운영하는 소셜 네트워크 서비스(SNS)를 통한 대외 접촉활동은 대외활동의 범위에 포함되지 않는다.

③ 금융투자업종사자가 회사, 주주 또는 고객과 이해상충이 발생할 수 있는 대외활동을 하고자 하는 경우 소속 부점장, 준법감시인 또는 대표이사의 사전승인을 받아야 한다.

④ 임직원의 대외활동 시, 회사의 공식의견이 아닌 경우 사견임을 명백히 표현해야 한다.

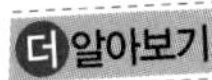
대외활동의 범위

- 외부 강연, 연설, 교육, 기고 등의 활동
- 신문, 방송 등 언론매체 접촉활동(자본시장법에 따른 투자광고를 위한 활동은 적용 제외)
- 회사가 운영하지 않는 온라인 커뮤니티(블로그, 인터넷 카페 등) 소셜 네트워크 서비스(Social Network Service, SNS), 웹사이트 등을 이용한 대외 접촉활동(회사내규에 따라 동 활동이 금지되는 경우는 적용 제외)
- 기타 이에 준하는 사항으로 회사에서 대외활동으로 정한 사항

회사가 운영하지 않는 온라인 커뮤니티, 소셜 네트워크 서비스, 웹사이트 등을 이용한 대외 접촉활동도 대외활동의 범위에 포함된다.

008

'프로테스탄티즘의 윤리와 자본주의 정신'에서 서구의 문화적 속성으로 합리성 · 체계성 · 조직성 · 합법성을 들고, 이들은 세속적 금욕생활과 직업윤리에 의하여 형성되었다고 설명한 사상가는?

① 장 칼뱅(Jean Calvin)

② 막스 베버(Max Weber)

③ 마틴 루터(Martin Luther)

④ 칼 마르크스(Karl Heinrich Marx)

막스 베버(Max Weber)에 대한 설명이다.

정답 005 ③ | 006 ② | 007 ② | 008 ②

009

금융투자업종사자가 자신이 속한 회사를 퇴직하는 경우, 그에 따른 적절한 후속조치를 취하여야 하고 퇴직 이후에도 상당한 기간 동안 회사의 이익을 해치는 행위를 할 수 없음을 의미하는 것은?

① 신의성실의무　　② 직무전념의무
③ 품위유지의무　　④ 고용계약 종료 후의 의무

문제해설 

고용계약 종료 후의 의무에 대한 설명이다.

010

펀드의 판매 시 각종 의무에 대한 다음 설명 중 가장 거리가 먼 것은?

① 고객의 이익은 어떠한 경우에도 회사의 이익에 우선한다.
② 이해상충 발생 가능성을 낮추지 못하는 경우 매매, 그 밖의 거래를 할 수 없다.
③ 펀드회사 임직원은 고용계약 기간이 종료한 후에도 일정한 의무가 부과된다.
④ 고객의 비밀정보는 법령에 따라 제공하는 경우 적절한 범위 내에서 제공하여야 한다.

문제해설 

회사의 정보나 다른 고객의 정보는 유출하여서는 안 된다. 다만 법령에 의한 경우에는 가능하나 법령에 따라 제공하는 경우에도 최소한의 범위 내에서 제공하여야 한다.

011

다음 중 투자권유준칙에서 금지하는 행위에 포함되지 않는 것은?

① 판매업무를 영위하는 직원이 신탁업자 · 일반사무관리회사의 업무 또는 고유재산의 운용업무를 겸직하게 하는 행위
② 투자자부터 판매와 직접 관련된 대가를 수수하는 행위
③ 투자자에게 사실에 근거하지 아니한 판단자료 또는 출처를 제시하지 아니한 예측자료를 제공하는 행위
④ 투자자의 투자에 대한 인식, 투자목적, 재정 상태에 비추어 투자위험이 매우 큰 집합투자 증권을 적극적으로 권유하는 행위

투자자부터 판매에 따른 대가를 수수하는 행위는 판매수수료를 의미하며, 그 이외의 간접적으로 대가를 요청하여서는 안 된다.

012

다음 펀드 판매 시 주의해야 할 내용 중 가장 거리가 먼 것은?

① 일반투자자에게 투자권유 전에 투자목적 · 재산상황 · 투자경험 등을 파악하기 위해서는 대면의 방법만이 가능하다.

② 파생상품 등의 거래 시에는 투자권유가 없더라도 고객정보를 파악하여 거래의 적정성 여부를 확인하여야 한다.

③ 신청일 전일 기준으로 금융투자상품의 잔고가 50억 원 이상인 개인은 전문투자자로의 지정을 신청할 수 있다.

④ 일반투자자를 대상으로 하는 장외파생상품 신규 취급 시, 금융투자협회의 사전심의를 받아야 한다.

고객 정보파악은 대면만이 아닌 전화 등 사실상 기록, 보관이 가능한 여러 가지 매체를 이용한 방법이 가능하다.

013

비밀정보의 관리와 관련된 내용 중 가장 거리가 먼 것은?

① 회사의 재무건정성이나 경영 등에 중대한 영향을 미칠 수 있는 정보 등은 기록 형태나 기록 유무와 관계없이 비밀정보로 본다.

② 고객 관련 정보, 투자대상회사의 정보, 운용정보, 회사의 경영정보 등 일체의 비밀정보는 정보차단의 원칙에 의거하여 관리한다.

③ 비밀정보를 제공하는 경우에는 '필요성에 의한 제공원칙'에 부합하는 경우에 한하여 집합투자업자의 사전승인을 받아 제공한다.

④ 관련 전산시스템을 포함하여 적절한 보안장치를 구축하여 관리하여야 한다.

더 알아보기 필요성에 의한 제공원칙(Need to Know Rule)
회사에서 부여한 업무를 수행하기 위해 필요한 최소한의 범위 내에서만 제공해야 한다는 원칙

준법감시인의 사전승인을 받아 제공해야 한다.

정답 009 ④ | 010 ④ | 011 ② | 012 ① | 013 ③

014

이해상충금지와 관련된 내용 중 가장 거리가 먼 것은?

① 이해상충이 발생할 가능성을 낮추는 것이 곤란하다고 판단되는 경우 매매, 그 밖의 거래를 할 수 없다.
② Chinese wall은 회사의 중요 정보가 정당한 접근 권한이 없는 곳으로 유출되는 것을 차단하기 위한 것이다.
③ 정보교류의 차단의무에 따라 금융투자업자는 금융투자업 간에 금융투자상품의 매매에 관한 정보 등을 제공하는 행위를 할 수 없다.
④ 정보차단벽 내의 임직원은 부당정보이용금지, 선행매매 금지 등 준법감시인이 정하는 바에 따라 의무와 제한 사항을 준수해야 한다.

문제해설 

'정보차단벽 내의 임직원'은 특정 정보차단벽 내에 위치한 사업부 또는 사업기능에 직무상 소속되어 있는 임직원을 말하며, 다른 정보차단벽 안의 사업부 또는 사업기능의 업무를 겸직하거나 파견근무를 할 수 없다. '정보차단벽 위의 임직원'은 직위 또는 직무상 관리 · 감독의 책임이 있어 비밀정보의 흐름의 적정성을 감독할 필요가 있다고 준법 감시인이 지정하는 임직원을 말하며 비밀유지, 부당정보이용금지, 선행매매 금지 등 준법감시인이 정하는 바에 따라 의무와 제한 사항을 준수해야 한다.

015

금융투자상품의 가격에 중대한 영향을 미칠 가능성이 있는 매수 · 매도의 정보를 이용하여 고객의 주문을 체결하기 전에 이를 이용하여 자기의 계산으로 매수 · 매도하거나 제3자에게 그 매수 · 매도를 권유하는 행위를 뜻하는 것은?

① 스캘핑(scalping) ② 자기거래(self-dealings)
③ 선행매매(Front-running) ④ 통정매매(matched orders)

스캘핑
금융투자상품의 가격에 영향력을 행사할 수 있는 자가 투자분석성보를 공표하기 전에 미리 당해 증권을 매수하고 자신의 의견을 공표한 후 가격이 오르면 당해 증권을 매도함으로써 차익을 얻는 거래

선행매매에 대한 설명이다. 자본시장법에서는 선행매매와 스캘핑을 불건전 영업행위로 금지하고, 위반 시 형사처벌하고 있다.

016

금융투자회사의 준법감시인에 대한 설명으로 가장 거리가 먼 것은?

① 금융투자회사는 준법감시인 1인 이상을 반드시 두어야 한다.
② 당해 직무수행과 관련한 사유로 부당한 인사상 불이익을 주어서는 안 된다.
③ 준법감시인은 감사 또는 감사위원회에 소속되어 독립적인 업무를 수행한다.
④ 집합투자업자가 준법감시인을 임명하고자 하는 경우에는 이사회 결의를 거쳐야 한다.

법령 등의 준수 여부를 감시하는 준법감시인은 감사 또는 감사위원회와는 상호 독립적인 지위에 있다. 준법감시인은 이사외의 결의로서 임명해야 하며 대표이사가 단독으로 임명할 수 없다. 또한 운용업무와의 겸직을 허용해서는 안 된다.

017

다음 상황에서 펀드매니저가 위반한 것은?

> 주식형 펀드를 담당하는 한 펀드매니저는 현재 6개의 펀드를 운용하고 있다.그런데 6개 중에서 최근 매출한 3개의 신규 펀드 운용에 대부분의 시간을 할애하고 있다. 신규 펀드의 경우, 새로운 정보를 반영하여 적극적으로 포트폴리오의 내용을 교제하고 있지만 나머지 3개의 펀드는 잔고가 적고 일정 이율이 확보되었다는 이유로 변경하지 않고 있다.

① 고객과의 이익상충 금지 의무
② 고객의 합리적 지시에 따를 의무
③ 모든 고객을 평등하게 취급할 의무
④ 공정한 업무수행을 저해할 우려가 있는 사항에 관한 주지의무

동일한 성격의 펀드에 대해서는 동등하게 운용해야 하는데, 주어진 상황의 펀드매니저는 차별적으로 운용하고 있으므로, 모든 고객을 평등하게 취급해야 하는 윤리기준을 위반한 것으로 볼 수 있다.

정답 014 ④ | 015 ③ | 016 ③ | 017 ③

018

개인정보의 개념과 관련된 설명 중 가장 거리가 먼 것은?

① 개인정보는 살아 있는 개인에 관한 정보로 성명, 주민등록번호 등을 통하여 개인을 알아볼 수 있는 정보를 말한다.
② 개인정보보호란 개인정보처리자가 정보주체의 개인정보를 수집 및 이용하고 보관 · 관리하는 과정에서 유출 및 변조 · 훼손되지 않도록 하며, 정보주체의 개인정보 자기결정권이 제대로 행사되도록 보장하는 것을 말한다.
③ 개인정보파일은 개인정보를 쉽게 검색할 수 있도록 일정한 규칙에 따라 체계적으로 배열하거나 구성한 개인정보의 집합물을 말한다.
④ 정보주체는 업무를 목적으로 개인정보파일을 운용하기 위하여 스스로 또는 다른 사람을 통해 개인정보를 처리하는 공공기관, 법인, 단체등을 말한다.

문제해설 

개인정보처리자에 대한 설명이다. 정보주체는 처리되는 정보에 의하여 알아볼 수 있는 사람으로서 그 정보의 주체가 되는 사람을 말한다.

019

금융회사가 고객과의 거래 시 성명과 실지명의 이외에 주소, 연락처 등을 추가로 확인하고 자금세탁행위 등의 우려가 있는 경우 실제 당사자 여부 및 금융거래 목적을 확인하는 제도는?

① 고객확인제도(CDD)
② 고액현금거래보고제도(CTR)
③ 강화된 고객확인제도(EDD)
④ 의심거래보고제도(STR)

문제해설 

고객확인제도(CDD)에 대한 내용이다.

020

요청하지 않은 투자권유의 금지에 대한 다음 설명 중 가장 거리가 먼 것은?

① 장외파생상품은 재권유 금지가 적용된다.
② 거짓의 내용을 알리는 것은 금지된다.
③ 자본시장법상 재권유 금지기간은 3개월이다.
④ 투자권유를 받은 투자자가 이를 거부하는 경우 투자권유를 할 수 없다.

더 알아보기 투자자의 거부의사 표시 후 투자의 재권유가 가능한 경우
- 투자자의 거부의사 표시 후 1개월이 경과한 경우
- 다른 종류의 금융투자상품을 투자권유하는 경우

문제해설 

자본시장법상 재권유 금지기간은 1개월이다.

021

펀드 판매와 관련한 각종의무에 대한 다음 설명 중 가장 거리가 먼 것은?

① 모든 고객의 이익은 상호 동등하게 취급해야 한다.

② 이해상충의 발생가능성이 있는 경우 문제가 없는 수준까지 낮춘 후 거래해야 한다.

③ 금융투자회사의 임직원은 고용계약 기간이 종료한 후에야 모든 의무에서 벗어난다.

④ 고객의 의사결정에 중대한 영향을 미칠 수 있는 정보를 제공할 때에는 정보의 출처를 밝혀야 한다.

문제해설 

금융투자회사의 임직원은 고용계약 기간이 종료된 경우에도 일정한 의무가 부과된다.

022

금융투자업자의 영업행위 규칙에 대한 다음 설명 중 가장 거리가 먼 것은?

① 신의성실의 원칙을 준수해야 한다.

② 정보교류의 차단 원칙하에 임원 및 직원을 겸직하게 하는 행위는 금지된다.

③ 파생펀드의 경우 적정성 원칙하에 판매해야 하며 적합성 원칙은 적용되지 않는다.

④ 투자권유 시, 거부의사 표시 후 다른 종류의 금융투자상품을 투자권유하는 것은 허용된다.

문제해설 

파생상품펀드의 경우 적합성 및 적정성 원칙 모두 적용된다.

023

영업 관련 자료의 자본시장법상 기록유지기간의 연결이 잘못된 것은?

① 부수업무 · 업무위탁 관련 자료 : 10년

② 주문기록, 매매명세 등 투자자의 금융투자상품의 매매 : 10년

③ 매매계좌 설정 · 약정 등 투자자와 체결한 계약 관련 자료 : 10년

④ 집합투자재산, 투자일임재산, 신탁재산 등 투자자재산의 운용 관련 자료 : 10년

문제해설

부수업무 관련 자료, 업무위탁 관련 자료의 유지기간은 5년이다.

정답 018 ④ | 019 ① | 020 ③ | 021 ③ | 022 ③ | 023 ①

024

미공개 중요정보의 이용 및 전달금지와 관련된 내용들 중 가장 거리가 먼 것은?

① 미공개 중요정보의 이용을 규제하는 것은 정보의 비대칭에 의한 불공정거래를 막기 위해서이다.

② 미공개정보는 발행자 또는 발행자단체의 주식과 관련하여 공개되지 않은 것을, 중요정보는 공개될 경우 주식가격에 영향을 미칠 수 있는 정보를 말한다.

③ 미공개정보를 매매에 이용하는 행위뿐만 아니라 다른 사람에게 내부정보를 알려주거나 거래를 권유하는 행위도 금지된다.

④ 자본시장법은 당해 법인의 임직원, 주요주주, 당해 법인과 계약을 체결한 자 등을 내부자로 규정한다.

문제해설 

증권거래법은 당해 법인의 임직원, 주요주주, 당해 법인과 계약을 체결한 자 등을 내부자로 규정하였으나 자본시장법은 계열회사의 임직원, 주요주주 등과 당해 법인과 계약체결을 교섭중인 자도 내부자로 포함시킨다.

025

다음 중 균형성 유지의무와 관련된 설명은?

① 직무와 관련된 윤리기준, 법률, 하부규정 등을 숙지하고 그 준수를 위해 노력해야 한다.

② 항상 담당 직무에 관한 이론과 실무를 숙지하고 그 직무에 요구되는 전문능력을 유지하고 향상시켜야 한다.

③ 다양한 이해관계의 상충 속에서 어느 한쪽으로 치우치지 않고 투자자 보호를 위해 항상 공정한 판단을 내릴 수 있도록 해야 한다.

④ 자기 또는 제3자의 이해관계에 의하여 영향을 받는 업무를 수행할 수 없으며, 독립성과 객관성을 유지하기 위해 합리적 주의를 기울여야 한다.

① 법규 등 준수의무
② 전문지식 배양의무
③ 공정성 유지의무

026

다음 펀드 판매 시 직무윤리에 대한 설명 중 가장 거리가 먼 것은?

① 불초청 금지원칙은 금융투자업자 단위로 적용된다.
② 이해상충 발생 가능성이 있다고 인정되는 경우에는 그 사실을 미리 해당 투자자에게 알려야 한다.
③ 펀드를 온라인으로 판매할 경우 적합성 원칙을 준수할 수 있는 절차를 마련해야 한다.
④ 한 번 일반투자자로 전환한 전문투자자는 다시 전문투자자로 전환할 수 없다.

더 알아보기 불초청 투자권유 금지
- 투자권유를 원하는 요청이 없을 시 투자권유 금지
- 다만 증권 및 장내파생상품은 불초청 투자권유 가능

문제해설

서면으로 청구하는 경우 재전환이 가능하다.

027

고객에 대한 의무 중 투자목적 등에 적합하여야 할 의무와 가장 관계 깊은 것은?

① product guidance
② Know-You-Customer-Rule
③ 합리적 근거의 제공 및 적정한 표시의무
④ 고객의 합리적 지시에 따를 의무

문제해설

Know-You-Customer-Rule은 고객에게 적합한 투자권유나 투자상담을 하기 위해 우선 고객에 관한 정보 파악이 필요하고 이를 상황에 따라 적절히 수정해야 함을 의미한다.

028

자본시장법상 영업행위 규칙에 해당되지 않는 내용은?

① 신의성실의무　　② 이해상충의 방지
③ 정보교류의 차단　　④ 투자자 이익의 관리

문제해설

투자자 이익의 관리는 고객에 대한 기본적인 업무내용으로 최선을 다하여 투자수익을 올려야 함을 의미한다. 자본시장법상의 영업행위 규칙에는 포함되지 않는다.

정답 024 ④ | 025 ④ | 026 ④ | 027 ② | 028 ④

029

다음 중 요청받지 않은 재투자권유 금지의 예외가 되지 못하는 것은?

① 장외파생상품에 대한 투자권유
② 증권에 대한 투자권유
③ 다른 종류의 금융투자상품에 대해 투자권유 하는 경우
④ 투자자가 거부 표시한 후 1개월 지난 후 재투자권유 하는 경우

문제해설 

파생상품은 장내파생상품인 경우 예외사항이나 장외파생상품인 경우 예외상항이 아니다. 따라서 장외파생상품은 재투자권유의 금지사항에 속한다.

030

준법감시인에 대한 내용 중 가장 거리가 먼 것은?

① 준법감시인은 이사회 및 대표이사에 아무런 제한없이 보고할 수 있다.
② 준법감시인은 해당 금융투자업자의 고유재산의 운용업무를 수행하는 직무를 담당할 수 없다.
③ 금융투자업자의 임직원은 준법감시인이 자료나 정보의 제출을 요구하는 경우 이에 성실히 응하여야 한다.
④ 금융투자업자는 준법감시인이었던 자에 대하여 그 직무수행과 관련된 사유로 부당한 인사상의 불이익을 줄 수 없다.

문제해설 

준법감시인은 이사회 및 대표이사의 지휘를 받아 그 업무를 수행하며 대표이사와 감사위원회에 아무런 제한 없이 보고할 수 있다.

031

다음 중 일반투자자의 유형에 대한 분류에 속하지 않는 것은?

① 투자권유 희망고객 ② 투자권유 불원고객
③ 투자권유 지연고객 ④ 정보미제공 고객

투자자는 전문투자자와 일반투자자로 구분하며, 일반투자자는 다시 투자권유 희망고객과 투자권유 불원고객으로 분류한다. 투자권유 희망고객은 다시 정보제공 고객과 정보미제공 고객으로 분류한다.

032

금융투자상품 관련 분쟁의 유형 중 부당권유로 분류되며, 적합성의 원칙, 적정성의 원칙, 설명의무, 손실보전약정 금지 등으로 민법상 불법행위 여부를 판단하는 것은?

① 임의매매 ② 일임매매
③ 집합투자증권 등 불완전 판매 ④ 주문관련 분쟁

문제해설 

집합투자증권 등 불완전 판매에 대한 내용이다.

033

자금세탁방지 관련법상 주요 제제 내용 중 1년 이하의 징역 또는 1천만 원 이하의 벌금에 해당되는 경우는?

① STR, CTR을 허위로 보고한 자
② STR, CTR 보고를 하지 아니한 자
③ 범죄수익규제법에 의한 범죄수익 등 수수의 신고사실을 누설한 자
④ 특정금융거래보고법에 의한 명령, 지시, 검사에 응하지 않거나 이를 거부, 방해 또는 기피한 자

문제해설 

②, ④ 1천만 원 이하의 과태료
③ 2년 이하 징역 또는 1천만 원 이하 벌금

034

고객에 대한 의무에서 다음의 설명 중 가장 거리가 먼 것은?

① 투자성과를 보장하는 듯한 표현을 사용해서는 안 된다.
② 고객에게 자기의 경력, 자격 등을 부실하게 나타내서는 안 된다.
③ 고객의 합리적인 지시가 있더라도 시장상황에 적절히 맞추어서 업무를 수행해야 한다.
④ 자기복무의 원칙을 지켜야 한다.

고객의 합리적 지시가 있으면 이에 따라야 한다. ④의 자기복무의 원칙은 고객에게 위임받은 업무는 부득이한 사유가 없으면 제3자에게 재위임할 수 없다는 원칙이다.

정답 029 ① | 030 ① | 031 ③ | 032 ③ | 033 ① | 034 ③

035

금융투자업자의 직무윤리에 관한 다음 설명 중 틀린 것은?

① 금융투자업자는 투자권유준칙을 정하고 이를 공시하여야 한다.
② 금융투자업자는 내부통제기준에 의거 이해상충을 방지하여야 한다.
③ 이해상충 발생 가능성이 있는 부득이한 경우 사후에 해당 투자자에게 알려야 한다.
④ 고유재산 업무와 펀드재산 업무와의 정보교류는 차단하여야 한다.

문제해설

이해상충 문제의 발생 가능성이 있는 경우 반드시 해당 투자자에게 사전에 알려야 한다.
이해의 상충은 고객우선–회사우선–직원의 순으로 적용해야 하며 이는 내부통제기준에 명시해야 한다.

036

신임관계 및 신임의무와 관련된 내용 중 가장 거리가 먼 것은?

① 신임의무는 수임자가 위임자에 대해 진실로 충실하고, 직업적 전문가로서 충실한 주의를 가지고 업무를 처리해야 함을 의미한다.
② 충실의무는 고객의 최선의 이익을 위해 충실하게 그 업무를 수행해야 하고 자기 또는 제3자의 이익을 고객의 이익에 우선할 수 없음을 의미한다.
③ 주의의무는 고객의 업무를 수행할 때마다의 전문가로서의 주의를 기울여야 함을 의미한다.
④ 금융투자업자와 일반 주식회사 임직원에 요구되는 주의의무 수준은 동등하다.

문제해설

금융투자업자는 금융기관의 공공성으로 인하여 일반 주식회사에 비하여 더욱 높은 수준의 주의의무를 요한다.

037

분쟁조정제도에 대한 설명 중 가장 거리가 먼 것은?

① 조정결정 또는 각하 결정을 통지받은 이후에는 재조정 신청을 할 수 없다.
② 복잡한 금융관련 분쟁에 대한 전문가의 조언 및 도움을 받을 수 있다.
③ 소송수행으로 인한 추가적인 비용부담 없이 최소한의 시간 내에 합리적으로 분쟁 처리할 수 있다.
④ 개인투자자가 확인하기 어려운 금융투자회사의 보유자료 등을 조정기관을 통해 간접적으로 확인할 수 있다.

문제해설

조정의 결과에 중대한 영향을 미치는 새로운 사실이 나타난 경우 조정결정 또는 각하 결정을 통지받은 날부터 30일 이내에 재조정 신청이 가능하다.

038

수수료 및 성과부수의 제한과 관련된 내용 중 가장 거리가 먼 것은?

① 투자매매업자 · 투자중개업자에 대하여 조사분석자료의 작성을 담당하는 자에 대해 기업금융업무와 연동된 성과보수를 지급하는 행위는 금지된다.

② 투자전문업자 및 투자일임업자의 경우 계약 시에 약정한 수수료 외의 대가를 투자자로부터 추가로 받는 행위는 금지된다.

③ 투자자문업자 및 투자일임업자는 수수료 지급 등과 관련하여 투자자로부터 성과보수를 받기로 하는 약정을 체결하거나 그에 따른 성과보수를 받을 수 없다.

④ 예탁자산규모에 연동하여 보수를 받는 경우 또한 성과보수로 인정된다.

문제해설 

예탁자산규모에 연동하여 보수를 받는 경우는 성과보수로 보지 않는다.

039

자금세탁과 관련된 내용 중 가장 거리가 먼 것은?

① 자금세탁행위란 자금의 출처를 숨겨 적법한 것으로 위장하는 행위를 말한다.

② 우리나라에서는 자금세탁행위를 탈세목적의 금융거래를 이용하여 재산을 은닉 · 가장하는 행위를 포함한다.

③ 자금세탁은 자금의 신속한 이동 및 대량거래의 특성을 갖고 있는 금융회사를 통해 이루어지며 배치, 통합의 3단계를 거친다.

④ 자금세탁방지제도는 금융제도, 사법제도 및 국제협력체계를 상호연계하여 자금세탁행위를 효율적으로 차단하는 종합적인 관리시스템을 말한다.

자금세탁을 하기 위해 돈이 들어오는 배치단계, 자금세탁을 하기 위해 돈이 굴러가는 반복단계, 자금세탁을 마치고 돈이 나가는 통합단계의 3단계를 거친다.

정답 035 ③ | 036 ④ | 037 ① | 038 ④ | 039 ③

040

전자통신수단을 이용한 활동 시 준수해야 할 사항과 가장 거리가 먼 것은?

① 임직원의 사외 대화방 참여는 사적인 대화로 간주한다.
② 임직원과 고객 간의 이메일은 사용 장소에 관계없이 표준내부통제기준 및 관계법령 등의 적용을 받는다.
③ 금융투자상품에 대한 설명 등 업무와 관련된 사항을 게시하거나 대량의 메시지로 발송하고자 하는 경우 회사가 정하는 방법과 절차에 따라야 한다.
④ 임직원이 인터넷 게시판이나 웹사이트 등에 특정 금융투자상품에 대한 분석이나 권유와 관련된 내용을 게시하고자 하는 경우 사전에 준법감시인이 정하는 절차와 방법에 따라야 한다.

문제해설 

임직원의 사외 대화방 참여는 공중포럼으로 간주되어 언론기관과 접촉할 때와 동일한 윤리기준을 준수해야 한다.

041

펀드 판매회사 및 판매직원의 금지행위가 아닌 것은?

① 집합투자증권의 판매와 관련하여 근거없는 허위의 사실 기타 소문을 유포하는 행위
② 정당한 사유 없이 투자자를 차별하여 수수료를 징수하는 행위
③ 판매업무를 판매회사의 임직원이 아닌 자에게 위탁하는 행위
④ 펀드에 불리한 정보를 제공하여 고객이 펀드매입을 포기하게 하는 행위

문제해설 

집합투자증권의 가치에 중대한 부정적 영향을 미치는 사항을 사전에 알고 있으면 이를 투자자에게 알려야 한다.

042

다음 중 펀드 판매 시 부당권유 행위로 보기 어려운 것은?

① 투자자가 예상 수익률을 요구하여 연평균 15%선이라고 설명하였다.
② 고객의 성향이 보수적이어서 채권형펀드를 권유하였다.
③ VIP 고객을 방문하여 펀드 내의 정보를 알려주며 투자 권유하였다.
④ 펀드의 예상 목표 수익률이 연평균 약 12%선으로 안정적인 면을 강조하였다.

문제해설  

고객의 성향에 맞는 적합성 원칙으로 펀드를 권유하였기에 부당한 행위가 아니다.

043

고객과의 분쟁발생 시에 처리내용에 대한 다음의 설명 중 가장 거리가 먼 것은?

① 직원이 제공한 수익률 보장각서는 무효이다.
② 회사도 사용자로서의 책임이 있다.
③ 고객의 손해액은 투자손해액과 기회비용을 포함한 것으로 추정한다.
④ 분쟁과 관련하여 금융감독원에 금융분쟁조정위원회가 설치되어 있다.

손해액의 산정 시 계산산식은 펀드의 취득으로 지급하였거나 지급하여야 할 금전의 총액에서 펀드를 처분하여 회수하였거나 회수할 수 있는 금전의 총액을 차감한 금액으로 추정한다.

044

펀드회사의 펀드판매와 관련된 각종 의무에 대한 다음 설명 중 적절하지 못한 것은?

① 직원이 금융투자회사의 직무수행 중 알게 된 회사의 정보는 회사의 재산에 속하기 때문에 회사의 이익을 위해서만 사용되어야 한다.
② 고객의 매매주문 동향 등 직무와 관련하여 알게 된 정보를 동적인 정보라고 한다.
③ 일반적으로 회사정보 유출은 자본시장법에서 포괄적으로 규제하고 있다.
④ 고객에 관한 정보가 비밀정보인지 여부가 불명확할 때에는 일단 비밀정보로 처리해야 한다.

일반적으로 회사정보 유출은 「부정경쟁방지 및 영업비밀보호에 관한 법률」에서 포괄적으로 규제하고 있다. 그리고 고객의 금융거래와 관련해서는 「금융실명 거래 및 비밀 보장에 관한 법률」을 적용하고 있다.

045

내부통제기준 위반 시 징계에 대한 설명 중 연결이 잘못된 것은?

① 경고 – 시말서를 제출하도록 하여 징계
② 감봉 – 임금액에서 일정액을 공제하는 징계
③ 해고 – 사용자의 일방적인 의사표시에 의하여 근로자와의 근로관계를 종료시키는 징계
④ 정직 – 근로자와의 근로계약은 존속하나, 근로자의 보직을 해제하는 등 근로제공을 일정기간 금지하는 징계

경고는 구두 · 문서로 훈계하는 데 그치고 시말서의 제출을 요구하지 않는 징계이며, 견책이 시말서를 제출하도록 하여 징계이다.

정답 040 ① | 041 ④ | 042 ② | 043 ③ | 044 ③ | 045 ④

046

다음 직무윤리에 대한 내용 중 빈칸을 채우시오.

> 금융투자업자는 (㉮)원칙에 따라 공정하게 영업하고, 정당한 사유 없이 (㉯)의 이익을 해하면서 자기 이익을 위하여 영업을 해서는 안 된다.

	㉮	㉯		㉮	㉯
①	신의성실	투자자	②	공정성	공공
③	적합성	공공	④	선관주의	투자자

더알아보기 기타의 의무
- **선관의무** : 고객 이익 최우선의 원칙
- 소속회사에 대한 충실의무
- 정확한 정보제공의무

문제해설

신의성실의 원칙하에 투자자의 이익을 보호해야 한다.

047

투자자 분쟁을 예방하기 위하여 판매회사의 직원의 투자권유상 금지행위가 있다. 가장 거리가 먼 것은?

① 집합투자증권의 가치에 중대한 부정적 영향을 미치는 사항을 미리 알고 있어서 이를 투자자에게 알린 행위
② 투자원금의 보장 등 수익을 보장하는 권유행위
③ 허위표시나 중요사항에 오해를 유발할 수 있는 표시행위
④ 판매업무를 판매회사 임직원이 아닌 자에게 위탁판매하는 행위

문제해설 

중대한 부정적 영향을 미치는 사항을 미리 알고 있어서 이를 투자자에게 알린 행위는 올바른 행위이다.

048

A 투자자가 B 투자금융회사에 다음과 같이 주장하였다면 B 투자금융회사가 소홀한 부분은?

> 나는 당신들이 원금이 보전되는 펀드 상품이라고 하는 것 같아서 매수하였는데 30%나 손해를 받았으니 물어내시오.

① 투자자 정보 확인 소홀　② 투자 설명의무 소홀
③ 적합성의 원칙 소홀　④ 신의성실 의무의 소홀

문제해설 

투자 설명의무의 소홀이다. 투자자에게 펀드상품에 대한 주요한 내용을 자세하게 설명하지 못하였기 때문에 불완전한 판매에 해당한다.

049

금융분쟁 조정위원회의 금융분쟁 조정절차 순서가 맞게 되어 있는 것은?

① 조정신청 → 사실조사 및 검토 → 합의권고 → 조정위원회 회부 → 조정안 작성 및 수락권고 → 조정의 성립 및 효력
② 조정신청 → 합의권고 → 사실조사 및 검토 → 조정위원회 회부 → 조정안 작성 및 수락권고 → 조정의 성립 및 효력
③ 조정신청 → 사실조사 및 검토 → 합의권고 → 조정안 작성 및 수락권고 → 조정위원회 회부 → 조정의 성립 및 효력
④ 조정신청 → 합의권고 → 사실조사 및 검토 → 조정안 작성 및 수락권고 → 조정위원회 회부 → 조정의 성립 및 효력

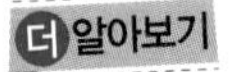

조정위원회 회부
분쟁조정의 신청을 받은 날부터 30일 이내에 당사자 간 합의가 이루어지지 않으면 조정위원회에 회부한다.

조정신청 → 사실조사 및 검토 → 합의권고 → 조정위원회 회부 → 조정안 작성 및 수락권고 → 조정의 성립 및 효력의 순서를 밟는다.

050

다음 중 펀드 판매 시 금지된 부당 권유의 유형으로 볼 수 없는 것은?

① 거짓의 내용을 알리는 경우
② 일반투자자로부터 요청을 받지 않고 투자권유하는 경우
③ 전문투자자로부터 요청을 받지 않고 투자권유하는 경우
④ 단정적 판단을 제공하거나 오인을 할 소지가 있는 내용을 알리는 경우

금지되는 경우는 일반투자자이며 전문투자자나 신용공여를 받아 투자경험을 한 일반투자자는 제외한다.

정답 046 ① | 047 ① | 048 ② | 049 ① | 050 ③

051

펀드 판매회사의 직무윤리상 신임관계(Fiduciary Relation)에 대한 설명으로 가장 거리가 먼 것은?

① 전문가로서의 능력을 신뢰하여 서비스의 제공을 받는 자와 위임을 받는 전문가의 관계를 신임관계라고 한다.
② 실제적으로는 직원과 소속회사와의 관계를 의미한다.
③ 신임(Fiduciary)은 신탁(Trust)에서 유래되었다.
④ 신임의무는 크게 충실의무와 주의의무로 나누어진다.

문제해설

실제적으로 고객과의 관계를 의미하며 전문가로서의 능력을 신뢰하여 서비스의 제공을 받는 자(고객)와 위임을 받는 전문가의 관계를 신임관계라고 한다.

052

다음 투자권유의 원칙에 대한 설명 중 가장 거리가 먼 것은?

① 관계법령 등을 준수하고 신의성실원칙에 따라 정직하고, 공정하게 업무를 수행한다.
② 고객에 대하여 선량한 관리자로서 주의의무를 다한다.
③ 고객에게 합리적 의사결정을 하는 데 필요한 정보를 충분히 제공한다.
④ 이해상충발생 가능성 있는 거래에 대하여는 고객이익이 침해받지 않도록 최소한의 조치를 취한 후 매매하고, 이해상충이 불가피한 경우에는 회사 내에서 적절한 조치를 취한다.

더알아보기 자본시장법 제 44조(이해상충 방지)

- **제1항** : 금융투자업자는 투자자 간, 특정 투자자와 다른 투자자 간의 이해상충을 방지하기 위하여 이해상충이 발생할 가능성을 파악 · 평가하고, 내부통제기준이 정하는 방법 및 절차에 따라 적절히 관리
- **제2항** : 이해상충이 발생할 가능성이 있다고 인정되는 경우에는 그 사실을 미리 해당하는 방법 및 절차에 따라 투자자 보호에 문제가 없는 수준으로 낮춘 후 매매, 그 밖의 거래 진행
- **제3항** : 제2항에 따라 그 이해상충이 발생할 가능성을 낮추는 것이 곤란하다고 판단되는 경우에는 매매, 그 밖의 거래를 하지 못하도록 하고 있다.

문제해설

이해상충발생 가능성 있는 거래에 대하여는 고객이익이 침해받지 않도록 최대한의 조치를 취한 후 매매하고, 이해상충이 불가피한 경우에는 고객에게 통지하고 적절한 조치를 취한다.

053

펀드 판매회사의 선량한 관리자로서 주의의무를 설명한 것으로 가장 거리가 먼 것은?

① 만일 고의 또는 과실에 의하여 선관주의 의무에 따른 행위를 하지 아니한 경우, 고객에 대하여 의무위반을 이유로 민법상의 채무 불이행, 불법 행위책임이라는 법적 책임을 갖는다.
② 업무의 구체적인 상황은 업무를 수행하는 시점에서, 모든 요소와 상황을 고려할 것을 전제로 한다.
③ 최선의 이익이란 고객 등의 이익을 추구하는 경우에 있어서 고객을 위하여 초고의 수익률을 달성하는 것을 말한다.
④ 전문가로서 주의를 기울이는 정도와 수준은 일반인 내지 평균인 수준 이상의 전문가로서 주의의무가 요구된다.

신의성실과 충실의 원칙으로 운용해야 하므로 최선의 이익이 최고의 수익률을 의미하는 것은 아니다. 충실의무는 전문가로서의 주의를 기울이는 정도로서 그 수준은 일반인 내지 평균인 수준 이상의 전문가로서 주의의무가 요구된다.

054

펀드 판매직원의 직업윤리로서 고객에게 지는 의무와 관계없는 것은?

① 선량한 관리자로서의 주의의무
② 법규준수의 의무
③ 고객정보 활용의 의무
④ 고객이익 최우선의 원칙

정보의 누설 및 이용 금지

- 직무수행 시 알게 된 정보는 정당한 사유 없이 누설하거나 이용해서는 안 된다.
- 판매직원은 영업상 취득한 투자자의 정보가 투자자의 이익에 반하여 제3자에게 누설되거나 이용되어서는 안 된다.

정답 051 ② | 052 ④ | 053 ③ | 054 ③

3장 펀드 영업실무

001

미매각 펀드의 보유를 원칙적으로 금지하고 있지만 단기금융펀드의 경우 예외가 되는 금액이 있는데 이에 해당하는 것은?

① 판매금액의 8%에 해당하는 금액 또는 50억 원 중 큰 금액 범위 내
② 판매금액의 5%에 해당하는 금액 또는 100억 원 중 큰 금액 범위 내
③ 판매금액의 3%에 해당하는 금액 또는 50억 원 중 큰 금액 범위 내
④ 판매금액의 3%에 해당하는 금액 또는 100억 원 중 큰 금액 범위 내

문제해설

원칙적으로 판매회사가 고객의 환매 요청 시 자기의 계산으로 펀드를 매입할 수 없으나 개인의 MMF의 경우 5%와 100억 원 중 큰 금액 범위 이내에서 환금성을 위하여 매입할 수 있다.

002

펀드 판매에 대한 다음 설명 중 가장 거리가 먼 것은?

① Late Trading은 증권시장 종료 후에 정보를 이용하여 펀드를 매수하여 다른 수익자의 이익을 침해하는 거래를 의미한다.
② 전산 시스템에 따라 매수하는 경우에는 투자자가 주문한 시점을 기준으로 한다.
③ 판매회사는 펀드 판매 및 환매관련 자료를 5년간 보존해야 한다.
④ 판매회사 변경의 경우 환매 후 15일 이내에 집합투자규약에서 정하는 판매회사 변경의 효력이 발생하는 날에 공고되는 기준가격으로 판매한다.

문제해설

전산 시스템에 따라 매수하는 경우에는 주문한 시점이 아니라 거래전표에 표시된 시점을 기준으로 한다. Late Trading의 시간은 주식거래는 오후 3시 기준, 기타 거래는 오후 5시가 기준이 된다.

003

펀드의 환매에 대한 다음 설명 중 가장 거리가 먼 것은?

① 투자회사의 순자산액이 정관에 정한 최저순자산액에 미달하는 경우 환매청구에 응하지 않을 수 있다.
② 투자자 전원의 동의가 있는 경우 펀드재산으로도 환매에 응할 수 있다.
③ 환매대금지급은 환매청구 후 반드시 15일 이내에 지급하여야 한다.
④ 환매한 집합투자증권은 소각하여야 한다.

문제해설 

집합투자규약에 정해 놓은 다음 2가지의 경우는 15일 이후라도 가능하다.

- 펀드재산의 10%를 초과하여 시장성 없는 자산에 투자한 경우
- 펀드재산의 50%를 초과하여 외화자산에 투자한 경우

004

이익분배금 등 펀드영업실무에 대한 다음 사항 중 가장 거리가 먼 것은?

① 이익분배금은 신탁보수 및 준비금 등을 제하고 투자자별로 지급한다.
② 이익분배금은 반드시 투자자에게 지급하여야 하며 유보할 수 없다.
③ 재투자 시의 기준가격은 회계기간 종료일 익영업일이다.
④ 재투자 시의 기준가격은 반드시 1,00원이 아닐 수도 있다.

문제해설 

집합투자규약에서 정해 놓은 경우 이익금의 분배를 유보할 수 있다.

005

펀드저축 제도에 대한 다음 설명 중 가장 거리가 먼 것은?

① 거치식은 수익금 인출식과 일정금액 인출식이 있다.
② 적립식은 정액정립식과 자유적립식이 있다.
③ 정액적립식은 3개월 이상 소정의 저축금을 납입하지 않는 경우 계약을 해지할 수 있다.
④ 자유적립식의 경우 저축기간이 종료한 후에 일부 인출하는 경우 환매수수료를 징구하지 않는다.

**문제해설** 

3개월이 아니고 6개월이다. 즉 6개월이 경과하면 펀드를 해지할 수 있다.

정답 001 ② | 002 ② | 003 ③ | 004 ② | 005 ③

006

다음 펀드의 세제에 대한 설명 중 가장 거리가 먼 것은?

① 투자조합 및 익명투자조합은 세법상 투자신탁으로 과세한다.
② 변액보험은 펀드의 과세대상에서 제외하고 있다.
③ 사모펀드로서 투자자가 사실상 자산운용에 관여하는 경우(의사결정 등) 펀드의 과세대상에서 제외하고 있다.
④ 세법상의 집합투자기구의 요건을 모두 갖추지 못한 투자신탁은 집합투자기구 이외의 신탁의 이익으로 과세한다.

문제해설 

사모펀드로서 ㉠ 투자자가 사실상 의사결정을 하는 경우 및 ㉡ 투자자가 거주자 1인이거나 거주자 1인 및 특수 관계자일 경우 ㉠, ㉡을 동시에 충족하는 경우 세법상의 집합 투자기구로 보지 않는다.

007

펀드의 과세제도에 대한 다음 설명 중 가장 거리가 먼 것은?

① 상장채권의 양도차익은 과세한다.
② 상장주식의 양도차익은 비과세한다.
③ 장내 · 장외파생상품의 양도차익을 비과세한다.
④ 역외펀드의 수익증권 양도차익은 과세한다.

문제해설 

장내파생상품은 비과세하고, 장외파생상품은 과세대상이다.

008

펀드 수익증권의 과세기준일에 대한 설명이다. 가장 거리가 먼 것은?

① 투자신탁의 해약일 또는 환매일
② 원본에 전입하는 뜻의 특약이 있는 경우 원본에 전입된 날
③ 신탁계약을 연장하기로 한 경우는 그 익일
④ 투자신탁의 이익을 지급받는 날

더알아보기 과세기준일

- 집합투자기구로부터의 이익을 지급받은 날 (현금으로 그 이익을 수령하는 날)
- 원본에 전입하는 뜻의 특약이 있는 분배금은 그 특약에 의하여 원본에 전입되는 날
- 결산분배일에 결산분배금을 '재투자특약'에 의하여 원본에 전입하는 경우

문제해설 

신탁계약을 연장하기로 한 경우 연장하기로 한 날이 과세기준일이다.

009

펀드의 과세제도에 대한 다음 설명 중 가장 거리가 먼 것은?

① 집합투자기구가 간접 취득한 상장주식의 평가손익은 비과세한다.
② 집합투자기구의 이익에서 각종 보수, 수수료를 차감한 후의 금액을 기준으로 과세한다.
③ 집합투자기구의 과세시기는 투자자에게 소득이 분배되는 때이다.
④ 투자신탁의 이익은 모두 배당소득으로 과세한다.

문제해설 

집합투자기구가 직접 취득한 상장주식의 평가손익은 비과세이나 간접 취득의 경우는 과세대상이다.

010

집합투자기구의 세제에 대한 다음 설명 중 가장 거리가 먼 것은?

① 변액보험은 소득세법으로 투자신탁의 세제를 준용한다.
② 투자신탁의 이익은 배당소득으로 과세한다.
③ 투자합자회사는 세법상 투자회사로 간주하여 과세한다.
④ 장내파생상품의 매매차익은 비과세 대상이다.

더알아보기 세법상의 집합투자기구의 요건
- 자본시장법상의 집합투자기구
- 매년 1회 이상 결산 및 분배할 것
- 금전으로 위탁받아 금전으로 환급할 것 등

문제해설 

변액보험은 자본시장법상 투자신탁으로 분류되나 소득세법으로는 저축성 보험의 보험차익으로 과세된다.

011

집합투자증권의 양도에 대한 다음 설명 중 맞는 것은?

① 원칙적으로 채권 등은 보유기간과세제도를 적용한다.
② 회사형 집합투자증권의 양도는 양도소득으로 과세한다.
③ 양도는 실물양도만 해당하며 계좌 간 이체는 양도로 보지 않는다.
④ 투자신탁형 집합투자증권의 양도는 배당소득으로 과세한다.

투자신탁의 이익은 모두 배당소득으로 과세한다.

정답 006 ③ | 007 ③ | 008 ③ | 009 ① | 010 ① | 011 ④

012

1,000만 원을 국내 주식형 펀드에 투자한 후 전부 환매한 경우의 매매내역이 다음과 같을 때 환매수수료는 얼마인가?

매매일자	구분	기준가격	과표기준가격
2025. 10. 10	매수	1010.00	1001.00
2025. 12. 30	환매	1080.00	1005.00

(환매수수료 : 30일 미만의 경우 이익금의 50%, 30일 ~ 90일 미만의 경우 이익금의 30%)

① 11,881원　② 12,000원
③ 207,920원　④ 210,000원

- 매수좌수
  10,000,000원 ÷ (1010/1000) = 9,900,991좌
- 환매수수료
  9,900,991좌 × (1080 − 1010)/1000 × 30% = 207,920원

013

소득세법상 투자신탁소득에 대한 설명으로 가장 올바른 것은?

① 투자신탁 소득은 모두 배당소득이다.
② 투자신탁 소득은 모두 분류과세된다.
③ 투자신탁 소득은 모두 비과세된다.
④ 투자신탁 소득은 모두 금융소득이다.

더알아보기 배당소득의 범위

- 국내외 기업으로부터 받은 이익이나 잉여금의 배당 또는 분배금
- 법인으로 보는 단체로부터 받는 배당 또는 분배금
- 의제배당
- 법인세법에 의하여 배당으로 처분된 금액(인정배당)
- 상법상 건설이자의 배당
- 국내외에서 받은 집합투자기구로부터의 이익
- 국세조세조정에 관한 법률의 조세피난방지세제 규정에 따라 특정외국법인의 배당가능한 유보소득 중 내국인이 배당받는 것으로 간주되는 금액
- 주가연계증권(ELS)에서 발생하는 분배금
- 파생결합증권(DLS)에서 발생하는 분배금

※ 주식워런트증권(ELW)의 권리행사로 인한 소득은 이자소득이나 배당소득 등에 해당하지 않는다.

투자신탁 소득은 모두 배당소득으로 분류된다.

014

다음 중 집합투자증권의 환매청구 시 기준가 적용일이 다른 것은?

① 오후 4시에 주식 50% 이상 편입된 펀드를 매입한 경우
② 오후 4시에 주식 50% 미만 편입된 펀드를 매입한 경우
③ 오후 4시에 채권형펀드를 매입한 경우
④ 오후 4시에 MMF를 매입한 경우

증권펀드 및 MMF의 환매기준일

구분		T일 (당일)	T+1일 (2일차)	T+2일 (3일차)	T+3일 (4일차)	T+4일 (5일차)
주식 50%이상 펀드	3시이전	환매청구	적용기준가		환매금지급	
	3시이후*	환매청구		적용기준가	(환매금 지급)*	(환매금 지급)*
주식 50%미만 펀드	5시이전	환매청구		적용기준가	환매금지급	
	5시이후	환매청구			적용기준가	환매금지급
채권형 펀드	5시이전	환매청구		적용기준가 환매금지급		
	5시이후	환매청구			적용기준가 환매금지급	
MMF	5시이전	환매청구	적용기준가 환매금지급			
	5시이후	환매청구		적용기준가 환매금지급		

※ 주식 50% 이상 펀드의 경우 3시 이후 환매청구 시 (환매금 지급) 4일차와 5일차 중에서 집합투자업자가 자율적으로 정한다.

①, ②, ③의 경우에는 T+2일에 기준가가 적용되고 ④는 T+1일에 기준가가 적용된다.

015

다음은 펀드의 과세시기이다. 가장 거리가 먼 것은?

① 투자신탁의 해약일 또는 환매일
② 투자신탁의 이익을 지급받은 날
③ 원본에 전입하는 뜻의 특약이 있는 분배금은 원본에 전입되는 날의 익일
④ 결산분배일에 결산분배금을 '재투자특약'에 의하여 원본에 전입하는 날

원본에 전입하는 뜻의 특약이 있는 분배금은 그 특약에 의하여 원본에 전입되는 날을 과세시기로 본다.

정답 012 ③ | 013 ① | 014 ④ | 015 ③

1과목 펀드일반

016

다음의 펀드에서 발생한 손익 중 원천징수 대상이 되는 세법상 투자신탁 이익은?

투자대상자산	이자/ 배당소득	매매/평가소득
상장채권	2,000,000	(−)1,000,000
선물	0	1,000,000

① 1,000,000　② 2,000,000
③ 4,000,000　④ 6,000,000

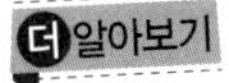
더알아보기 과세제외 수익
- 증권시장에 상장된 증권 및 해당 증권을 대상으로 하는 장내파생상품
- 벤처기업육성에 관한 특별조치법에 의한 벤처기업의 주식 또는 출자지분

문제해설 

선물의 이익을 제외한 상장채권의 이자배당소득과 매매평가 손익의 합인 1백만 원이다.

017

다음의 표에 의거 환매 기준일이 빠른 순서대로 나열한 것은?

㉠ MMF의 2시 환매 요청
㉡ 주식형(50% 이상) 2시 환매 요청
㉢ 채권형 2시 환매 요청
㉣ 주식대금으로 MMF를 매수하기로 약정되어 있는 고객의 2시 환매요청

① ㉣ > ㉠ = ㉡ > ㉢　② ㉠ > ㉡ > ㉢ > ㉣
③ ㉣ > ㉠ > ㉡ > ㉢　④ ㉣ > ㉠ > ㉡ > ㉢

기준일
㉠ T+1일
㉡ T+1일
㉢ T+2일
㉣ T일 (당일)

018

다음 표에 따라 펀드의 만기일을 구하면?

> • 2025.3.10. 수익증권 매수
> • 저축기간 20일

① 2025 3/29일　　② 2025 3/30일
③ 2025 3/31일　　④ 2025 4/1일

더알아보기 만기지급일

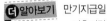

- 저축기간은 '월', 혹은 '연' 단위로 정한 경우는 저축기간이 만료되는 월의 최초상당 납일일
- 저축기간은 '일' 단위로 정한 경우는 최초 매수일로부터 계산하여 저축기간이 만료되는 익일 영업일
- 펀드를 해지하는 경우에는 해지 결산 후 첫 영업일

문제해설

저축기간을 일 단위로 정한 경우 최초 매수일부터 계산하여 저축기간이 만료되는 날의 다음 영업일이 만기일이다.

019

펀드 판매 시 출금금액에 대한 산식으로 적절하지 못한 것은?

① 환매 시 평가금액 = (환매좌수 × 환매 시 기준가격)/1,000
② 환매수수료 = [환매좌수 × (환매 시 기준가격 − 매수 시 기준가격)/1,000] × 환매수수료율
③ 세액 = 과세소득 × 적용세율
④ 과세소득 = [환매좌수 × (환매 시 과표기준가격 − 매수 시 과표기준가격)/1,000]

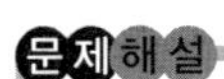

과세소득은 [환매좌수 × (환매 시 과표기준가격 − 매수 시 과표기준가격)/1,000]에서 환매수수료를 차감하여야 한다.

정답 016 ① | 017 ① | 018 ② | 019 ④

020

펀드의 수익증권의 발행에 관한 설명으로 가장 거리가 먼 것은?

① 수익증권은 무기명식으로 발행함이 원칙이나 수익자의 청구로 기명식으로 변경할 수 있다.

② 투자회사의 주식은 무액면으로 발행하며 회사 성립일 또는 신주의 납입기일에 지체 없이 예탁원을 명의인으로 하여 주권을 발행하여야 한다.

③ 실질수익자는 수익증권을 판매한 판매회사에 대하여 언제든지 예탁수익증권의 반환을 청구할 수 있다.

④ 집합투자업자와 판매하는 수익자명부의 작성업무를 예탁원에 위탁하여야 하고 예탁원은 수익자명부를 작성, 비치하여야 한다.

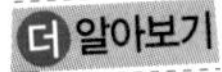

수익증권은 예탁원의 명의의 예탁자명부와 고객명의의 실질수익자명부가 있으며, 실질수익자는 실질수익자명부에 근거하여 총회 참석권, 의결권이 주어지며 제3자에게 자기의 권리를 주장할 수 있다.

수익증권은 기명식으로 발행함이 원칙이나 수익자의 청구로 무기명식으로 변경할 수 있다.

021

다음 중 펀드의 수익증권의 재교부와 양도에 관한 설명으로 가장 거리가 먼 것은?

① 현물보유 수익자는 분실이나 도난 등의 사유로 수익증권을 멸실하는 경우 공시최고에 의한 제권판결의 정본이나 등본을 첨부하여 집합투자업자에게 수익증권의 재교부를 청구할 수 있다.

② 집합투자업자는 수익증권을 재교부하는 경우 현물보유 수익자에게 비용을 부담시킬 수 없다.

③ 수익권의 양도 시에는 수익증권을 교부하여야 하며 수익증권 점유자는 적법한 소지인으로 추정된다.

④ 수익권의 이전은 취득자의 성명과 주소를 수익자명부에 기재하지 않으면 집합투자업자 및 신탁업자에 대항하지 못한다.

집합투자업자는 수익증권을 재교부하는 경우 현물보유 수익자에게 실비를 청구할 수 있다.

022

다음은 펀드의 수익증권 저축제도에 대해 설명한 것이다. 가장 거리가 먼 것은?

① 수익증권 현물거래의 불편을 해소하기 위해 고안된 제도이다.
② 투자신탁의 대중화를 촉진함으로써 투자신탁의 발전에 크게 기여하였다.
③ 고객으로부터 저축금을 받아 그 자금으로 수익증권을 매입하여 보관 관리하고 저축자에게 통장을 발행, 교부하는 제도이다.
④ 수익증권은 현물거래보다 세금면에서 유리하여 수익증권 저축제도가 대부분 이용되고 있다.

현물거래 시와 저축거래 시의 세금 면에서는 동등하다.

023

펀드의 환매 및 환매수수료에 관한 설명 중 가장 거리가 먼 것은?

① 투자자가 부담한 환매수수료는 해당 판매회사에 귀속된다.
② 투자자는 펀드를 판매한 판매회사에 대하여 펀드의 환매를 청구할 수 있다.
③ 환매수수료의 부과에서는 일정한 기간을 정한다.
④ 전환형 펀드의 펀드 변경 시에는 환매수수료를 징구하지 아니한다.

더알아보기 환매수수료
- 환매를 청구하는 투자자가 부담한다.
- 환매지급일 익영업일에 환매수수료는 집합투자재산에 귀속된다.
- 장기투자자를 유도하기 위해 징구한다.
- 중도환매에 따른 집합투자재산의 포트폴리오 구성변화로 인한 손실에 대한 벌과 금조의 성격도 지니고 있다.

징구기준
- 집합투자증권을 보유한 기간별로 징구한다.
- 환매대금 혹은 이익금을 기준으로 부과한다.
- 세금은 감안하지 않고 부과한다.

환매수수료는 펀드재산에 편입된다.

정답 020 ① | 021 ② | 022 ④ | 023 ①

024

펀드의 투자신탁 세제에 대한 설명 중 가장 거리가 먼 것은?

① 소득세법은 투자신탁을 신탁의 하나로 보고 있다.
② 소득세법은 투자신탁을 도관 취급하고 투자신탁 외의 신탁을 실체 취급하고 있다.
③ 투자신탁의 이익은 배당소득으로 구분한다.
④ 투자신탁이란 자본시장법상의 투자신탁을 의미한다.

소득세법은 투자신탁을 실체 취급하여 모두 배당소득으로 부과하고 투자신탁 외의 신탁을 도관 취급하여 소득건별로 부과한다.

025

다음 중 소득세법에 따라 이자소득으로 볼 수 없는 것은?

① 증권의 이자와 할인액
② 저축성 보험의 보험차액
③ 국내외에서 받은 투자신탁의 이익
④ 비영업대금의 이익

국내, 국외에서 받은 투자신탁의 이익은 모두 배당소득에 포함된다.

026

수익증권저축에 대한 다음 설명 중 가장 거리가 먼 것은?

① 판매회사는 수익증권을 1좌 단위로 매각 및 환매한다.
② 저축기간을 일단위로 정한 경우 최초 매수일은 계산하지 않는다.
③ 저축기간 종료 후에도 인출하지 않는 경우 인출청구 시까지 저축기간이 계속된 것으로 본다.
④ 판매회사가 집합투자규약에 의거 신탁계약을 해지하는 경우 저축계약의 해지로 본다.

일단위로 만기일을 정한 경우 최초 매수일을 계산하여 만료되는 날 익영업일을 만기 지급일로 한다.

027

수익증권 저축제도에 대한 다음 설명 중 가장 거리가 먼 것은?

① 목표식의 경우 만기일까지 저축목표 금액이 미달 시에는 저축기간이 연장된다.
② 저축자의 요청에 의한 경우 저축기간의 연장이나 목표 저축액의 증액이나 감액이 가능하다.
③ 저축금액의 최고 및 최저액은 제한하지 않는 것이 원칙이다.
④ 임의식 및 목적식 모두 저축금액을 정하여야 한다.

임의식은 저축금액을 정하지 않지만 목적식은 저축금액을 정해야 한다.

더 알아보기 수익증권저축의 종류

구분			저축방식
임의식			저축기간과 저축금액을 정하지 않고 임의로 저축함
목적식	거치식		일정금액을 일정기간 저축함
	적립식	정액	일정기간 정액으로 저축함
		자유	일정기간 자유롭게 저축함
	목표식		목표금액을 정해서 수시로 저축함

028

수익증권 입출금 업무에 대한 다음 설명 중 가장 거리가 먼 것은?

① 입금식 원칙은 좌수절상, 금액절사 제도이다.
② 금액으로 입금하여 수익증권 수납 시 및 금전을 지급하기 위해 환매좌수를 정하는 경우 모두 절상한다.
③ 좌수의 평가를 위해서는 원 미만을 절상한다.
④ 이익금의 출금 시 전액출금과 일부출금으로 구분한다.

입금 시는 좌수절상 금액절사이고 금액으로 입금하여 수익증권 수납 시는 절상하고 금전을 지급하기 위해 환매좌수를 정하는 경우는 절사한다.

정답 024 ② | 025 ③ | 026 ② | 027 ④ | 028 ②

029

다음 중 자본시장법상 투자신탁 이외의 신탁과 가장 거리가 먼 것은?

① 특정금전신탁 ② 변액보험
③ 신탁법에 의한 신탁 ④ 재산신탁

세법상의 집합투자기구의 요건
- 자본시장법상의 집합투자기구
- 매년 1회 이상 결산 및 분배할 것
- 금전으로 위탁받아 금전으로 환급할 것 등

자본시장법상 변액보험은 투자신탁에 해당하지만 세법으로는 저축성 보험의 보험차익으로 과세한다.

030

다음 중 집합투자기구에서 과세가 제외되는 대상이 아닌 것은?

① 국내의 증권시장에 상장된 외국증권
② 벤처기업의 주식 및 출자지분
③ 외국 법령에 따라 설립된 외국집합투자기구의 주식 또는 수익증권
④ 국내증권시장에 상장된 증권을 대상으로 하는 파생상품

외국 법령에 따라 설립된 외국집합투자기구의 주식 또는 수익증권은 과세된다.

031

펀드의 모집식 판매방식에 적합한 집합투자기구는?

① 단위형 ② 추가형
③ 환매금지형 ④ 역외펀드

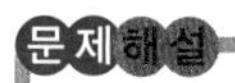

모집식은 단위형에 적합한 판매 방식이다. 모집형은 자금을 모집한 후 집합투자증권을 발행하는 경우이고 매출식은 판매회사가 먼저 자금을 납입한 후 펀드를 판매하여 자금을 충당하는 방식으로 추가형에 적합하다.

032

판매수수료 및 판매보수에 대한 다음 설명 중 가장 거리가 먼 것은?

① 판매수수료는 납입금액 또는 환매금액의 5%를 한도로 한다.
② 판매보수는 펀드 연평균가액의 1%를 한도로 한다.
③ 사모펀드의 경우는 한도의 상한선을 두고 있지 않다.
④ 판매방법, 판매금액에 따라 차등하여 받을 수 있다.

문제해설

판매수수료의 상한선은 2%, 판매보수의 상한선은 1%이다.

033

다음 중 환매 청구 시 환매 지급일이 다른 것은?

① 주식 50% 이상 펀드의 15시 이전 청구
② 주식 50% 미만 펀드의 17시 이전 청구
③ 채권형 펀드의 17시 이후 청구
④ MMF의 17시 이후 청구

문제해설

①, ②, ③은 T+3일 지급일이고 ④는 T+2일이 지급일이다.

034

펀드 수익증권 저축의 종류와 저축방식에 대한 설명 중 가장 거리가 먼 것은?

① 거치식 : 일정금액을 일정기간 이상 저축하면서 저축기간 중 수익금 범위 외에도 저축 재산을 인출할 수 있는 방식
② 자유적립식 : 일정기간 동안 금액의 제한 없이 수시로 저축하는 방식
③ 정액적립식 : 일정기간 동안 일정금액 또는 좌수를 정하여 매월 저축하는 방식
④ 임의식 : 저축기간 및 저축금액을 정하지 않고 임으로 저축하는 방식

문제해설

①은 수익금 인출식 방식의 거치식이다. 거치식은 은행의 정기예금과 같은 성격을 가지고 있으며 수익금 범위 내에서만 인출이 가능하다.
거치식의 또 다른 방식인 일정금액 인출식은 일정금액을 일정기간 이상 저축하면서 저축기간 중 사전에 정한 일정금액(수익금이 발생한 경우 우선하여 인출)의 저축재산을 매월 인출할 수 있는 방식을 말한다.

정답 029 ② | 030 ③ | 031 ① | 032 ① | 033 ④ | 034 ①

035

저축재산의 인출에 대한 설명으로 가장 거리가 먼 것은?

① 저축재산의 일부만 지급 시에는 선입선출법에 의한다.
② 저축만료 기간 이전에 환매 청구 시에는 수익증권 보유기간에 따른 환매수수료를 부담한다.
③ 저축계약의 해지가 있을 경우, 인출청구와 무관하게 저축기간이 끝난 것으로 본다.
④ 저축자가 저축재산의 인출 시 수익증권현물을 요구하는 경우 판매회사는 수익증권현물로 지급하여야 한다.

저축기간이 종료되었거나 저축계약이 해지되었음에도 불구하고 저축자가 저축재산의 인출을 청구하지 않았을 때에는 인출청구 시까지 저축기간이 계속된 것으로 간주한다.

036

펀드의 수익증권 기준가와 관련된 내용 중 가장 거리가 먼 것은?

① 기준가 : 개별신탁자산의 실질 자산가치를 의미한다.
② 과세기준가 : 세금은 실제 수익금에 대해 산정된다.
③ 과표기준가 : 펀드 내 소득 중 과세대상 소득만으로 산출된 기준가이다.
④ 매매기준가 : 이 기준가의 등락에 따라 보유기간 동안의 수익이 결정된다.

세금은 실제 수익금이 아니라 과표기준가(기준가격에서 비과세 되는 부분은 제외)에 의거 산정된다.
기준가격에서 과세 제외소득을 차감하면 과표 기준가격이 된다. 일반적으로 기준가격이 과표 기준가격보다 크나 주식 등의 매매손이 많이 발생하는 경우에는 과표 기준가격이 매매 기준가보다 클 경우도 있다.

037

펀드의 수익증권 권리에 관한 사항과 가장 거리가 먼 것은?

① 수익원본의 상환 및 이익분배금 청구권
② 수익증권의 환매 청구권
③ 집합투자업자 고유재산의 장부서류 열람권
④ 신탁재산의 등, 초본 청구권

집합투자업자의 고유재산은 자기의 자본으로 수익을 꾀하는 것으로 고객의 재산과는 부관하므로 정부서류열람권은 당연히 없다.

038

펀드 판매 시 판매수수료에 대한 설명 중 가장 거리가 먼 것은?

① 판매수수료는 1회성 판매행위에 대한 대가성이다.
② 선취 판매수수료 징수 시에는 일정기간 환매에 대한 억제 효과가 있다.
③ 선취 판매수수료 징수 시에는 NAV(펀드 순자산가치)에 일시적으로 영향을 주어 기준가격이 변동한다.
④ 선취 판매수수료를 납부한 투자자는 장기투자 시 판매수수료가 인하되는 효과가 있다.

더 알아보기 판매보수의 상한선은 1%, 판매수수료의 상한선은 2%이다.

문제해설

펀드 판매수수료는 NAV(펀드 순자산가치)에 영향을 주지 않는다. 펀드재산에서 차감하는 판매보수와는 달리 별도로 납부하기 때문이다.

039

2025년 4월 13일(월요일) 오전 11시에 시스컴 집합투자업자의 주식형 펀드(주식 50% 이상)를 환매 신청하였을 때 기준가격의 적용기준 일자는?

① 2025년 4월 13일 기준가
② 2025년 4월 14일 기준가
③ 2025년 4월 15일 기준가
④ 2025년 4월 16일 기준가

문제해설

주식형으로 오후 3시 이전에 환매 신청하면 T+1일이 기준가 적용일이다.

040

펀드상품에 가입한 후 기준가격이 100원 상승하였는데, 기준가격의 상승분에서 이자 및 배당소득이 60원이고, 나머지는 자본소득(주식)이었다면 과표 기준은?

① 100원　　② 40원
③ 60원　　④ 160원

문제해설

이자 및 배당소득에 대해서는 과세하나 자본소득은 과세하지 않는다. 따라서 60원이 과세 대상이다.

정답 035 ③ | 036 ② | 037 ③ | 038 ③ | 039 ② | 040 ③

041

다음의 소득세법상의 투자신탁의 요건으로 틀린 것은?

① 자본시장법상의 집합투자기구
② 매년 1회 이상 결산 · 분배하는 집합투자기구
③ 금전으로 위탁받아 금전으로 환급할 것
④ 특정단독사모집합투자기구일 경우

문제해설 

자본시장법에 의한 사모집합투자기구로서 투자자가 거주자 1인 또는 사실상 자산운용에 관한 의사결정을 하는 경우, 즉 특정단독사모집합투자기구에 해당되지 않아야 한다.

042

집합투자증권의 판매에 관한 다음 설명 중 가장 거리가 먼 것은?

① 모집식 판매의 경우 단위형보다는 추가형에 적합한 판매방식이다.
② 펀드 매수신청 이후에 산정된 기준가격을 적용하는 것은 미래가격 방식이다.
③ MMF의 경우 급여 등이 정기적으로 이체되어 매수하는 것은 일정한 조건하에서 당일가격 적용이 가능하다.
④ 집합투자재산평가위원회가 인정하는 경우에는 금전납입 후 제3영업일 이후 기준가격으로 판매할 수 있다.

더알아보기 단위형은 설정 후 추가설정이 되지 않는 펀드이고 추가형은 추가설정이 가능한 펀드이다. 모집식은 자금의 모집 후 펀드가 발행되는 경우이고 매출식은 이미 발행된 펀드를 판매하여 자금을 모으는 경우이다.

문제해설 

모집식 판매의 경우 단위형펀드 판매에 적합하며 매출식이 추가형에 적합하다.

043

판매보수 및 수수료에 대한 다음 설명 중 가장 거리가 먼 것은?

① 금융위원회가 정하는 경우 판매보수의 상한을 1%로 정할 수 있다.
② 판매보수 및 판매수수료의 취득한도는 공모펀드 및 사모펀드 모두 적용된다.
③ 판매보수의 총금액은 사전적으로 확정되지 않는다.
④ 판매수수료는 펀드 회전율의 증가요인으로 작용할 수 있다.

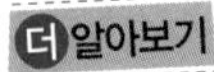

판매보수와 판매수수료는 각각 모두 수령이 가능하며, 판매회사별로 판매보수와 판매수수료의 요율을 달리 정할 수 있다.

보수 및 수수료 한도는 공모펀드에만 적용되고 사모펀드는 적용하지 않는다.

044

다음 중 환매금 지급일자가 4일차와 5일차 두 가지가 가능한 것은?

① 채권형 펀드의 5시 이전 환매청구
② 주식 50% 이상 펀드의 3시 이전 환매청구
③ 주식 50% 미만 펀드의 5시 이전 환매청구
④ 주식 50% 이상 펀드의 3시 이후 환매청구

①은 T+2일, ②는 T+3일, ③은 T+3일, ④는 T+3일 혹은 T+4일 지급할 수 있다.

045

이익분배금 및 상환금에 대한 다음 설명 중 가장 거리가 먼 것은?

① 집합투자기구는 이익금을 초과하여서는 분배할 수 없다.
② 상환금이란 일반적으로 수익증권 권면액을 말한다.
③ 신탁계약이 종료하면 지체없이 투자자에게 상환금을 지급해야 한다.
④ 이익분배금 및 상환금의 소멸시효는 5년이다.

집합투자기구의 특성에 따라 이익금을 초과하여 분배할 필요가 있는 경우에는 집합투자규약에 그 뜻을 기재하고 이익금의 분배방법 및 시기, 그 밖에 필요한 사항을 미리 정하여 금전으로 분배할 수 있다.

046

수익증권 현물거래와 저축거래에 대한 다음 설명 중 가장 거리가 먼 것은?

① 현물거래는 무기명식으로 양도가 자유롭고 담보제공이 가능하였다.
② 저축거래 시의 펀드는 무액면 무기명식이다.
③ 수익증권 저축약관은 대량적, 반복적 거래를 위하여 제정되었다.
④ 수익증권 저축계약은 투자신탁 계약 및 혼장 임치계약의 혼합계약이다.

현물거래를 위하여 과거에는 무기명식이었으나 현재는 무액면 기명식으로 발행된다. 수익증권 저축계약은 저축자와 판매회사 간의 수익증권의 매수를 포함하는 투자신탁 가입계약 및 매수된 수익증권의 보관 및 관리를 위한 혼장 임치계약의 혼합계약이다.

정답 041 ④ | 042 ① | 043 ② | 044 ④ | 045 ① | 046 ②

047

저축금으로 매수하는 수익증권의 좌수 계산 시 입금산식은?

① [매수좌수 = 저축금액 ÷ (매수 시 기준가격/1000) → 좌 미만 절상]
② [환매좌수 = 저축금액 ÷ (환매 시 기준가격/1000) → 좌 미만 절사]
③ [저축금액 = 매수좌수 × 매수 시 기준가격/1000 → 원 미만 절사]
④ [지급금액 = 환매좌수 × 환매 시 기준가격/1000 → 원 미만 절상]

문제해설 

① 수납 시 좌수환산
② 지급 시 좌수환산
③ 수납 시 금액환산
④ 지급 시 금액환산

048

펀드의 세제에 대한 다음 설명 중 가장 거리가 먼 것은?

① 펀드의 소득은 배당소득으로 과세한다.
② 대금업을 하지 않고 수령한 금전대여의 이익은 비영업대금의 이자로 이자소득에 포함된다.
③ ELS, DLS, ELW의 소득은 배당소득으로 간주한다.
④ 신용위험의 지표를 통한 증권의 수익은 배당소득으로 간주한다.

문제해설 

ELS, DLS는 배당소득으로 간주하나, ELW는 권리행사로 인한 소득으로 이자소득이나 배당소득 어디에도 해당되지 않는다.

049

펀드와 관련된 다음 설명 중 가장 거리가 먼 것은?

① 집합투자증권 중 수익증권의 기본거래단위를 '좌'라 한다.
② 집합투자증권 중 투자회사 주식 기본거래단위를 '주'라 한다.
③ 기준가격이란 집합투자증권을 매매하는 데 기준이 되는 가격으로 1좌당 순자산가액을 말한다.
④ 기준가격은 통상 1,000좌 단위로 표시하고 원 미만은 절사한다.

문제해설 

기준가격은 원 미만 둘째 자리까지 계산하고 그 미만은 사사오입한다.

050

일정금액을 일정기간 이상 저축하면서 저축기간 중 수익금 범위 내에서 저축재산을 인출할 수 있는 수익증권 저축의 종류는?

① 임의식 ② 거치식

③ 정액식 ④ 자유적립식

문제해설 

거치식에 대한 설명이다. 수익증권 저축은 임의식과 목적식으로 구분하고 목적식은 거치식과 적립식으로 나뉘며 적립식은 정액적립식과 자유적립식으로 구분된다.

051

집합투자증권 환매에 관한 설명 중 맞는 것은?

① 투자자의 3분의 2 이상의 동의가 있으면 현금이 아니라 집합투자재산으로 환매할 수 있다.

② 환매수수료는 환매금액 또는 이익금을 기준으로 부과해야 한다.

③ 판매회사는 어떠한 경우에도 환매청구를 받은 집합투자증권을 자신의 자금으로는 매입할 수 없다.

④ 투자자는 언제든지 집합투자증권을 발행한 집합투자업자에 환매를 청구할 수 있다.

문제해설 

① 집합투자자 전원의 동의가 있을 때에 집합투자재산(주식, 부동산 등) 실물로 환매할 수 있다.
③ MMF는 예외적인 경우 일정 금액 범위 내에서 판매회사 고유재산으로 매입할 수 있다.
④ 환매청구는 원칙적으로 판매사에 해야 하며, 판매회사에 허가취소 등 사유가 있을 때에 한해 집합투자업자에게 직접 청구할 수 있다.

052

펀드 판매시 판매보수와 판매수수료를 비교한 내용 중 맞는 것은?

① 판매보수와 판매수수료의 부담 주체는 모두 펀드이다.

② 판매보수와 판매수수료 모두 펀드 순자산에 영향을 미친다.

③ 일반적으로 단기투자자는 판매보수보다 판매수수료가 유리하다.

④ 동일한 펀드에서 투자금액에 따라 선취 판매수수료를 차등 적용할 수 있다.

① 판매보수는 부담주체가 펀드이나 판매수수료의 부담주체는 투자자이다.
② 판매보수는 펀드 순자산 가치에 영향을 미치나 판매수수료는 영향이 없다.
③ 일반적으로 장기투자자는 판매보수보다 판매수수료가 유리하다.

정답 047 ① | 048 ③ | 049 ④ | 050 ② | 051 ② | 052 ④

053

다음 중 소득세법상의 배당소득으로 볼 수 없는 것은?

① 상법상 건설이자의 배당
② 의제배당
③ 비영업대금의 이익
④ 인정배당

더 알아보기 배당소득
- 이익배당(내국법인으로부터 받는 이익이나 잉여금의 배당 또는 분배금)
- 상법상 건설이자의 배당
- 법인으로 보는 단체로부터 받는 배당 또는 분배금
- 의제배당
- 인정배당(법인세법에 의하여 배당으로 처분된 금액)
- 국내 또는 국외에서 받은 집합투자기구로부터의 이익
- 외국법인으로부터의 배당

비영업대금의 이익은 이자소득에 속한다. 비영업대금의 이익은 대금업에 해당하지 않는 금전대여로 인해 받는 이자를 의미한다.

054

펀드 소득에 대한 원천 징수 시 과세비율이 바르게 연결된 것은?

① 개인 15.4%, 법인 14%, 개인세금 우대 9.5%
② 개인 14%, 법인 14%, 개인세금 우대 9.5%
③ 개인 15.4%, 법인 15.4%, 개인세금 우대 9.0%
④ 개인 14%, 법인 14%, 개인세금 우대 9.0%

- 개인(소득세 14%, 주민세 1.4% 계 : 15.4%)
- 법인(법인세 14%)
- 개인세금 우대(소득세 9%, 농특세 0.5% 계 : 9.5%)

055

펀드의 과세 등에 관한 설명이다. 가장 거리가 먼 것은?

① 주가 상승 시에는 기준가격이 과표기준가격보다 낮고 주가 하락 시에는 기준가격이 과표기준 가격보다 높다.
② Income Gain에는 채권의 이자, 주식의 배당금 등이 있으며, Gapital Gain에는 유가증권의 매매수익, 해외 투자 시의 수익이 포함된다.
③ 과표는 과표 기준가 상승분에서 과표환매수수료를 차감하여 계산한다.
④ 세금 우대형의 경우 세금은 소득세와 농특세를 합하여 9.5%이다.

주가 상승 시에는 기준가격이 과표기준가격보다 높고, 주가 하락 시에는 기준가격이 과표기준 가격보다 낮을 수 있다. 과표에서 제외되는 자본손실(주식손실)로 인해 과표가 기준가격보다 높을 수가 있다.

056

다음은 펀드의 환매연기에 대한 설명이다. 가장 거리가 먼 것은?

① 환매가 연기된 펀드재산은 그 펀드재산만으로 별도의 펀드를 설정 또는 설립할 수 있다.
② 현저한 거래부진 등으로 재산을 매각할 수 없을 경우에 환매연기가 된다.
③ 환매를 연기한 경우 집합투자업자는 1개월 이내에 환매연기총회에서 환매에 관한 사항을 의결하여야 한다.
④ 부실자산으로 구성된 별도의 집합투자지구를 설정 또는 설립한 경우에는 정상자산으로 구성된 집합투자기구의 수익증권은 계속하여 발행 또는 판매할 수 있다.

먼저 집합투자업자가 펀드의 환매연기를 한 후, 펀드의 환매연기총회는 연기 후 6주 이내에 개최하여 연기 여부를 의결하여야 한다.

정답 053 ③ | 054 ① | 055 ① | 056 ③

057

다음은 집합투자증권의 결산과 재투자에 대한 사항이다. 가장 거리가 먼 것은?

① 집합투자증권은 약관에서 정한 방법으로 일정기간 경과 시마다 운용성과를 계산하게 되는데 이를 결산이라고 한다.
② 집합투자증권 신탁회계기간의 종료일 또는 신탁계약 해지일(상환일)에 이익분배금을 계산하고 분배금만큼 기준가를 늘려주는 절차이다.
③ 이익분배금은 집합투자증권의 운용결과 발생한 수익금에서 신탁보수, 제비용 등을 공제 후 투자자에게 지급된다.
④ 재투자 처리를 하면 기준가격은 내려가고 그만큼 보유 좌수를 늘려주게 되므로 금액이 줄어드는 것은 아니다.

문제해설 

결산으로 이익분배금을 투자자에게 분배하게 되는데 이를 현금 지급하지 않고 재투자하면 기준가는 시작 기준가인 1,000원으로 떨어진다. 그러나 재투자분에서 세금을 제외한 부분으로 투자된 좌수가 늘어나서 전체의 평가액은 줄어들지 않는다.

058

다음은 펀드의 매입 시 기준가격 적용을 연결한 것이다. 가장 거리가 먼 것은?

① 채권형 펀드 오후 5시 이전 : T+1일
② 주식편입 50% 미만 펀드 오후 5시 이후 : T+2일
③ 개인 MMF 오후 5시 이전 : T일
④ 주식편입 50%이상 펀드 오후 3시 이전 : T+1일

개인 MMF 오후 5시 이전은 오후 T+1일이다.

더 알아보기

구분		T일(당일)	T+1일(2일차)	T+2일(3일차)
주식 50% 이상 펀드	3시 이전	매수청구일	적용기준가 매수일	
	3시 이후	매수청구일		적용기준가 매수일
주식 50% 미만 펀드, 채권형펀드, MMF	5시 이전	매수청구일	적용기준가 매수일	
	5시 이후	매수청구일		적용기준가 매수일

059

펀드 수익증권의 만기지급일 및 환매수수료의 징수방법으로 가장 거리가 먼 것은?

① 이익분배금 및 상환금의 소멸시효는 5년이다.
② 재투자분을 환매하는 경우 환매수수료를 부과한다.
③ 투자자가 부담한 한매수수료는 집합투자재산에 귀속된다.
④ 환매수수료는 환매금액 또는 이익금 등을 기준으로 부과한다.

재투자분 환매 시, 환매수수료를 면제한다.

060

펀드의 판매보수와 판매수수료에 대한 설명으로 가장 거리가 먼 것은?

① 판매보수는 판매회사의 지속적인 서비스 대한 대가이다.
② 판매보수는 펀드재산에서 차감되어 계산된다.
③ 판매수수료는 납입금액 또는 환매금액의 2%를 한도로 한다.
④ 판매수수료는 판매회사별로 차등하여 적용할 수 없다.

판매수수료는 판매회사별로 차등하여 적용할 수 있다. 클래스형과 같이 고객별로도 차등하여 받을 수 있다.

061

다음 표를 보고 펀드의 과세대상 소득을 구하라

구분	이자 · 배당(IG)	매매 · 평가차익(CG)
채권	1,000,000	△1,000,000
주식	1,000,000	1,000,000

① 1,000,000원　② 2,000,000원
③ 3,000,000원　④ 4,000,000원

과세대상 소득 = 1백 + 1백 + △1백 = 1백만 원 (주식 매매, 평가차익 1백만 원은 비과세 대상이므로 계산에서 제외하나 채권 매매 및 평가는 과세 대상이므로 1백만 원 손실분은 차감한다.)

정답 057 ② | 058 ③ | 059 ② | 060 ④ | 061 ①

062

다음 중 펀드 투자회사의 세제에 대한 다음 설명 중 가장 거리가 먼 것은?

① 투자회사는 법인이므로 법인세의 납부의무가 있다.
② 투자회사는 배당가능이익의 70% 이상 배당하면 법인세가 면제된다.
③ 투자회사의 자산평가는 발생주의 회계를 적용하고 있다.
④ 투자회사는 상법상 상업등기가 필요하므로 등록세를 납부해야 한다.

문제해설 

투자신탁은 법리에 따라 투자신탁의 이익은 비과세하고 있다. 투자회사의 경우에도 결산기에 배당가능이익의 90% 이상을 투자자에게 분배하는 경우 법인세를 부담을 주지 않고 있다.

063

펀드 투자신탁의 세제에 대한 다음의 설명 중 가장 거리가 먼 것은?

① 투자신탁의 수입시기란 과세시기를 의미한다.
② 투자신탁의 수입시기는 집합투자기구로부터 이익을 지급받는 날이다.
③ 투자신탁에 투자손실을 볼 경우에는 납부할 세금이 없다.
④ 종합소득세는 다음 해 5월 말까지 주소지 관할 세무서에 신고, 납부한다.

문제해설 

투자신탁에 투자 후 주식 등에 투자하여 전체적으로 손실을 본 경우라도 과세대상 소득이 있다면 세금을 납부해야 한다.

064

펀드 수익증권의 만기지급일 및 환매수수료 징수방법이다. 가장 거리가 먼 것은?

① 저축기간을 '일' 단위로 정한 경우 초일 불산입의 원칙을 적용한다.
② 투자신탁계약 해지로 인한 종료 시, 해지결산 후 첫영업일을 만기지급일로 한다.
③ 투자자가 부담한 환매수수료는 집합투자재산에 귀속된다.
④ 환매수수료는 환매금액 또는 이익금 등을 기준으로 부과한다.

일반적으로 초일 산입을 적용한다.

065

펀드 수익증권저축의 종류와 관련된 내용이다. 다음 중 가장 거리가 먼 것은?

① 임의식 : 저축기간, 저축금액을 정하지 않고 임의로 저축하는 방식이다.
② 목적식 : 목표식 저축의 하나이다.
③ 자유적립식 : 일정기간 동안 금액제한 없이 수시로 저축할 수 있다.
④ 거치식 : 일정기간 이상 저축하면서 이 기간 중에 수익금 범위 내에서만 저축재산을 인출할 수 있다.

목표식은 저축 목표금액을 정해서 납입하는 방식으로 목적식과 구별된다.

066

투자신탁 회계기간의 종료, 펀드의 만기 또는 해지에 따라 펀드의 운용결과 발생한 수익금에서 신탁보수, 제비용을 공제하고 투자자에게 지급되는 금액을 무엇이라 하는가?

① 이익분배금 ② 상환금
③ 배당금 ④ 이자

원금은 상환금, 수익은 이익분배금이다.

067

펀드 환매기준가 적용일 업무에 대한 설명으로 가장 거리가 먼 것은?

① 채권형펀드의 경우 오후 5시 이후 매입 청구 시(T+2일 적용)
② 개인의 경우 오후 5시 이전 MMF 환매 시 익일 기준가가 적용된다.
③ 주식 50% 이상 펀드일 경우 오후 3시 이전 환매 청구 시(T+1일 적용)
④ 채권형펀드 환매 시 Late trading 적용 기준시간은 오후 5시 기준이다.

채권형펀드의 경우 오후 5시 이후 매입 청구 시 T+3일이 적용된다.

정답 062 ② | 063 ③ | 064 ① | 065 ② | 066 ① | 067 ①

4장 펀드 구성 · 이해

001

다음 중 주식형펀드의 주요한 위험과 가장 거리가 먼 것은?

① 시장위험 ② 신용위험
③ 개별위험 ④ 유동성 위험

주식형펀드의 주요위험은 시장위험, 개별위험, 유동성 위험이다.

002

파생상품증권의 주요 구성요소와 가장 거리가 먼 것은?

① 발행사 ② 중도상환 가능 여부
③ 환매 가능성 ④ 판매사

판매사는 주요 구성요소로 볼 수 없다. 구성요소로는 ①, ②, ③ 외에도 만기, 기초자산 수익구조 등이 있다.

003

ETF에 대한 다음 설명 중 가장 거리가 먼 것은?

① ETF는 회계결산 시점과 무관하게 신탁 분배금을 분배할 수 있다.
② ETF의 매매차익도 수익증권의 수익으로서 과세대상이다.
③ 국내 주식형 ETF의 경우 처분이익에 비과세하고 보유자산의 이자소득, 배당소득만 과세한다.
④ ETF의 자산총액으로 동일법인이 발행한 지분증권총수의 20%까지 운용이 가능하다.

ETF는 인덱스형 펀드가 거래 상장되어 있어 주식처럼 매매되므로 주식처럼 매매차익에 대해 비과세하고 있다.

004

인덱스펀드의 특징에 대한 다음 설명 중 가장 거리가 먼 것은?

① 인덱스펀드는 장기투자에 유리하다고 할 수 있다.
② 인덱스펀드는 비용이 저렴하고 운용 구조가 투명하다는 장점이 있다.
③ 추적대상지수의 수익률을 초과하는 목표형의 인덱스형을 Enhanced 인덱스펀드라고 한다.
④ 부분복제 방법으로도 인덱스와의 추적오차를 모두 제거할 수 있다.

문제해설 

부분복제 방법으로는 대부분의 추적오차가 제거되지 못하고 완전복제 방식이라야 가능하다. 복제방식으로는 완전복제와 부분복제 방식이 있으나 완전복제는 현실적으로 불가능하다.

005

장내파생상품 운용펀드에 대한 다음 설명 중 가장 거리가 먼 것은?

① 콜옵션 매수의 성과를 복제하는 것은 포트폴리오 인슈어런스 상품이다.
② 높은 레버리지를 이용할 수 있다.
③ 다양한 위험 수익관계(Risk Return Profile)가 가능하다.
④ 기술적 분석이나 시스템을 이용한 투기거래는 금지된다.

문제해설 

기술적 분석이나 시스템을 이용한 투기거래도 가능하며 위험 관리가 관건이며 시스템 업그레이드가 필요하다. 시스템 트레이딩은 펀드 매니저의 주관적인 판단을 배제하고 설정된 매매기법(시스템)이 지시하는 대로 매매를 하는 방식이다.

006

다음중 실물형부동산펀드와 가장 거리가 먼 것은?

① 매매형부동산펀드　　② 개량형부동산펀드
③ 증권형부동산펀드　　④ 임대형부동산펀드

문제해설 

실물형으로도 ①, ②, ④ 외에도 경공매형, 개발형 등이 있다.

정답 001 ② | 002 ④ | 003 ② | 004 ④ | 005 ④ | 006 ③

007

ETF 지수산정방식 기준에서 지수에 대한 설명 중 가장 거리가 먼 것은?

① 지수를 구성하는 종목이 10종목 이상이어야 한다.
② 최상위 종목의 시가비중이 지수에서 30% 이하이어야 한다.
③ 시가총액 상위 85% 종목의 3개월 평균 시가총액이 150억 원 이상이어야 하고 거래대금은 100억 원 이상이어야 한다.
④ 매일 신뢰 가능한 가격으로 발표하고 공정하게 형성되어야 한다.

더 알아보기 ETF의 특징

- ETF는 인덱스펀드로서 일반주식과 같이 증권시장에서 거래되지만 회사의 주식이 아니라 특정 주가지수를 따라가면서 수익을 실현하는 것을 목적으로 하는 인덱스펀드이다.
- ETF는 일반투자기구와는 달리 증권 실물로 투자기구의 설정과 해지를 할 수 있다.

문제해설

③의 설명 중 거래대금은 100억 원이 아니고 1억 원 이상이면 된다. 증권 ETF에는 은행 지수, 자동차 지수를 이용한 것이 있다.

008

투자설명서에 거짓 기재를 하여도 책임을 지지 않는 자는?

① 증권신고서 신고 후 발행인의 이사
② 증권신고서의 내용이 정확하다고 서명한 공인 회계사
③ 투자설명서를 작성하거나 교부한 자
④ 증권의 인수계약을 체결한 자

증권신고서 신고 당시 발행인의 이사가 책임이 있고 신고를 한 후 발행인의 이사는 책임이 없다.

009

다음 중 부동산 관련된 증권으로 볼 수 없는 것은?

① 지상권, 지역권, 분양권
② 부동산 개발회사가 발행한 증권
③ 부동산 투자회사가 발행한 증권
④ 부동산 관련자산을 기초로 하는 자산 유동화 증권의 유동화 가액이 50% 이상인 유동화증권

50%가 아니라 70% 이상인 유동화증권이 부동산과 관련된 증권이다.

010

MMF의 운용제한에 대한 설명 중 가장 거리가 <u>먼</u> 것은?

① 증권을 대여하거나 차입해서는 안 된다.
② 남은 만기가 1년 이상인 국채증권을 펀드의 10% 이내에서 운용할 것
③ RP 매도는 펀드가 보유하는 증권 총액의 5% 이내일 것
④ 펀드의 40% 이상은 채무증권에 운용할 것

문제해설 

10%가 아니라 5% 이내에서 운용하여야 한다.

011

ETF의 가격지수의 선정 및 ETF 구비요건에 대한 다음 설명 중 가장 거리가 <u>먼</u> 것은?

① 지수를 구성하는 종목이 10종목 이상일 것
② 가격 또는 지수가 시장을 통하여 투자자에게 적절하게 공표될 수 있을 것
③ ETF의 추적 오차율이 5% 이내이어야 할 것
④ 최상위 종목의 시가 비중이 전체의 30% 이상을 차지하지 아니할 것

문제해설 

추적 오차율이 10%를 초과하여 3개월 이상 지속되는 경우 상장을 폐지하므로 5%가 아니라 10% 이내이어야 한다. 이외에도 시가총액 상위 85% 종목의 3개월 평균시가총액이 150억 원 이상이고 거래대금이 1억 원 이상일 것 등이 있다.

012

다음 중 특별자산에 해당하는 증권으로 볼 수 <u>없는</u> 것은?

① 선박투자회사법에 따라 선박투자회사가 발행한 주식
②특별자산이 펀드의 50% 이상을 차지하는 경우의 수익증권
③ 통화, 일반상품 등으로 가격이나 지표의 평가는 가능하지 않아도 가격이나 지표의 산출이 가능한 것
④ 어업권, 탄소배출권 등의 권리

가격지표 등의 산출이나 평가가 모두 가능해야 한다.

정답 007 ③ | 008 ① | 009 ④ | 010 ② | 011 ③ | 012 ③

013

자본시장법상 특별자산에 해당하는 파생상품과 가장 거리가 먼 것은?

① 통화를 기초자산으로 하는 파생상품
② 증권을 기초자산으로 하는 파생상품
③ 일반상품을 기초자산으로 하는 파생상품
④ 신용위험을 기초자산으로 하는 파생상품

문제해설

증권을 기초로 하는 파생상품은 특별자산에 포함되지 않는다.

014

다음 부동산펀드 중 집합투자규약을 정관으로 사용하지 않는 것은?

① 익명조합 ② 투자회사
③ 유한회사 ④ 합자회사

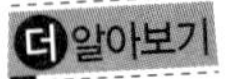

부동산펀드 구분	설정 · 설립 주체	집합투자규약
부동산투자신탁	집합투자업자가 설정	신탁계약서
부동산투자회사	발기인이 설립	정관
부동산투자유한회사	집합투자업자가 설립	정관
부동산투자합자회사	집합투자업자가 설립	정관
부동산투자조합	집합투자업자가 설립	조합계약
부동산투자익명조합	집합투자업자가 설립	익명조합계약

익명조합은 익명조합계약이 집합투자규약이다.

015

신탁재산의 법적 특성으로 가장 거리가 먼 것은?

① 신탁재산에 대한 강제집행의 금지
② 신탁재산의 상계금지
③ 수탁자의 상속 및 파산으로부터의 독립
④ 신탁재산 혼동의 원칙

신탁재산에 대해서는 민법의 혼동의 원칙이 적용되지 않는다. 신탁재산의 수탁자의 고유재산 및 다른 신탁재산으로부터 독립되어 있다.

016

특별자산펀드에 대한 다음 설명 중 가장 거리가 먼 것은?

① 선박투자회사법상의 공모방식의 선박투자회사는 자본시장법의 적용을 받는다.
② 자동차, 건설기계 등도 특별자산에 속한다.
③ 에니메이션 등 문화 콘텐츠는 특별자산에 속한다.
④ 특별자산펀드는 개방형과 환매금지형 모두 설정 · 설립이 가능하다.

반드시 환매금지형으로 설정, 설립하여야 한다.

017

증권시장의 변동성을 이용하여 환매수수료 없이 자유롭게 펀드로 변경하여 수익을 확보하거나, 위험을 관리할 수 있도록 구조를 만들어 놓은 펀드는?

① 엄브렐라펀드 ② 종류형펀드
③ 상장지수펀드 ④ 모자형펀드

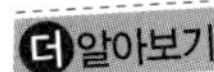

- **종류형펀드** : 판매보수 및 판매수수료 체계를 달리하는 펀드
- **모자형펀드** : 모펀드와 자펀드 사이에서 투자가 이루어지는 펀드
- **상장지수형펀드** : 인덱스펀드가 거래소에 상장되어 있는 형태

문제해설

증권시장의 변동성을 이용하여 환매수수료 없이 자유롭게 펀드로 변경하여 수익을 확보하거나, 위험을 관리할 수 있는 펀드는 엄브렐라펀드(전환형펀드)이다.

018

단기금융펀드인 MMF에 대한 설명으로 가장 거리가 먼 것은?

① 콜론, CD, CP등 단기성 자산에 투자한다.
② 개인용, 법인용으로 분리되어 있다.
③ 시가평가를 원칙으로 한다.
④ 과거 우리나라에서 가장 높은 수탁고를 보여 왔던 펀드유형이다.

장부가평가를 원칙으로 한다.

정답 013 ② | 014 ① | 015 ④ | 016 ④ | 017 ① | 018 ③

019

특수한 형태의 펀드들에 대한 설명 중 가장 거리가 먼 것은?

① 종류형펀드는 동일한 펀드 내에서 다양한 보수 또는 수수료를 가진 클래스를 만들어 부수 또는 수수료 차이에서 발생하는 신규펀드 설정을 억제하고자 하는 펀드이다.

② 전환형펀드는 복수의 펀드 간에 공통적으로 적용되는 약관이나 정관에 의해 각 펀드의 투자자에게 다른 펀드로 전환할 수 있는 권리가 부여된 펀드로써, 시장상황에 따라 다양하게 제공한다.

③ 모자형펀드는 다수 개별 자펀드의 재산을 한 개 이상의 모펀드에서 통합운영하고, 자펀드는 모펀드의 수익증권을 편입해 운영하는 집중관리 펀드로써 투자자에게 모펀드를 판매한다.

④ 상장지수펀드는 지수펀드가 주식처럼 거래소에서 거래되도록 하는 장점이 있다.

모자형펀드는 자본시장에서 투자를 하고 자펀드는 투자자에게 펀드를 판매하여 모펀드에 투자한다.

더 알아보기 모자형집합투자기구에 대한 규제
- 자펀드가 모펀드 외에 다른 펀드에 투자하지 말 것
- 자펀드와 모펀드의 집합투자업자가 동일할 것
- 자펀드 외의 자가 모펀드에 투자하지 말 것

020

다음 중 MMF에 투자대상인 단기금융상품이 아닌 것은?

① CD(양도성정기예금증서)

② 회사채

③ RP(환매조건부 채권 매매)

④ 1년 미만 채권

30일 이내의 금융기관 간의 자금거래(CALL LOAN) 및 금융시장에서 단기로 거래되는 상품들을 단기금융상품이라 한다.
- CD(양도성정기예금증서)
- RP(환매조건부 채권 매매)
- 표지어음
- CP(기업어음)

021

현실적으로 전 종목에 투자하는 것이 불가능하여 추적오차(TRAKING ERROR)가 발생하는 펀드는?

① 인덱스펀드　② 전환형펀드
③ 종류형펀드　④ 모자형펀드

대표적인 지수인 KOSPI200지수와 동일한 수익률을 올리려면 KOSPI200에 해당하는 전 종목에 투자하면 되나 현실적으로 전 종목에 투자하는 것이 불가능하여 추적오차(TRAKING ERROR)가 발생한다.

022

증권펀드의 하나인 국공채형펀드에 대한 설명 중 가장 거리가 먼 것은?

① 회사채펀드가 신용등급 전략을 사용하는 반면에 국공채형펀드는 듀레이션 전략을 사용한다.
② 향후 금리의 상승이 예상될 경우 유리한 펀드이다.
③ 편입 채권은 신용위험이 없어 경기 침체 시에 투자자의 관심이 집중된다.
④ IMF 이후 채권시장이 회사채 중심시장에서 국채 중심시장으로 이동하면서 규모가 크게 증대하였다.

국공채형펀드는 주로 장기 채권이 편입되어 있어 금리하락이 예상될 경우 유리한 펀드이다.

023

ETF에 대한 다음의 설명 중 가장 거리가 먼 것은?

① ETF의 지정참가회사(AP)는 수익을 목적으로 차익거래를 수행한다.
② ETF의 지정참가회사(AP)는 유동성 공급자의 역할을 수행한다.
③ ETF는 회계결산 시점과 무관하게 신탁 분배금을 분배할 수 있다.
④ ETF는 추가형이며 상장형 투자기구이다.

ETF의 지정참가회사는 수익을 목적으로 차익거래를 수행하는 것이 아니라 수익증권의 순자산 가치와 증권시장에서의 거래가격을 근접시키기 위해서 차익거래를 수행한다.

정답 019 ③ | 020 ② | 021 ① | 022 ② | 023 ①

024

증권신고서에 대한 다음 설명 중 가장 거리가 먼 것은?

① 10억 원 이상의 모집, 매출의 경우 신고서를 금융위에 제출하여 수리되어야 한다.

② 증권신고서의 기재사항 중 중요사항에 관하여 거짓의 기재 또는 표시가 없고, 중요사항의 기재 또는 표시가 빠져 있지 않다는 사실을 표시해야 한다.

③ 증권신고서의 효력발생은 증권시장에 상장된 환매금지형 집합투자기구의 경우 7일이다.

④ 증권신고서는 사모투자신탁의 경우 및 모자형집합투자기구의 모투자신탁의 경우는 적용이 배제된다.

더 알아보기 증권신고서 제출 시 확인 · 검토해야 할 사항

- 증권신고서의 기재사항 중 중요사항에 관하여 거짓의 기재 또는 표시가 없고, 중요사항의 기재 또는 표시가 빠져 있지 않다는 사실
- 증권신고서 이용자로 하여금 중대한 오해를 일으키는 내용이 기재 또는 표시되어 있지 않다는 사실
- 증권신고서 기재사항에 대하여 상당한 주의를 다하여 직접 확인 · 검토하였다는 사실

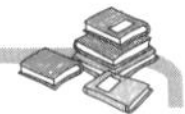

문제해설

증권신고서의 효력발생은 증권시장에 상장된 환매금지형 집합투자기구는 10일이고 일반적인 환매 금지형 집합투자기구의 경우 7일이다.

025

파생펀드의 유형 중 Range형 구조에 적절한 그래프 모양은?

문제해설

기초자산이 일정 구간 내에 있을 때 수익이 발생한다.
②는 디지털형 구조, ④는 스프레드형 구조이다.

026

다음 ㉠, ㉡, ㉢에 들어갈 알맞은 용어를 적절하게 연결한 것은?

> [㉠]란 타인을 신뢰하여 자신의 자산을 맡기고 신탁을 설정하는 사람을 말하며, [㉠]와의 신탁계약을 통해서 [㉠]로부터 재산을 넘겨받아 관리 및 운용을 하는 사람을 [㉡]이라 하며, 그 신탁을 통해 관리되는 재산과 그로부터 발생하는 이익을 받는 자를 [㉢]이라 한다.

	㉠	㉡	㉢
①	수탁자	위탁자	수익자
②	수탁자	수익자	위탁자
③	위탁자	수익자	수탁자
④	위탁자	수탁자	수익자

신탁관계인에는 위탁자, 수탁자, 수익자 및 수익자에 갈음하는 신탁관리인과 수탁자에 갈음하는 신탁재산관리인을 포함한다.

027

다음 중 부동산신탁의 상품에 해당하지 않는 것은?

① 담보신탁
② 종합재산신탁
③ 관리신탁
④ 처분신탁

부동산신탁의 담보신탁, 관리신탁, 처분신탁, 개발신탁으로 구분된다. 종합재산신탁은 하나의 신탁으로 여러 가지 종류의 재산을 한꺼번에 신탁하는 상품으로서 상속을 목적으로 하거나, 여러 종류의 자산을 유동화하여 자금을 조달할 때 이용한다.

028

신탁법에서 규정하는 신탁에 대한 내용 중 가장 거리가 먼 것은?

① 신탁의 대상이 되는 신탁재산에는 적극재산 뿐만 아니라 소극재산인 부채까지도 포함된다.
② 재산을 이전하지 않고 담보권을 설정하는 방식으로도 신탁을 설정할 수 있다.
③ 위탁자, 수탁자, 수익자를 신탁의 당사자라고 한다.
④ 위탁자의 단독행위인 유언으로 신탁을 설정할 수 있다.

신탁은 통상 위탁자와 수탁자의 계약에 의해 설정된다는 점에서 위탁자와 수탁자를 신탁의 당사자라라고 하며, 수익자는 신탁행위의 당사자는 아니다.

정답 024 ③ | 025 ③ | 026 ④ | 027 ② | 028 ③

029

다음 중 부동산펀드의 판매주체는?

① 신탁업자 ② 투자매매업자
③ 집합투자업자 ④ 일반사무관리회사

문제해설

판매주체는 투자매매업자와 투자중개업자이다. 주로 증권회사, 은행, 보험회사가 주축이며 그중에서도 은행의 판매고가 제일 크다. 은행은 자본시장법상 신탁업자의 역할을 수행하고 있기 때문에 판매회사와 신탁업자의 역할을 동시에 하고 있는 셈이다.

030

신탁의 기본 구조로 적합한 설명을 보기에서 모두 고른 것은?

ㄱ. 신탁은 일반적으로 위탁자와 수익자 간의 신탁계약에 의해 설정된다.
ㄴ. 신탁이 설정되면 신탁재산의 소유자는 수탁자로 변경된다.
ㄷ. 신탁은 신탁선언에 의해서도 설정될 수 있다.
ㄹ. 수익자는 수탁자를 감시 감독할 권한을 갖는다.

① ㄱ, ㄴ ② ㄴ, ㄷ
③ ㄱ, ㄷ, ㄹ ④ ㄴ, ㄷ, ㄹ

문제해설

ㄱ. 신탁은 위탁자와 수탁자 간의 신탁계약에 의해 설정되는 것이 일반적이다.
ㄴ. 신탁이 설정되면 신탁재산의 소유자 및 권리자는 위탁자에서 수탁자로 변경된다.
ㄷ. 신탁선언이란 위탁자 자신을 수탁자로 지정하는 위탁자의 선언을 말한다. 신탁법 개정을 통해 새롭게 허용된 신탁제도이다.
ㄹ. 수익자는 신탁의 원금과 이익을 가져갈 실질적인 신탁재산의 소유자이기 때문에 수탁자가 신탁계약에서 정한 바대로 신탁사무를 잘 처리하고 있는지를 감시 감독할 권한을 가지게 된다.

031

증권펀드의 투자전략 중 액티브형 및 패시브형 전략을 동시에 보유한 것은?

① 섹터형 투자전략 ② 정통형 투자전략
③ 스타일 투자전략 ④ 테마 투자전략

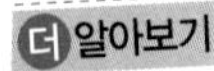

더 알아보기 액티브형은 시장의 정보 효율성이 비효율적이라고 판단하여 시장이 평균 수익률보다 더 높은 수익률을 올릴 수 있다고 생각하고 투자하지만 패스브형은 시장의 정보 효율성이 효율적이라고 판단하여 시장의 평균 수익률보다 더 높은 수익률을 올 리 수 없다고 생각하고 투자한다.

문제해설

섹터펀드는 액티브형 및 패시브형 투자전략을 동시에 공유하고 있다.

032

자본시장법상 특별자산펀드에 대한 설명 중 가장 거리가 먼 것은?

① 특별자산펀드는 펀드재산의 100분의 50를 초과하여 특별자산에 투자하는 펀드이다.
② 특별자산을 포괄주의가 아닌 열거주의를 채택하였다.
③ 상법상의 주식회사 형태는 특별자산 투자회사이다.
④ 상법상의 익명조합 형태는 특별자산 투자익명조합이다.

특별자산을 과거 간접투자법에서는 열거주의를 채택하였으나 자본시장 법상에는 포괄주의를 채택하고 있다.

033

집합투자기구를 유형별로 분류할 때 다음 설명 중 가장 거리가 먼 것은?

① 지역에 따라 아시아형, 선진국형, 이머징 시장 펀드 등으로 분류한다.
② 자본금 규모에 따라 대형주, 중형주, 소형주 펀드로 나눈다.
③ 신용도에 따른 분류는 채권형펀드 유형 분류 기준이다.
④ 투자 업종에 따라 가치주와 성장주 펀드로 나눈다.

스타일에 따라 가치주와 성장주 펀드로 나눈다.

034

펀드의 액티브 투자전략에 대한 설명 중 가장 거리가 먼 것은?

① 액티브펀드는 비교 대상지수 수익률을 초과하는 수익를 목표로 하는 펀드이다.
② 채권에 있어서 하향식(Top－down) 투자전략은 금리의 방향성보다는 투자 대상기업의 신용등급 및 저평가 등을 분석하여 투자하는 것을 말한다.
③ 상향식(Bottom－up) 투자전략은 투자대상 종목의 신용등급 상승 가능성 등을 중요한 기준으로 삼는다.
④ 실제 대부분의 펀드 매니저들은 상향식 접근방식과 하향식 접근방식을 혼합하여 운용한다.

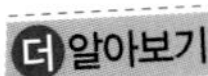

상향식 투자는 종목분석-업종분석-경제분석의 순으로 분석하여 투자전략을 삼는 반면 하향식은 경제분석-업종분석-종목분석의 순으로 투자전략을 삼는다.

저평가, 신용등급 상승 가능성 등을 분석하여 투자하는 것은 상향식 전략이다.

정답 029 ② | 030 ④ | 031 ① | 032 ② | 033 ④ | 034 ②

1과목 펀드일반

035

다음 중 특별자산펀드에 대한 설명 중 가장 거리가 먼 것은?

① 농산물, 수산물, 축산물, 임산물, 에너지가 대표적인 특별자산이다.
② 증권 및 부동산을 제외한 경제적 가치가 있는 투자대상자산의 일부분은 특별자산에 속한다.
③ 반드시 환매금지형집합투자기구로 설립해야 한다.
④ 90일 이내에 증권시장에 상장해야 한다.

포괄주의에 의거 증권 및 부동산을 제외한 경제적 가치가 있는 모든 투자대상자산은 특별자산에 속한다.

036

집합투자기구에 투자하는 워런트에 대한 설명 중 가장 거리가 먼 것은?

① 이자수준으로 투자하기 때문에 원본보존 추구형으로 개발할 수 있다.
② 낙아웃 · 낙인 옵션은 프리미엄이 작아 적은 비용으로 효율적인 투자를 할 수 있다.
③ 기초자산가격의 예상에 따라 상승형, 하락형, 양방향형, 디지털형 등 다양한 형태의 상품 개발이 가능하다.
④ 원본으로 투자한 태권의 이자수준은 워런트 수익률에 영향을 주지 않는다.

이자의 수준의 워런트 수익률에 영향을 준다. 원본보존용 혹은 원본보존 추구용의 채권투자액을 제외한 자금으로 워런트에 투자하여 추가 수익을 목표로 하기 때문에 투자하는 채권의 이자액이 높을수록 워런트의 투자금액도 달라지고 수익률에도 영향을 미친다. 낙아웃형과 낙인형의 옵션 가격을 합하면 일반형의 옵션가격이 된다.

037

특수한 구조의 펀드에 대한 설명 중 가장 거리가 먼 것은?

① 전환형펀드의 경우 집합투자기구 간에 공통으로 적용되는 집합투자규약이 있어야 한다.
② 종류형펀드에서 총회의 의결을 요하는 경우 특정종류의 Class 간에 총회를 개최할 수 있다.
③ 모자형펀드의 경우 투자의 구조를 상하구조로 나누고 있다.
④ ETF는 상장형이면서 단위형 투자기구이다.

ETF는 상장형이면서 추가형펀드이다.

038

부동산펀드 운용특례에 대한 설명 중 가장 거리가 먼 것은?

① 부동산을 취득하거나 처분하는 때에는 '실사보고서'를 작성 후 비치하여야 한다.
② 부동산 취득을 위하여 차입하는 경우 펀드 순자산총액의 100%를 초과할 수 없다.
③ 부동산펀드가 아니더라도 해당 펀드에 속하는 부동산에서 차입할 수 있다.
④ 부동산펀드에서 금전을 대여하는 경우, 그 대여금의 한도는 순자산총액의 100분의 100으로 한다.

부동산 취득을 위하여 차입하는 경우 펀드 순자산총액의 200%를 초과할 수 없다.

039

자본시장법상 형식상의 부동산펀드에 속하지 않는 것은?

① 준부동산펀드 ② 매매형부동산펀드
③ 실물형부동산펀드 ④ 파생형부동산펀드

준부동산펀드는 자본시장법상 형식상의 부동산펀드가 아니다. 다만, 내용상으로 부동산펀드의 범주에 포함하고 있다.

040

다음 중 쿠폰수익률이 낮은 경우는?

① 기초자산의 변동성이 높은 경우
② 상관관계가 높은 경우
③ 상관조건이 높은 경우
④ KI, KO가 높은 경우

쿠폰수익률이 높은 경우
- 기초자산의 변동성이 높은 경우
- 상관조건이 낮은 경우
- KI, KO가 높은 경우

상관관계가 낮아야 쿠폰수익률이 높다.

정답 035 ② | 036 ④ | 037 ④ | 038 ② | 039 ① | 040 ②

041

다음 중 증권신고서 제출대상과 가장 거리가 먼 것은?

① 투자신탁이 수익증권의 발행 시
② 지자체가 원리금을 보증한 채무증권의 발행 시
③ 투자회사가 주권의 발행 시
④ 투자조합이 조합원을 모집할 때

문제해설

지자체가 원리금을 보증한 채무증권의 발행 시에는 증권신고서 제출이 면제된다.

042

부동산펀드 운용특례에 대한 설명 중 가장 거리가 먼 것은?

① 부동산펀드는 원칙적으로 환매금지형으로 설정하여야 한다.
② 부동산펀드의 펀드재산으로 부동산 관련 사업에의 자금대여가 가능하다.
③ 공모부동산펀드의 경우 자금대여는 순자산총액의 100%를 초과할 수 있다. 다만, 집합투자총회에서 다르게 의결한 경우 그 의결한 한도까지 차입할 수 있다.
④ 부동산펀드의 자금 차입한도는 펀드 순자산총액의 200%이다. 다만, 집합투자총회에서 다르게 의결한 경우 그 의결한 한도까지 차입할 수 있다.

대여는 집합투자총회와 상관없이 100%를 초과할 수 없다.

043

다음 표에 대한 인덱스로 가장 알맞은 것은?

KIRX Autos, KRX Health Care, KRX Banks

① 시장 인덱스　② 섹터 인덱스
③ 스타일 인덱스　④ 국고채 인덱스

업종별 인덱스인 섹터 인덱스이다.

044

다음 중 인덱스펀드의 장점과 가장 거리가 먼 것은?

① 저렴한 비용　　② 시장수익률의 힘
③ 투명한 운용　　④ 시장상황에 적절한 대처능력

더알아보기 인덱스펀드의 장점
- 특정 업종에 투자 가능
- 분산투자로서 위험을 축소
- 시장 평균수익률의 확보

문제해설

④는 인덱스펀드가 가지지 못한 장점의 하나이다.

045

다음은 투자신탁과 투자회사에 대한 비교 내용 중 가장 거리가 먼 것은?

① 투자신탁의 자산의 소유자는 신탁업자가 된다.
② 투자회사의 법률행위의 주체는 집합투자기구이다.
③ 자본시장법상의 부동산펀드는 펀드재산의 70%를 초과하여 부동산에 투자하는 부동산투자회사를 설립할 수 없다.
④ 투자신탁형과 투자회사형 모두 총회 등의 일반사무는 일반사무관리회사에 위임하고 있다.

투자회사형의 경우 명목상의 회사이므로 주주총회 등 모든 사무는 일반사무관리회사에 위임하나 투자신탁형은 집합투자업자가 일반사무 업무를 수행한다.

046

펀드에 부과하는 판매보수 및 판매수수료의 차이로 기준가격이 다른 여러 펀드를 판매할 수 있는 특수한 펀드는?

① 종류형펀드　　② 모자형펀드
③ 전환형펀드　　④ 인덱스펀드

종류형펀드는 클래스별로 여러 가지의 펀드를 고객별, 투자자금별 등으로 세분하여 판매할 수 있는 펀드이다.

정답 041 ② | 042 ③ | 043 ② | 044 ④ | 045 ④ | 046 ①

047

시장 전체에 투자하는 것이 아니라 특정산업에 투자하는 펀드는?

① 액티브펀드 ② 섹터펀드
③ 패시브펀드 ④ 인덱스펀드

섹터펀드에 대한 설명이다. 섹터는 산업별(업종별)로 분류하는 기준이 된다.

048

펀드의 설립에 대한 다음 설명 중 가장 거리가 먼 것은?

① 10억 이상의 모집이나 매출의 경우 증권신고서 제출이 필요하다.
② 증권신고서 제출 시 관계인의 확인의무가 구체적으로 명시되어 있지 않아도 된다.
③ 증권신고서는 공모펀드의 경우 적용되며 사모펀드의 경우는 적용되지 않는다.
④ 일괄신고서를 제출한 개방형펀드의 경우 발행예정 기간 중 3회 이상 증권을 발행해야 한다.

현재의 자본시장법상 증권신고서 제출 시 관계인의 확인의무를 요구하고 있다.

049

집합투자기구의 설립 등에 대한 다음 설명 중 가장 거리가 먼 것은?

① 펀드의 모집 매출 시 증권신고서 제출의 의무화되어 있다.
② 증권신고서의 제출 시의 발행금액의 기준은 100억 원 이상이다.
③ 증권신고서의 제출 시 기재사항 및 중요사항에 대해서 상당한 주의를 기울여야 한다.
④ 사모펀드인 경우에는 증권신고서 제출의무가 적용되지 않는다.

더알아보기 증권신고서

- 증권신고서의 기재사항 중 중요사항에 관하여 거짓의 기재 또는 표시가 없고, 중요사항의 기재 또는 표시가 빠져 있지 않다는 사실 기재
- 증권신고서 이용자로 하여금 중대한 오해를 일으키는 내용이 기재 또는 표시되어 있지 않다는 사실 기재
- 증권신고서 기재사항에 대하여 상당한 주의를 다하여 직접 확인 · 검토하였다는 사실 기재

10억 원 이상의 모집, 매출의 경우 신고서를 금융위에 제출하여 수리되어야 한다.

050

증권신고서의 효력발생에 대한 다음 설명 중 가장 거리가 먼 것은?

① 상장된 환매금지형 : 12일
② 일반적인 환매금지형 : 7일
③ 일반적인 펀드 : 15일
④ 정정신고서 : 3일

더 알아보기 증권신고서의 효력발생
- 증권시장에 상장된 환매금지형 집합투자기구 : 10일
- 일반적인 환매금지형 집합투자기구 : 7일

문제해설
환매금지형으로 상장된 펀드의 효력 발생일은 10일이다.

051

전자문서의 방법으로 투자설명서를 수령할 때, 이와 관련된 내용 중 가장 거리가 먼 것은?

① 투자자가 전자문서로 받을 것을 동의해야 한다.
② 전자문서의 내용이 서면에 의한 투자설명서와 형식과 내용이 모두 동일해야 한다.
③ 수신자가 전자문서를 받은 사실이 확인되어야 한다.
④ 전자문서를 받을 자가 전자 전달매체의 종류와 장소를 지정해야 한다.

문제해설
전자문서의 내용이 서면에 의한 투자설명서와 내용면에서 동일하면 된다.

052

투자설명서의 예측정보 오류에 대해서 면책이 되는 경우가 아닌 것은?

① 예측정보라는 사실이 밝혀져 있는 경우
② 예측정보의 가정과 판단의 근거가 밝혀져 있는 경우
③예측정보와 실제 결과치가 같을 수 있다는 문구가 있는 경우
④ 합리적인 기초에 의해 성실하게 행해진 경우

문제해설
예측정보와 실제 결과치가 다를 수 있다는 주의문구가 밝혀져 있는 경우 면책이 된다.

정답 047 ② | 048 ② | 049 ② | 050 ① | 051 ② | 052 ③

053

환매금지형 펀드에 대한 다음의 설명 중 가장 거리가 먼 것은?

① 기존 투자자의 전원의 동의가 있더라도 추가발행은 금지된다.
② 혼합펀드는 반드시 환매금지형으로 설정 · 설립해야 한다.
③ 펀드자산의 20% 이내에서 시장성 없는 자산에 투자하는 경우 환매금지형으로 설정 · 설립할 필요가 없다.
④ 특별자산의 경우 시가 또는 공정가액으로 조기에 현금화가 가능하면 시장성이 있다고 본다.

문제해설

기존 투자자의 전원의 동의가 있으면 환매금지형도 일정한 금액 범위 내에서 추가발행이 가능하다.

054

전환형펀드에 대한 다음 설명 중 가장 거리가 먼 것은?

① 전환형을 전환 시 기존 펀드의 환매와 신규펀드의 매수절차를 거친다.
② 복수의 펀드 간에 공통으로 적용되는 집합투자규약이 있어야 한다.
③ 투자회사의 펀드와 투자 합자회사와의 펀드 간 전환도 가능하다.
④ 전환형펀드의 환매수수료 징구는 면제해 주는 것이라기보다는 징구의 유예로 보는 것이 좋다.

전환형펀드가 되기 위해서는 법적인 집합투자기구 간의 전환이 금지되어 있어야 하므로 법적인 펀드간의 전환은 불가능하다.

055

모자형펀드에 대한 다음 설명 중 가장 거리가 먼 것은?

① 모펀드와 자펀드의 집합투자업자가 동일해야 한다.
② 모자형 펀드는 하위기구에 투자하는 펀드이다.
③ 모자형 펀드는 펀드자금의 사외유출을 방지하기 위해 도입된 펀드이다.
④ 모자형 펀드는 일본의 Family Fund와 유사하다.

모자형펀드는 집합투자업자의 운용의 효율성을 도모하기 위한 제도이며 ③은 전환형펀드의 도입 배경이다.

056

ETF에 대한 다음 설명 중 가장 거리가 먼 것은?

① ETF는 증권 실물로 펀드의 설정 및 해지가 가능하다.
② ETF는 현재가격으로 매매가 가능하며 전화로도 매매가 가능하다.
③ ETF는 발행시장, 유통시장의 두 가지 시장이 존재한다.
④ AP(지정참가회사)는 유동성 공급자로서의 역할을 하지만 차익거래는 금지되어 있다.

문제해설

AP는 차익거래를 통해서 펀드의 순자산가치와 유통시장의 매매가격을 근접시키면서 시장의 유동성을 제공하는 공급자 역할을 한다.

057

증권신고서 내용을 정정할 것을 요구할 수 있는 사항이 아닌 것은?

① 증권신고서의 형식을 제대로 갖추지 않은 경우
② 증권신고서의 내용이 일부 누락된 경우
③ 증권신고서의 중요사항에 관하여 거짓의 기재가 있는 경우
④ 중요사항이 표시되어 있지 않는 경우

중요사항의 내용이 누락된 경우에는 정정신고 사항이다.

058

다음 중 투자신탁의 유형으로 설립 가능한 펀드가 아닌 것은?

① MMF형 ② M&A 투자기구
③ 주식형 ④ 채권형

M&A 기업인수증권투자회사형, REF 사모투자전문회사형은 투자회사형으로 가능한 경우이다.

더알아보기 투자신탁형과 투자회사의 차이점

구분	투자신탁	투자회사
형태	계약관계	회사형태
당사자	집합투자업자, 신탁업자, 수익자, 판매회사	집합투자업자, 집합투자기구, 신탁업자, 주주, 일반사무 관리회사
자산소유자	신탁업자	집합투자기구
법률행위 주체	신탁업자	집합투자기구
의사결정	집합투자업자, 수익자총회	이사회, 주주총회

정답 053 ① | 054 ③ | 055 ③ | 056 ④ | 057 ② | 058 ②

059

MMF에 대한 다음 설명 중 가장 거리가 먼 것은?

① 장부가로 평가한다.
② 국채는 잔존만기 3년 이내, 지방채는 잔존만기 1년 이내만 편입이 가능하다.
③ 판매회사는 일정금액 이내에서 고유자금으로 환매가 가능하다.
④ 펀드재산의 40% 이상을 채무증권에 운용해야 한다.

더 알아보기 1년 이내의 회사채와 기업어음도 투자가능하나 회사채 중에서 주식 관련 사채와 사모사채는 투자할 수 없다.

문제해설 

국채는 잔존만기 5년 이내, 지방채는 잔존만기 1년 이내, CD는 잔존만기 6개월 이내만 편입이 가능하다.

060

사모펀드의 운용규제상 배제되는 사항에 대한 다음 설명 중 가장 거리가 먼 것은?

① 집합투자증권에 대한 40%투자제한 사항
② 기준가격의 매일 공고 · 게시 의무
③ 수시 공시의무
④ 사모펀드의 분할양도

문제해설 

사모펀드는 분할양도 할 수 없다. 다만, 사모펀드 요건을 충족하는 범위 내에서 양도는 가능하다.

061

펀드의 투자전략에 대한 다음 사항 중 가장 거리가 먼 것은?

① Top-down, Bottom-up 운용전략은 패시브형 투자전략이다.
② 채권운용의 경우 Bottom-up 운용이 유효성을 떨어뜨릴 수 있다.
③ 패시브형은 시스템 트레이드형, 차익 거래형 등이 있다.
④ 스타일 펀드, 테마 투자펀드는 액티브형에 속한다.

Top-down, Bottom-up은 액티브형 투자전략이다.

062

다음 표의 시장지수에 적용되는 시장의 유형은?

HFRX, CSFB Tremont 등

① 해외채권시장 ② 헤지펀드시장
③ 실물자산시장 ④ 해외주식시장

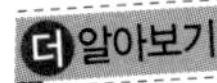
각 자산별 유명 인덱스의 사례

- **시장인덱스** : KOSPI, KOSPI200, KRX, STAR 등
- **섹터인덱스** : KRX Autos, KRX Semicon, KRX IT, KRX Banks, KRX Health Care
- **스타일인덱스** : MF 중대형 가치주, MF 중형 가치주, MF 중대형성장주, MF 순수가치 등
- **해외 주식시장** : S&P300, Dow, Nasdaq, Nikkei225, Topix, Jasdaq 등
- **국내 채권시장** : 국고채 프라임지수, iBoxx 등(활성화 초기 단계)
- **해외 채권시장** : Barclay Capital US Aggregate Bond Index, Saloman Smith Barney Broad Investment-Grade Bond Index, Marrill Lynch Domestic Market Index, Barclay Capital Global Aggregate Bond Index 등
- **헤지펀드 시장** : HFRX, CSFB Tremont
- **실물자산 시장** : GSCI, Reuter-CRB, DJ-AIG 등

문제해설

헤지펀드시장의 인덱스이다.

063

신탁재산의 법적 특성으로 가장 거리가 먼 설명은 무엇인가?

① 신탁이 설정되면 신탁재산은 위탁자의 재산으로부터도 독립된 재산이다.
② 신탁재산에 대한 강제집행은 금지된다.
③ 수탁자가 사망하거나 파산한 경우에도 신탁재산은 파산재단이나 상속재산에 포함되지 않는다.
④ 신탁재산에 속하는 채권과 신탁재산에 속하지 않는 채무는 상계할 수 있다.

신탁재산에 속하는 채권과 신탁재산에 속하지 않는 채무는 상계할 수 없다. 신탁법 제25조에 의하여 상계금지의 원칙이 적용되기 때문이다.

정답 059 ② | 060 ④ | 061 ① | 062 ② | 063 ④

064

펀드의 성격을 가지고 있는 인덱스펀드에 대한 설명 중 가장 거리가 먼 것은?

① 펀드 매니저의 운용능력이 잘 드러나지 않는다.
② 운용 방법과 절차가 간단하다.
③ 적극적인 투자자에 적합하다.
④ 시장의 변동에 적극적인 대응이 어렵다.

문제해설

인덱스펀드는 시장지수와 비슷한 수익을 추구하기 때문에 보수적인 투자자에게 적합하다.

065

다음 MMF에 대한 설명 중 가장 거리가 먼 것은?

① MMF는 파생상품에 투자할 수 없다.
② MMF의 편입자산의 최대 가중평균 잔존기간은 75일 이내이다.
③ MMF의 경우 시가 괴리율이 상하 0.3% 이상인 경우에 시가평가로 전환한다.
④ MMF는 펀드재산을 단기금융상품에 투자하는 단기금융펀드이다.

문제해설

MMF는 ±0.5% 이상인 경우 시가평가로 전환한다.

066

환매수수료와 선취 판매수수료의 공통점만으로 구성된 것은?

㉠ 기준가격에 영향을 미친다.	㉡ 집합투자기구에서 부담한다.
㉢ 투자자가 부담한다.	㉣ 장기투자를 유도한다.

① ㉠, ㉡, ㉢ ② ㉡, ㉢, ㉣
③ ㉠, ㉡, ㉣ ④ ㉢, ㉣

문제해설

- 판매보수는 집합투자기구에서 부담하고 환매수수료 및 판매수수료는 투자자가 부담한다.
- 환매수수료와 판매보수는 기준가격에 영향을 미치나 판매수수료는 영향을 미치지 않는다.

067

증권펀드 중 채권형펀드의 듀레이션 조절 전략을 이용하는 펀드는?

① 국공채펀드 ② 하이일드펀드
③ 만기매칭펀드 ④ 후순위채펀드

문제해설

듀레이션 조절 전략을 이용한 전략을 사용하는 펀드는 국공채 펀드이다.
② 하이일드펀드는 투기등급 채권에 투자하는 펀드이다.
③ 만기매칭펀드는 펀드만기와 편입채권의 만기를 일치시키는 소극적 전략의 펀드이다.
④ 후순위채펀드는 하이일드 펀드의 일종이다.

068

다음 중 해외에 투자하는 펀드에 대한 설명으로 가장 거리가 먼 것은?

① 해외투자펀드는 상대적으로 높은 비용부담이 생긴다.
② 해외투자펀드는 해외 분산투자로 체계적 위험을 줄일 수 있다.
③ 해외투자펀드는 환율변동의 리스크를 감수해야 한다.
④ 해외투자펀드는 편입자산의 만기 및 환매 기간이 길다.

더알아보기

- **체계적 위험** : 증권시장 전체가 영향을 받아 변동하게 되는 위험으로, 시장상태가 변화하여 위험자산의 시장가격 또는 투자수익률이 변동하는 시장위험을 말한다.
  - 분산투자로 체계적 위험이 제거되지 못한다.
  - 시장상태의 변화는 주가, 금라 환율 등의 시장변수의 움직임에 의해 좌우된다.
- **비체계적 위험** : 개별기업만 직접적으로 관련되어 증권의 가격이 변동하는 위험으로, 증권시장 전체의 변동과 관계없이 기업의 고유요인에 기인하는 것이 개별위험이다.
  - 분산투자로 비체계적 위험을 제거할 수 있다.

문제해설

해외투자펀드는 해외 분산투자로 비체계적 위험을 줄일 수 있다.

069

부동산펀드의 법적 형태에 따른 구분에 대한 설명 중 가장 거리가 먼 것은?

① 상법상의 부동산투자회사
② 민법상의 부동산 투자유한회사
③ 민법상의 부동산투자조합
④ 상법상의 부동산 투자익명조합

문제해설

투자유한회사는 상법상의 회사이다.

정답 064 ③ | 065 ③ | 066 ④ | 067 ① | 068 ② | 069 ②

070

다음 내용을 가장 잘 설명하는 펀드는?

- 금리 하락기에 인기가 있다.
- 보수적인 투자자가 선호한다.
- 가치주 위주로 펀드에 편입한다.
- 펀드에 편입하는 주식은 성장성이 낮다.

① 공모주펀드 ② 스타일펀드
③ 배당주펀드 ④ 시스템펀드

문제해설

배당주펀드는 우량주를 편입하여 금리하락 시에도 고배당을 얻을 수 있도록 고안된 펀드이다.

071

파생형 구조인 주가연계증권(ELS)과 관련이 가장 적은 것은?

① ELD(Equity Linked Deposit)
② ETF(Exchange Traded Fund)
③ ELF(Equity Linked Fund)
④ 구조화 증권

더알아보기 상장지수펀드(ETF)

- 인덱스펀드이면서 주식처럼 거래
- EFF시장은 주식처럼 거래되는 유통시장과 설정 · 해지되는 발행시장으로 구분
- 발행시장에서는 지정판매사(AP)를 통해서 설정 · 환매가 이루어진다.

문제해설

ELD, ELF 모두 ELS를 편입한 구조화 상품이다. ETF는 상장지수펀드로서 특수한 구조의 펀드이다.

072

파생구조인 Warrant의 구조에 대한 다음의 설명 중 가장 거리가 먼 것은?

① 콜, 풋형 : 상승이나 하락 시에 수익을 확보하는 구조이다.
② 스프레드형 : 상승이나 하락 시에 일정 수익을 확보하는 구조이다.
③ 레인지형 : 기초자산가격이 일정한 범위에서 움직일 때 수익을 확보하는 구조이다.
④ 낙아웃형 : 일정한 가격수준에 도달하면 새로운 수익구조가 발생하는 형태이다.

낙아웃은 일정한 가격수준에 도달하면 기존의 수익구조가 사라지고, 낙인은 일정한 가격수준에 도달하면 새로운 수익구조가 발생한다.

073

다음은 파생상품에 대한 설명 중 가장 거리가 먼 것은?

① 스왑거래란 상품이나 금융자산 혹은 금융부채 등을 교환하는 거래를 의미한다.
② 옵션은 기초자산에 대해서 사거나 팔 수 있는 권리가 부여된 파생기법이다.
③ 선도거래(Forward)는 선물거래와 성격은 같으나 파생상품이 아니다.
④ 원유가격에 대해서도 선물시장이 존재한다.

선도거래(Forward)는 선물거래와 성격이 같은 파생상품이며 거래소에서 거래되는 것을 선물, 거래소 이외에서 거래되는 것을 선도라고 한다.

074

다음 부동산펀드에 대한 내용 중 가장 거리가 먼 것은?

① 부동산펀드는 소액으로도 부동산에 투자하는 효과가 있다.
② 주택경기의 호황, 불황에 영향을 받지 않는다.
③ 취득세 30% 감면의 세제혜택이 주어진다.
④ 부동산펀드 중 가장 활발한 것은 대출형 펀드이다.

부동산 직접 투자와 같이 주택경기의 호황, 불황에 영향을 받는다.

정답 070 ③ | 071 ② | 072 ④ | 073 ③ | 074 ②

075

다음 부동산펀드 중 Project Financing 방식의 자금대여를 주로 하는 부동산펀드는?

① 대출형 부동산펀드 ② 개발형 부동산펀드
③ 임대형 부동산펀드 ④ 경공매형 부동산펀드

문제해설 

부동산개발회사의 개발 Project에 대해서 자금지원(Financing)을 해주는 것으로 부동산펀드 입장에서는 대출의 행위이다.

076

특별자산펀드인 원자재펀드(Commodity Fund)에 대한 설명 중 가장 거리가 먼 것은?

① 우리나라에서 역사가 매우 오래된 펀드의 유형이다.
② 인플레이션에 대한 헤지 기능이 있는 것으로 알려지고 있다.
③ 주가와 반대방향으로 움직이는 경향이 많은 것으로 알려지고 있다.
④ 최근 원자재가격 상승률이 두드러진 것은 개발도상국의 높은 경제성장률 때문이다.

원자재펀드(Commodity Fund)는 우리나라에서 역사가 매우 짧은 펀드이다.

077

신탁계약의 수탁자에 대한 설명 중 가장 거리가 먼 것은?

① 수탁자는 기본적으로 민법에 의한 선량한 관리자로서의 주의의무를 가진다.
② 수탁자에게는 자본시장법상의 충실의무도 부여된다.
③ 신탁재산에 손해가 발생하지 않은 경우라면 수탁자는 어떤 책임도 지지 않는다.
④ 수익자가 여럿인 수탁자는 각 수익자에 대한 공평의무를 진다.

신탁법에서는 신탁재산에 손해가 생긴 경우 수탁자에게 손해배상의 책임을 부담시킨다. 그러나 수탁자가 충실의무를 위반한 경우에는 신탁재산에 손해가 생기지 않은 경우에도 수탁자가 그 위반행위로서 얻은 이득을 반환하도록 규정하고 있다.

078

자본시장법상의 집합투자기구에 대한 다음 설명 중 가장 거리가 먼 것은?

① 증권펀드는 투자재산의 50% 이상을 초과하여 증권에 투자하는 펀드이다.
② 부동산펀드는 투자재산의 50% 이상을 부동산에 투자하는 펀드로 부동산에 최고 투자비율은 제한이 없다.
③ 혼합자산펀드는 투자재산의 50% 이상을 초과하여 혼합자산에 투자하는 펀드이다.
④ 특별자산펀드는 투자재산의 50% 이상을 초과하여 특별자산에 투자하는 펀드이다.

혼합자산펀드는 투자재산의 운용에서 증권, 부동산, 특별펀드의 투자비율의 제한을 받지 않고 자유롭게 투자한다.

079

신탁의 기본원칙에 대한 설명 중 옳은 것은?

① 신탁자산에 대해 실적배당원칙이 적용된다.
② 수탁자는 신탁재산의 손실 발생에 대해 손실을 보전해야 한다.
③ 신탁상품은 어떠한 경우에도 예금자보호법에 의해 보호받을 수 없다.
④ 신탁재산이 금전일 경우 분별관리 의무를 보다 강화하여 적용된다.

- 실적배당의 원칙에 따라 수탁자는 수익자를 위하여 신탁재산을 관리 · 운용할 뿐 신탁을 통해 발생하는 이익을 보장하거나 원본을 보장하여 줄 수 없다.
- 원금보장신탁은 예금자보호법에 의해 보호된다.
- 신탁재산이 금전일 경우 그 계산을 명확히 하면 되는 것으로 분별관리의무를 완화하고 있다.

080

단기금융펀드인 MMF 대한 다음 설명 중 가장 거리가 먼 것은?

① CD를 매입 시 만기가6개월 미만이어야 한다.
② 펀드의 대형화를 위하여 개인은 3,000억 이상, 법인은 5,000억 이상인 경우에 한하여 추가 설정이 가능하다.
③ 안정성과 환금성을 중시하므로 투자대상 채권의 등급을 B 이상으로 하여야 한다.
④ MMF가 아닌 다른 펀드에 운용할 수 없다.

투자대상은 상위 2개 등급까지이므로 채권의 등급은 AAA 및 AA만 가능하다.

정답 075 ① | 076 ① | 077 ③ | 078 ③ | 079 ① | 080 ③

081

헤지펀드에 대한 다음 설명 중 가장 거리가 먼 것은?

① 일반펀드와 달리 환매가 제한된다. 즉, 헤지펀드 투자자들은 오랫동안 자금을 인출할 수 없고 인출도 정해진 기간에만 할 수 있다.
② 주식, 채권 등 비교적 안전성이 높은 상품에 투자한다.
③ 철저히 성과에 따라 보수를 받는다.
④ 헤지펀드는 투자자들로부터 개별적으로 자금을 모은 사모펀드 형식으로 운용되며 법적 형태는 유한책임제(Limited Partnership)이다.

유추얼펀드가 주식, 채권 등 비교적 안전성이 높은 상품에 투자하는 데 반해 헤지펀드는 주식 · 채권만이 아니라 파생상품 등 레버리지가 큰 고위험, 고수익을 낼 수 있는 상품에 적극적으로 투자한다.

082

다음 중 파생상품형 펀드에 속하는 것은?

① MMF　　② ETF
③ ELF　　④ CBO

- ETF는 상장지수펀드로 거래소에서 매매되는 인덱스형 펀드이다.
- CBO는 담보부채권을 표시하는 용어로서 채권형 중에서 하이일드형 펀드에서 주로 투자한다.

ELF가 워런트 등에 투자하는 파생상품형 펀드에 속한다.

083

Enhanced 인덱스펀드에 대한 다음 설명 중 가장 거리가 먼 것은?

① 인덱스펀드 + 추가수익(α)이 목표이다.
② 계량적 모델을 이용한다.
③ 차익거래를 활용하는 경우가 많다.
④ 적극적인 투자를 통해 수익률을 높인다.

Enhanced 인덱스펀드는 수익률이 상향된 형태의 인덱스펀드로서 파생상품 등을 이용하여 추가적인 수익을 추구한다.

기본적으로 인덱스펀드이므로 보수적인 투자를 한다.

084

상장지수펀드(ETF)에 대한 다음 설명 중 가장 거리가 먼 것은?

① 일반 펀드처럼 판매회사 창구에서 환매가 가능하다.
② HTS 또는 전화주문으로도 거래가 가능하다.
③ ETF는 인덱스펀드로서 거래소에 상장되어 주식처럼 거래된다.
④ 유가증권시장에 상장되어 거래되지만 매매차익에는 과세한다.

문제해설

주식처럼 매매차익에는 비과세한다.

085

종류형 펀드에 대한 다음 설명 중 가장 거리가 먼 것은?

① 하나의 펀드 안에서 판매보수 또는 판매수수료 차이가 있는 동일한 펀드이다.
② 운용 보수와 신탁 보수도 클래스별로 차별화가 가능하다.
③ 종류 간 전환을 이용하면 투자자가 좀 더 적극적으로 투자할 수 있는 기회를 제공할 수 있다.
④ 종류형 펀드는 펀드의 대형화를 유도하기 위해 도입된 것이다.

문제해설

운용 보수와 신탁 보수는 클래스별로 차별화가 안 된다.

086

펀드의 유형별로 주식형펀드를 분류할 때 가장 거리가 먼 것은?

① 지역에 따라 아시아형, 선진국형, 이머징시장 펀드 등으로 분류한다.
② 자본금 규모에 따라 대형주, 중형주, 소형주 펀드로 나눈다.
③ 신용도에 따라 경기 민감주와 경기 방어주 펀드로 나눈다.
④ 스타일에 따라 가치주와 성장주 펀드로 나눈다.

문제해설

신용도는 채권형펀드의 유형을 분류하는 기준이다.

정답 081 ② | 082 ③ | 083 ④ | 084 ④ | 085 ② | 086 ③

087

특수구조펀드에 대한 다음 설명 중 가장 거리가 먼 것은?

① 폐쇄형 펀드는 만기가 정해져 있으며, 유가증권시장의 상장 시에는 상장규정에 의거하여 상장절차를 밟는다.
② 종류형 펀드는 약관의 제정 시 종류별로 보수 및 수수료에 관한 사항을 포함시켜야 한다.
③ 전환형 펀드는 약관의 제정 시 전환이 가능한 펀드의 종류에 관한 사항을 포함시켜야 한다.
④ 모자형 펀드의 경우 판매회사는 모펀드를 투자자에게 판매한다.

모자형 펀드는 동일한 집합투자업자의 투자기구를 상하구조로 나누어 자펀드의 집합투자증권을 투자자에게 매각하고, 매각된 자금으로 조성된 투자기구의 재산을 다시 거의 대부분 상위 투자기구에 투자하는 구조를 말한다.

088

다음에서 설명하는 상품은 무엇인가?

> 위탁자인 고객이 신탁재산의 운용방법을 수탁자인 신탁회사에게 지시하고, 신탁회사는 위탁자의 운용지시에 따라 신탁재산을 운용한 후 실적 배당하는 단독운용 신탁상품을 말한다.

① 불특정금전신탁　② 특정금전신탁
③ 증권신탁　④ 동산신탁

- **불특정금전신탁** : 위탁자가 신탁재산의 운용방법을 정하지 않아서 수탁자가 운용권한을 전적으로 행하는 신탁상품
- **특정금전신탁** : 위탁자가 신탁재산의 운용방법을 지정함으로써 신탁재산의 운용권한을 위탁자가 가지는 신탁상품

089

특정금전신탁에 대한 설명으로 가장 거리가 먼 것은?

① 고객과 신탁회사가 1:1로 신탁계약을 맺는다.
② 최저 가입금액이 다른 금융상품에 비해 높은 편이다.
③ 상품의 특성상 1년 미만의 단기 상품으로는 가입할 수가 없다.
④ 신탁계약 체결 시 수익자를 특별히 지정하지 않으면 위탁자 본인이 수익자가 된다.

특정금전신탁의 가입기간에는 특별한 제한이 없다. 하루만 가입할 수도 있고, 1개월의 단기 또는 20년의 장기로도 가입할 수 있다.

090

다음 중 실물 자산에 투자하는 특별자산펀드에 대한 요건으로 가장 거리가 먼 것은?

① 실물펀드는 보관, 관리 등이 어려워 개발이 활성화되어 있지 않다.
② 실물펀드는 유가증권투자에 대한 대체투자 기능이 있다.
③ 아트펀드는 실물인 미술품에 투자하는 것이다.
④ 아트펀드는 혼합자산펀드에 속한다.

아트펀드는 특별자산펀드에 속한다.

091

특정금전신탁에 대한 설명으로 옳은 것은?

① 확정금리형 상품이 가능하다.
② 어떠한 경우에도 신탁금액의 일부만은 해지할 수 없다.
③ 신탁기간 만료 전에는 중도해지를 신청할 수 없다.
④ 신탁재산을 해외증권으로 운용하는 것은 금지되어 있다.

국채나 회사채, 기업어음, 은행예금 등 확정금리를 지급하는 자산에 투자하는 확정금리형 상품이 있다.
② 신탁회사와 협의하여 가능한 경우 신탁금액의 일부만을 해지할 수도 있다.
③ 만기일 해지가 원칙이나, 신탁기간 만료 전 중도해지를 신청할 수 있다.
④ 신탁재산은 어떠한 자산으로도 운용할 수 있다. 국내증권은 물론 해외증권 운용도 가능하며, 은행예금, 부동산, 동산 등의 자산으로도 운용이 가능하다.

정답 087 ④ | 088 ② | 089 ③ | 090 ④ | 091 ①

092

특별자산펀드에 대한 다음 설명 중 가장 거리가 먼 것은?

① 반드시 환매금지형으로 설정 · 설립해야 한다.
② 최초로 발행한 날로부터 60일 이내에 증권시장에 상장하여야 한다.
③ 미술품도 특별자산펀드에 편입되는 특별자산이다.
④ 특별자산은 증권, 부동산을 제외한 경제적 가치가 있는 모든 투자대상 자산이다.

문제해설

최초로 발행한 날로부터 90일 이내에 증권시장에 상장하여야 한다.

093

연금신탁에 대한 설명으로 가장 거리가 먼 것은?

① 연금신탁은 불특정금전신탁상품이다.
② 신탁상품의 특성상 원금보장은 허용되지 않는다.
③ 소득공제 및 이자소득세 비과세 등의 세금혜택이 주어진다.
④ 국내에 거주하는 만 18세 이상의 개인만 가입할 수 있다.

문제해설

연금신탁은 금융위원회에서 노후생활보호라는 사회보장적 기능을 인정하여 예외적으로 원금보장을 허용하고 있다. 운용손실이 발생할 경우에도 신탁회사가 원금을 보장한다.

094

펀드투자 방식의 하나인 인덱스투자에 대한 설명 중 옳은 것은?

① 운용비용이 저렴하다.
② 적극적인 투자자에게 적합하다.
③ 약세장에서 수익률 방어에 용이하다.
④ 파생상품에 투자하여 헤지 포지션을 구축한다.

문제해설

인덱스투자는 지수를 추종하는 투자로서 비용이 저렴하고, 추종 시 트래킹 에러(추적오차)가 발생한다. 보수적인 투자자에게 적합하나 약세장에서 수익률 방어가 어려운 단점이 있다. 파생상품투자와는 직접적으로는 관련이 없다.

095

단기금융펀드인 MMF에 대한 설명 중 가장 거리가 먼 것은?

① 안정성을 중시하므로 투자대상 채권의 등급을 A 이상으로 하여야 한다.

② MMF가 아닌 다른 펀드에 운용할 수 없다.

③ 금융기관에 예치하거나 CD를 매입 시 만기가 6개월 미만이어야 한다.

④ 펀드의 대형화를 위하여 개인은 3,000억 원 이상, 법인은 5,000억 원 이상인 경우에 추가 설정이 가능하다.

문제해설 

최상위 및 차상위만 가능하므로, 투자대상 채권의 등급은 AA 이상, CP의 등급은 A2 이상이어야 한다.

096

특수한 집합투자기구 등에 대한 설명 중 가장 거리가 먼 것은?

① 전환형은 일정수익을 달성하면 해지하거나, 투자유가증권을 달리하여 투자하는 집합투자기구이다.

② 공모형은 펀드를 불특정 다수인에게 모집 또는 매출의 방법으로 발행하는 방식이다.

③ 추가형은 지정된 펀드에 추가 설정이 가능한 방식이다.

④ 폐쇄형은 일정기간 또는 전 기간 환매가 제한되는 방식이다.

문제해설 

①은 목표달성의 펀드에 대한 설명이다. 전환형은 같은 집합투자업자의 2개 이상의 펀드 간에 상호 전환이 가능한 구조의 펀드이다.

097

다음 펀드의 투자전략에 따른 분류의 내용으로 가장 거리가 먼 것은?

① 액티브펀드는 적극적인 자산운용이며 시장수익률 초과달성을 목표로 한다.

② 패시브펀드는 소극적이며 평균적인 시장수익률 달성을 목표로 한다.

③ 인덱스펀드는 대표적인 액티브펀드이다.

④ 펀드는 일반적으로 액티브(적극적), 패시브(소극적)로 분류된다.

인덱스펀드는 대표적인 패시브(소극적) 펀드이다.

정답 092 ② | 093 ② | 094 ① | 095 ① | 096 ① | 097 ③

098

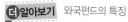

외국법령에 의한 외국펀드의 특징 중 가장 거리가 먼 것은?

① 모자형 펀드가 대부분이다.
② 대부분 환매수수료를 받지 않는다.
③ 판매수수료를 선취하는 경우가 많다.
④ 외국통화로 입출금이 이루어지기 때문에(원화와 외국통화 간의 교환) 환율변동 위험에 노출되어 있다.

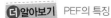

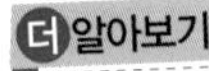
외국펀드의 특징
- 전환형 펀드가 대부분이다.
- 대부분 환매수수료를 받지 않는다.
- 외국통화로 입출금이 이루어지기 때문에(원화와 외국통화 간의 교환) 환율변동위험에 노출되어 있다.

외국법령에 의한 외국펀드는 전환형 펀드가 대부분이다.

099

다음 중 사모투자 전문회사인 PEF와 가장 거리가 먼 것은?

① M&A 펀드
② 특별자산펀드
③ 사모펀드
④ 기업구조조정펀드

PEF의 특징
- 회사의 재산을 주식 또는 지분 등에 투자하여 경영권 참여, 사업구조 또는 지배구조의 개선 등의 방법으로 투자한 기업의 가치를 높여 그 수익을 사원에게 배분하는 것을 목적으로 설립된 상법에 의한 합자회사를 말한다.
- 국내에서는 자본시장법과 합자회사의 적용을 받아 사원의 구성을 1인 이상의 무한책임사원과 1인 이상의 유한책임사원으로 구성한다.
- 주로 수익성이 높은 벤처회사에 투자하거나 M&A 등을 통하여 고수익을 획득하고 성과보수를 받는 시스템으로 운용하고 있다.

특별자산펀드는 PEF(지분에 투자하는 사모펀드)와 연관이 없다.

100

특수한 펀드인 모자형 집합투자기구에 대한 설명 중 가장 거리가 먼 것은?

① 모펀드의 투자가로부터 받은 납입금으로 자펀드에 투자한다.
② 펀드 운용업무의 간소화 및 합리화 차원에서 유리하다.
③ 다른 집합투자기구가 발행하는 집합투자증권을 취득하는 구조의 집합투자기구이다.
④ 자펀드의 집합투자업자는 모펀드의 집합투자업자와 동일하다

문제해설

자펀드의 기능이 모펀드와 바뀌었다. 자펀드의 투자가로부터 받은 납입금으로 모펀드에 투자한다.

101

펀드 운용방식 중 하나인 해외 투자펀드의 장점으로 가장 거리가 먼 것은?

① 복수의 펀드에 가입할 수 있어 분산투자 효과를 얻을 수 있다.
② 해외 전문펀드에 투자하여 손쉽게 해외 자산에 투자할 수 있다.
③ 펀드 내에서 환헤지가 이루어지지 않아 자연스럽게 환 투자차익까지 얻을 수 있다.
④ 글로벌한 전문지식을 활용하거나 특정섹터에 강한 운용능력을 활용할 수 있다.

문제해설

펀드 내에서 환헤지가 이루어지므로 환 리스크를 피할 수 있다.

102

연금신탁의 상품내용이 바르게 설명된 것은?

① 위탁자와 수익자가 동일하지 않아도 가입이 가능하다.
② 안정적인 채권형만 가능하고 주식형 상품은 허용되지 않는다.
③ 다른 신탁회사의 연금신탁으로 계약이전 시 중도해지에 따른 세금이 추징된다.
④ 신탁금액은 분기당 3백만 원 이내에서 자유롭게 적립이 가능하다.

문제해설

① 위탁자와 수탁자가 동일한 자의 신탁으로만 가입이 가능하다.
② 총자산의 10% 범위 내에서 주식에 투자하는 주식형 상품이 있다.
③ 중도해지에 따른 세금추징 없이 세금혜택을 유지하면서 다른 신탁회사의 연금신탁으로 계약이전 할 수 있다.

정답 098 ① | 099 ② | 100 ① | 101 ③ | 102 ④

103

신탁상품에 대한 설명 중 가장 거리가 먼 것은?

① 부동산신탁은 담보신탁, 관리신탁, 처분신탁, 개발신탁으로 구분된다.
② 금전채권신탁의 신탁회사는 금전채권의 명의상 채권자가 된다.
③ 연금신탁의 가입대상에는 제한이 없다.
④ 특정금전신탁을 통해 부동산에 투자할 수 있다.

문제해설 

연금신탁은 국내에 거주하는 만 18세 이상의 개인만 가입할 수 있다.

104

신탁상품의 성과보수를 수취하는 경우 금융위원회에서 정한 요건과 관련하여 맞는 설명을 보기에서 모두 고른 것은?

ㄱ. 증권시장 또는 파생상품 시장에서 널리 사용되는 공인된 지수를 사용할 것
ㄴ. 성과를 공정하고 명확하게 보여줄 수 있는 지수를 사용할 것
ㄷ. 검증가능하고 조작할 수 없을 것
ㄹ. 신탁업자와 위탁자간 합의로 요건과 다르게 정하지 아니할 것

① ㄱ, ㄴ　　② ㄴ, ㄷ
③ ㄱ, ㄹ　　④ ㄱ, ㄴ, ㄷ

문제해설 

성과보수를 성취하는 경우 금융위원회에서 정한 3가지 요건(ㄱ, ㄴ, ㄷ)을 충족하는 기준지표에 연동하여 산정하지 않는 행위는 금지된다. 단, 신탁업자와 위탁자 간 합의에 의해 달리 정한 경우에는 그렇지 않다.

105

신탁상품의 판매에 대한 설명 중 가장 거리가 먼 것은?

① 모든 신탁상품은 자본시장법에서 정한 투자권유절차에 따라 판매해야 한다.
② 신탁회사는 투자자정보의 내용과 고객의 투자성향을 고객에게 지체 없이 제공해야 한다.
③ 전문투자자라 할지라도 상품설명서 및 상담확인서는 징구하여야 한다.
④ 신탁회사는 매분기 1회 이상 고객에게 자산운용보고서를 작성하여 제공하여야 한다.

원본보전신탁상품과 관리신탁상품은 금융투자상품이 아니기 때문에 자본시장법에서 요구하는 투자권유절차가 적용되지 않는다.

106

부동산펀드 중 임대형 부동산펀드에 대한 설명 중 가장 거리가 먼 것은?

① 매입, 임대방식(Buy&Lease)이다.

② 운용방법은 업무용 부동산(오피스빌딩 등) 또는 상업용 부동산(상가 등)을 매입하여 임대한다.

③ 운용 목적은 임대소득과 향후의 부동산자산 가치증가에 따른 자본소득의 확보이다.

④ 리츠(REITs)는 수익성 부동산을 매입하여 임대사업을 할 수 없다.

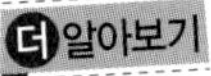

더알아보기

- **외국** : 미국 등 선진국의 리츠(REITs)
- **국내** : 부동산투자법에 의한 부동산투자회사(REITs)는 개발전문 부동산투자회사를 포함하여 자기관리 부동산투자회사, 위탁관리 부동산투자회사, 기업구조조정 부동산투자회사 등이 있다.

문제해설

리츠(REITs)는 수익성 부동산을 매입하여 임대사업을 할 수 있다.

107

준부동산펀드A 대한 설명으로 가장 거리가 먼 것은?

① 자본시장법상의 형식적인 투자대상자산을 기준으로 부동산펀드에 해당한다.

② 펀드의 실질적인 투자내용 및 경제적인 효과 측면에서 볼 때 부동산펀드와 유사한 형태의 펀드로 인정된다.

③ 펀드가 종국적으로 부동산 관련 자산 및 부동산 관련 사업 등에 연계되어 있다.

④ 펀드의 손익구조는 연계된 부동산 관련 자산 및 부동산 관련 사업 등에 의해 결정된다.

문제해설

자본시장법상의 형식적인 투자대상자산을 기준으로 할 때에는 부동산펀드에 해당하지 않고 증권펀드, 특별자산펀드, 혼합자산펀드에 해당한다.

정답 103 ③ | 104 ④ | 105 ① | 106 ④ | 107 ①

108

펀드의 투자대상자산 중 특별자산에 포함되는 일반상품에 대한 설명 중 가장 거리가 먼 것은?

① 일반상품은 물가가 오르면 동반 상승하는 특성이다.
② 일반상품은 인플레이션 헤지 기능이 있다.
③ 중동 두바이유에 연계하여 특별자산펀드에 편입 가능한 장외파생상품에 투자할 수 있다.
④ 커피, 설탕 등에 연계하여 특별자산펀드에 편입 가능한 장외파생상품에 투자할 수 없다.

문제해설 

커피, 설탕 등에 연계하여 특별자산펀드에 편입 가능한 장외파생상품에 투자할 수 있다.

109

다음 설명에 대한 용어로 적절한 것은?

> 형식적인 투자대상을 기준으로 할 때에는 증권에 투자해서 증권펀드이지만, 실질적인 투자내용 및 경제적인 효과를 감안하면 특별자산펀드에 속하는 펀드

① 특별자산펀드 ② 준증권펀드
③ 준특별자산펀드 ④ 혼합자산펀드

문제해설 

종국적으로 특별자산과 연계되어 손익구조가 결정되기 때문에 준특별자산펀드라고 한다.

110

다음 중 자본시장법상 집합투자기구에 속하지 않는 것은?

① 증권투자기구 ② 부동산투자기구
③ 파생투자기구 ④ 혼합투자기구

파생집합투자기구는 자본시장법 시행으로 제외되었고 각각의 펀드형태에 내재되어 있다.

111

펀드의 운용성격에 의해 일정 수익이 달성되면 펀드를 해지하거나 투자증권을 달리하여 운용하는 펀드는?

① 전환형 펀드 ② 모자형 펀드
③ 목표달성형 펀드 ④ 카멜레온 펀드

문제해설

일정 수익이 달성되면 펀드를 해지하거나 투자증권을 달리하여 운용하는 펀드는 목표달성형 펀드이다.

112

펀드의 성격과 특징에 대한 설명으로 가장 거리가 먼 것은?

① 인덱스펀드의 단점은 주식의 편입비율을 조정하지 않기 때문에 지수방어주로 구성한 펀드에 비해 하락 시에 하락폭이 클 수 있다.
② 종류형 펀드는 투자자에게 기준가격이 다른 동일한 펀드를 판매하기 때문에 투자자의 기준가격이 같아야 하는 원칙과 배치되는 점이 있다.
③ 전환형 펀드의 하위 펀드가 2개일 경우에는 카멜레온형이라고 한다.
④ 모자형 펀드의 자펀드는 모펀드가 발행하는 펀드 이외의 다른 펀드도 취득할 수 있다.

문제해설

모자형 펀드의 자펀드는 모펀드가 발행하는 간접투자증권 이외의 다른 간잡투자증권을 취득할 수 없다.

113

다음 중 상장지수펀드인 ETF에 관한 일반적인 성격과 가장 거리가 먼 것은?

① KOSEF, KODEX200은 ETF에 속한다.
② 인덱스펀드보다 추적능력이 뛰어나므로 지수 움직임에 정확하게 연동한다.
③ 인덱스펀드는 익일 매수하나 ETF는 시장에서 매수가 가능하기 때문에 적시성이 있다.
④ 운용자 능력이 타 펀드에 비하여 중시되지 않으며, 주식형 인덱스펀드에 비해 보수가 낮다.

더 알아보기 ETF시장은 주식처럼 거래되는 유통시장과 설정 · 해지되는 발행시장으로 구분된다.

문제해설

ETF지수는 인덱스펀드의 일종이며 모든 인덱스펀드는 추적오차가 발생하므로 지수에 100% 연동되지 못한다.

정답 108 ④ | 109 ③ | 110 ③ | 111 ③ | 112 ④ | 113 ②

114

다음은 단기금융펀드(MMF)에 대한 설명 중 가장 거리가 먼 것은?

① MMF는 펀드재산을 운용함에 있어 보유투자증권을 대여하는 방법으로 자산을 운용할 수 있다.
② MMF는 대부분의 다른 투자신탁상품과는 달리 펀드재산을 장부가격으로 평가한다.
③ MMF는 투자대상을 신용등급이 높고 잔존만기가 짧은 채권 등의 자산으로 제한하고 있으므로 다른 종류의 펀드보다 안정성과 유동성이 높은 상품이라 할수 있다.
④ MMF는 펀드재산을 운용함에 있어 신용도가 일정수준이고 유동성이 높은 원화 자산에 투자할 수 있다.

문제해설 

보유투자증권을 대여하는 방법으로 자산을 운용하는 행위는 제한사항이다.

115

투자등급형 채권펀드(우량 채권펀드)에 속하는 채권의 등급은?

① 채권등급 BBB 이상 채권　② 채권등급 AA 이상 채권
③ 채권등급 BB 이상 채권　④ 채권등급 A 이상 채권

문제해설 

투자등급형 채권펀드(우량 채권펀드)는 채권등급 BBB 이상 채권에 투자하는 경우이다.

116

다음 종류형 펀드에 대한 설명 중 가장 거리가 먼 것은?

① 펀드의 기준가격은 클래스별로 고시한다.
② 클래스의 수에는 제한이 없다.
③ 전체클래스 총회와 클래스별 수익자총회로 구분하여 운용한다.
④ 기존 펀드는 클래스펀드로 전환되지 않는다.

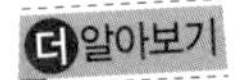
더 알아보기 종류형 펀드는 같은 펀드에서 투자자를 대상으로 판매 형태를 달리하여 판매하는 펀드로서 판매보수와 판매수수료가 각기 다르다. 이는 펀드의 다양성을 추구하되 펀드의 대형화를 꾀하기 위한 것이 목적이다.

문제해설 

기존 펀드도 약관 변경을 통해서 다른 클래스로 전환이 가능하다.

117

다음 해외투자펀드에 대한 설명 중 가장 거리가 먼 것은?

① 해외투자는 상대적으로 높은 비용부담이 발생한다.
② 해외투자로 국내 분산투자 시 제거되지 않는 체계적 위험도 줄일 수 있다.
③ 해외투자에 따른 수익률은 투자자산 수익률에 환율상승률만큼 추가해서 나타난다.
④ 해외투자는 편입자산의 만기가 비교적 긴 반면에 환매소요기간은 짧다.

문제해설
해외투자 시 지역적인 면, 제도적인 면 등으로 환매소요기간이 길다.

118

다음의 내용에 의거 워런트의 수익을 구하라.

- KOSPI200 참여율 80%
- 유럽형 콜옵션
- 만기에 KOSPI200이 20% 상승

① 16%　② 20%
③ 60%　④ 80%

문제해설
콜옵션으로 상승률(20%) × 참여율(80%) = 16%이다.

119

다음 부동산펀드 중 직접 부동산의 개발에 참여하여 분양이나 임대를 통한 수익을 내는 펀드유형은?

① 경공매형　② 개발형
③ 임대형　④ 대출형

더알아보기 부동산펀드의 유형
- **매매형** : 매매차익을 추구하는 유형
- **개발형** : 직접 부동산의 개발에 참여하여 분양이나 임대를 통한 수익을 내는 펀드유형
- **임대형** : 주거용 및 상업용 부동산을 매입하고 임대하여 수익을 올리는 펀드
- **대출형** : 부동산 개발회사에게 개발자금을 빌려주는 방식으로 수익을 올리는 방법
- **경공매형** : 경공매 대상 부동산을 싼 가격에 매입한 후 적정가에 매도하여 수익을 올리는 펀드

문제해설
개발형 부동산펀드에 대한 설명이다.

정답 114 ① | 115 ① | 116 ④ | 117 ④ | 118 ① | 119 ②

120

파생상품형 펀드의 특징에 대한 다음 설명 중 가장 거리가 먼 것은?

① 파생상품형 펀드는 기초자산과 파생기법을 결합한 것이다.
② 파생상품형 펀드는 위험을 분산시켜 위험을 헤지할 수 있다.
③ 파생상품형 펀드는 헤지펀드의 대표적인 펀드의 하나이다.
④ 파생상품형 펀드는 기초자산의 수익 및 구조변경이 용이하지 않다.

문제해설 

파생상품형 펀드는 기초자산의 수익 및 구조변경을 통하여 위험을 분산시켜 위험을 헤지할 수 있다.

121

장외파생상품 등을 이용하여 주가지수 등의 변동과 연계하여 수익이 결정되는 구조를 가지도록 하는 펀드 유형은?

① 헤지펀드　　② ETF
③ ELF　　④ PEF

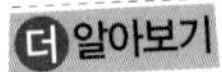

더 알아보기 헤지펀드
- 사모펀드의 일종이다.
- 초기에는 절대수익을 추구하고자 헤지 형태로서 차익거래 등을 하였으나 이후 투기성 있는 투자로 변모하여 외국통화 등 변동성에 투자하는 경우가 많다.

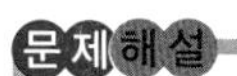 

ELF(주가연동 펀드)에 대한 설명이다.

122

부동산펀드의 금전 대여에 대한 설명 중 가장 거리가 먼 것은?

① 부동산펀드는 펀드재산으로 부동산개발사업을 영위하는 법인에 대하여 금전을 대여할 수 있다.
② 대여금의 한도는 펀드의 자산총액에서 부채총액을 뺀 가격의 50/100이다.
③ 집합투자규약에서 금전의 대여에 관한 사항을 정하고 있어야 한다.
④ 집합투자업자가 부동산에 대하여 담보권을 설정하거나 시공사 등으로부터 지급보증을 받는 등 대여금을 회수하기 위한 적절한 수단을 확보해야 한다.

대여금의 한도는 펀드의 자산총액에서 부채총액을 뺀 가격의 100/100이다.

123

다음 중 자본시장법상의 특별자산에 속하지 않는 것은?

① 통화
② 보험금 지급청구권(제3자에게 양도 불가능)
③ 탄소배출권
④ 지적재산권

문제해설
제3자에게 양도 가능한 보험금 지급청구권이 특별자산에 속한다.

더 알아보기 특별자산
- 자본시장법상 증권과 부동산에 속하지 않는 것은 모두 특별자산이다.
- 신용, 재해, 범죄율 등의 추상적인 것도 특별자산으로 포함된다.

124

다음 특별자산펀드에 대한 설명 중 가장 거리가 먼 것은?

① 펀드재산의 50%를 초과하여 선박, 항공기 등에 투자하는 펀드이다.
② 펀드재산의 50%를 초과하여 특별자산에 해당하는 증권에 투자하는 펀드이다.
③ 펀드재산의 50%를 초과하여 통화, 신용위험(당사자는 포함하나 제3자의 신용등급의 변동은 제외)에 투자하는 펀드이다.
④ 자연적, 환경적, 경제적 현상 등에 속하는 위험으로서 합리적으로 적정한 방법에 의하여 가격, 이자율, 지표, 단위의 산출이나 평가가 가능한 것을 기초자산으로 하는 파생상품에 투자하는 펀드이다.

문제해설 
신용위험은 당사자와 제3자의 신용등급의 변동도 포함한다.

125

다음 중 단기금융펀드인 MMF에 대한 설명 중 가장 거리가 먼 것은?

① MMF는 파생상품에 투자할 수 없다.
② MMF는 특별자산이나 부동산에 투자할 수 없다.
③ MMF의 편입자산의 최대 가중평균 잔존기간은 60일 이내이다.
④ MMF의 경우 시가 괴리율이 상하 ±0.5% 이상인 경우 시가평가로 전환한다.

MMF의 편입자산의 최대 가중평균 잔존기간은 75일 이내이다.

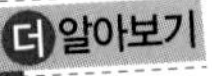 MMF의 남설을 방지하기 위해서 개인전용은 3,000억 원 이상일 때, 법인용은 5,000억 원 이상일 때 추가 설정이 가능하다.

정답 120 ④ | 121 ③ | 122 ② | 123 ② | 124 ③ | 125 ③

126

다음 중 주식형펀드에 대한 설명 중 가장 거리가 먼 것은?

① 시장 가격형 상품으로서 투자원금의 손실 가능성이 있다.
② 단기적 자금보다는 장기적 투자 자금이 바람직하다.
③ 편입주식의 시가총액 크기에 따라 대형주, 중형주, 소형주 펀드로 분류한다.
④ 주식 등에 투자하는 펀드이고 저위험, 저수익 추구펀드이다.

문제해설 

주식형 펀드는 고위험, 고수익 추구 펀드이다.

127

해외투자펀드의 장점과 필요성에 대한 설명으로 가장 거리가 먼 것은?

① 한 국가에 투자 시 고유한 국가 위험이 상존하고 있어 해외로의 분산 투자가 필요하다.
② 한국과 상관관계가 낮은 국가에 투자할 경우 변동성을 낮추면서 기대 수익률을 높일 수 있는 효율적 인 포트폴리오 구축이 가능하다.
③ 환율의 등락이나 원유가격의 상승 등 국내 상황을 불안정하게 하는 요소가 다른 나라에도 똑같이 적용되는 것이 아니며, 각국의 경제 사이클도 차이가 있어서 다양한 기회포착이 가능하다.
④ 글로벌 투자는 국내 시장에만 투자하는 것에 비해서 항상 수익률이 높은 경향을 보이고 있다.

문제해설 

국내외 시장 상황에 따라 수익률의 달성은 항상 다르게 나타난다.

128

Reuters-CRB, DJ-AIG 지수와 가장 밀접한 시장은?

① 헤지펀드시장　　② 실물자산시장
③ 국내채권시장　　④ 해외채권시장

해외실물자산시장의 가격지수이다.

129

다음 중 특수한 구조로 규정하고 있지 않은 것은?

① 상장지수펀드(ETF)　　② 종류형 펀드
③ 모자형 펀드　　④ 원금보존추구형 펀드

문제해설

특수한 형태의 집합투자기구에는 환매금지형, ETF, 종류형, 전환형, 모자형 등이 있다. 원금보존추구형인 ELF, ELS 등은 구조화펀드 수익구조 설계의 한 형태이다.

130

특별자산펀드에 관한 설명 중 가장 거리가 먼 것은?

① 제도권 밖에서 운용되고 있던 사설펀드를 법의 규제로 흡수하기 위해 허용된 펀드이다.
② 보험금지급 청구권은 모두 특별자산펀드의 편입대상이 되지 않는다.
③ 투자대상의 구체성, 자금의 흐름, 손익평가방법의 이해가 상대적으로 어렵다.
④ 아트펀드, 문화펀드 등도 특별자산펀드라고 할 수 있다.

문제해설

양도 가능한 보험금지급 청구권은 특별자산펀드의 편입대상이 된다.

131

장외파생상품이 포함된 신탁상품을 판매할 경우 특칙이 적용된다. 만 65세 이상이고 장외파생상품에 대한 투자경험이 1년 미만인 일반투자자인 개인에게는 다음의 어느 하나에 해당하는 위험회피목적의 장외파생상품에 투자하는 신탁상품만 투자권유 할 수 있다. 이에 해당하는 상품을 모두 고르시오.

ㄱ. 금리스왑	ㄴ. 통화스왑
ㄷ. 옵션매수	ㄹ. 옵션매도

① ㄱ, ㄴ　　② ㄷ, ㄹ
③ ㄱ, ㄷ　　④ ㄴ, ㄹ

문제해설

투기목적으로 장외파생상품에 투자하는 신탁상품은 투자권유할 수 없다. 금리스왑과 옵션매수에 해당하는 위험회피목적의 장외파생상품에 투자하는 신탁상품만 투자권유 할 수 있다.

정답 126 ④ | 127 ④ | 128 ② | 129 ④ | 130 ② | 131 ③

132

상장지수형 펀드인 ETF에 대한 설명 중 가장 거리가 먼 것은?

① 지수펀드를 거래소에 상장한 효과를 가지고 있다.
② ETF의 설정일로부터 30일 이내에 거래소 시장에 상장하여야 한다.
③ 거래소에 상장되지만 환매도 허용된다.
④ ETF의 순자산가치와 시장가격이 일치하도록 집합투자업자가 시장 조성 업무를 수행한다.

문제해설 

ETF의 순자산가치와 시장가격이 일치하도록 지정참가회사(AP)가 시장조성 업무를 수행한다.

133

다음 표의 설명에 대한 것 중 가장 적절한 것은?

> 장래의 일정 기간 동안 미리 정한 가격으로 기초자산이나 기초자산의 가격 · 이자율 · 지표 · 단위 또는 이를 기초로 하는 지수 등에 의하여 산출된 금전 등을 교환할 것을 약정하는 계약

① 선도　　② 옵션
③ 스왑　　④ 선물

문제해설 

교환하는 거래인 스왑에 대한 설명이다.

134

신탁상품의 판매관련 불건전 영업행위 중 집합운용규제와 관련된 금지사항과 가장 거리가 먼 것은?

① 여러 신탁재산을 집합하여 운용한다는 내용으로 투자광고하는 행위
② 투자광고 시 여러 신탁계좌의 평균수익률을 제시하는 행위
③ 위탁자를 유형화하여 운용할 경우 각 유형별 가중평균수익률과 최고, 최저 수익률을 함께 제시하는 행위
④ 집합적으로 운용되는 신탁상품에서 특정 신탁계좌의 수익률만 투자광고에 제시하는 행위

여러 신탁재산을 집합하여 운용하는 행위는 금지되며, 집합적으로 운용되는 것과 관련하여 ①, ②, ④의 사항을 신탁상품의 판매시에도 금지하고 있다.
③ 위탁자를 유형화하여 운용할 경우 각 유형별 가중평균수익률과 최고, 최저 수익률을 함께 제시하지 않는 행위가 금지된다.

135

신탁상품의 판매관련 불건전 영업행위에 대한 설명으로 가장 거리가 먼 것은?

① 구체적 근거를 제시하지 아니하면서 타 신탁상품보다 비교우위가 있음을 막연하게 나타내는 행위는 금지된다.
② 위탁자가 신탁재산인 금전의 운용방법을 지정하고 수탁자는 지정된 운용방법에 따라 신탁재산을 운용한다는 사실을 계약 체결 직후에 지체 없이 고지하지 않는 행위는 금지된다.
③ 거래상대방에게 신탁상품의 판매와 관련하여 기준을 초과하는 재산상의 이익제공 및 수령이 금지된다.
④ 실적배당신탁상품에 대하여 매일의 배당률 또는 기준가격을 영업장에 비치하는 등 게시하여야 한다.

문제해설 

위탁자가 신탁재산인 금전의 운용방법을 지정하고 수탁자는 지정된 운용방법에 따라 신탁재산을 운용한다는 사실은 계약 체결 권유 시에 사전에 위탁자에게 알려야 한다.

136

부동산펀드 유형 중 일반적으로 임대사업을 하지 않고 운용하는 유형은?

① 매매형 부동산펀드　　② 임대형 부동산펀드
③ 개량형 부동산펀드　　④ 경공매형 부동산펀드

문제해설 

②, ③, ④는 일반적으로 임대를 통한 수익도 동시에 발생시키나 매매형인 경우 대부분 매매차익만이 목적인 경우가 많다.

137

신탁상품에 대한 일반적 설명으로 가장 거리가 먼 것은?

① 신탁관계인에는 신탁관리인과 신탁재산관리인이 포함된다.
② 수탁자와 수익자 간의 이해가 상반되어 수탁자가 신탁사무를 수행하는 것이 적절하지 아니한 경우에 법원이 신탁재산을 관리할 자를 선임할 수 있는데, 이를 신탁관리인이라 한다.
③ 신탁이 성립하기 위해서는 위탁자로부터 수탁자에게로 신탁의 대상이 되는 재산의 이전이 있어야한다.
④ 신탁법에서 수탁자는 누구의 명의로든지 공동수익자의 1인이 아닌 한 신탁의 이익을 누릴 수 없도록 규정하고 있다.

문제해설 

신탁관리인이 아니라 신탁재산관리인이다. 수탁자와 수익자 간의 이해가 상반되어 수탁자가 신탁사무를 수행하는 것이 적절하지 아니한 경우에 법원이 신탁재산을 관리할 자를 선임할 수 있는데, 이를 신탁재산관리인이라 한다.

정답 132 ④ | 133 ③ | 134 ③ | 135 ② | 136 ① | 137 ②

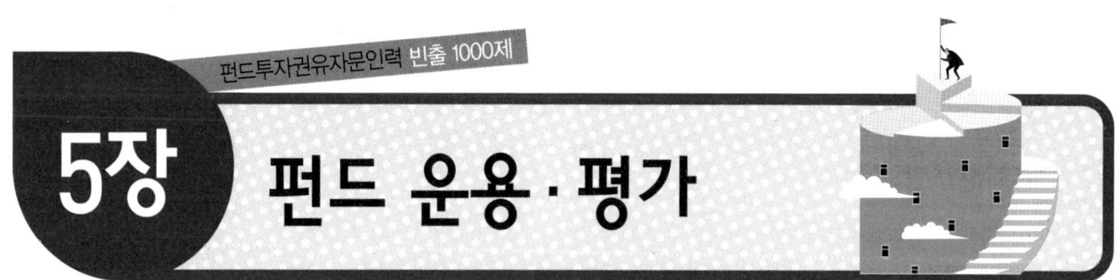

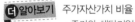

001

주식형 펀드의 구분으로 가치주펀드와 성장주펀드로 나눈다. 성장주펀드에 편입하는 주식의 성격은?

① PER가 낮은 종목 ② 베타가 낮은 종목
③ PER가 높은 종목 ④ 알파가 낮은 종목

주가자산가치 비율
- 주가와 해당기업의 자산가치와의 상대적 평가를 나타낸 것으로 기업의 내재가치를 추정할 때 사용한다.
- PER이 낮다는 것은 기업의 자산가치에 비해 주가가 낮게 평가되어 있다는 의미로, 저PER주는 가치주로 인식된다.
- PER이 높다는 것은 기업의 자산가치에 비해 주가가 높게 평가되어 있다는 의미로, 고PER주는 성장주로 인식된다.

주식형펀드
- **주식형** : 펀드재산의 60% 이상을 주식에 투자
- 주식형 펀드 위험
  - **시장 위험** : 채권 등 안정적 자산보다 가격 변동성이 크다.
  - **개별 위험** : 개별 주식이 갖는 위험으로부터 발생하는 위험
  - **유동성 위험** : 유동성이란 투자자가 원하는 시점에 보유주식을 처분하여 현금화할 수 있는 가능성

성장주는 일반적으로 PER과 PBR, 베타가 높다.

002

적극적 주식운용 전략과 가장 거리가 먼 것은?

① 가치주 투자전략 ② 성장주 투자전략
③ 시장 투자전략 ④ 인덱싱 전략

인덱싱 전략은 소극적 주식운용 전략이다.

003

채권투자위험에 대한 내용 중 가장 거리가 먼 것은?

① 채권금리상승 가능성이 높을 경우, 보유채권 매도 및 국채선물 매도로 채권가격 변동위험을 회피할 수 있다.
② 이자율스왑에서 고정금리 지급 포지션을 취하거나 변동금리부채권을 매입하여 신용위험을 회피할 수 있다.
③ 매수–매도 호가 간격이 좁으면 유동성위험이 낮고, 매수–매도 호가 간격이 넓으면 유동성위험이 크다.
④ 콜옵션부채권은 채권금리 하락 시 콜옵션 행사가격 이상으로 채권가격이 올라가지 않는다는 위험이 있다.

문제해설

이자율스왑에서 고정금리 지급 포지션을 취하거나 변동금리부채권을 매입하는 방법은 금리상승위험 회피에 활용된다.

004

채권투자의 신용위험에 대한 설명 중 가장 거리가 먼 것은?

① 크레딧물 매도, CDS 같은 신용파생상품 활용을 통해 부도위험을 회피할 수 있다.
② 채권의 신용등급이 하락하면 채권수익률이 하락하여 채권가격이 상승한다.
③ 일반적으로 경기가 활황세일 때에는 신용스프레드가 축소되고, 침체기에는 신용스프레드가 확대된다.
④ 신용채권은 신용평가회사로부터 신용등급을 받는데, 회사채의 투자적격등급에는 AAA, AA, A, BBB가 해당된다.

문제해설

채권의 신용등급이 하락하면 채권수익률이 상승하여 채권가격이 하락하고, 신용등급이 상승하면 채권수익률이 하락하여 채권가격이 상승한다.

정답 001 ③ | 002 ④ | 003 ② | 004 ②

005

다음의 기술적 분석에 대한 설명 중 가장 거리가 먼 것은?

① 기본적 분석, 기술적 분석 모두 내재가치를 산출한다.
② 기술적 분석의 기본 가정은 주가는 수요와 공급에 의해 결정된다는 것이다.
③ 기술적 분석의 단점은 과거추세나 패턴이 반복할 수 있다는 비현실적인 가정이다.
④ 시가가 종가보다 높으면 음선, 낮으면 양선이라고 한다.

기본적 분석만이 내재가치를 산출한다. 반면 내재가치를 배제한 채 시장의 변동에만 집중하는 기술적 분석은 시장의 변화요인에 대해 정확히 분석하지 못한다는 한계가 있다.

006

전략적 자산배분전략에 대한 내용 중 가장 거리가 먼 것은?

① 장기적으로 적합한 자산별 투자비율을 결정한다.
② 과거 통계자료와 시장예측을 바탕으로 기대수익률과 투자위험을 고려한다.
③ 투자기간 중 기본적인 가정이 변하지 않는 한 포트폴리오의 자산구성을 변화시키지 않는다.
④ 저평가된 자산을 매수하고 고평가된 자산을 매도함으로써 펀드의 투자성과를 높인다.

저평가된 자산을 매수하고 고평가된 자산을 매도하며, 시장의 변화방향을 예상하여 단기적인 관점에서 사전적으로 자산구성을 변화시키는 것은 전술적 자산배분전략이다

007

운용회사의 운용성과 발표 시 평가기준에 대한 설명으로 가장 거리가 먼 것은?

① 충분히 긴 기간 동안 비교하는 등 특정 운용회사에게 유리하지 않게 비교 기간을 정한다.
② 운용회사별로 대표성을 지니고 있는 주요 집합투자기구들 간에 비교하는 것이 바람직하다.
③ 특정 집합투자기구에 지나치게 큰 영향이 없고 평가 대상 집합투자기구들의 규모에 상관없이 산술평균 수익률로 측정한다.
④ 현재 존재하는 집합투자기구만을 대상으로 성과를 측정하여 비교하는 것은 바람직하지 않다.

다수의 집합투자기구 중 대표적인 집합투자기구에 대해서만 성과를 발표하면 대표 집합투자기구가 아닌 집합투자기구는 누락되는 상황이 생겨 전체 집합투자기구의 성과에 대한 오류가 발생한다.

008

다음 중 배당성향을 바르게 나타낸 것은?

① 배당/주당순이익　　② 배당 × 주당순이익
③ 1 × 사내유보율　　④ 1/사내유보율

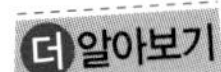
'1 − 사내유보 = 배당성향'이다. 사내유보가 많을수록 자금의 사외유출이 작아 회사에 재투자가 되어 주가에 반영되고 배당이 크면 주주의 실질 수익이 커서 주가가 상승한다.

주당순이익 중 배당이 지급되는 비율을 의미한다.

009

기술적 분석에서 패턴분석의 종류 중 반전형 패턴이 아닌 것은?

① 삼봉형(Head and Shoulder Formation)
② 이중삼중 천정(바닥)형
③ 원형 반전형
④ 직사각형 모형(Rectangle Formation)

- **반전형** : 삼봉형(Head ana Shoulder), 이중삼중 천정(바닥)형, 원형 반전형, V자 패턴형
- **지속형** : 삼각형, 이등변삼각형, 페넌트형, 직사각형, 쐐기형, 깃발형

직사각형 모형은 지속형이다.

010

펀드 수익률의 계산방법에 대한 설명 중 가장 거리가 먼 것은?

① 수익률 계산 시 자금유출입에 따른 영향을 배제할 수 있는 시간가중수익률 방식을 사용한다.
② 일별 수익률을 계산하여 산술 평균적으로 연결하는 방식을 사용한다.
③ 펀드의 결산으로 분배가 이루어지면 이를 포함한다.
④ 운용기간 중 자금유출입이 없다면 금액가중수익률과 시간가중수익률의 값은 동일하다.

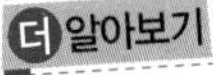
금액가중수익률은 내부수익율로서 투자자 입장의 수익률이고 시간가중수익률은 펀드 운용 평가의 기준이 되는 수익률이다.

일별 수익률을 계산하여 기하적으로 연결하는 방식을 사용한다.

정답 005 ① | 006 ④ | 007 ② | 008 ① | 009 ④ | 010 ②

011

위험조정성과에 대한 설명 중 가장 거리가 먼 것은?

① 샤프비율은 가장 많이 사용하는 위험조정성과로서 값이 클수록 성과가 좋았음을 의미한다.

② 샤프비율은 초과수익률이 양수(+), 음수(−)에 관계없이 펀드의 성과를 비교할 수 있다.

③ 젠센의 알파는 운용역의 종목선택정보와 시장예측정보를 정확히 구분하지 못한다.

④ 정보비율이 높을수록 운용역의 운용능력이 탁월했다고 할 수 있다.

문제해설 

샤프비율은 초과수익률이 양수(+)인 경우에만 펀드의 성과를 비교하는 것이 바람직하다.

012

채권투자위험에 대한 설명 중 가장 거리가 먼 것은?

① 가격변동위험(Price risk)은 채권의 만기이전 매도 시, 채권금리가 하락하게 되면 채권가격도 하락하는 위험이다.

② 신용위험(Credit risk)에는 부도위험(Default risk), 신용등급하향위험(Downgrade risk), 신용스프레드 확대 위험(Credit Spread risk) 등이 있다.

③ 유동성위험(Liquidity risk)은 채권을 매도할 때, 그 채권에 대한 매수세가 부족해서 제값을 받지 못할 위험이다.

④ 콜위험(Call risk)은 채권금리가 하락할 때 콜옵션 행사가격 이상으로 채권가격이 올라가지 않는 위험이다.

가격변동위험은 채권을 만기 이전에 매도하려고 할 경우, 채권금리가 상승하게 되면 채권가격이 하락하는 위험이다.

013

다음 중 채권의 기본적 특성과 가장 거리가 먼 것은?

① 이자지급증권 ② 무기한부증권
③ 장기증권 ④ 발행자격의 법적 제한

채권은 기한부증권이고 주식이 무기한부증권이다.

014

기업의 내재가치를 분석하는 과정에는 3단계의 Top-Down방식이 있다. 다음 중 3단계의 Top-Down방식을 바르게 나열한 것은?

① 과거분석 – 현재분석 – 미래분석
② 기업분석 – 산업분석 – 경제분석
③ 거시분석 – 미시분석 – 정밀분석
④ 경제분석 – 산업분석 – 기업분석

Bottom-Up방식 : 기업분석–산업분석–경제분석

문제해설

Top-Down방식은 경제분석–산업분석–기업분석이다.

015

다음은 펀드의 운용 Process를 바르게 나열한 것은?

A. 투자목적과 제약요인 분석	B. 투자자산 분석
C. 투자원칙과 전략 수립	D. 포트폴리오 구성
E. 모니터링	F. 포트폴리오 재조정

① A>B>C>D>E>F ② A>B>D>C>E>F
③ B>C>A>D>E>F ④ B>A>D>C>E>F

투자목적과 제약요인 분석 > 투자자산 분석 > 투자원칙과 전략 수립 > 포트폴리오 구성 > 모니터링 > 포트폴리오 재조정

정답 011 ② | 012 ① | 013 ② | 014 ④ | 015 ①

016

다음은 자산운용회사가 펀드를 운용하는 데 있어서 고려해야 할 위험과 가장 거리가 먼 것은?

① 시장위험은 금리, 주가 등 시장변수의 변동으로 인한 위험이다.
② 거래상대방의 부도나 계약불이행으로 발생하는 위험을 업무처리위험이라 한다.
③ 법적 위험은 관련법규나 펀드약관 등의 위험으로 발생할 수 있는 위험이다.
④ 유동성 위험이란 투자자의 환매요구에 응하지 못하는 위험이다.

문제해설 

거래상대방의 부도나 계약불이행으로 발생하는 위험은 신용위험이다.

017

증권시장은 효율적이라는 가정 아래 운용포트폴리오의 위험허용치에 대응하는 평균 기대수익률을 실현하고 투자위험을 최소화하는 전략은?

① 소극적(Passive) 운용　　② Bottom–Up
③ Top–Down　　④ 적극적(Active) 운용

적극적 투자기법은 시장대비 초과수익 달성을 목표로 하는 기법이며, 소극적 기법은 시장수익률 달성을 목표로 하는 기법이다.

018

다음 중 일반적인 펀드분석 및 평가의 목적과 가장 거리가 먼 것은?

① 투자하기 좋은 펀드를 고르기 위해
② 투자하고 있는 펀드의 운용성과를 높이기 위해
③ 투자한 펀드가 정상적으로 운용되고 있는지 판단하기 위해
④ 투자결과를 판단하고 재투자 여부를 결정하기 위해

일반적으로 다음 목적으로 펀드분석 및 펀드평가정보를 이용한다.

- 투자하기 좋은 펀드를 고르기 위해
- 투자한 펀드가 정상적으로 운용되고 있는지 판단하기 위해
- 투자결과를 판단하고 재투자 여부를 결정하기 위해

019

젠센의 알파에 대한 다음 설명 중 가장 거리가 먼 것은?

① 젠센의 알파는 수치가 높을수록 펀드운용이 양호하다는 것을 의미한다.
② 종목선택 및 시장흐름을 정확히 분석하였는지를 평가하는 데 유용하다.
③ 종목선택정보와 시장예측정보를 정확하게 구분할 수 있는 장점이 있다.
④ 시장의 평균수익률과의 관계를 베타 값으로 표시하고 있다.

젠센의 알파는 종목선택정보와 시장예측정보를 정확하게 구분하지 못하는 단점이 있다.

020

다음은 펀드를 평가한 결과이다. 가장 좋은 펀드는?

① 유형평균 수익률을 초과하였고 베타 값이 큰 펀드
② 벤치마크수익률을 초과하였고 표준편차 값이 작은 펀드
③ 유형평균 수익률을 초과하였고 표준편차 값이 큰 펀드
④ 벤치마크수익률을 초과하였고 샤프 값이 작은 펀드

벤치마크 수익률과 유형 평균수익률(Peer Group)을 초과하였으면 성과가 좋았고, 표준편차와 베타가 작으면 위험도 작은 것이다. 샤프 값이 크면 조정성과가 높다.

021

다음은 펀드성과를 평가하는 여러 척도들이다. 위험조정성과 지표가 아닌 것은?

① 표준편차　　② 샤프지수
③ 젠센의 알파　　④ 정보비율

더 알아보기 장보비율

- 적극적인 투자활동의 결과로 발생한 초과수익률과 집합투자기구의 초과수익률에 대한 표준편차의 비율을 말한다.
- 정보비율이라 칭한 것은 벤치마크를 초과하는 수익을 얻는 원천이 운용자의 고유정보이기 때문이다.
- 일반적으로 높은 정보비율은 운용자의 능력이 우수하다는 의미이지만 수치의 값만으로는 우수한 정도를 파악하기 힘들다.

표준편차는 단순히 위험에 대한 지표로서 절대적 위험을 나타낸다. 표준편차는 평균과의 떨어진 정도를 나타내는 지표이다

정답 016 ② | 017 ① | 018 ② | 019 ③ | 020 ② | 021 ①

022

다음 중 포트폴리오의 위험을 측정하는 수단과 가장 거리가 먼 것은?

① 표준편차 ② 분산
③ 평균 ④ 베타

더알아보기 위험지표의 종류

구분	지표명	내용
절대적위험	표준편차, VaR	수익률의 달성분석
상대적 위험	공분산, 베타, 상대 VaR, 초과수익률	벤치마크 대비, 동종유형 대비 분석

문제해설

평균은 수익률을 측정하는 수단이고 다른 것들은 위험을 측정하는 수단이다.

023

금융기관의 리스크 관리에 대한 다음 설명 중 가장 거리가 먼 것은?

① 트레이딩 계정과 비트레이딩 계정의 차이는 보유상품에 대한 시가평가 적용 여부에 있다.
② 리스크 측정 표준방식은 각각의 리스크량을 합산하는 단순 합산방식을 의미한다.
③ 옵션의 시장 리스크 측정방식으로 간편법, 델타 플러스법, 시나리오법 등이 있다.
④ RAPM 기법은 내부 모형법의 리스크 측정방식이다.

문제해설

VaR(Value at Risk)를 이용한 것이 내부 모형방식이고, RAPM은 리스크 조정 성과측정방식으로 한도 배분 시 사용하고 있다.

024

리스크 관리에 대한 다음 설명 중 가장 거리가 먼 것은?

① 거시적 리스크 관리 시 VaR 등이 주로 이용된다.
② 미시적 리스크 관리 시 Risk–Return Profile이 주로 활용된다.
③ 사업을 영위함으로서 불가피하게 가지게 되는 리스크를 Business Risk라고 한다.
④ 유동성 리스크, 법적 리스크는 Consequential Risk에 속한다.

문제해설

사업을 영위함으로서 불가피하게 가지게 되는 리스크를 Consequential Risk라고 하며 유동성 리스크, 법적 리스크, 운용리스크 등이 여기에 포함된다.

025

다음 펀드운용에 대한 설명 중 가장 거리가 먼 것은?

① 채권 투자 시 매수–매도 호가 간격이 좁으면 유동성 위험이 크다.
② 콜옵션부채권의 가치는 '일반채권가치 – 콜옵션가치'이다.
③ 무위험 채권과 위험 채권 간의 금리차이를 신용 스프레드라고 한다.
④ 국채, 정부 보증채를 제외한 채권은 모두 신용채권에 속한다.

문제해설

매수–매도 호가 간격이 좁으면 유동성 위험이 작고 호가 간격이 넓으면 유동성 위험이 크다.

026

성과평가 단계에 대한 다음 설명 중 가장 거리가 먼 것은?

① 성과평가는 성과측정과 성과요인분석으로 구분한다.
② 성과배분은 BM, Peer 그룹과 비교하는 방법이 있다.
③ 시장에 대한 모니터링과 포트폴리오 재조정이 필요하다.
④ 효용대비 비용이 낮아지면 재조정 효과가 있다고 본다.

문제해설

BM, Peer 그룹과 비교하는 것은 성과측정이고, 성과요인분석은 마켓 타이밍, 종목선정 등으로 나누어 성과를 배분한다.

더알아보기 투자자 관점의 성과평가

- 투자자가 향유한 실제 수익규모(회계상 손익 또는 경제적 가치)를 측정
- 잘못된 계획이나 투자실행으로 인해 발생한 위험을 효율적으로 관리
- 자산배분, 투자시점, 집합투자기구의 성과가 평가의 대상

027

다음 중 상품 유동성 리스크의 기준과 가장 거리가 먼 것은?

① 실거래가와 호가와의 괴리도
② 가격변동이 흡수되는 속도
③ 자금조달과 운용의 괴리분석
④ 매수 · 매도 호가의 크기

문제해설

자금조달과 운용의 괴리분석은 자금조달 리스크의 하나이다.

정답 022 ③ | 023 ④ | 024 ③ | 025 ① | 026 ② | 027 ③

028

벤치마크의 종류에 대한 다음의 설명 중 가장 거리가 먼 것은?

① 시장지수는 운용에 특이한 제한이 없는 경우 적합한 지수이다.
② 섹터지수는 특정분야에 집중 투자하는 경우 적합한 지수이다.
③ 합성지수는 복수의 자산 유형에 투자하는 경우 적합한 지수이다.
④ 정상포트폴리오는 주식형 BM으로 많이 활용된다.

문제해설 

정상 포트폴리오는 채권형 BM으로 많이 활용된다.

029

다음의 BM지수 중 일반성이 적은 집합투자기구를 평가하기 위해서 적합한 것은?

① 섹터지수　② 맞춤 포트폴리오
③ 정상 포트폴리오　④ 합성지수

맞춤 포트폴리오가 일반성이 적은 집합투자기구를 평가하기에 적합한 지수이다.

030

다음의 위험 중 상대적 위험에 속하지 않은 것은?

① VaR　② 공분산
③ 베타　④ 초과수익률

더 알아보기

- VaR : 일정 기간 내에서 확률적으로 가능한 최고의 손실을 의미한다.
- **공분산** : 두 자산 간의 공통적인 분산을 의미한다.
- **베타** : 시장의 평균적인 수익률과 비교한 개별 포트폴리오의 수익률로서 시장에 대한 민감도를 나타낸다.

VaR와 표준편차(분산)는 절대적 위험에 속한다. 나머지는 상대적 위험에 속한다.

031

펀드의 평가에 대한 다음의 설명 중 가장 거리가 먼 것은?

① 성과요인 분석이란 성과의 원인을 파악하는 일련의 계량분석과정이다.
② 성과요인은 시장예측 능력과 종목선정 능력으로 구분한다.
③ 성과요인의 분석방법은 BM을 이용한 수리모형과 실제 포트폴리오를 이용하는 방법이 있다.
④ 성과요인이 다른 펀드는 분산투자를 통해 자산배분 전략에 활용할 수 있다.

문제해설

성과요인의 분석방법은 BM을 이용한 수리모형과 실제 포트폴리오가 아니라 가상적 포트폴리오를 이용하여 실제의 펀드성과와 비교한다.

032

펀드의 모니터링상 정기적으로 점검해야 하는 사항과 가장 거리가 먼 것은?

① 수익률, 위험, 위험조정성과　② 보유자산 및 매매현황
③ 신탁업자 및 판매회사의 변경　④ 펀드의 자금흐름

더알아보기 위험조정성과
- 위험을 감안한 성과평가의 척도로서 샤프지수와 젠센의 알파가 주로 활용된다.
- 각각 양(+)의 숫자를 가지고 수치가 클수록 좋은 평가를 받는다.

문제해설

펀드의 성과원인과 특성을 파악하기 위해서 펀드 매니저와 자산운용회사와 운용자를 모니터링 해야 한다.

033

다음 중 소극적 채권운용전략과 가장 거리가 먼 것은?

① 만기보유전략　② 수익률곡선타기 전략
③ 사다리형 만기전략　④ 채권면역전략

더알아보기
- **소극적 채권운용전략** : 만기보유전략, 사다리형 만기전략, 채권면역전략, 현금흐름일치전략, 채권인덱싱전략

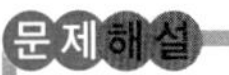

문제해설

수익률곡선타기전략은 적극적 전략에 해당한다.

정답 028 ④ | 029 ② | 030 ① | 031 ③ | 032 ③ | 033 ②

034

리스크 관리에 대한 다음 설명 중 가장 거리가 먼 것은?

① 신용 리스크 관리는 통상적으로 익스포져 관리라고 한다.

② 파생상품거래 시 담보부거래를 하면 신용 리스크는 축소되나 운영 리스크는 증가될 수 있다.

③ 시장 리스크가 신용 리스크를 증대시키는 것을 Wrong-Way Trades라고 한다.

④ KIKO 거래는 의도상으로는 Speculator였으나 결과적으로 Hedger가 된 경우이다.

문제해설 

KIKO 거래는 의도상으로는 Hedger였으나 결과적으로 Speculator가 된 경우이다.

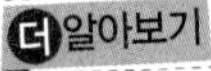

KIKO 거래

- 낙인과 낙아웃이 결합한 환율의 선물환 거래이다.
- 수출상이 향후 받을 달러를 기초자산으로 은행과 거래한 경우로서 레버리지가 포함되어 있다.
- 환율이 하락하거나 보합권에 있는 경우 수출상은 이익이 발생하나 환율이 크게 상승하는 경우 수출상은 엄청난 손실에 직면하게 된다.

035

다음 중 주식의 적극적 운용전략으로 가장 거리가 먼 것은?

① 가치주 투자전략　② 시장 투자전략

③ 중소형주 전략　④ 크레딧 전략

크레딧 전략은 채권의 적극적 운용전략의 하나이다.

036

EV/EBITDA 모형에 대한 다음 전략 중 가장 거리가 먼 것은?

① EV/EBITDA 비율은 기업 전체 가치를 EBITDA로 나눈 것이다.

② EV는 시가총액과 우선주 시장가치에서 순차입금을 차감한 금액을 합한 값이다.

③ EV/EBITDA의 장점은 부(−)의 EBITDA 기업이 별로 없다는 점이다.

④ 자본적 지출액과 감가상각비의 크기가 동일하지 않으면 현금흐름 정보가 왜곡된다는 단점이 있다.

EV는 시가총액, 우선주 시장가치, 순차입금을 합한 금액이다.

037

거시경제변수와 주가의 관계에 대한 설명 중 가장 거리가 먼 것은?

① 장기간에 걸친 주가상승률은 이론적으로 명목GDP 성장률과유사하다.
② 이자율 상승으로 요구 수익률이 상승하면 주식가격은 하락한다.
③ 환율의 상승은 수출입 업체에게 긍정적인 효과를 미쳐 주가의 상승요인으로 작용한다.
④ 하이퍼인플레이션이 발생할 경우 주식가격의 하락을 초래한다.

문제해설

환율의 상승은 수출기업에게는 긍정적인 향을 주지만 수입기업에게는 부정적인 영향을 미친다.

038

다음 표에 의거 전환사채의 패리티 가격을 구하면?

• 주가 : 10,000원	• 전환가격 : 8,000원
• 만기보장 수익률 : 5%	• 전환비율 : 100%

① 8,000원 ② 10,000원
③ 12,500원 ④ 15,000원

문제해설

패리티 가격은 (주가/전환가격) × 10,000원으로 (10,000/8,000) × 10,000원이므로 12,500원이 된다.

039

펀드운용과 관련된 제약요인과 가장 거리가 먼 것은?

① 유동성 ② 목표수익률
③ 투자기간 ④ 채권의 신용등급

더알아보기 제약요인
• 유동성 • 투자기간
• 채권의 신용등급 • 세금

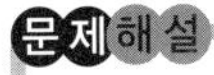

문제해설

목표수익률은 제약요인이 아니라 투자의 목적에 속한다.

정답 034 ④ | 035 ④ | 036 ② | 037 ③ | 038 ③ | 039 ②

040

전환사채에 대한 다음 설명 중 가장 거리가 먼 것은?

① 전환가격은 보유채권을 주식 1주로 전환할 때의 금액이다.
② 전환비율은 전환사채 액면의 몇 %를 주식으로 전환할 수 있는지를 의미한다.
③ 패리티 가격은 '(주가/전환가격) × 10,000원'으로 계산한다.
④ 만기보장수익률은 '만기 시 원금 + 프리미엄'이다.

문제해설

'만기시 원금 + 프리미엄'은 만기상환금이다.

041

채권투자자의 1% 수익과 주식투자자의 1% 수익에 대한 평가방식을 달리하여 성과평가하는 방식은?

① 델타플러스법 ② 시나리오법
③ RAPM법 ④ 간편법

RAPM 방식은 수익을 올리는 데 쓰였던 리스크를 감안하여 성과평가를 하기 위해서 사용되는 방식이다.

042

다음 중 적극적 채권운용전략에 대한 내용으로 가장 거리가 먼 것은?

① 듀레이션조절전략은 향후 금리가 하락할 것이 예상될 때에는 펀드듀레이션을 늘리고, 반대의 경우에는 펀드듀레이션을 줄임으로써 채권의 자본이익을 최대화하려는 기법이다.
② 수익률곡선타기 전략은 수익률곡선이 우상향의 기울기를 가질 경우에 사용할 수 있는 채권투자기법이다.
③ 바벨형 채권운용전략은 단기금리가 하락하고, 장기금리가 상승한다고 예상될 때 유효한 투자전략이다.
④ 탄환형 채권운용전략은 향후 금리가 상승하게 되는 경우에는 장기채에 비하여 자본손실이 적고, 향후 금리가 하락하게 되는 경우에는 단기채에 비하여 높은 수익을 올릴 수 있다.

바벨형 채권운용전략은 단기금리가 상승하고, 장기금리가 떨어진다고 예상될 때 유효한 투자전략이다.

043

다음 중 채권금리의 상승요인으로 가장 거리가 먼 것은?

① 채권에 대한 수요가 늘어날 때
② 인플레이션이 발생하여 물가가 상승할 때
③ 경기가 회복세를 보일 때
④ 정부에서 통화에 대하여 긴축정책을 사용할 때

더알아보기 채권의 외부변동 요인
- **경기변동** : 경기 상승국면 시에는 금리가 상승하고 경기 하락국면 시에는 금리가 하락한다.
- **물가** : 물가가 상승 시에는 금리가 상승하고 물가 하락 시에는 금리가 하락한다.
- **통화량** : 정부의 금융긴축정책으로 통화량이 줄면 금리가 상승하고 반대로 금융완화정책으로 통화량이 늘면 금리가 하락한다.
- **채권의 수급** : 채권의 공급이 증가하면 금리가 상승하고 채권수요가 증가하면 금리가 하락한다.
- **경제정책** : 정책당국의 채권발행규모 조절과 금리정책으로 금리에 영향을 준다.

문제해설
채권에 대한 수요가 늘어나면 채권가격이 상승하여 금리는 하락하게 된다.

044

기술적 분석에 대한 설명 중 가장 거리가 먼 것은?

① 주가의 과거 패턴이나 추세를 알아내어, 주가변동을 예측하고 주식의 선택과 매매시기를 판단하는 기법이다.
② 과거정보에 의존하고, 자료의 신뢰성과 회계처리 방법 및 분식결산 등에 따른 문제점이 발생하기도 한다.
③ 차트를 통하여 쉽고 빠르게 이해할 수 있으나, 차트 해석이 분석자에 따라 달라질 수 있다는 한계를 지닌다.
④ 기본적 분석으로 과대 또는 과소평가된 주식이 투자자에게 인식될 시점에는 이미 주가에 반영된 경우가 많으나, 기술적 분석에서는 주가변동의 패턴을 관찰하여 그 변동을 미리 예측할 수 있다.

문제해설
기본적 분석이 과거정보에 의존하고, 자료의 신뢰성과 회계처리 방법 및 분식결산 등에 따른 문제점이 있으나, 기술적 분석은 주가와 거래량에 모든 정보가 반 영된다는 가정에 바탕을 둔다.

정답 040 ④ | 041 ③ | 042 ③ | 043 ① | 044 ②

045

수정 듀레이션이 3.5년인 채권에 100억 원을 투자하였을 경우 이자율이 10%에서 8%로 하락하였다면 이 채권의 가치는 어떻게 변동하는가?

① 약 3.5억 원 증가 ② 약 3.5억 원 감소
③ 약 7.0억 원 증가 ④ 약 7.0억 원 감소

수정듀레이션
- 듀레이션을 (1+r)로 나누어 주면 수정 듀레이션이 된다.
- 수익률 변동에 의한 채권가격의 변동폭을 알 수 있다.
- (채권가격변동폭) = (−)수정듀레이션

(−)3.5 × −2(8% − 10%) = 7억
듀레이션으로 계산 시 (−)부호를 사용하는 것은 채권가격과 수익률이 역의 방향이기 때문이다.

046

펀드의 운용 시 운용흐름(Process)이 맞는 것은?

① 투자자산 분석 → 투자목적 분석 → 전략수립 → 포트폴리오 구성 → 모니터링 및 재조정
② 투자자산 분석 → 포트폴리오 구성 → 투자목적 분석 → 전략수립 → 모니터링 및 재조정
③ 투자목적 분석 → 포트폴리오 구성 → 전략수립 → 투자자산 분석 → 모니터링 및 재조정
④ 투자목적 분석 → 투자자산 분석 → 전략수립 → 포트폴리오 구성 → 모니터링 및 재조정

투자목적과 제약요인 분석 → 투자자산 분석 → 투자원칙과 전략수립 → 포트폴리오 구성 → 모니터링 및 포트폴리오 재조정

047

채권을 매도할 때, 그 채권에 대한 매수세가 부족해서 제값을 받지 못할 투자위험은?

① 가격변동위험 ② 신용위험
③ 유동성위험 ④ 콜위험

유동성위험에 대한 설명이다. 매수–매도 호가 간격이 좁으면 유동성 위험이 낮고, 매수–매도 호가 간격이 넓으면 유동성 위험이 크다고 할 수 있다.

048

다음 중 운용을 잘한 좋은 펀드로 볼 수 없는 것은?

① 표준편차는 작고 수익률은 높은 펀드
② 수익률은 높고 베타가 작은 펀드
③ Rating이 높은 펀드
④ 샤프비율은 높고 젠센의 알파는 낮은 펀드

수익률이 높으며 표준편차와 베타는 작고 샤프비율과 젠센의 알파는 높은 것이 좋은 펀드이다. 표준편차와 베타는 위험의 측정 시 사용되는 지표로서 표준편차는 절대적 위험을, 베타는 상대적 위험을 나타낸다.

049

펀드 운용의 목표가 되는 벤치마크와 가장 거리가 먼 것은?

① 펀드별 성가평가의 기준이다.
② 투자 전략 수립의 기초자료이다.
③ 적극적인 투자유형의 펀드를 만들 때 기준이 된다.
④ KIS 채권지수, MSCI

벤치마크는 성과의 기준이 되는 수익률로 적극적인 펀드를 만들 때 기준이 되는 것은 아니다.

더 알아보기
- KIS 채권평가 : 다양한 유형의 벤치마크 지수를 제공하는 채권지수 산정기관
- MSC(Morgan Stanley Capital International) : 세계 주가지수를 작성해서 발표하는 회사

050

펀드의 수익률 중 시간가중수익률(Time Weighted Rate Return)에 대한 설명 중 가장 거리가 먼 것은?

① 펀드투자의 성과를 나타내는 내부수익률을 의미한다.
② 운용기간의 현금흐름에 영향을 받지 아니한다.
③ 펀드매니저의 운용능력을 정확하게 평가할 수 있다.
④ 벤치마크 대상 동종그룹 간 상대비교가 용이하다.

내부수익률은 금액가중수익률을 의미한다.

정답 045 ③ | 046 ④ | 047 ③ | 048 ④ | 049 ③ | 050 ①

051

다음의 위험지표 중에서 성격이 다른 것은?

① 표준편차　② 공분산
③ 베타　④ 초과수익률

문제해설 

표준편차는 절대적 위험이고, 나머지는 상대적 위험이다.

052

펀드 조정 후 평가방식인 정보비율에 대한 다음의 설명 중 가장 거리가 먼 것은?

① 분자는 집합투자기구의 수익률과 벤치마크 수익률의 차이로 클수록 좋다.
② 분모는 위험개념을 도입하여 표시하였다.
③ 정보비율이 일정한 값 이상으로 높은 경우에는 집합투자운용자의 능력이 탁월하다고 판단할 수 있고, 일반적으로 0.5 이상이면 탁월하다고 본다.
④ 짧은 기간보다는 장기적인 관점에서 측정된 수치가 신뢰도가 크다.

문제해설 

일반적으로 높은 정보비율을 보이면 운용자의 능력이 탁월하다고 판단하지만 어느 정도의 값이 탁월한 수준인지에 대한 이론적인 근거가 없다.

053

다음 중 포트폴리오 보험전략에 대한 설명으로 옳은 것은?

① 과거 통계자료와 시장예측을 바탕으로 기대수익률과 투자위험을 고려하여 장기적으로 적합한 자산별 투자비율을 결정한다.
② 시장의 변화 방향을 예상하여 단기적인 관점에서 사전적으로 자산구성을 변화시키는 전략
③ 미리 설정한 최소의 투자수익을 달성하면서 동시에 주가상승에 따른 이익에도 참여할 수 있도록 위험자산의 투자비율을 변동시켜나가는 전략이다.
④ 저평가된 자산을 매수하고 고평가된 자산을 매도함으로써 펀드의 투자성과를 높이고자 하는 전략이다.

③ 포트폴리오 보험전략
① 전략적 자산배분전략
②, ④ 전술적 자산배분전략

054

다음 중 주식의 기술적 분석에 사용되는 방법이 아닌 것은?

① 추세분석 ② 지표분석
③ PBR에 의한 분석 ④ 패턴분석

문제해설 

기술적 분석에는 추세분석(Trend Analysis), 패턴분석(Pattern Analysis), 지표분석이 있으며 PBR(주당순자산가치)에 의한 분석은 기본적 분석방법이다.

055

다음 중 채권 보유자의 리스크로 볼 수 없는 것은?

① 금리상승 ② 신용스프레드의 증대
③ 풋옵션 보유 ④ 신용등급의 하락

풋옵션의 보유는 채권가격 하락(금리상승) 시 보유 채권을 매도할 수 있는 권리를 가지고 있으므로 리스크가 아니다.

056

펀드 운용 시 참고하는 채권의 기본개념에 대한 설명 중 가장 거리가 먼 것은?

① 채권가격과 채권 수익률은 역의 관계를 가진다.
② 표면이자는 채권에 표시되어 있는 이자율이다.
③ 채권가격의 민감도를 나타내는 지표로 듀레이션이 있다.
④ 채권가격은 채권매입 시의 가격으로 만기에 받는 금액을 채권 수익률로 할인한 미래 가치의 금액이다.

더알아보기 채권의 기본개념

- 채권수익률은 투자자 입장에서는 투자 수익률이고 채권발행자 입장에서는 조달 금리이다.
- 채권가격의 민감도를 나타내는 지표로 듀레이션이 있다.
- 채권가격과 채권수익률은 역의 관계를 가진다.
- 표면이자는 채권에 표시되어 있는 이자율이다
- 채권가격의 변동은 만기가 길수록, 표면이자가 낮을수록 크다.

문제해설 

채권가격은 채권매입 시의 가격으로 만기에 받는 금액을 채권 수익률로 할인한 현재 가치의 금액이다.

정답 051 ① | 052 ③ | 053 ③ | 054 ③ | 055 ③ | 056 ④

057

다음 중 베타에 관한 설명 중 가장 거리가 먼 것은?

① 집합투자기구의 수익률이 벤치마크 수익률의 변동에 대하여 어느 정도 민감도를 가지고 있는가를 나타낸다.
② $CR_i - R_f = a_i + b_i \times (R_m - R_f) + \varepsilon_i$의 b_i로 표현된다.
③ 베타가 큰 집합투자기구는 작은 집합투자기구에 비하여 상대적으로 변동성이 큰 개별 종목을 많이 편입하여 운용하였음을 의미한다.
④ '베타<1'의 경우 상당히 위험성이 높게 공격적으로 운용한 집합투자기구라고 볼 수 있다.

문제해설 

'베타<1'의 경우 방어적으로 운용한 집합투자기구이며, '베타>1'의 경우가 상당히 위험성이 높게 공격적으로 운용한 집합투자기구이다. 베타가 클수록 벤치마크 수익률 변동에 민감하게 반응하는 것으로 해석할 수 있으며, 베타가 작은 집합투자기구를 상대적으로 위험이 적은, 좋은 집합투자기구로 간주한다.

058

장기적으로 펀드 내 자산구성비율과 중기적으로 개별자산이 취할 수 있는 투자비율의 한계를 결정하는 전략 운용기법은?

① 포트폴리오 재수정 ② 전략적 자산배분
③ 전술적 자산배분 ④ Portfolio Insurance

전략적 자산배분으로 장기적으로 운용방침을 수립할 때 전체의 포트폴리오의 큰 틀을 정하는 전략이다.

059

다음 중 펀드 분석 및 평가의 목적과 가장 거리가 먼 것은?

① 투자하기 좋은 펀드를 선택한다.
② 정상적으로 펀드가 운용되고 있는지 파악한다.
③ 펀드평가회사의 평가가 적절한지 조사한다.
④ 펀드의 투자가 성공적인지 또는 재투자해도 되는지의 여부를 판단한다.

펀드평가회사의 평가가 적절한지의 조사는 펀드분석 및 평가의 목적이 아니다.

060

위험조정성과 지표에 대한 다음 설명 중 가장 거리가 먼 것은?

① 샤프지수는 위험을 수익률로 나누어 위험 한 단위당 수익률을 구하는 것이다.

② 어느 펀드의 샤프지수가 다른 펀드에 비해 높다는 것은 펀드가 부담한 위험 1단위에 대해 더 많은 초과수익을 얻었다는 것을 의미한다.

③ 어느 펀드의 알파가 다른 펀드의 알파보다 작다는 것은 운용수익이 크다는 것을 의미한다.

④ 샤프지수는 무위험 초과수익률이 음의 값을 가질 때 결과 값을 해석하기 좋다는 장점을 가지고 있다.

더알아보기 샤프비율

$$S_p = \frac{R_p - R_f}{\sigma_p} = \frac{\text{포트폴리오평균수익률} - \text{무위험평균이자율}}{\text{포트폴리오수익률의 표준편차}}$$

단, $R_p - R_f$: 초과수익률

문제해설

① 샤프지수는 수익률을 위험으로 나누어 계산한다.
③ 어느 펀드의 알파가 다른 펀드의 알파보다 크다는 것은 운용수익이 크다는 것을 의미한다.
④ 샤프지수는 음의 값을 가질 때는 결과 값을 해석할 수 없다는 단점이 있다.

061

다음 중 주식 갑의 수익률에 대한 계산으로 맞는 것은?

상황	발생확률	주식 갑
호황	0.4	40%
정상	0.4	15%
불황	0.2	−30%

① 15%　　② 16%

③ 18%　　④ 20%

문제해설

주식 갑의 기대수익률
= (0.4 × 40%) + (0.4 × 15%) + (0.2 × −30%) = 16%

정답 057 ④ | 058 ② | 059 ③ | 060 ② | 061 ②

062

종목별 분산의 크기를 제곱근하여 산출한 위험지표는?

① 분산　　② 공분산
③ 표준편차　　④ VAR

문제해설 

종목별 분산의 크기를 제곱근하여 산출한 위험지표는 표준편차이다.

063

다음 중 신용위험과 가장 거리가 먼 것은?

① 부도위험　　② 콜위험
③ 신용등급 하향위험　　④ 신용스프레드 확대위험

콜위험(Call risk)은 채권금리가 상승 할 때는 일반채권과 마찬가지로 채권가격이 하락하는데, 채권금리가 하락할 때는 콜옵션 행사가격 이상으로 채권가격이 올라가지 않는 위험이다.

064

채권의 듀레이션 특징에 대한 설명 중 가장 거리가 먼 것은?

① 만기 시 일시 상환 채권의 듀레이션은 채권의 잔존기간과 동일하다.
② 이표채는 표면이율이 높을수록 듀레이션이 길어진다.
③ 이표채는 만기수익률이 높을수록 듀레이션이 작아진다.
④ 일반적으로 잔존기간이 길수록 듀레이션이 길어진다.

더알아보기 듀레이션의 특징

- 중도에 현금흐름이 없는 할인채의 듀레이션은 만기와 같다.
- 채권의 만기가 짧을수록 듀레이션이 짧다.
- 채권의 수익률이 높을수록 듀레이션이 짧다.
- 쿠폰 이자율이 높을수록 듀레이션이 짧다.
- 이자지급 횟수가 많을수록 듀레이션이 짧다.

이표채는 표면이율이 높을수록 듀레이션이 짧아진다.

065

채권가격 정리에 관한 설명 중 가장 거리가 먼 것은?

채권의 잔존기간이 증가함에 따라 가격동률은 체감하고 동일한 크기의 수익률 변동 시 수익률하락에 따른 가격상승폭은 수익률 상승에 따른 가격하락폭보다 크다.

ㄱ. 잔존기간이 길어질수록 수익률 변동에 따른 가격변동폭이 커진다.
ㄴ. 채권의 잔존기간이 증가함에 따라 가격변동률은 체증한다.
ㄷ. 동일한 크기의 수익률 변동 시 수익률하락에 따른 가격상승폭은 수익률 상승에 따른 가격하락폭과 동일하다.
ㄹ. 표면이자율이 낮을수록 가격변동폭이 커진다.

① ㄱ, ㄴ　② ㄴ, ㄷ
③ ㄱ, ㄹ　④ ㄷ, ㄹ

066

다음에서 설명하는 내용을 가장 잘 나타내는 용어는?

조정 후 평가방법으로 샤프지수, 젠센의 알파 그리고 정보비율이 있는데 보기는 정보비율에 대한 설명이다.

적극적 투자활동의 결과로 발생한 초과수익률과 초과수익률에 대한 표준편차의 비율로 평가비율이라고 한다.

① 샤프비율　② 젠센의 알파
③ 정보비율　④ 트레이너 비율

더 알아보기 성과평가 조정방법의 비교

샤프지수	총위험을 기준으로 자본시장선의 기울기(표준편차)를 이용하며 평가수치가 양(+)이면서 수치가 높을수록 펀드의 성과가 높음을 나타낸다.
젠센의 알파	증권시장선의 기울기(베타지수)를 아용하며 평가수치가 양(+)이면서 수치가 높을수록 펀드의 성파가 높음을 나타낸다.
정보비율	표준편차를 이용해 초과수익률을 평가하는 비율로서 수치가 높을수록 펀드의 성과가 높음을 나타낸다.

- **운용자산 전부가 위험자산으로 구성** : 샤프지수가 적절
- **많은 포트폴리오 운용 중 포트폴리오의 성과를 평가** : 젠센의 알파

정답 062 ③ | 063 ② | 064 ② | 065 ② | 066 ③

067

펀드 운용회사의 통합 성과 측정에 대한 설명 중 가장 거리가 먼 것은?

① 충분히 긴 기간 동안 비교하는 등 특정 운용회사가 유리하지 않게 비교기간을 정한다.
② 운용회사별 대표성을 지니고 있는 주요 펀드들 간에 비교하는 것이 바람직하다.
③ 특정펀드에 지나치게 큰 영향이 없고 평가 대상 펀드들의 규모에 상관없이 산술평균 수익률로 측정한다.
④ 현재 존재하는 펀드를 대상으로 통합성과를 측정하여 비교하는 것이 바람직하다.

② 운용회사별 대표성을 갖는 펀드로 측정하는 것은 바람직하지 못하다.
③ 펀드의 규모별 비교로 가중 평균하여 측정한다.
④ 성과가 나쁜 펀드는 사라지고 성과가 좋은 펀드만 남게 되어 바람직하지 못하다.

068

펀드의 평가에서 개별, 그룹별 수익률 비교는 중요하다. 펀드의 평가에서 수익률에 대한 내용 중 맞게 설명한 것은?

① 금액가중수익률을 사용하는 이유는 투자자 또는 판매직원이 의사결정으로 인한 수익효과를 배제하고 순수하게 펀드 자체의 수익효과만을 측정하기 위한 목적이라고 할 수 있다.
② 시간가중수익률 측정방식은 최종적으로 얻어진 수익금과 현금흐름을 일치시키는 내부수익률 측정방법 이다.
③ 금액가중수익률 측정방법은 주로 연기금 등과 같이 투자시기 및 규모에 대한 의사결정까지 모두 하는 경우에 사용한다.
④ 운용사, 펀드유형 그룹 수익률을 사용하는 이유는 일부펀드만으로 성과를 측정하여 전체 성과를 정확히 나타내지 못하는 생존계정의 오류를 제거하기 위함이다.

①, ②는 서로 바뀌어 설명되었다. ①은 시간가중수익률, ②는 금액가중수익률에 대한 설명이다.
④ 대표계정의 오류를 제거하기 위함이다.

069

다음의 펀드 평가보고와 관련된 설명 중 가장 거리가 먼 것은?

① 펀드가 처음 만들어진 날을 펀드설정일이라 한다.
② 펀드의 설정시점이 평가 개시일이다.
③ 펀드가 거래되는 가격을 기준가격이라고 한다.
④ 펀드설정액은 펀드규모를 말한다.

평가 개시일은 펀드 설정시점과 관계없이 펀드 운용규모가 최소 규모 이상이 되는 시점을 말한다.

070

펀드유형 분류 및 벤치마크 설정은 펀드평가 프로세스의 기본단계에 해당한다. 이에 대한 설명 중 맞는 것은?

① 펀드운용전략은 정의하기가 어렵고 펀드마다 다르기 때문에 이를 유형분류 기준으로 사용하지 않는다.
② 펀드 벤치마크는 펀드의 기준수익률로 엄밀한 상대평가를 위해 펀드 평가시점에서 설정하는 것이 바람직하다.
③ 시장지수뿐 아니라 여러 가지를 합성한 지수도 명확성, 투자가능성, 측정가능성, 적정성 등의 요건만 갖춘다면 펀드 벤치마크로 사용 가능하다.
④ 펀드유형은 펀드과정을 상대, 비교평가하기 위한 동일 유형 집단의미로서 투자자의 투자계획 과정에서 큰 의미가 없다.

더알아보기 벤치마크가 가져야 할 특성

- **명확성(unambiguous)** : 벤치마크를 구성하는 종목과 비중, 구성방법 등이 정확히 표현되어야 한다.
- **투자가능성(investable)** : 벤치마크의 성과를 달성할 수 있도록 구성종목에 투자할 수 있어야 한다.
- **측정가능성(measurable)** : 원하는 기간마다 벤치마크의 수익률을 확인하거나 계산할 수 있어야 한다.
- **적합성(appropriate)** : 운용스타일 또는 전략에 부합하여야 한다.
- **현재 투자견해를 반영(reflective of current investment opinions)** : 투자자의 현재 투자견해를 반영하여야 한다.
- **사전에 정의(specified in advance)** : 평가기간이 시작되기 전에 정의되어야 한다.

① 펀드운용전략은 유형으로 분류하는 것이 적합한 기법이다.
② 펀드 벤치마크는 펀드 설정시점에 설정되어야 한다.
④ 투자자는 펀드유형을 검토하고 분석하여 자신에 맞는 투자 철학을 가진 펀드를 선택할 수 있다.

정답 067 ① | 068 ③ | 069 ② | 070 ③

071

벤치마크의 종류 중 자산유형으로써 특정한 분야나 특정한 성격을 지니는 대상만을 포함하며 특정 분야에 집중투자하는 경우에 적합한 지수로서, 중소형주 · 가치주 · 성장주 · 국공채 · 회사채 등에 적용되는 것은?

① 시장지수(market index)
② 섹터/style지수(sector index)
③ 합성지수(synthesized index)
④ 맞춤포트폴리오(customized portfolio)

문제해설 

섹터/style지수(sector index)에 대한 설명이다.

072

PER평가모형에 대한 설명 중 가장 거리가 먼 것은?

① 주가를 주당순이익으로 나눈 것으로, 기업의 단위당 수익가치에 대한 상대적인 주가수준을 나타낸다.
② 주당이익에 비하여 주가가 몇 배인지를 나타낸다는 의미에서 이익승수라도도 한다.
③ 분모의 주당이익 자료로 최근 주당이익을 사용하는 것이 논리적으로 합당하다.
④ 간단한 회계정보를 이용하여 실제 투자결정에 쉽게 이용할 수 있다.

더 알아보기 PER 계상상의 문제점과 개선 방안

- **분자의 주가자료로 어느 일자의 주가를 선택하느냐의 문제** : 회계연도 마지막 날의 종가를 사용하거나 이익발표 직전 일정기간 동안의 주가평균을 사용한다.
- **분모의 주당이익 자료로 어느 기간의 주당이익을 사용하느냐의 문제** : 최근 주당이익 또는 예측된 주당이익을 사용. 예측된 차기의 주당이익을 사용하는 것이 합당하다.
- **주당이익을 계산할 때 어떤 회계이익을 기준으로 할 것인가의 문제** : 비경상항목인 특별손일을 제외한 경상이익을 이용하면 PER의 유용성을 높일 수 있다.
- PER의 크기는 주당이익의 크기에 따라 민감하게 변동한다.
- EPS 자체가 회계처리방법의 선택에 영향을 받는다.

분모의 주당이익 자료로 최근 주당이익 또는 예측된 주당이익을 사용할 수 있는데, 예측된 차기의 주당이익을 사용하는 것이 합당하다. 최근 주당이익을 사용한 PER을 실적PER이라고 하고, 예측된 주당이익을 이용한 PER을 기대 PER이라고 한다.

073

다음은 주식시장을 분석하는 내용들이다. 설명 중 가장 거리가 먼 것은?

① 기본적 분석은 주식의 내재가치를 거래량과 가격으로 분석하는 방법이다.
② 기술적 분석의 방법 중에 대표적인 것으로 차트 분석이 있다.
③ 기본적 분석 방법으로는 Top-Down 방식과Bottom-Up 방식이 있다.
④ 해외 투자 시에는 해당국가의 환율에 대해서도 분석하여야 한다.

더알아보기 기본적 분석
- 증권의 내재가치를 발견하고 이 내재가치와 시장가격을 비교함으로서 적절한 투자전략을 구사하려는 분석방법
- 증권의 내재가치가 시장가격보다 높을 경우 매입하는 전략
- 증권의 내재가치가 시장가격보다 낮을 경우 매도하는 전략
- **상향(Bottom-Up) 방식** : 기업분석 → 산업분석 → 경제 분석
- **하향(Top-Down) 방식** : 경제 분석 → 산업분석 → 기업분석

문제해설

기본적 분석은 주식의 내재가치를 기업의 재무제표로서 분석하는 방법이고, 거래량과 가격으로 분석하는 방법은 기술적 분석이다.

074

부도위험과 관련된 설명 중 가장 거리가 먼 것은?

① 채권발행사(또는 보증사)가 이미 정해진 원리금을 지급하지 않을 위험
② 채권에 부도가 발생할 경우 원금손실이 상당할 수 있기 때문에 크레딧물 투자 시에 가장 중요하게 검토해야 한다.
③ 손익계산서의 당기손익 변동성이 큰 회사라도 대차대조표의 분석으로 재무안정성 여부를 판단하는 것이 가능하다.
④ 부도위험을 회피하기 위해서는 크레딧물을 매도하거나 CDS 같은 신용파생상품을 활용할 수 있다.

문제해설

채권투자자들은 대차대조표를 통해서 채권의 부도 시 회수 가능성을 예측할 수 있다. 여기에 손익계산서의 당기손익 변동성을 감안해야 하는데, 당기손익이 안정적인 회사라면 대차대조표의 분석으로 충분하지만 당기손익의 변동성이 큰 회사의 경우에는 향후의 손익추정을 통해서 재무안정성을 판단할 필요가 있다.

정답 071 ② | 072 ③ | 073 ① | 074 ③

075

펀드 운용 시 자산배분에 대한 다음 설명 중 가장 거리가 먼 것은?

① 전술적 자산배분이란 과거 자료를 이용한 시장 예측치를 사용하여 기대 수익률과 위험을 측정해서 장기적인 자산구성비율을 결정하는 것이다.

② 위험자산과 무위험자산 간에 투자자금을 배분하여 운용포트폴리오를 구성하는 투자의사 결정을 자산배분이라 한다.

③ 전략적 자산배분이란 시장변화에 따라 자산구성비율을 능동적으로 변화시켜 운용성과가 일정수준 이하로 되는 것을 방지하고 위험자산 시 수익을 향유하는 기법이다.

④ 포트폴리오 보험전략이란 시장을 예측하여 사전적으로 자산구성비율을 변동시켜 나가는 중 · 단기적인 동적 자산배분전략이다.

문제해설 

① 전략적 자산배분
③ 포트폴리오 보험전략
④ 전술적 자산배분

076

펀드의 위험조정성과 측정방법 중 펀드가 부담한 총 위험 한 단위에 대한 초과수익의 정도를 나타내는 것은?

① 베타계수 ② Rating
③ 샤프지수 ④ 정보비율

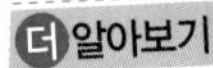
더알아보기 샤프지수

• 샤프지수 $= \dfrac{\text{포트폴리오 평균수익률} - \text{무위험평균이자율}}{\text{포트폴리오 수익률의 표준편차}}$

• **샤프지수의 도출** : 자본 시장선의 원리를 이용하여 투자수익률 대 변동성 비율로 포트폴리오 성과를 측정하였다.
  - 이 비율은 일정투자기간 동안에 있어 위험의 1단위당 무위험이자율을 초과 달성한 포트폴리오 수익률의 정도로, 이것이 높으면 위험 조정 후 성과가 좋음을 의미하고 비율이 낮으면 성과가 낮음을 의미한다.
  - 샤프지수는 총 위험 한 단위당 어느 정도의 보상을 받았는가 하는 위험보상율을 의미하며 지수가 클수록 투자성과가 우수한 것으로 평가한다.

샤프지수는 펀드가 부담한 총 위험 한 단위에 대한 초과수익의 정도를 나타낸다.

077

펀드운용의 리스크 관리와 관련된 시장위험 관리지표가 아닌 것은?

① 벤치마크대비 수익률　　② 자산배분비율
③ 종목별 투자한도　　④ 듀레이션

시장위험의 관리지표에는 벤치마크대비 수익률, 자산배분비율, 베타, 업종별 투자비율, 듀레이션 등이 있다.

078

위험조정성과지표인 트래킹 에러(Tracking Error)에 대한 설명 중 가장 거리가 먼 것은?

① 집합투자기구의 체계적 위험 한 단위당 무위험 초과수익률을 나타내는 지표이다.
② 실제로 측정할 때에는 펀드의 기간수익률과 이에 대응하는 벤치마크 지표수익률과의 편차에 대한 변동성으로 측정한다.
③ 트래킹 에러가 크다는 것은 펀드가 투자한 종목의 구성이나 편입비가 벤치마크와 상이하다는 것을 의미한다.
④ 트래킹 에러의 평가핵심은 부담한 위험에 상응하는 초과수익률을 얻었는지의 여부이다.

집합투자기구의 체계적 위험 한 단위당 무위험 초과수익률을 나타내는 지표는 트레이너(Treynor) 비율이다. 트래킹 에러는 일정기간 펀드의 수익률이 이에 대응하는 지수(벤치마크) 수익률에 비해 어느 정도 차이를 보이는가를 측정하는 지표이다.

079

적극적 채권운용전략에 포함되지 않는 것은?

① 금리예측전략　　② Bullet형 채권운용전략
③ 현금흐름일치전략　　④ 수익률곡선타기전략

• **적극적 채권운용전략** : 듀레이션조절전략(금리예측전략), 수익률곡선타기전략, Barbell형 채권운용전략, Bullet형 채권운용전략, 크레딧운용전략

현금흐름일치전략은 소극적 전략에 속한다.

정답 075 ② | 076 ③ | 077 ③ | 078 ① | 079 ③

080

다음 펀드수익률에 대한 설명 중 가장 거리가 먼 것은?

① 금액가중수익률은 내부수익률(IRR)이라고 한다.
② 시간가중수익률의 계산은 현금의 유출입과 상관이 있다.
③ 하락위험은 하락변동성을 측정하며 손실이 났을 때만 고려한다.
④ VaR는 주어진 기간에 주어진 확률에서 포트폴리오가 입을 수 있는 최대 손실가능금액을 의미한다.

더알아보기 금액가중수익률과 시간가중수익률의 비교

시간가중수익률	금액가중수익률
운용기간 중 현금흐름과 무관함	운용기간 중 현금흐름과 유관함
벤치마크와의 상대비교가 용이	벤치마크와의 상대비교가 어려움
펀드매니저의 운용능력 측정 용이	투자자입장의 수익률 반영
기하적 연결수익률	내부수익률

문제해설
시간가중수익률은 현금의 유출입과 상관이 없다.

081

펀드의 위험평가 지표에 대한 설명으로 가장 거리가 먼 것은?

① 베타가 1 이상인 펀드는 시장 상승 시 기대 이상의 수익이 기대되나, 반대로 하락 시 펀드수익률이 더 하락할 수 있다.
② 샤프지수는 펀드의 수익률이 무위험 수익률 이상으로 달성하는 것이 좋다는 개념을 바탕으로, 클수록 우수한 펀드다.
③ 젠센의 알파는 위험조정성과 지표 중 하나로 위험 한 단위당 수익의 크기로 해석할 수 있다.
④ 표준편차는 대표적 절대위험 지표 중 하나다.

문제해설
젠센의 알파는 평균보다 초과달성한 크기(알파)를 의미한다.

082

기술적 분석 중 이동평균선에 대한 다음의 설명 중 가장 거리가 먼 것은?

① 위로부터 현재주가, 단기 · 중기 · 장기 이동평균의 배열을 정배열이라고 한다.
② 주가가 하락을 멈춘 이동평균선을 상향 돌파 시 매수 신호이다.
③ 하락 추세선은 저점과 저점을 연결한 선이 내려오는 추세이다.
④ 이동평균선의 기준기간이 길수록 이동평균선이 유효하다.

문제해설

하락 추세선은 고점을 연결한 선이다. 상승 추세선은 저점과 저점을 연결한 선이다.

083

채권가격 정리이론 중 가장 거리가 먼 것은?

① 채권수익률과 채권가격은 역의 관계이다.
② 잔존기간이 길수록 동일한 수익률변동에 대한 가격변동률은 커진다.
③ 잔존기간이 길어질수록 발생하는 가격변동률은 일정하다.
④ 수익률 하락 시가 상승 시보다 동일수익률 변동에 따른 가격 폭이 크다.

문제해설

잔존기간이 길어질수록 발생하는 가격변동률은 일정하지 않고 체감한다(수익률 커브의 우상향 모양).

084

다음 중 주식투자의 위험관리에 적합한 설명이 아닌 것은?

① 주식은 위험자산으로 분류되기 때문에 채권에 비해서 위험은 높으나 수익성도 높다.
② 주식시장의 상승을 예측하는 투자자의 경우나, 투자자산을 적극적으로 운용하려는 경우는 단기적인 관점에서 투자하여야 한다.
③ 적극적으로 투자하려는 투자자는 위험지표가 크고, 보수적으로 투자하려는 투자자는 위험 지표가 낮다.
④ 변동성(위험지표)을 나타내는 지표로서 표준편차, 분산, β를 감안하여 주식 포트폴리오를 구성한다.

문제해설

주식시장의 상승을 예측하는 투자자의 경우나, 투자자산을 적극적으로 운용하려는 경우는 장기적인 관점에서 투자하여야 한다.

더 알아보기 주식투자의 위험관리

- 주식은 위험자산으로 분류되기 때문에 채권에 비해서 위험은 높으나 수익성도 높다.
- 변동성(위험지표)을 나타내는 지표로서 표준편차, 분산, β를 감안하여 주식 포트폴리오를 구성한다.
- 적극적으로 투자하려는 투자자는 위험지표가 크고 보수적으로 투자하려는 투자자는 위험지표가 낮다.

정답 080 ② | 081 ③ | 082 ③ | 083 ③ | 084 ②

085

채권투자전략에 대한 설명과 연결이 옳은 것은?

(ㄱ) 채권을 매입하여 만기까지 보유함으로써 투자시점에서 미리 투자수익을 확정하는 전략
(ㄴ) 채권별 보유량을 각 잔존기간마다 동일하게 유지함으로써 시세변동의 위험을 평준화시키고 수익성도 적정수준 확보하려는 전략
(ㄷ) 목표투자기간 중 시장수익률의 변동에 관계없이 채권매입 당시에 설정하였던 최선의 수익률을 목표기간 말에 차질 없이 실현하도록 하는 기법
(ㄹ) 펀드의 포트폴리오를 크레딧물과 국고채 또는 우량등급과 비우량등급 채권을 시장상황에 맞게 운용함으로써 시장대비 초과수익을 달성하려는 전략

① 소극적 운용전략 – (ㄴ), (ㄹ)
② 적극적 운용전략 – (ㄱ), (ㄹ)
③ 소극적 운용전략 – (ㄱ), (ㄴ), (ㄷ)
④ 적극적 운용전략 – (ㄷ), (ㄹ)

문제해설 

ㄱ. 만기보유전략(소극적 전략)
ㄴ. 사다리형 만기전략(소극적 전략)
ㄷ. 채권면역전략(소극적 전략)
ㄹ. 크레딧운용전략(적극적 전략)

086

다음 펀드의 등급(Rating)에 대한 설명 중 가장 거리가 먼 것은?

① 펀드의 수익률과 위험을 종합적으로 판단할 수 있도록 산출한 평가척도이다.
② 펀드의 성과가 발생한 과정과 원인을 잘 설명해 주며, 미래의 성과 가능성을 예측할 수 있도록 도와준다.
③ 일반적으로 위험조정성과를 산출한 후 순위를 부여하여 이를 표식(별표, 태극마크 등)과 문자(AAA, AA 등)로 표현한 것이다.
④ 펀드 평가회사의 고유철학과 방법론에 따라 산출한 것으로 투자판단의 시발점으로 삼을 필요는 있으나 절대적으로 의존하는 것은 바람직하지 않다.

펀드등급은 통상 과거의 성과를 바탕으로 부여하는 것이 일반적이며 성과우열을 가려주기는 하나 성과우열이 발생한 원인을 해석해 주지 못하기 때문에 미래의 성과 가능성을 예측할 수 있도록 도와준다고 단정하기 어렵다.

087

주식 및 채권시장의 위험에 대한 다음의 설명 중 가장 거리가 먼 것은?

① 베타(β)는 개별주식의 시장전체에 대한 반응의 정도를 나타내는 것이다. 일반적으로 $\beta>1$이면 공격적 주식, $\beta<1$이면 방어적 주식이라고 한다.
② 표준편차는 개별주식의 수익률과 시장의 평균수익률의 편차를 나타낸다.
③ 분산의 크기가 클수록 위험도가 낮다.
④ 채권의 가격 민감도를 나타내는 지표로는 듀레이션이 있다.

문제해설 

분산은 표준편차의 제곱의 수치로 나타내며 크기가 클수록 위험도가 높다.

088

운용 포트폴리오를 위험자산과 무위험자산으로 구분하고 시장변화에 따라 편입비율을 동적으로 변화시킴으로써 운용 포트폴리오의 전체성과 일정수준 이하로 낮아지는 것을 방지함과 동시에 위험자산의 가격상승 시 수익을 향유하는 운용기법을 무엇이라 하는가?

① Bottom-Up Approach　② 전략적 자산배분
③ 전술적 자산배분　④ Portfolio Insurance

문제해설 

PI(Portfolio Insurance)에 대한 설명으로 원본보존 혹은 원본보존추구형으로 설계된다.

089

다음의 보기에서 A펀드의 샤프지수를 구하라.

- A펀드 연평균 수익률 : 0.13
- 표준편차 : 0.18
- 무위험이자율 : 0.08
- 시장평균수익률: 0.14

① 0.3　② 0.27
③ 0.35　④ 0.40

샤프지수

= (펀드의 평균수익률 − 무위험이자율)/표준편차

$= \frac{(0.13 - 0.08)}{0.18} \fallingdotseq 0.27$

정답 085 ③ | 086 ② | 087 ③ | 088 ④ | 089 ②

2과목

파생상품펀드

1장 파생상품펀드 법규

2장 파생상품펀드 영업

3장 파생상품펀드 투자 · 리스크관리

1장 파생상품펀드 법규

001

금융투자상품에 대한 다음의 설명 중 가장 거리가 먼 것은?

① 원본 이상의 손실위험이 있는 경우 파생상품이다.
② 파생 결합증권은 증권의 범주에 속한다.
③ 증권의 정의는 일반적, 명시적 포함, 명시적 배제의 3단계로 정하고 있다.
④ 파생결합증권에 30% 이상 투자할 수 있는 펀드는 파생형 펀드이다.

문제해설 

금융감독원은 '파생결합증권이 주된 투자대상자산인 펀드'와 '파생상품매매에 따른 위험평가액이 10%를 초과하여 투자할 수 있는 펀드'에 대해 '파생형'이라는 명칭을 사용하도록 하였다.

002

파생상품의 위험평가액에 대한 다음의 설명 중 가장 거리가 먼 것은?

① 선물매수 포지션인 경우 '가격 × 계약수 × 승수'이다.
② Funded Swap는 '원금 + 지급예정이자'이다.
③ 장외파생상품거래는 실질원금이다.
④ 풋옵션 매도는 '행사가격 × 계약수 × 승수'이다.

더알아보기 명목계약금액 산정방식

- 선물, 선도의 경우 기초자산의 가격에 거래량과 승수를 곱하여 산정
- 옵션 매수의 경우 옵션가격에 계약수를 곱하여 산정
- 콜옵션 매도의 경우 행사가격과 기초자산가격 중 큰 가격에 계약수와 승수를 곱하여 산정
- 풋옵션 매도의 경우 행사가격에 계약수와 승수를 곱하여 산정
- 스왑거래
  - **기초자산 포함 거래** : 기초자산 가격과 만기까지 지급하기로 한 금전 총액을 더한 금액
  - **기초자산 제외 거래** : 만기까지 지급하기로 한 금전 총액

장외파생상품거래는 명목원금이다.

003

파생펀드의 공시대상 위험지표에 대한 다음 설명 중 가장 거리가 먼 것은?

① 순포지션 기준으로 구분하여 명목계약금액의 총액을 기재한다.
② 손익을 이익, 손실, 중립 등3개 구간으로 서술식으로 기재한다.
③ 손익구조 변동은 시나리오법을 준용한다.
④ 최대손실 위험의 산정 시 VaR를 사용하며 포지션의 신뢰구간이 99%인 경우 1.65의 배수를 사용한다.

95% 신뢰구간은 1.65를 99% 신뢰구간은 2.33을 사용하여 계산한다.

더 알아보기 VaR

일정기간 보유 및 일정 신뢰구간에서 발생 가능한 최대 손실금액

- VaR = 보유포지션의 시장가치 × 신뢰구간에 따른 표준편차의 배수 × 포지션의 변동성(표준편차) × $\sqrt{보유기간}$
- 10 영업일간 및 99%의 신뢰구간을 기준으로 매일 측정할 것
- 1년 이상의 자료를 기초로 시장상황에 따라 최소 3개월에 1회 이상 수정하고, 중대한 변동 시에는 기간을 단축하여 수정
- 옵션의 경우는 간편법 및 델타 플러스법에 의거 산정
- 매일 공시할 것

004

파생상품의 위험평가액에 대한 다음 설명 중 가장 거리가 먼 것은?

① 파생상품 매매 시 위험평가액이 펀드 순자산의 100%를 초과하는 것은 금지된다.
② 동일법인이 발행한 증권의 가격변동 위험평가액은 10%로 제한한다.
③ 펀드의 총 위험평가액을 규제하고 있다.
④ 같은 거래상대방과의 장외파생상품 매매에 따른 거래 상대방 위험평가액이 펀드자산총액의 10%을 초과할 수 없다.

자본시장법에서는 총 위험평가액의 규제가 폐지되었다.

정답 001 ④ | 002 ③ | 003 ④ | 004 ③

005

파생펀드에 대한 다음 설명 중 가장 거리가 먼 것은?

① 자본시장법에서는 총 위험평가액의 규제를 삭제하였다.
② 공시대상 위험지표는 시나리오별 손익구조로 합산한다.
③ 최대손실 예상금액은 주1회 이상 공시하여야 한다.
④ 펀드판매 시의 문제점을 해소하기 위해 판매인력 등급제를 시행하고 있다.

문제해설 

최대손실 예상금액은 매일 공시하여야 한다.

006

파생상품 거래 및 거래기준에 대한 다음 설명 중 가장 거리가 먼 것은?

① 금융투자업자는 파생상품펀드 판매와 관련하여 자격을 갖춘 투자권유대행인에게 투자권유를 위탁할 수 있다.
② 파생상품거래 시 적합성 원칙 및 적정성의 원칙을 적용하고 있다.
③ 일반투자자 등급을 3등급으로 분류하여 투자권유 시 기준으로 삼고 있다.
④ 파생상품펀드를 판매하기 위해서는 증권투자상담사 이외에도 파생상품펀드 투자상담사자격증을 보유해야 한다.

문제해설 

금융투자업자는 투자권유대행인에게 투자권유를 위탁할 수 있지만, 파생상품펀드는 적용 대상에서 제외된다. 즉, 투자권유대행인에게 투자권유를 위탁할 수 없다.

007

파생펀드의 파생상품거래에 따른 다음 설명 중 가장 거리가 먼 것은?

① 파생 펀드는 반드시 환매금지형으로 할 수 있는 것은 아니다.
② 투자에 따른 위험공시에 대한 내용은 파생계약금액 및 위험지표이다.
③ 선물의 위험 평가액은 '기초자산가격 × 승수'이다.
④ 사모파생펀드는 반드시 상장하지 않아도 된다.

선물의 위험평가액은 '기초자산가격 × 거래량(계약수) × 승수'이다.

008

파생상품투자 시 위험평가액 산정방식에 대한 다음 설명 중 가장 거리가 먼 것은?

① 장내 및 장외파생거래에 따른 명목계약금액으로 산정한다.
② 선물, 선도의 경우 기초자산의 가격에 거래량과 승수를 곱하여 산정한다.
③ 옵션 매수의 경우 옵션가격에 계약수와 승수를 곱하여 산정한다.
④ 콜옵션 매도의 경우 행사가격과 기초자산가격 중 큰 가격에 계약수와 승수를 곱하여 산정한다.

문제해설 

옵션 매수의 경우 옵션가격에 계약수를 곱하여 산정한다.

더알아보기 명목계약금액 산정 기준

- **선도거래** : 기초자산의 가격에 거래량과 승수를 곱하여 산정
- 옵션거래
  - **옵션매수** : 옵션가격 × 계약수
  - **풋옵션매도** : 행사가격 × 계약수 × 승수
  - **콜옵션매도** : 행사가격과 기초자산가격 중 큰 가격 × 계약수 × 승수
- 스왑거래
  - **기초자산 교환 포함하는 거래** : 기초자산가격 + 만기지급 금전총액
  - **기초자산 제외, 금전만 교환하는 거래** : 만기지급 금전총액
- **장외파생상품거래** : 거래 당사자 간 거래체결 시 합의하는 명목원금으로 산정(레버리지 감안)

009

다음 중 자본시장법상 집합투자재산의 운용대상에 따른 집합투자기구의 종류가 아닌 것은?

① 부동산집합투자기구
② 증권집합투자기구
③ 파생상품집합투자기구
④ 특별자산집합투자기구

자본시장법은 파생상품펀드를 다른 펀드와 구분되는 독립된 하나의 펀드로 인정하고 있지 않다.

더알아보기 **파생상품형 집합투자기구**

각 집합투자가구가 장내 및 장외파생상품에 투자하여 매매에 따른 위험액이 펀드자산의 10%를 초과하면 다음과 같이 분류한다.

- 파생상품형 증권집합투자기구
- 파생상품형 부동산집합투자기구
- 파생상품형 특별자산집합투자기구
- 파생상품형 혼합자산집합투자기구

정답 005 ③ | 006 ① | 007 ③ | 008 ③ | 009 ③

010

다음 중 자본시장법상 파생상품과 가장 거리가 먼 것은?

① 선물　　② 옵션

③ 스왑　　④ 파생결합증권

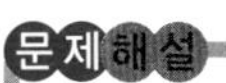

파생결합증권은 원본초과손실 가능성이 없는 증권으로 분류된다.

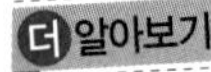

증권의 6가지 종류

구분	정의
채무증권	국채증권, 지방채증권, 특수채증권, 사채권, 기업어음증권, 지급청구권이 표시된 것
지분증권	주권, 신주인수권이 표시된 것, 법률에 의하여 직접 설립된 법인이 발행한 출자증권, '상법'에 따른 합자회사 · 유한책임회사 · 유한회사 · 합자조합 · 익명조합의 출자지분 또는 출자지분을 취득할 권리가 표시된 것
수익증권	신탁의 수익중권, 투자신탁의 수익증권, 신탁의 수익권이 표시된 것
투자계약증권	특정 투자자가 그 투자자와 타인(다른 투자자를 포함) 간의 공동사업에 금전 등을 투자하고 주로 타인이 수행한 공동사업의 결과에 따른 손익을 귀속받는 계약상의 권리가 표시된 것
파생결합증권	기초자산의 가격 · 이자율 · 지표 · 단위 또는 이를 기초로 하는 지수 등의 변동과 연계하여 미리 정하여진 방법에 따라 지급금액 또는 회수금액이 결정되는 권리가 표시된 것
증권예탁증권	증권(채무증권, 지분증권, 수익증권, 투자계약증권, 파생결합증권)을 예탁받은 자가 그 증권이 발행된 국가 외의 국가에서 발행한 것으로서 그 예탁받은 중권에 관련된 권리가 표시된 것

011

다음 중 장외파생상품과 가장 거리가 먼 것은?

① 선물 (Future)

② 선도 (Forward)

③ 신용위험(Credit Risk)

④ 금리스왑(Interest Rate Swap)

선물은 거래소에서 거래되기 때문에 장내파생상품에 속한다.

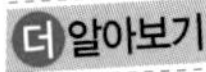

선물은 거래소시장 내(장내)에서 거래되고 선도는 거래소 바깥, 즉 장외에서 거래되는 것을 의미한다. 금리스왑은 동일 통화 간의 금리의 교환을 통해서 경제적인 효율성을 기하는 경우로서 자산 스왑과 부채의 스왑으로 구분한다.

012

파생상품형 집합투자기구와 관련하여 집합투자기구의 파생매매에 대한 위험평가액의 기준이 되는 비율은?

① 5%　　② 10%

③ 20%　　④ 50%

문제해설

집합투자기구의 분류 시 파생매매에 따른 위험평가액이 자산총액의 10%를 초과할 시에는 해당 집합투자기구를 파생상품형으로 분류한다.

013

다음의 파생법규에 대한 내용 중 가장 거리가 먼 것은?

① 과거에는 일반펀드와 파생상품펀드에 대해 총 위험평가액 규제를 하였으나 현재는 폐지하였다.

② 파생상품형펀드의 경우 투자설명서에 위험지표의 개요와 위험지표가 공시된다는 사실을 기재해야 한다.

③ 해당 파생상품이 일반투자자에게 적정하지 아니하다고 판단되는 경우에는 투자자에게 그 사실을 알려야 한다.

④ 위험지표 중 계약금액과 파생상품 거래에 따른 만기시점의 손익구조는 한 달에 한 번 공시해야 한다.

문제해설

계약금액 및 파생상품 거래에 따른 만기시점의 손익구조는 파생상품거래 후 공시하며, 시장상황변동에 따른 펀드재산의 손익구조변동 및 최대손실예상금액(VaR)은 매일 공시한다.

014

다음 중 자본시장법상 파생상품펀드의 투자대상 기초자산과 가장 거리가 먼 것은?

① 파생결합증권　　② 일반자산

③ 선물　　④ 스왑

문제해설

자본시장법상 파생상품펀드 투자자산은 선물(선도), 스왑, 옵션, 파생결합증권 등이다.

정답 010 ④ | 011 ① | 012 ② | 013 ④ | 014 ②

015

공모펀드의 펀드재산으로 동일종목의 파생결합증권에 투자하는 경우 그 한도는?

① 펀드 자산총액의 100분의 5
② 펀드 자산총액의 100분의 10
③ 펀드 자산총액의 100분의 20
④ 펀드 자산총액의 100분의 30

문제해설 

펀드 자산총액의 100분의 30까지 동일종목의 파생결합증권에 투자할 수 있다.

016

파생상품펀드 관련 법규에 대한 다음 설명 중 가장 거리가 먼 것은?

① 자본시장법상 파생적 상품을 파생결합증권과 파생상품으로 구분하고 있다.
② 파생결합증권은 투자계약증권, 증권예탁증권 등과 함께 증권으로 분류한다.
③ 파생결합증권은 원본초과손실 가능성이 있다.
④ 장외파생상품은 파생상품으로서 장내파생상품이 아닌 것을 말한다.

문제해설 

파생결합증권은 증권으로 분류되기 때문에 원본을 초과하는 손실 가능성이 없다.

017

파생상품펀드 관련 법규에 대한 다음 설명 중 가장 거리가 먼 것은?

① 단기금융펀드에서는 파생상품에 투자할 수 없다.
② 일본의 상품거래소법에 따라 장외에서 이루어지는 외국환거래는 자본시장법상 장내 파생상품으로 구분한다.
③ 파생상품의 기초자산으로 환경적 현상에 속하는 위험도 포함시킬 수 있다.
④ 파생상품의 위험평가액은 실질계약금액을 기준으로 산정한다.

파생상품의 위험평가액은 명목계약금액을 기준으로 산정한다.

018

다음 경우에 25일간의 VaR를 구하시오.

- 1일 VaR : 10억 원
- 투자대상 : KOSPI 200 지수선물
- 만기 : 3개월

① 10억 원 ② 30억 원
③ 50억 원 ④ 250억 원

더 알아보기 예 VaR(95%, 1일) = 50억 원이라면

- 현 포지션에서 1일간 발생 가능한 손실이 5억 원 이하일 확률이 95%
- 현 포지션에서 1일간 발생 가능한 손실이 5억 원 이상일 확률이 5%
- 계산의 예
  - 투자금액 10억 원, 신뢰구간 99%(상수 : 2.33), 보유기간 10일, 변동성 0.02일 경우의 VaR는?
  - 답 : 10억 원 × 2.33 × 10일의 제곱근 × 0.02
- N일 VaR = 1일 VaR × $\sqrt{N}$
  예 하루 기준의 VaR가 5억 원이라면 16일 기준의 VaR는?
  5억 원 × $\sqrt{16}$ = 20억 원

문제해설 

25일 VaR
= 1일 VaR × $\sqrt{25}$이므로
= 10억 원 × 5 = 50억 원

019

다음의 빈칸에 적절한 숫자는?

펀드재산으로 파생상품매매를 하는 경우 파생상품 매매에 따른 위험평가액의 기준은 각 펀드의 자산총액에서 부채총액을 뺀 가액의 100분의 (㉠)이며, 사모펀드 및 헤지펀드는 100분의 (㉡)이다.

	㉠	㉡		㉠	㉡
①	100	100	②	100	200
③	200	400	④	100	400

순자산을 기준으로 공모펀드는 100분의 100, 사모펀드 및 헤지펀드는 10분의 400이다.

정답 015 ④ | 016 ③ | 017 ④ | 018 ③ | 019 ④

020

파생상품에 투자 시 위험평가액에 대한 설명 중 가장 거리가 먼 것은?

① 스왑거래의 명목계약금액은 기초자산의 교환을 포함하는 거래의 경우 기초자산가격에 거래상대방에게 만기까지 지급하기로 한 금전 총액을 합한 금액이다.
② 명목계약금액 산정 시 기업회계기준상 위험회피회계의 적용대상이 되는 기업회계거래도 포함해야 한다.
③ 파생상품거래에 따른 위험평가액은 파생상품거래에 따른 명목계약금액으로 한다.
④ 명목계약금액 산정 시 기초자산이 동일하고 가격의 변화방향만 반대인 경우(거래상대방이 다른 장외파생상품 거래는 제외)는 상계 후 잔여 명목계약금액을 위험평가액으로 산정할 수 있다.

문제해설
기업계기준상 위험회피회계의 적용대상이 되는 기업회계거래는 산정대상에서 제외가 가능하다.

021

다음 중 자본시장법상의 펀드와 가장 거리가 먼 것은?

① 부동산펀드　② 파생상품펀드
③ 증권투자펀드　④ 혼합투자펀드

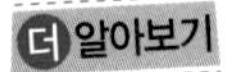
더 알아보기 법적인 5개의 집합투자기구
• 증권펀드 • 부동산펀드 • 특별펀드
• 혼합펀드 • 단기금융펀드

파생상품펀드는 자본시장법상의 펀드가 아니다.

022

위험에 대한 측정 기법인 VaR에 대한 다음 설명 중 가장 거리가 먼 것은?

① VaR는 10영업일을 기준으로 일일단위로 측정되어야 한다.
② VaR는 95% 신뢰도를 기준으로 일일단위로 측정되어야 한다.
③ VaR는 1년 이상의 관측 자료기간을 기초로 하여 측정되어야 한다.
④ VaR는 간편법 또는 델타플러스법에 따라 산정한다.

VaR는 최대손실예상금액으로 99% 신뢰도를 기준으로 일일단위로 측정되어야 한다.

023

사모파생펀드에서의 파생상품 매매에 따른 위험평가액의 기준은?

① 각 펀드의 순자산액의 100분의 50 이내
② 각 펀드의 순자산액의 100분의 100 이내
③ 각 펀드의 순자산액의 100분의 200 이내
④ 각 펀드의 순자산액의 100분의 400 이내

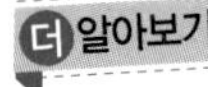

사모펀드의 규제완화 내용
- 파생매매에 따른 위험평가액 규모
- 매매 기준가격의 일일 공시 의무
- 투자설명서의 설명의무, 교부의무 등

사모파생펀드의 경우 100분의 400이고, 공모파생펀드의 경우 100분의 1000이다.

024

다음 중 파생결합증권 및 파생상품을 운용대상자산으로 할 수 <u>없는</u> 펀드는?

① 증권펀드 ② 부동산펀드
③ 특별자산펀드 ④ 단기금융펀드

단기금융펀드에서는 파생 결합증권 및 파생상품을 운용대상자산으로 할 수 없고 증권펀드, 부동산펀드, 특별자산펀드, 혼합자산펀드에서 운용이 가능하다.

025

파생상품펀드의 법규에 대한 다음 설명 중 가장 거리가 <u>먼</u> 것은?

① 기업회계기준상 위험회피회계의 적용이 되는 거래는 명목계약금액 산정대상에서 제외할 수 있다.
② VaR는 1년 이상의 관측 자료를 기초로 하여 측정되어야 한다.
③ VaR는 1영업일의 보유기간 및 95%의 신뢰구간을 적용해야 한다.
④ 시장상황 변동에 따른 펀드의 손익구조 변동은 시나리오법에 따라 산정한다.

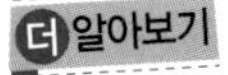

VaR
- 투자자산의 일정한 기간 내의 확률범위의 최대손실 규모
- VaR = 보유포지션의 시장가치 × 신뢰구간에 따른 표준편차의 배수 × 포지션의 변동성(표준편차) × $\sqrt{\text{보유기간}}$

VaR는 10영업일의 보유기간 및 99%의 신뢰구간을 적용해야 한다.

정답 020 ② | 021 ② | 022 ② | 023 ④ | 024 ④ | 025 ③

026

파생상품펀드에 대한 다음 설명 중 가장 거리가 먼 것은?

① 증권펀드 중 파생상품에 10% 초과하여 운용하면 파생상품형 증권펀드이다.

② 부동산펀드 중 파생상품에 10% 초과하여 운용하면 파생상품형 부동산펀드이다.

③ 특별펀드 중 파생상품에 10% 초과하여 운용하면 파생형 특별자산펀드가 된다.

④ 파생결합증권에 투자하는 경우 자산총액의 100분의 10을 초과하여 투자하면 파생형 펀드이다.

문제해설 

파생결합증권에 투자하는 경우 자산총액의 100분의 50 이상 투자해야 파생형 펀드이다.

027

다음 빈칸에 알맞은 용어는?

> 공모파생펀드는 공시사항을 (㉠)법 및 (㉡)법에 따라 투자자에게 공시하여야 한다.

	㉠	㉡
①	간접투자	자본시장
②	자본시장	민
③	자본시장	상
④	상법	민

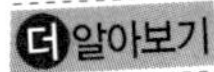

공시는 정기공시와 수시공시로 구분한다.

- **정기공시** : 정기적인 결산 보고서 등을 의미한다.
- **수시공시** : 주요한 내용이 발생 시 즉시 투자자에게 알려야 하는 내용들이다.

자본시장법 및 상법에 따라 공시해야 한다.

028

파생상품펀드에 대한 다음 설명 중 가장 거리가 먼 것은?

① 투자 시 레버리지 효과로 인하여 위험의 크기가 다른 펀드에 비하여 크다.
② 다양한 기법으로 손익구조를 사전에 결정할 수도 있다.
③ 장외파생상품에 투자하는 경우 계약불이행 위험에도 직면할 수 있다.
④ 사모펀드는 자본시장법상 파생상품 매매에 따른 위험의 한도를 펀드 자산의 100% 이내로 제한하고 있다.

문제해설

사모펀드는 자본시장법상 위험의 한도를 펀드자산의 400% 이내로 제한하고 있다(공모펀드는 100% 이내)

더 알아보기 파생상품 운용의 제한

- **장외파생상품 거래상대방 제한** : 일정한 적격요건을 갖추지 못한 자
- **파생상품 매매에 따른 위험평가액 제한** : 자산총액에서 부채총액을 뺀 가액 100% 초과투자 금지
- **동일증권을 기초자산으로 한 파상상품 투자에 따른 위험평가액 제한** : 동일법인 등이 발행한 증권의 가격변동으로 인한 위험평가액이 집합투자기구 자산총액의 10%를 초과하여 투자하는 행위 금지
- **장외파생상품 거래상대방 위험평가액 제한** : 자산총액의 10% 초과투자 금지

029

파생결합증권에 대한 설명 중 틀린 것은?

① 파생 결합증권은 기존의 주가연계증권(ELS), 신용연계증권(CLN) 등을 모두 포괄적으로 포함한다.
② 발행인가를 받은 금융투자회사 등이 발행한다.
③ 취득 이후 추가적인 지급의무가 있어 증권의 하나로 본다.
④ 일종의 펀드처럼 운용된다.

문제해설

취득 이후 추가적인 지급의무가 없어 증권의 하나로 본다

정답 026 ④ | 027 ③ | 028 ④ | 029 ③

030

파생결합증권의 구성요소에 대한 다음 설명 중 틀린 것은?

① 발행사는 파생결합증권을 발행하는 주체이다.
② 파생결합증권에 대한 투자한도는 100분의 30이다.
③ 파생결합증권의 만기가 1년이면 1년 이후의 주가에 영향을 받는다.
④ 투자자가 원할 때 중도환매가 가능하다.

문제해설 

파생결합증권의 만기가 1년이라면 1년 이후의 주가에 영향을 받지 않는다.

031

파생상품펀드에 대한 다음 설명 중 틀린 것은?

① 델타중립으로 명목계약금액 산정대상에서 제외되는 경우 근거자료를 보관 · 유지해야 한다.
② 투자설명서에 위험지표의 개요 기재 및 투자설명서에 위험지표의 개요가 기재된다는 사실도 기재해야 한다.
③ 투자자에 대한 공시의 경우 공모파생상품펀드는 '집합투자규약에서' 정한 방법으로, 사모파생상품펀드는 자본시장법 또는 상법에 따라 공고하여야 한다.
④ 공모펀드는 매분기 영업보고서를 20일 이내에 금융위원회와 협회에 보고해야 한다.

문제해설 

투자자에 대한 공시의 경우 공모파생상품펀드는 자본시장법 또는 상법에 따라 공고하고, 사모파생상품펀 드는 '집합투자규약'에서 정한 방법으로 한다.

032

파생결합증권에 대한 다음 설명 중 틀린 것은?

① 파생결합증권의 수익에 영향을 주는 투자자산을 기초자산이라 한다.
② 파생결합증권은 원본초과손실 가능성이 없는 증권으로 원본손실도 가능하고 원금보존 구조는 물론 원금보존추구 구조도 가능하다.
③ 파생결합증권 중에는 중도상환이 가능한 구조도 있다.
④ 파생결합증권에 펀드재산의 30% 이상 투자하면 파생형 증권집합투자기구이다.

파생결합증권에 펀드재산의 50% 이상 투자하면 파생형 증권집합투자기구이다.

033

고객 투자권유 규제 중 적합성의 원칙이 아닌 것은?

① 금융투자업자는 투자자가 일반투자자인지 전문투자자인지 확인하여 한다.
② 금융투자업자는 일반투자자에게 투자권유를 하기 전에 투자자의 투자목적, 재산상황 및 투자경험 등의 정보를 파악하여야 한다.
③ 금융투자업자는 일반투자자에게 금융투자상품의 투자를 권유하는 경우 투자자가 이해할 수 있도록 설명해야 한다.
④ 금융투자업자는 일반투자자에게 투자권유를 하는 경우에 그 일반투자자에게 적합하지 않다고 인정되는 투자권유를 해서는 안 된다.

③은 적합성의 원칙이 아니라 설명의무이다.

정답 030 ③ | 031 ③ | 032 ④ | 033 ③

034

다음의 빈칸에 알맞은 숫자는?

> 원칙적으로 각 펀드 자산총액의 100분의 (㉮)을 초과하여 동일증권에 투자할 수 없으나 파생결합증권의 경우에는 100분의 (㉯)까지 투자할 수 있다.

	㉮	㉯		㉮	㉯
①	10	10	②	30	30
③	10	30	④	30	100

100분의 10과 100분의 30이다.

035

파생결합증권에 대한 설명 중 틀린 것은?

① 금융투자상품을 원본초과손실을 기준으로 증권과 파생상품으로 구분한다.
② 파생상품펀드에서 주로 투자하는 파생 결합증권은 증권에 포함된다.
③ 주가연계증권(ELS)과 파생결합증권(DLS)은 파생결합증권으로 통합되었다.
④ 파생결합증권은 원금보존추구형으로 만기의 수익이 확정된다.

파생결합증권은 기초자산의 가격변동에 따라 수익이 결정되기 때문에 만기의 수익이 확정되어 있지 않다.

2장 파생상품펀드 영업

001

파생펀드의 매매주 전략 중 차익거래 형태와 가장 거리가 먼 것은?

① 인덱스 차익거래　　② 합병 차익거래
③ 헤지펀드거래　　④ 전환사채 차익거래

문제해설

헤지펀드 자체는, 차익거래가 아니다. 다만 헤지펀드의 운용전략 중 하나인 Long-Short 전략을 차익거래에 포함시킬 수는 있다.

002

파생펀드의 차익거래 유형에 대한 다음 설명 중 가장 거리가 먼 것은?

① 저평가된 주식을 매수하고 주가지수 선물을 매도하는 전략을 취한다.
② 현물, 선물 · 옵션 간의 가격 차이를 이용하여 차익거래에 따른 수익을 추구한다.
③ 합병 차익거래는 합병기업 중 적정가 대비 낮게 거래되는 기업을 매수하고 다른 기업은 매도하여 차익을 추구한다.
④ 전환사채 차익거래는 전환사채를 매도하고 해당주식의 차입 매수를 통해 델타헤징하면 차익이 발생한다.

문제해설

반대로 매매를 구사해야 한다. 즉, 전환사채를 매수하고 해당주식의 차입매도를 통해 델타헤징하면 차익이 발생한다.

003

다음의 파생결합증권에 대한 설명 중 가장 거리가 먼 것은?

① 기초자산의 안정성과 변동성이 가격에 중요한 역할을 한다.
② 국내 발행사는 자체 발행하거나 외국계 투자은행을 이용한 중개도 가능하다.
③ 투자자는 파생결합증권을 선택할 때 단순히 제시수익률만 고려해도 된다.
④ 기초자산의 안정성이 높을수록 제시수익률은 낮아진다.

문제해설

투자자는 파생결합증권을 선택할 때 단순히 제시수익률만이 아니라 기초자산의 변동성 등 위험요인도 함께 고려해야 한다.

정답 034 ③ | 035 ④ | 001 ③ | 002 ④ | 003 ③

004

금융공학펀드에 대한 다음 설명 중 가장 거리가 먼 것은?

① 시뮬레이션 등을 통해서 목표수익률의 구조를 제시한다.
② 절대수익 추구 및 시장중립형도 가능하다.
③ 기본적으로 '주식 + 초과성과'에 접근한다.
④ 구조화된 펀드이며 운용사의 능력에 따라 큰 손실도 발생할 수 있다.

더알아보기 설정 시(원금) ←——→ 만기 시(원금 + α : 원금 보존 추구)

- 채권투자(만기이자 수령조건) 만기에 투자원금을 회수할 수 있도록 투자한다.
- 만기 이자 수령액 정도를 워런트에 투자하여 추가수익이 가능토록 한다.

문제해설 

약간의 위험부담을 안고 '채권 + 초과성과'를 추구하기 위해 접근하는 유형이다.

005

구조화펀드에 대한 다음 설명 중 가장 거리가 먼 것은?

① 만기 시 손익은 운용성과에 따라 변동한다.
② 델타헤징을 통해 펀드의 운용을 탄력적으로 수행한다.
③ ELF 대비 세금면에서 불리한 단점이 있다.
④ 선진국처럼 변동성이 낮은 시장에서는 수익률이 낮은 단점이 있다.

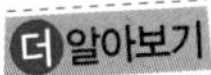 ELF는 수익전체가 과세대상이나 구조화펀드 중 델타헤징형 펀드의 경우 상장된 펀드나 파생상품의 자본이득이 비과세되므로 세후 수익률면에서 유리하다.

문제해설 

ELF에 비해 세금면에서 유리한 장점이 있다.

006

펀드판매 시 수익구조에 대한 설명 중 가장 거리가 먼 것은?

① 기초자산에 대한 변동성, 유동성 등의 가격정보를 제공한다.
② 시뮬레이션은 기초자산의 주가를 통해 유동성을 활용하여 구한다.
③ 기초자산에 대한 과거의 가격추이 정보를 제공한다.
④ 과거의 가격자료를 이용한 백테스트로 투자의사 결정에 활용한다.

시뮬레이션은 기초자산의 주가를 통해 변동성을 활용하여 구한다.

007

ELF와 구조화펀드의 비교에 대한 설명 중 가장 거리가 먼 것은?

	구분	ELF	구조화펀드
①	중도환매	가능	가능
②	수익구조	다양성	단순성
③	장점	확정 수익률	확정 수익률
④	단점	과세대상	운용실패 가능성

구조화펀드의 장점 중 하나는 운용성과에 따른 추가수익이 가능하다는 점이다.

2과목 파생상품펀드

008

시스템운용형펀드에 대한 다음 설명 중 가장 거리가 먼 것은?

① 전산시스템의 운용지시에 따라 기계적으로 매매하는 구조이다.
② 펀드매니저의 주관에 입각하여 매매를 수행하는 구조이다.
③ 대부분의 전략이 모멘텀 전략에 기반하고 있다.
④ 일반적으로 자산배분전략에 많이 사용된다.

문제해설

펀드매니저의 주관이 배제되고 전산시스템에서 보내주는 매매신호에 기계적으로 수행하는 구조이다.

009

시스템운용형펀드에 대한 다음 설명 중 가장 거리가 먼 것은?

① 시스템운용형펀드는 대안 포트폴리오로서 활용가치가 높다.
② 자산배분이나 마켓 타이밍 기법을 많이 활용하고 있다.
③ 글로벌자산 배분형은 금융선물과 비금융선물에 대해서 Long-Short 포지션을 취해서 수익을 얻는다.
④ 잦은 매매로 원금보존추구가 어렵다는 단점이 있다.

대부분 이자 자산에 투과하고 이자 수준으로 위험관리를 정해 시스템 매매를 하면 원금보존추구가 가능하다. Long-Short 포지션 전략은 한 쪽은 매수하고 다른 한 쪽은 매도하여 차익을 추구하는 전략이다.

정답 004 ③ | 005 ③ | 006 ② | 007 ③ | 008 ② | 009 ④

010

파생펀드의 특성에 대한 다음 설명 중 가장 거리가 먼 것은?

① 파생펀드는 시장예측이나 시장전망의 내용을 수익으로 연결 가능하다는 특징이 있다.

② 옵션을 이용하면 시장 예측이 틀렸을 경우 손실을 제한시킬 수 있다.

③ 콜옵션 매도를 이용하면 시장중립의 형태로 초과성과를 얻을 수도 있다.

④ 다양성을 추구하는 시장의 변화로 이색옵션(Exotic Option) 시장이 활발히 거래되고 있다.

더 알아보기 풋옵션 매도 구조

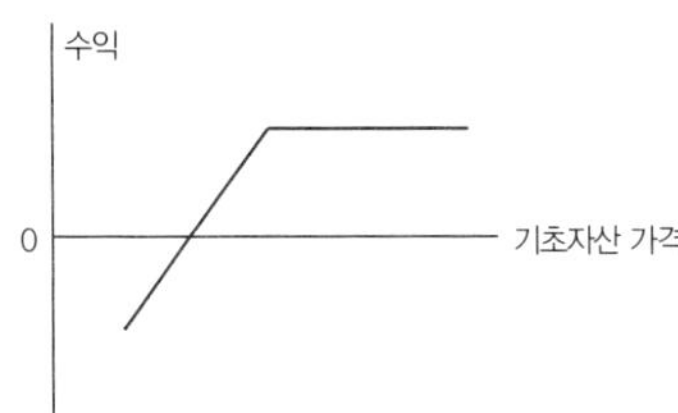

문제해설 

콜옵션 매도가 아니라 풋옵션 매도를 이용하면 시장중립의 형태로 초과성과를 얻을 수도 있다.

011

파생펀드의 운용전략에 대한 다음 설명 중 가장 거리가 먼 것은?

① 파생펀드는 일반적으로 고위험 고수익 패턴으로서 안정적으로 운용하기는 불가능하다.

② 파생펀드는 포트폴리오 차원에서 접근하는 것이 효율적이다.

③ 변동성과 상관계수에 연동한 투자를 통해 추가적인 수익의 추구가 가능하다.

④ 파생상품 매매를 통해 투자효율성이 개선되는 장점이 있다.

시장전망을 통해 일반펀드보다 더욱 안정적으로 운용하는 것도 가능하다.

012

펀드의 포트폴리오 구성을 위한 고려 대상에 대한 설명 중 가장 거리가 먼 것은?

① 파생상품의 비중을 고객의 맞춤형 투자에 적용한다.
② 펀드의 구조와 기초자산이 생소한 것은 피하는 것이 좋다.
③ 원금보존추구형은 수익이 낮고 상환이 빠르다는 단점이 있다.
④ 파생결합증권의 발행사, 장외파생상품의 거래상대방 위험을 고려해야 한다.

원금보존추구형은 수익률이 낮고 원금 상환기간이 길다는 단점이 있다.

013

금리연계파생결합증권에 대한 다음 설명 중 가장 거리가 먼 것은?

① 대부분 원금보존추구형이다.
② CD 금리가 제한적 상승 혹은 제한적 하락 시 CD 레인지 구조가 수익률이 높게 나타난다.
③ CD 레인지는 레인지가 좁으면 쿠폰이 낮다.
④ 금리연계상품은 쿠폰을 상향시키기 위해 만기를 길게 가져가기도 한다.

CD 레인지는 레인지가 넓으면 쿠폰이 낮다.

더알아보기 Range Accrual

- Range : 일정 범위에 있을 때 수익발생
- Accrual : 이자수익이 축적되는 정도
- Graph

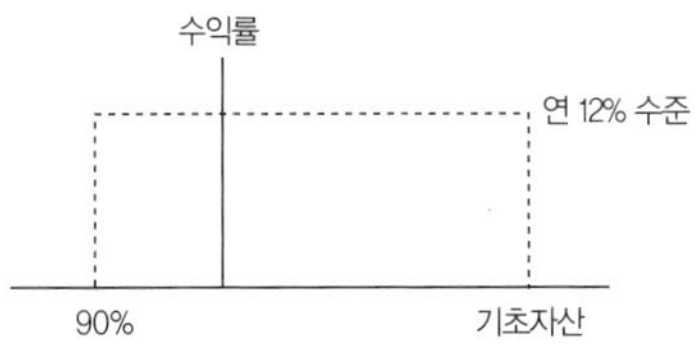

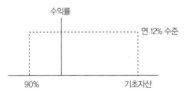

- **기초자산** : 예 삼성전자, 현대자동차 등 2종목
- **만기** : 3년(매 6개월 중도상환 가능)
- **특성** : 2개 종목 모두 90% 이상인 경우가 6개월 중 (영업일수는 120일) 60일이면,

→ 12% × $\frac{1}{2}$(6개월) × $\frac{1}{2}$ = 3%

정답 010 ③ | 011 ① | 012 ③ | 013 ③

014

주가연계파생펀드에 대한 다음 설명 중 가장 거리가 먼 것은?

① 클리켓 구조의 주가연계상품은 연간수익률의 합이 양수이면 원금이 되는 구조이다.
② 보험사는 변액보험에서 주가연계파생상품을 많이 활용하고 있다.
③ 주가연계파생펀드는 장내파생상품에 주로 투자하는 형태일 수 있다.
④ 주가연계파생 펀드는 파생결합증권이나 장외파생상품을 편입하는 구조로도 설계될 수 있다.

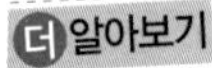

클리켓 구조는 월별 기초자산 가격에 의한 수익률을 만들어 연 12회 수익률을 더하여 고객에게 지급하며 연간 수익률의 합이 음수이면 원금이 되는 것이 일반적이다.

클리켓 구조의 주가연계상품은 연간수익률의 합이 음수이면 원금이 되는 구조이다.

015

시스컴(주)는 갑 은행의 ELD에 가입하였다. 만기 원리금공식에 의하면 시스컴은 어떤 포지션인가?

> 만기 금액 = 1억 × [1.10 − Max(0, 1,500 − a)]
> (a : 1년 뒤 종합주가지수)

① 주가지수 콜옵션매수
② 주가지수 콜옵션매도
③ 주가지수 풋옵션매수
④ 주가지수 풋옵션매도

종합주가지수가 1,500보다 클 경우에는 투자수익이 일정하고, 1,500보다 떨어질수록 투자수익이 감소하므로 주가지수 풋옵션을 매도한 것과 같은 구조이다.

016

구조화펀드의 상담 내용에 대한 다음 설명 중 가장 거리가 먼 것은?

① 기준가격은 평가일의 상환가능성과 예상수령액의 미래가치로 산정한다.
② ELD는 5,000만 원까지 예금자보호법이 적용된다.
③ 낙인의 의미는 원금비보존형 구조화펀드가 원금손실이 가능해졌다는 의미이다.
④ 델타복제 결과 구조화펀드의 쿠폰보다 높으면 발행사가 이익을 본다.

기준각격은 평가일의 상환 가능성과 예상수령액을 현재가로 할인하여 산정한다. ELD는 은행의 구조화상품으로서 '원금 + 이자'를 5,000만 원까지 예금자보호법이 적용되는 상품이다. ELF나 ELS는 원금보장이 되지 않는다.

017

파생결합증권에 대한 다음의 설명 중 가장 거리가 먼 것은?

① 주가 및 환율 등이 기초자산이 된다.
② 원금보존추구형만 가능하다.
③ 파생결합증권에 가장 많이 영향을 주는 것은 변동성이다.
④ 파생결합증권은 증권의 하나이다.

더 알아보기 원금보존추구형
- 시장위험을 제거하는 형태로서 원금은 보존하나 거래상대방의 위험은 제거하지 못한다.
- 원금보존추구형은 중도상환형과 중도상환이 되지 않는 형태로 구분된다.
- 중도상환이 되지 않는 펀드는 일반적으로 워런트 투자구조와 비슷한 형태이다.

문제해설

파생결합증권은 원금보존형 구조 및 원금비보존형 구조 모두 가능하다.

018

다음에 열거한 것 중 다른 하나는?

① Unfunded SWAP
② Fully paid SWAP
③ CD SWAP
④ Partially paid SWAP

Fully paid SWAP은 Funded SWAP과 같은 개념으로 나머지와는 다른 개념으로 원금이 모두 교환되는 경우로서 Partially paid SWAP보다 위험이 크다.

정답 014 ① | 015 ④ | 016 ① | 017 ② | 018 ②

019

금리연계상품 중 다음의 수익구조의 형태는?

> 기초자산 : 국고채 5년물 – 국내 IRS 5년물

① 낙인형	② 스프레드형
③ Range Accrual형	④ 마운틴형

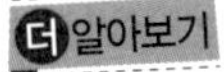

스프레드 이용 펀드

- 강세스프레드(시장의 상승 예상 시)
  선물의 스프레드 이용, 옵션의 스프레드 이용, 시장이 예측대로 강세시장 시 일정수익 확보, 시장이 예측 외로 약세시장 시 일정수준 손실
  → 이익과 손실이 일정한 범위 내에서 확정된다.

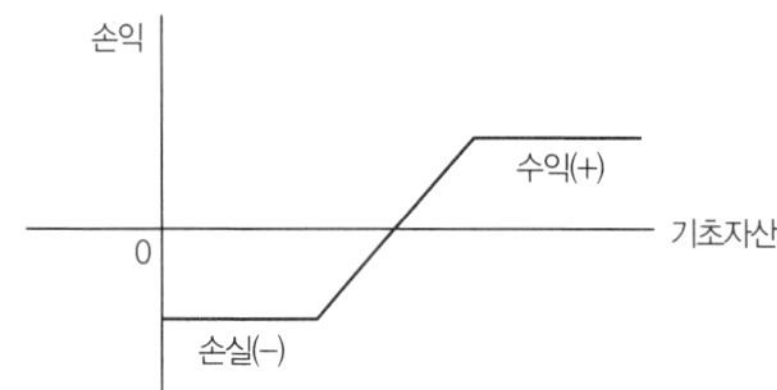

- 약세스프레드(시장의 하락 예상 시)
  선물의 스프레드 이용, 옵션의 스프레드 이용, 시장이 예측대로 약세시장 시 일정수익 확보, 시장이 예측 외로 강세시장 시 일정수준 손실
  → 이익과 손실이 일정한 범위 내에서 확정된다.

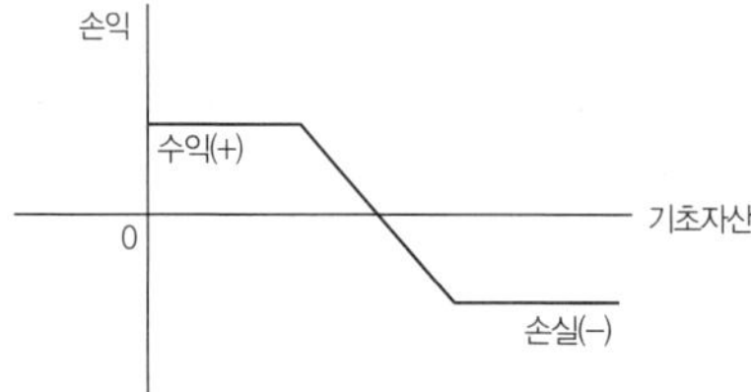

문제해설

두 종목의 금리 차를 이용한 스프레드 구조이다.

020

파생결합증권별 수익구조에 대한 내용 중 가장 거리가 먼 것은?

① 낙인 옵션은 특정 수준에 다다르면 풋옵션이 생성되어 손실이 발생한다.
② 주가연계 파생결합증권은 기본적으로 디지털옵션과 낙인옵션이 필수적으로 내제되어 있다.
③ 주가연계 파생결합증권은 제시된 수익구조의 가격유지가 지속될 수 없어서 공모펀드로 만들기 곤란하다.
④ 이자율연계 파생결합증권은 만기가 길고 승수를 이용하거나 발행자의 중도상환 권리가 내재되어 있는 등 제한요소가 많아 투자자에게 불리하다.

문제해설

이자율연계 파생결합증권은 기초자산의 변동성이 낮고 유동성이 떨어지며, 제시된 수익구조의 가격유지도 오래 할 수 없어 공모펀드로 만들기 곤란하며 헤지수단으로 주로 사용된다.

021

상품연계파생펀드에 대한 다음 설명 중 가장 거리가 먼 것은?

① 인플레이션 헤징효과가 크다는 장점이 있다.
② 인덱스 구성 시 선물로 편입되는 특징이 있다.
③ 변동성이 높아 가격예측이 어렵다.
④ 상관관계가 낮아 분산투자 효과가 없다.

문제해설

상품 간 상관관계가 낮다. 따라서 분산투자 시 위험이 감소되는 효과가 크다.

022

다음의 ELW상품에 대한 설명 중 가장 거리가 먼 것은?

① 주식워런트증권(ELW) 시장은 2005년 12월에 개설되었다.
② 배당이 클수록 콜 워런트 매수자는 불리하다.
③ 금리가 높을수록 콜 워런트 매수자는 불리하다.
④ 기초자산의 가격변동성도 ELW의 가격결정 요인이다.

문제해설

금리가 높을수록 콜 워런트 매수자는 유리해진다.

정답 019 ② | 020 ③ | 021 ④ | 022 ③

023

다음 중 장내파생상품을 이용한 수익률 복제 구조와 가장 거리가 먼 것은?

① 인덱스펀드
② 델타중립펀드
③ 합성선물펀드
④ 차익매매구조펀드

문제해설 

인덱스펀드는 선형구조의 일반적 펀드로서 복제 구조형이 아니다. 나머지는 모두 옵션의 비선형 구조를 이용한 구조이다.

024

파생펀드의 특징에 대한 다음 설명 중 가장 거리가 먼 것은?

① 일반적으로 금리 연계상품은 만기가 길다.
② KIKO는 환율이 일정구간을 벗어나면 수익이 발생하는 구조이다.
③ 금리 연계파생펀드는 주로 헤지 목적으로 투자하는 경우가 많다.
④ 환율구조 펀드는 환율의 변동성이 심해 원금손실 규모에 대한 적절한 대비책을 강구해야 한다.

더알아보기 KIKO그래프(손익)

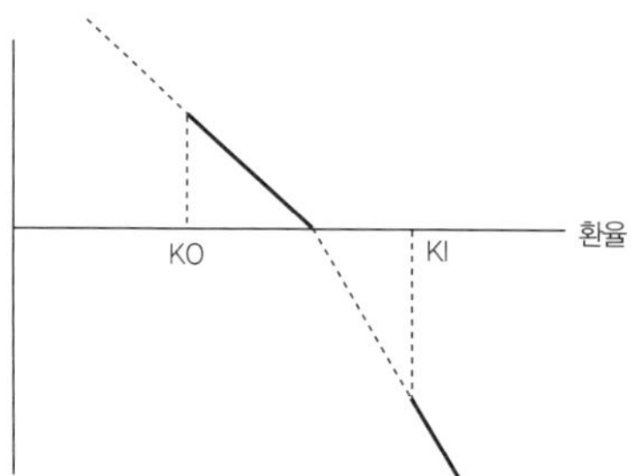

• 환율이 하락하면 수익구조가 사라지고 환율이 상승하면 손실구조가 발생한다.

문제해설 

KIKO(Knock-In, Knock-Out)는 환율이 일정구간 이내이면 수익이 발생하고 일정구간을 벗어나면 큰 손실이 발생하는 구조이다.

025

파생펀드에 대한 다음 설명 중 가장 거리가 먼 것은?

① 이자 수준으로 투자하여 원금보존형도 가능하다.
② 낙아웃, 낙인 옵션은 프리미엄은 낮고 시장전망에 따른 효율적 투자가 가능하다.
③ 주식시장의 변동성이 클 것으로 예상되는 경우 양방향에 투자한다.
④ 주가의 큰 폭 하락을 방지하려면 낙아웃 풋옵션을 매수한다.

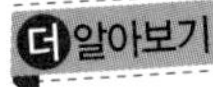

- **Knock-In 풋옵션** : 기초자산 가격이 경계가격(배리어)을 터치하면 풋옵션이 생성
- **Knock-Out 풋옵션** : 기초자산 가격이 경계가격(배리어)을 터치하면 풋옵션이 소멸

낙인 풋옵션을 매수해야 큰 폭의 하락을 방지할 수 있다.

026

파생펀드 운용전략에서 TIPP형과 CPPI형의 비교에 대한 다음 설명 중 가장 거리가 먼 것은?

① 보장적 Touch 가능성은 TIPP형이 크다.
② 상승장에서의 성과는 TIPP형이 크다.
③ 하락장에서의 성과는 TIPP형이 크다.
④ 횡보장에서의 성과는 TIPP형이 크다.

- **CPPI형** : 최초투자금액의 일정비율을 방어하도록 설계된 일정비율 보험전략이다.
- **TIPP형** : 투자개시 이후 포트폴리오 최고가치의 일정비율을 방어하도록 설계된 시간 불변 포트폴리오 보존전략이다.

상승장에서의 성과는 CPPI형이 크다.

027

파생상품을 활용한 매매의 직접적인 수익원으로 가장 거리가 먼 것은?

① 가격의 변화　② 거래량의 변화
③ 베이시스의 변화　④ 변동성의 변화

거래량의 변화는 직접적인 수익원으로 보기 어렵다

정답 023 ① | 024 ② | 025 ④ | 026 ② | 027 ②

028

다음 중 신종 파생상품의 기초자산으로 볼 수 없는 것은?

① 신용사건 ② 원자재
③ 기후 ④ 지적재산권

문제해설 

원자재는 신종 파생의 기초상품으로 볼 수 없고 전통적인 파생상품의 기초자산이다. 증권, 부동산, 실물자산 등은 전통적인 기초상품이고 신용사건, 범죄, 재해, 기후, 지적재산권, 탄소배출권 등이 새롭게 등장한 파생상품의 기초자산이다.

029

파생상품의 기초자산 확대에 관련하여 활용범위에 대한 다음의 설명 중 가장 거리가 먼 것은?

① 지수선물을 이용한 인덱스펀드
② 합성 CDO를 이용한 펀드
③ 멀티에셋펀드
④ 와인, 미술품 등을 활용한 파생펀드

문제해설 

지수선물은 전통적인 상품으로 기초자산의 범위가 확대된 것으로 볼 수 없다.

030

자산배분 시 처음 정한 비율대로 만기까지 유지하는 전략으로 볼 수 있는 것은?

① Constant Mix ② Static Allocation
③ CPPI ④ TIPP

Static Allocation이 처음에 정한 위험자산과 무위험자산의 비율을 만기까지 유지하는 전략이다. 정적인 전략으로 전략적 자산배분이다.

031

다음 중 옵션의 복제를 통한 파생상품으로 가장 거리가 먼 것은?

① 델타펀드　　② 인덱스펀드
③ 포트폴리오 보험형 펀드　　④ Reverse Convertible 펀드

더알아보기 Reverse Convertible형과 델타헤징형
- 지수가 내리면 주식을 추가 매수하고 지수가 오르면 주식을 매도하여 차익을 얻는 전략이다.
- 델타헤징형은 델타값이 올라가면 주식을 매수하고 델타값이 떨어지면 주식을 매도하는 방식이다.

문제해설
인덱스펀드는 지수(Index)와 함께 동반하는 펀드로 옵션의 구조와는 무관하다.

032

파생펀드에 대한 다음 설명 중 가장 거리가 먼 것은?

① 시장중립형펀드는 주로 차익거래를 통해 절대수익을 추구하는 유형이다.
② 인덱스 차익거래는 시장의 변동으로는 가능해도 베이시스 범위에 대한 예측을 통해서는 가능하지 않다.
③ 전환사채를 이용하여 전환사채와 주식을 통한 델타헤징으로 차익거래가 가능하다.
④ 합병 차익거래는 Deal Arbitrage라고 하며 합병에 반대하는 주식매수 청구권을 이용하는 거래이다.

문제해설
베이시스 범위에 대한 예측을 통해서도 가능하다.

033

주식워런트증권(ELW)의 가격 결정요인으로 가장 거리가 먼 것은?

① 기초자산의 가격　　② 종합주가지수
③ 권리행사가격　　④ 잔존기간

문제해설
ELW의 가격결정요인으로는 기초자산의 가격, 권리행사가격, 기초자산의 가격변동성, 잔존기간, 금리, 배 당 등이다.

정답 028 ② | 029 ① | 030 ② | 031 ② | 032 ② | 033 ②

034

환율 관련 펀드에 대한 다음 설명 중 가장 거리가 먼 것은?

① 환율 움직임은 안정적인 흐름 중에서도 어느 순간 갑자기 큰 폭으로 변하는 경우가 많다.
② 환율의 강세가 예상될 때는 상승형 디지털 구조가 적합하다.
③ 환율변동 범위가 제한적으로 예상될 때 레인지 구조가 효과적이다.
④ 환율의 변동성이 클 것으로 예상되지만 방향에 확신이 없을 때에는 양방향 낙아웃(Knock-Out) 구조가 효과적이다.

환율의 변동성이 클 것으로 예상되지만 방향에 확신이 없을 때에는 양방향 낙인(Knock-In) 구조가 효과적이다.

035

다음 중 주식시장 전망에 적합한 구조의 상품으로 가장 거리가 먼 것은?

① 주식시장의 상승이 예상되어 콜형에 투자하였다.
② 낙아웃 풋옵션은 낙아웃이 되어도 주가가 상승하면 풋옵션이 살아나서 수익률이 확정된다.
③ 시장이 크게 하락할 것으로 예상되어 풋형에 투자하였다.
④ 주가의 큰 폭 상승에 따른 위험을 막으려고 낙인 콜옵션을 매수하였다.

낙아웃이 발생하면 옵션이 생성되는 것이 아니라 소멸되기 때문에 이후 주가의 수준과 관계없이 수익률이 확정된다.

036

구조화펀드에 대한 설명 중 가장 거리가 먼 것은?

① 구조화펀드는 펀드의 운용에 따라 사전에 수익구조가 설정된다.
② ELS는 발행사의 신용도가 중요하다.
③ ELS는 100% 원금이 보장된다.
④ ELS의 경우도 중도에 환매할 경우 원금손실이 발생할 수 있다.

ELS도 일반펀드처럼 100% 원금이 보장되는 것은 아니다.

037

원금비보존형 Warrant 구조의 쿠폰에 대한 설명으로 가장 거리가 먼 것은?

① 변동성이 크면 쿠폰이 상승한다.
② 상환조건이 낮을수록 쿠폰이 상승한다.
③ 낙아웃 조건이 있을 경우 낙아웃이 낮을수록 쿠폰이 낮아진다.
④ 두 종목 간 상관관계가 낮을수록 쿠폰이 상승한다.

문제해설

상환조건이 낮을수록 쿠폰이 낮아진다.

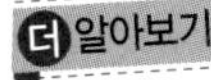
더알아보기

- **변동성이 클수록 쿠폰이 상승한다.**
  - 변동성이 크면 델타 복제가 용이하기 때문이다.
  - 델타 복제는 델타를 조정하는 전략으로 옵션구조 복제전략이다.
- **상환조건(행사가격)이 높을수록 쿠폰이 상승한다.**
  - 상환조건이 높으면 상환가능성이 낮아지므로 쿠폰을 올려준다.
  - 상환조건이 낮으면 상환가능성이 높아지므로 쿠폰을 낮춘다.
- **기초자산 간의 상관관계가 낮을수록 쿠폰이 높아진다.**
  - 상관관계가 낮으면 하나의 종목이 손실률이 크더라도 나머지 종목이 수익을 Cover하기 때문이다.
  - 상관관계가 높으면 두 종목이 같이 상승하거나 같이 하락할 가능성이 높아 상환가능성이 커져서 쿠폰이 낮아진다.

038

파생펀드의 특성에 대한 다음 설명 중 가장 거리가 먼 것은?

① 워런트 편입 펀드에서 중도상환 조건을 추가하려면 상환시점의 결제금액에 금리변동위험을 반영해야 한다.
② 재해발생에 따른 손해의 규모에 연동한 증권을 재해 연계증권이라고 한다.
③ 델타복제펀드는 개별종목, 복수종목 혹은 인덱스 선물의 풋옵션 매도 포지션의 델타를 참조한다.
④ 인덱스펀드의 기본목적은 지수를 추종하는 데 있으므로 지수구성 종목을 모두 복제하는 방법밖에 없다.

문제해설

지수를 추종하는 방법은 크게 세 가지이다. 지수를 구성하는 종목을 직접 모두 복제하는 방법과 지수를 기초자산으로 하는 장내파생상품을 활용하는 방법, 지수의 수익률로 받기로 약속한 장외파생상품계약을 활용하는 방법이다.

정답 034 ④ | 035 ② | 036 ③ | 037 ② | 038 ④

039

주가연계증권(ELS)과 관련이 가장 거리가 먼 것은?

① ELD(Equity Linked Deposit)
② ETF(Exchange Traded Fund)
③ ELF(Equity Linked Fund)
④ 구조화 증권

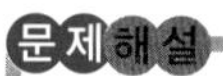

ELD, ELF 모두 ELS를 편입한 구조화 상품이다. ETF는 상장지수펀드이다.

지수연동펀드(ETF)

- 인덱스펀드이면서 주식처럼 거래
- ETF시장은 주식처럼 거래되는 유통시장과 설정 · 해지되는 발행시장으로 구분
- 발행시장에서는 지정판매사(AP)를 통해서 설정 · 환매가 이루어진다.

구분

구분	주가연계증권 (ELS)	주가연동예금 (ELD)	주가연계펀드 (ELF)
운용회사 (상품성격)	증권사 (유가증권)	은행 (예금)	자산운용사 (증권펀드)
원금보장여부	원금보장 가능 (증권사 파산 시 보장 불가능)	원금보장 가능 (다만, 해당은행 부도 시에는 예금자보호법 범위 내에서만 원금보장 가능)	불가 (다만, 원금보존 추구 가능)
만기손익	사전에 확정	사전에 확정	운용성과에 따른 실적배당
중도해지	제한적	중도해지 가능 (원금손실 가능)	중도환매 가능 (원금손실 가능)

040

다음의 설명을 가장 적절하게 반영하고 있는 용어는?

> 워런트의 수익을 결정하는 데 만기 전 특정 평가일을 정해 놓고 최종적으로 평균하여 수익률을 결정하는 형태

① 유럽형　　② 아시아형
③ 미국형　　④ 영국형

최종적으로 평균으로 수익률을 결정하는 것은 아시아형이다. 유럽형은 만기에 한 번만, 미국형은 만기 전 어느 때라도 가능하다.

041

파생 펀드 운용 시 다음의 손익 그래프를 가장 잘 설명한 것은?

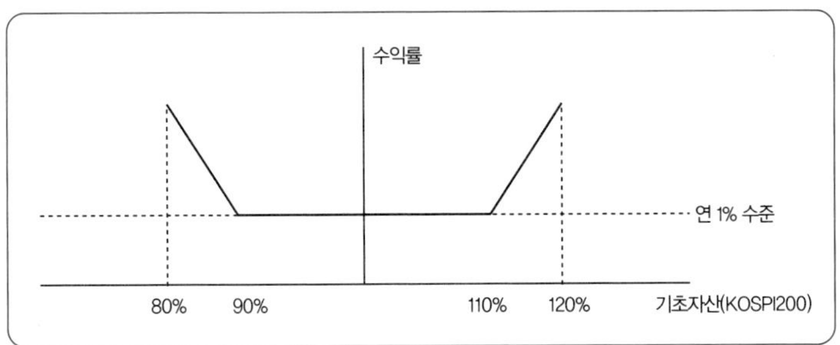

① up & out call and down & in put
② up & out call and down & out put
③ up & in call and down & in put
④ up & in call and down & out put

구조
기초자산 : KOSPI200
특성
- KOSR200지수가 120% 초과 혹은 80% 미만 시
  → 원금 + 연 1% 수익
- KOSPI200지수가 90%~110% 사이
  → 원금 + 연 1% 수익
- KOSPI200지수가 110%~120% 사이 상승 혹은 80%~90% 사이 하락 시
  → 원금 + 참여율 × 기초자산 상승률 or 하락률

상승 시와 하락 시 모두 out 되는 구조이다.

042

원금비보존형 펀드 구조의 쿠폰(제시수익률)에 대한 설명 중 가장 거리가 먼 것은?

① 기초자산의 변동성이 크면 쿠폰이 크다.
② 상환조건(행사가격)이 높으면 쿠폰이 크다.
③ KO나 KI가 높으면 쿠폰이 크다.
④ 상관관계가 높으면 쿠폰이 크다.

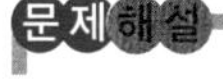

상관관계는 낮을수록 분산효과가 있어서 쿠폰이 크다.

정답 039 ② | 040 ② | 041 ② | 042 ④

043

워런트의 수익구조를 결정하는 데 만기에 한 번만 관찰하는 형은?

① 유럽형　　② 미국형
③ 아시아형　　④ 아메리카형

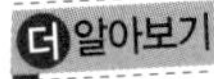

더알아보기
- **미국형** : 만기 전 어느 때라도 수익확정 가능
- **아시아형** : 만기까지 기간 중 평균적인 가격으로 수익률을 결정

문제해설
유럽형에 대한 설명이다.

044

파생형 펀드에 대한 다음 설명 중 가장 거리가 먼 것은?

① 기초자산이 두 개 이상인 구조의 수익률은 일반적으로 Best Performer 상품으로 이루어져 있다.
② 장외파생상품이 등장하면서 이색옵션이 본격적으로 시장에 등장하였다.
③ 선물을 이용하면 시장하락 시에도 수익을 얻을 수 있다.
④ 옵션을 이용하면 전망이 틀리더라도 손실 폭을 제한시킬 수 있다.

더알아보기 수익구조의 결정방식
- Worst Performer(W. P.)
  - 기초자산이 두 개 이상일 때 기초자산 중 수익률이 낮은 자산을 기준으로 펀드의 수익결정
  - 대부분의 경우 WP구조를 택하고 있다.
  - 위험성과의 상관관계에서 상품의 구조가 구성된다.
- Best Performer(B. P.)
  - 두 개 이상의 기초자산 중 성과가 가장 좋은 기초자산의 수익률에 펀드 수익이 결정
  - 실제시장에서는 거의 존재하지 않는다.

문제해설
기초자산이 두 개 이상인 구조의 수익률은 일반적으로 Worst Performer 상품으로 이루어져 있다.

045

다음의 금리연계파생결합증권에 대한 설명 중 가장 거리가 먼 것은?

① 주가연계상품은 평가일의 기초자산가격으로 손익이 결정되는 구조이나 금리연계상품은 일자별로 수익이 누적되는 구조가 많다.
② 대부분 원금보존추구형이다.
③ 레인지 상품은 기초자산인 금리가 안정적으로 움직일 때 수익이 발생한다.
④ 금리가 급변하는 경우에 단기 무수익 자산이 될 수 있는 구조이다.

문제해설 금리가 급변하는 경우에 단기가 아니라 장기 무수익 자산이 될 수 있는 구조이다.

046

파생펀드 운용 시 상품가격 위험에 관한 다음의 설명 중 가장 거리가 먼 것은?

① 상품(원자재)에 대한 투자는 다른 자산과의 상관관계가 낮아 분산투자 효과가 있다.
② 상관계수가 (−)1이면 분산 투자효과가 최고이다.
③ 상품(원자재)가격은 물가와의 (−)의 상관관계가 있어 인플레이션 헤지 효과가 있다.
④ 상품에 대한 투자의 특징 중 하나는 다른 자산과 달리 최근원물 선물가격이 기준가격이 되는 경우가 있다는 것이다.

문제해설 상품(원자재)가격은 물가와 (+)의 상관관계가 있어 인플레이션 헤지 효과가 있다.

047

다음 주가자수연계증권(ELS) 중 주요한 형태로 분류되는 것이 아닌 것은?

① 낙아웃형(Knock−Out)
② 나비형(Butterfly)
③ 스프레드형(Spread)
④ 리버스 컨버터블형(Reverse Convertible)

문제해설 ELS의 주요한 4가지 유형으로는 ①, ③, ④ 이외에 디지털형(digital)이 있다.

정답 043 ① | 044 ① | 045 ④ | 046 ③ | 047 ②

048

장내파생상품 운용펀드에 대한 다음 설명 중 가장 거리가 먼 것은?

① 델타형 펀드는 시장의 큰 폭 하락이 없는 경우 손실 가능성이 적다.

② 어떠한 경우에도 중도환매는 불가능하다.

③ 운용전략의 수정이 가능하다.

④ 펀드운용 성과에 따른 추가수익이 가능하다.

더 알아보기 장내파생상품에 투자하는 펀드

- **옵션의 성과정도를 복제하는 펀드** : 포트폴리오 보험, 커버드 콜
- 기초자산의 등락을 이용하여 투자하는 펀드
- 상장된 지수선물, 지수옵션, 개별종목 선물이나 옵션, 워런트에 투자하는 펀드

문제해설 

장내파생상품 운용펀드의 경우 만기가 짧아 중도환매가 가능한 경우가 많다

049

기초자산이 일정수준에 도달하면 기존의 손익구조가 사라지는 구조를 설명하는 용어는?

① 낙아웃(Knock－Out)　② 낙인(Knock－In)

③ 레인지(Range)　④ 디지털(Digital)

더 알아보기 배리어(경계가격)형

- 일정수준의 가격 즉, 경계가격(배리어, Barrier)에 도달하면 손익구조가 발생(유효)하는 것을 Knock-In형이라고 한다.
- 일정수준의 가격 즉, 경계가격(배리어, Barrier)에 도달하면 손익구조가 없어지는 것(무효)을 Knock-Out형이라고 한다.
- **참여율** : 기초자산 가격의 상승률 혹은 하락률에 대하여 수익이 어떤 비율로 참여하는 가의 비율
- 기초자산이 KOSPI200이고 참여율 80%, 콜옵션의 경우 만기에 KOSPI200이 40% 상승하였다면 수익은 32%이다(0.4 × 0.8).
- **리베이트(보상수익)** : Knock-Out 구조(무효)인 경우 배리어 가격에 도달하면 수익구조가 사라지게 되므로 어느 정도 일정비율로 수익을 보상해 주는 정도를 말한다.

낙아웃형에 대한 설명이고, 낙인형은 낙아웃형과 반대로 새로운 손익이 생기는 구조이다.

050

파생형 펀드에 대한 다음 설명 중 가장 거리가 먼 것은?

① 부도사건에 연관되는 신용시장의 규모가 증가추세에 있다.
② 기후나 날씨 등에 연계된 형태의 구조로 새롭게 이루어지고 있다.
③ 여러 자산에 투자하는 멀티에셋구조의 펀드들도 존재한다.
④ 하이브리드 펀드는 일반적으로 고수익형 구조이다.

하이브리드, 멀티에셋, 인덱스형은 대체로 분산투자로서 안정적인 구조로 만들어져 있다.

더 알아보기 하이브리드 펀드(혼합형 펀드)

- 원금보존추구
- 기초자산 바스켓의 매분기 상승률의 평균에 80% 참여하는 구조
- 상승률이 (-)인 경우 수익률은 Zero이다.

051

파생펀드의 구조화펀드에 대한 설명 중 가장 거리가 먼 것은?

① 구조화펀드는 펀드의 수익구조가 사전에 설정된다.
② 구조화펀드의 대표적인 것이 ELF이다.
③ ELF는 원금이 보장되는 펀드이다.
④ ELF는 중도 환매 시 다른 펀드에 비해 많은 환매수수료를 부과한다.

ELF는 원금이 보장되지 않는다.

더 알아보기 구조화펀드의비교

구분	주가연계증권(ELS)	주가연동예금(ELD)	주가연계펀드(ELF)
운용회사(상품성격)	증권사(유가증권)	은행(예금)	자산운용사(증권펀드)
상품의 다양성	원금보장의 안정형에서 원금비보장의 수익형까지 다양함. 현지수대에 적절한 방향성을 고려한 상품을 주력상품으로 내세움	100% 원금보장의 보수적 상품만 가능. 고객들의 성향에 따라 직접 고를 수 있도록 한 번에 여러 개의 상품을 동시에 출시	원금비보존, 원금보존 등 다양한 구조 가능. 파생결합증권 및 파생상품에 투자가능

정답 048 ② | 049 ① | 050 ④ | 051 ③

052

다음의 워런트 구조에 가장 알맞은 구조는?

> 중국의 지수(HSCEI)가 20% 상승하면 10%를 받는 구조, 20% 이내이면 쿠폰이 0%이다.

① Call형　　② Put형
③ 디지털형　　④ 레인지형

워런트 투자구조(Warrant)

- 워런트는 신주인수권이라는 용어로서 옵션의 구조와 유사하다.
- 워런트의 가격을 프리미엄이라 하고 투자 시 레버리지 효과가 있다.
- 원금보존형 펀드를 만들기 위해 펀드자산의 대부분을 채권에 투자하고 남은 금액을 워런트에 투자한다.
- 워런트는 가격위험과 신용위험을 동시에 지니고 있다.
- 워런트 발행사가 파산하는 경우 자금의 회수가 어렵다.

둘 중 하나인 구조의 디지털형에 대한 설명이다.

053

다음의 수익 그래프를 가장 잘 설명한 것은?

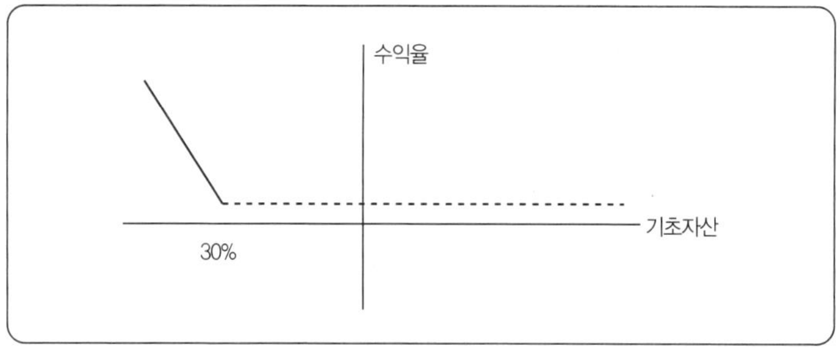

① 낙아웃 콜(30% 이상 상승 시)
② 낙아웃 콜(30% 이내 상승 시)
③ 낙인 풋(30% 이내 하락 시)
④ 낙인풋(30% 이상하락 시)

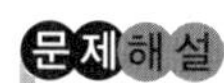

낙인구조로서 30% 이상 하락 시 새로운 수익구조가 생긴다.

054

다음의 손익 그래프를 가장 설명한 것은?

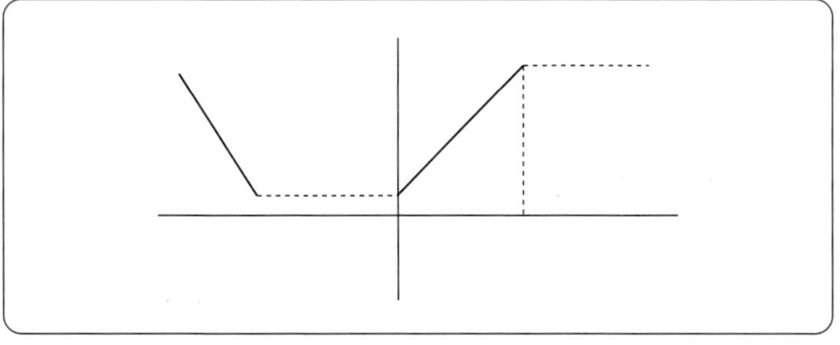

① up & out Call and down & in put
② up & out Call and down & out put
③ up & in Call and down & in put
④ up & in Call and down & out put

up & out Call and down & in put의 구조이다

055

파생상품펀드에 대한 다음 설명 중 가장 거리가 먼 것은?

① 상환조건이 낮을수록 쿠폰이 낮아진다.
② 중도상환형 구조화펀드는 대부분 델타복제를 한다.
③ 장내파생상품을 이용하면 다양한 위험, 수익관계(Risk Return Profile)가 가능하다.
④ 델타혼합형 펀드는 중도환매가 불가하다.

 **원금비보존형 구조에서 쿠폰에 영향을 주는 요인**

- 변동성이 클수록 쿠폰이 상승한다.
- 상환조건(행사가격)이 높을수록 쿠폰이 상승한다.
- KI(Knock-In : 낙인) 수준이 높을수록 쿠폰이 상승한다.
- KO(Knock-Out : 낙아웃) 수준이 높을수록 쿠폰이 상승한다.
- 기초자산 간의 상관관계가 낮을수록 쿠폰이 높아진다.

델타혼합형 펀드는 중도환매가 가능하다.

정답 052 ③ | 053 ④ | 054 ① | 055 ④

056

금리연계파생상품펀드에 대한 다음 설명 중 가장 거리가 먼 것은?

① 금리 연계파생상품펀드는 투기적인 수요가 매우 적다.
② IRS는 동일 통화의 금리교환을 의미한다.
③ Dual Index란 쿠폰을 결정하는 데 다수의 변수가 사용된다는 것을 의미한다.
④ Range Accrual이란 일정기간을 두고 기초자산에 대한 특정조건을 만족하는 날수를 계산하여 수익을 결정하는 구조이다.

문제해설

Dual Index란 쿠폰을 결정하는 데 두 가지의 변수가 사용된다는 것을 의미한다.

057

멀티에셋펀드에 대한 다음 설명 중 가장 거리가 먼 것은?

① 적은 투자금액으로 다양한 자산에 분산투자할 수 있다.
② 정해진 형태로 자산배분을 한다.
③ 고수익을 추구하기에 적합하다.
④ 펀드구조가 복잡한 경우가 많다.

더알아보기 멀티에셋펀드
- 두 개 이상의 자산에 분산투자
- 최초 투자시점의 자산배분 원칙을 유지
- 하이브리드펀드도 일종의 멀티에셋펀드이며 구조가 다소 복잡할 수 있음

문제해설

여러 자산에 분산투자하여 안정적인 수익을 추구한다.

058

다음 빈칸에 들어갈 적당한 내용은?

> 원금비보존형 구조의 상품에서 변동성이 큰 기초자산으로 상품을 만들 때 (   )를 이용하면 수익의 확보가 용이하다.

① 델타복제	② 선물복제
③ 쎄타복제	④ 감마복제

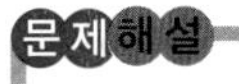

문제해설

델타복제에 대한 설명이다. 델타는 기초자산의 변화에 따른 파생상품 가격의 변화로서 복제를 하면 같은 변동성 제거의 효과가 있다

059

다음과 같은 구조화 채권에 대한 설명으로 가장 거리가 먼 것은?

> 수익률 : 50% − 8 × CD금

① CD금리가 5%이면, 채권의 수익률은 10%가 된다.
② 금리가 상승하면 투자자는 유리해지고, 발행자가 불리해진다.
③ 금리가 내려갈수록 이자금액이 증가한다.
④ 보통 채권에 비해서 위험이 높도록 만들어져서 전문적인 투자자 필요하다.

문제해설 

금리가 상승하면 수익률이 낮아지므로 투자는 불리해진다.

060

파생상품의 다양한 수익구조에 대한 다음 설명 중 가장 거리가 먼 것은?

① 선물을 매도하면 시장 하락 시에도 수익을 얻을 수 있다.
② Worst Performer 상품은 사실상 시장에 없다.
③ 선물 매수를 이용하면 개별종목의 초과 성과를 수익으로 얻을 수 있다.
④ 옵션매매는 방향성에 대한 예측이 틀렸을 때 손실을 제한할 수 있다.

더 알아보기 두 종목 중에서 수익률이 낮은 것을 기준으로 수익률을 결정하는 것이 Worst Performer 상품이다. Best Performer 상품은 두 종목 중에서 수익률이 높은 것을 기준으로 수익률을 결정한다.

문제해설 

Worst Performer 상품은 시장에 존재하지만, Best Performer는 실제 시장에서는 거의 존재하지 않으며, 두 개 이상의 기초자산 중 성과가 가장 좋은 기초자산 수익률에 펀드의 수익이 결정된다.

061

델타펀드에 대한 다음의 설명 중 가장 거리가 먼 것은?

① 개별종목, 복수종목, 주식바스켓 혹은 인덱스선물의 풋옵션 매도 포지션의 델타를 참조하여 운용한다.
② 델타펀드는 설정 이후 변동성이 증가하거나 시장이 큰 폭의 하락이 없는 경우에 수익이 발생할 가능성이 크다.
③ 상장된 주식이나 선물의 매매이익에 대해 과세된다는 단점이 있다.
④ 개별 펀드별로 운용을 해야 하는 어려움이 있고 변동성이 감소하거나 바스켓의 성과가 부진한 경우, 시장이 큰 폭으로 하락하는 경우에는 투자손실이 발생할 수 있다.

상장된 주식이나 선물의 매매이익에 대해 비과세된다는 장점이 있다.

정답 056 ③ | 057 ③ | 058 ① | 059 ② | 060 ② | 061 ③

062

장내 파생상품운용펀드의 금융공학펀드에 대한 설명 중 가장 거리가 먼 것은?

① 옵션의 수익구조를 복제하는 전략이 주로 이용된다.

② 옵션의 수익구조를 복제하는 펀드들은 수익구조의 상품성 약화 등으로 인해 시장에서 규모가 줄어들고 있다.

③ 델타펀드는 설정 이후 시장이 큰 폭의 하락이 없는 경우에 수익이 발생할 가능성이 크다.

④ 콜 매도 성과를 복제하는 것이 일반적이며, Reverse Convertible 전략도 많이 이용한다.

문제해설 

콜 매도가 아니라 풋 매도 성과를 복제하는 전략이 주로 이용된다.

063

주가연계파생상품에서 워런트 투자구조에 대한 다음 설명으로 가장 거리가 먼 것은?

① 워런트는 신주인수권이라는 용어에서 시작되었지만 최근에는 옵션과 유사한 용어로 이해한다.

② 원금의 일부를 워런트에 투자하면 원금보전추구형으로 펀드를 만들 수 있다.

③ 워런트의 가격을 프리미엄이라 부르고 펀드자산의 대부분을 이자자산으로 매입한 후 잔여 이자 규모로 워런트를 매입한다.

④ 워런트 발행사가 신용의 부도가 발생하는 경우 수익이 전부 혹은 부분적으로 회수가 안 되지만 가격위험에는 노출되지 않는다.

워런트 발행사가 신용의 부도가 발생하는 경우 수익이 전부 혹은 부분적으로 회수가 안 되며, 가격위험 및 신용위험에 동시에 노출된다

064

상품(원자재)연계파생상품펀드에 대한 다음의 설명 중 가장 거리가 먼 것은?

① 투자자의 분산 포트폴리오를 구성하는 데 효율적인 수단이 된다.
② 원자재의 거래방식은 모두 현물을 기준으로 거래한다.
③ 만기 전에 보유 선물 포지션을 청산하고 원월물 선물을 매수해야 하는 것을 롤오버라 하며 원자재 투자 성과에 많은 영향을 미친다.
④ 원자재에 대한투자는 인플레이션에 대한 헤지 기능도 있다.

원자재의의 거래방식은 원유처럼 선물을 기준으로 거래를 많이 한다.

065

워런트(Warrant)에 대한 다음의 설명 중 가장 거리가 먼 것은?

① 신주인수권이라는 의미로서 옵션과 유사하다.
② 워런트는 레버리지 효과가 있다.
③ 워런트는 가격위험은 있으나 신용위험은 없다.
④ 워런트는 발행사가 파산하는 경우 수익을 전액 혹은 부분적으로 회수하지 못할 수도 있다.

더알아보기 워런트
- 옵션과 유사한 의미이다.
- 레버리지 효과가 있다.
- 원본보존추구형이 가능하며 장외파생상품으로 가격위험과 신용위험이 동시에 노출된다.

워런트는 가격위험과 신용위험이 동시에 노출되어 있다.

066

일정기간을 두고 기초자산에 대한 특정조건을 만족하는 날의 수를 누적 계산하여 수익을 결정하는 구조는?

① Range형 ② Range Accrual형
③ Spread형 ④ IRS(Interest Rate SWAP)형

기간만 보는 경우는 Range형이고 누적하여 계산하는 경우 Range Accrual형이다.

정답 062 ④ | 062 ④ | 064 ② | 065 ③ | 066 ②

067

델타펀드에 대한 다음의 설명 중 가장 거리가 먼 것은?

① 델타펀드는 설정 이후 변동성이 증가하거나 시장이 큰 폭의 하락이 없는 경우에 수익이 발생할 가능성이 크다.
② 개별 펀드별로 운용을 해야 하는 어려움이 있고 변동성이 감소하거나 바스켓의 성과가 부진한 경우, 시장이 큰 폭으로 하락하는 경우에는 투자손실이 발생할 수 있다.
③ 옵션의 수익구조를 복제하는 펀드들은 운용에 따른 비용과 효율성 그리고 수익구조의 상품성 강화 등으로 인해 시장에서 규모가 커지고 있다.
④ 개별종목, 복수종목, 주식 바스켓 혹은 인덱스 선물의 풋옵션 매도 포지션의 델타를 복제하여 운용한다.

문제해설 

운용에 따른 비용과 효율성, 수익구조의 상품성 약화 등으로 인해 시장에서 규모가 줄어들고 있다.

068

상품연계파생형펀드에 대한 다음 설명 중 가장 거리가 먼 것은?

① 인플레이션 헤지효과가 있다.
② 다른 자산과의 높은 상관관계로 분산투자 효과가 있다.
③ 선물거래 시 만기가 있어 Roll-Over 성과가 전체 투자성과에 큰 영향을 미친다.
④ 원자재 거래방식은 선물을 기준으로 거래하기도 한다.

문제해설 

상관관계가 낮기 때문에 위험이 일부 상쇄되어 분산투자의 효과가 있다.

더 알아보기 상품연계파생형펀드의 특징

- 다른 투자자산과의 상관관계가 낮아 분산 투자효과가 있다.
- 분산투자와 효율적 효과로 위험대비 기대수익률의 최적화 가능하다
- 실물자산은 물가 상승에 따른 인플레이션 헤지효과가 있다.
- 실물 거래방식은 현물이 아닌 선물을 기준으로 하는 것이 대부분이다.
- 현물의 만기가 선물의 만기보다 긴 경우가 많아 선물시장에서 Roll-Over가 필요하다.

069

파생형펀드의 포트폴리오 구성 요소에 대한 설명 중 가장 거리가 <u>먼</u> 것은?

① 일방형 투자뿐만 아니라 양방향 투자도 가능하다.
② 투자자가 부담할 수 있는 위험과 수익관계를 고려하여 고객맞춤형 상품이 가능하다.
③ 투자시간은 Simulation(가상실험)을 통해서 산정해 볼 수 있다.
④ 펀드는 단기적으로 운용하여 빠른 상환과 재투자를 유도하는 것이 좋다.

문제해설 

펀드는 장기적으로 운용하는 것이 좋고 배분 상환과 재투자 유도는 바람직하지 않다.

070

다음의 변동성 위험에 대한 VIX 지수에 대한 설명으로 가장 거리가 <u>먼</u> 것은?

① 산출하는 방법은 최근월물과 차근월물의 모든 외가격 콜옵션과 풋옵션의 가격을 이용한다.
② VIX 지수는 '공포지수'라고 하며 시장 참여자들의 시장상황에 대한 민감도를 나타낸다.
③ VIX 지수는 S&P500 지수옵션의 내재 변동성을 측정하는 지표 중 하나이다.
④ VIX 지수는 연율화하여 계산하여 향후 60일 동안의 S&P500의 변동성을 예상한다.

문제해설 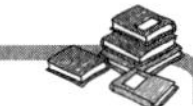

VIX 지수는 연율화하여 계산하며, 향후 30일 동안의 S&P500의 변동성을 예상하는 데 사용된다.

071

다음의 펀드 운용 시 변동성 위험에 대한 설명 중 가장 거리가 <u>먼</u> 것은?

① 내재 변동성은 옵션가격의 모형에서 시장가격에 반영된 변동성을 계산해 내는 것이다.
② 기초자산과 만기가 동일하면 행사가격이 달라도 옵션의 실제 거래가격에서 계산한 내재 변동성의 값은 모두 동일하다.
③ 과거의 기초자산 수익률을 기초로 계산한 것이 역사적 변동성이다.
④ 사용하는 변동성의 종류에 따라 파생상품의 가격이 달라질 수 있다.

기초자산과 만기가 동일해도 행사가격이 다르면 옵션의 실제 거래가격에서 계산한 내재 변동성의 값은 모두 다르다.

정답 067 ③ | 068 ② | 069 ④ | 070 ④ | 071 ②

072

낙아웃(Knock–Out)과 낙인(Knock–In)형에서 기초자산이 도달하는 '일정수준'을 설명하는 용어는?

① 참여율　　②프리미엄
③ Barrier　　④ Rebate

문제해설
Barrier(경계가격)에 대한 설명이다.

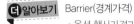

Barrier(경계가격)
- 옵션 행사가격과는 별도로 지정한다.
- 촉발가격이라고도 한다.
- 이 가격을 건드려서 옵션이 소멸하면 낙아웃이고, 옵션이 생성되면 낙인이다.

073

워런트형 파생형펀드에 대한 다음의 설명 중 가장 거리가 먼 것은?

① 중도상환형은 불가능하다.
② 낙인, 낙아웃형은 표준 옵션형보다 프리미엄이 낮다.
③ 낙아웃형에서 낙아웃이 발생하면 이후 주가수준과 관계없이 수익률이 확정된다.
④ 기초자산 보유 시 낙인 풋옵션을 매수하면 하락위험을 대비할 수 있다.

워런트형은 중도 상환형이 가능하다.

074

장내파생상품 운용펀드에 대한 다음 설명 중 가장 거리가 먼 것은?

① 금융공학펀드로 운용하는 경우가 많다.
② 풋 매수 성과를 복제하는 것이 일반적이다.
③ Reverse Convertible 전략도 많이 이용된다.
④ Portfolio Insurance 상품도 있다.

풋 매수 성과가 아니라 풋 매도 성과를 복제하는 것이 일반적이다.

더알아보기 풋 매도 성과는 기초자산 가격이 상승하면 일정한 수익을 얻고 기초자산 가격이 하락하면 손실의 폭이 커질 수 있는 구조이다.

075

시카고 거래소의 VIX에 대한 다음 설명 중 가장 거리가 먼 것은?

① S&P500지수의 역사적 변동성을 측정하는 지표이다.
② 최근월물과 차근월물의 외가격 옵션을 이용한다.
③ VIX 지수가 30이라면 S&P500지수가 향후 30일 동안 연 30% 변동성을 보일 것이라고 해석한다.
④ VIX 지수는 공포지수라고도 한다.

VIX는 S&P500지수의 내재 변동성을 측정하는 지표이다.

076

금리연계파생형펀드에 대한 다음 설명 중 가장 거리가 먼 것은?

① Dual Index형은 쿠폰을 결정하는 데 두 가지의 변수가 사용되는 것을 의미한다.
② 조건을 충족할 때 쿠폰을 축적하는 Range Accrual형이 일반적이다.
③ Range Accrual형은 만기일에 쿠폰이 결정된다.
④ 원금보존추구형이 일반적이다.

문제해설

Range Accrual형은 매일매일의 조건달성 여부를 계산하여 쿠폰을 축적하여 결정한다.

077

장내파생상품 운용펀드에 대한 다음 설명 중 가장 거리가 먼 것은?

① 델타형 펀드는 시장의 큰 폭 하락이 없는 경우 수익이 발생할 가능성이 크다.
② 상장된 주식이나 선물의 매매이익은 비과세된다.
③ 개별펀드로 운용해야 하는 어려움이 있다.
④ 레버리지는 낮게 이용하여야한다.

높은 레버리지를 이용하여 다양한 위험 수익관계(Risk Return Profile)가 가능하다. 높은 레버리지는 위험과 수익 구조의 범위를 넓히고 그에 따라 다양한 상품 구조를 만들 수 있다.

정답 072 ③ | 073 ① | 074 ② | 075 ① | 076 ③ | 077 ④

078

다음 금리연계파생상품펀드에 대한 설명 중 가장 거리가 먼 것은?

① 공모펀드보다는 사모펀드가 많아 개인 투자자가 투자하기 어렵다.
② 금리는 정책요인이 강하다.
③ 기준금리와 다른 금리들의 방향과 변동성이 비슷한 양상을 보인다.
④ 주가에 비해 금리 변동이 작아 마진이 작은 반면 쿠폰이 높다.

문제해설 

금리연계상품은 주가에 비해 금리 변동이 작아 마진이 작고 수익률(쿠폰)이 낮다.

079

파생상품형펀드의 투자현황에 대한 다음 설명 중 가장 거리가 먼 것은?

① 목표수익을 사전에 정할 수 있는 절대수익형 펀드도 있다.
② 레버리지를 이용하여 고수익을 추구하는 펀드도 있다.
③ 콜 매수를 활용하는 Covered Call형 펀드도 있다.
④ 헤지 목적으로 주가지수를 활용하기도 한다.

Covered Call형은 콜 매수가 아니라 콜 매도를 활용한다

080

장내파생상품을 이용하는 델타펀드에 대한 설명 중 가장 거리가 먼 것은?

① 델타펀드는 옵션 구조를 복제하는 것과 유사하다.
② 펀드 운용성과는 초기 설계구조와 같이 고정되어 있다.
③ 시장상황에 따라 수익률의 변동 가능성이 높다.
④ 선물의 매매 차익이 주식매매처럼 비과세된다.

펀드 운용성과에 따른 추가수익도 가능하다.

081

채권수익률의 Curve가 우상향을 나타내고 있다. 다음 중 수익률이 가장 높은 것을 고르면?

① AAA 등급의 1년 국채　② AAA 등급의 2년 지방채
③ AAA 등급의 3년 회사채　④ AAA 등급의 5년 회사채

문제해설

채권수익률의 curver가 우상향을 나타낼 때에는 만기가 가장 긴 채권의 수익률이 가장 높다.

082

다음 파생상품펀드에 대한 설명 중 가장 거리가 먼 것은?

① 원금비보존 구조는 시장금리의 영향이 적지만 원금보존추구형 구조는 금리 수준에 민감하다.
② 투자은행과 장외파생거래를 할 수 있다.
③ 순자산의 50% 이상 파생결합증권에 투자할 수 있다.
④ 중도상환 조건이 있는 경우 일반적인 워런트에 투자하는 경우와 유사하다.

문제해설

원금보존추구형에서 중도상환 조건이 없는 경우 워런트에 투자하는 경우와 유사하다. 원금보존추구형은 원금을 보전하기 위해 투자하는 채권금리의 수준에 따라 원금보전의 비율을 다르게 한다.

083

다음의 시스템운용형펀드에 대한 설명 중 가장 거리가 먼 것은?

> ㉠ 펀드매니저의 주관을 배제한 채 시스템의 매매신호에 따라 기계적으로 운용하며 대부분 모멘텀 전략에 기반을 두고 있다.
> ㉡ 시장이 추세를 보이는 구간에서는 양호할 수 있으나, 시장이 등락을 반복하거나 하락구간에서는 성과가 부진할 수 있다.
> ㉢ 자산의 대부분이 파생상품시장을 대상으로 활용하므로 고유의 수익구조를 가지고 있다.
> ㉣ 일반적인 펀드와 상관관계가 매우 높은 것으로 보고되고 있다.

① ㉠　② ㉡
③ ㉢　④ ㉣

문제해설

시스템운용형은 파생형 상품에 투자하는 등 대안투자의 성격이 있어 전통적인 자산에 투자하는 일반적인 펀드와 상관관계가 낮다.

정답 078 ④ | 079 ③ | 080 ② | 081 ④ | 082 ④ | 083 ④

084

다음 중 멀티에셋펀드에 대한 설명 중 가장 거리가 먼 것은?

① 정해진 자산배분으로 안정적인 수익을 추구하는 것이 일반적이다.
② 구조가 복잡한 경우가 많아 하이브리드펀드라고 한다.
③ 대규모 투자금액으로 다양한 자산에 투자해야 효과가 있다.
④ 여러 자산에 투자하여 자산배분효과가 있기 때문에 안정성을 중시하는 투자자에게 알맞다.

적은 투자금액으로도 다양한 자산에 분산투자할 수 있다.

더 알아보기 멀티에셋펀드

- 구조
  - 기초자산 : 주식, 채권, 부동산, 실물자산 등
  - 주식 : 미국, 일본, 유럽 등의 주식
  - 채권 : 미국과 유럽의 채권 인덱스
  - 부동산 : 일본의 리츠 지수
  - 실물자산 : 원유, 니켈, 아연, 구리 등
- 수익 발생
  - 각각의 자산 수익률을 투자 비중에 의거 계산
  - 포트폴리오 수익률의 계산
  - 공격적, 균형적, 방어적인 경우로 구분
  - 최종 수익구조는 Max 구조이다.

085

워런트 투자구조에 대한 다음 설명 중 가장 거리가 먼 것은?

① 낙인, 낙아웃은 일반 옵션보다 가격이 낮아서 시장 전망이 맞는 경우 효율적인 투자가 가능하다.
② 레인지는 특정한 구간에 있을 때는 수익이 없고 그 밖의 구간에서는 일정한 수익을 받는 구조이다.
③ 상승형이나 하락형에서 쿠폰을 받거나 받지 못하는 형태를 디지털구조라고 한다.
④ 스프레드 거래는 큰 폭의 이익을 포기하나 손실위험을 줄일 수 있다.

레인지는 특정한 구간에 있을 때만 일정한 수익을 받고 그 외의 구간에서는 수익이 없는 구조이다.

086

다음 중 원자재에 관한 대표적인 지수(인덱스)가 아닌 것은?

① DJ－AIG
② Rogers International(RICI)
③ Nikkei 225
④ S&P GSCI

인덱스형

- 개별품목의 가격 변동폭이 크기 때문에 지수화하여 투자하는 것이 효율적일 수 있다.
- 대표적인 인덱스형
  - Dow-Jones-AIG 형 : 4개 섹터, 19품목으로 구성, 단일품목의 비중제한(2%~15%), 상품지수 중 분산이 잘 되어 있는 구조이다.
  - S&P GSCI형 : 4개 섹터, 24품목으로 구성, 에너지 섹터의 비중이 가장 크며, 그 중 유가의 비중이 가장 크다.
- Rogers International(RICI)형
  - 36개 품목으로 구성
  - 품목별 구성비율은 거래규모에 따라 정한다.

문제해설 

Nikkei 225는 일본의 주가지수(인덱스)로서 원자재 지수와는 무관하다.

087

다음 중 시장중립형펀드에 대한 설명으로 가장 거리가 먼 것은?

① 헤지펀드의 운용전략 중 하나인 Equity Market Neutral을 활용하는 펀드이다.
② 주식시장에서 매입과 매도 포지션의 양을 조절하여 시장변동과 동일한 수익률을 추구하는 것이다.
③ 현물바스켓을 구성하고 그만큼 주가지수 선물을 매도하여 현물바스켓이 주가지수 대비 초과성과를 내어 거래비용을 커버하면 시장중립적인 추가수익을 구현할 수 있다.
④ 포지션이나 바스켓의 구성을 조절하는 롱 · 숏 전략, 페어트레이딩 전략 등이 있다.

시장변동과 동일한 수익률을 추구하는 것이 아니라 시장변동과 무관하게 절대수익률을 추구하는 것이다.

정답 084 ③ | 085 ② | 086 ③ | 087 ②

088

파생상품형펀드에 대한 다음 설명 중 가장 거리가 먼 것은?

① 장외파생상품은 당사자 간에 거래하는 파생상품으로 구조화 상품이라고도 한다.
② 구조화 상품에 투자하는 펀드는 투자성과의 투명성을 갖춘 펀드라고 할 수 있다.
③ 간접투자법에서는 구조화 상품을 ELS, DLS 등으로 표시하였고, 자본시장법에서는 SD로 표시한다.
④ 주가연계펀드인 ELF에서도 원금보장이라는 표현을 사용할 수 있다.

ELF는 실적배당상품이므로 원금보장이라는 용어를 사용할 수 없다. 원금보존추구형이라는 용어 표시는 가능하다.

089

다음 중 파생상품형펀드의 특징을 설명한 것으로 가장 거리가 먼 것은?

① 파생상품펀드는 기초자산과 파생기법을 결합한 것이다.
② 파생상품펀드는 위험을 분산시켜 위험을 헤지할 수 있다.
③ 파생상품펀드는 헤지펀드의 대표적인 펀드 중 하나이다.
④ 파생상품펀드는 기초자산의 수익 및 구조변경이 용이하지 않다.

더알아보기

선물을 이용
- 과거의 일방향 투자에서 양방향 투자가 가능
- 기초자산 하락이 예상되는 경우 선물 매도(Short)의 포지션으로 수익발생 가능
- 지수선물을 이용하는 경우 시장(Index) 대비 초과 수익률 획득 가능
- 시장중립 투자가 가능
- 체계적 위험을 회피할 수 있다.

옵션을 이용
- 제한적 손실과 무제한적 이익 향유 가능
- 다양한 수익구조의 조립이 가능

장외파생상품 이용
- 이색 옵션의 등장(비표준적인 옵션구조)
- 자본시장법의 시행으로 다양한 Idea가 히트상품으로 탄생할 기회가 많다.

파생상품형펀드는 기초자산의 수익 및 구조변경을 통하여 위험을 헤지할 수 있다.

090

현물과 선물 간의 괴리, 이론선물가격과 실제선물가격과의 차이를 이용하여 수익을 올리는 펀드는?

① 주가연계펀드 ② 파생상품펀드
③ 차익거래펀드 ④ 상장지수펀드

현물과 선물 간의 괴리, 이론선물가격과 실제선물가격과의 차이를 이용하여 수익을 올리는 펀드는 차익거래펀드이다.

091

다음 시장중립형펀드에 대한 설명 중 가장 거리가 먼 것은?

① 주식시장에서 포지션의 양을 조절하여 시장변동과 무관한 절대수익을 얻는다.
② 헤지펀드의 운용전략 중 하나인 Equity Market Neutral을 활용한다.
③ 현물 바스켓을 구성하고 그만큼 주가지수 선물을 매수하면 현물바스켓이 주가지수대비 초과성과를 내어 거래비용을 커버하고 시장중립적인 추가수익을 구현할 수 있다.
④ 롱 · 숏 전략, Pair 트레이딩 전략 등이 있다.

현물 바스켓을 구성하고 그만큼 주가지수 선물을 매도하면 현물바스켓이 주가지수대비 초과성과를 내어 거래비용을 커버하고 시장 중립적인 추가수익을 구현할 수 있다.

092

다음 파생펀드의 특성에 대한 설명 중 가장 거리가 먼 것은?

① 시장중립형펀드는 목표수익률을 사전에 정하고 시장의 방향성을 최소화하여 절대수익을 추구한다.
② 파생상품에 투자하면 효율적인 투자가 가능하여 효율적 투자성이 개선된다.
③ 파생상품펀드 투자 시 과거의 운용성과가 좋은 펀드를 선택하는 것이 가장 좋은 방법이다.
④ 파생상품펀드를 포함하여 포트폴리오를 구성한다면 기초자산 가격뿐만 아니라 변동성도 고려해야 한다.

과거의 성과는 미래의 수익률을 보장하는 것이 아니므로 참고로 할 뿐 의사결정의 최고수단이 될 수는 없다.

정답 088 ④ | 089 ④ | 090 ③ | 091 ③ | 092 ③

펀드투자권유자문인력 빈출 1000제
3장
파생상품펀드
투자 · 리스크 관리

001

시스컴 은행은 실물 자산투자로 금을 다량 보유하고 있다. 과도하게 오른 금가격이 조정 내지는 소폭 하락이 예상될 때 금 상품 옵션을 이용하여 보유하고 있는 금을 보호하려고 한다면 적절한 조치는?

① 콜옵션매수　　　② 풋옵션매수
③ 콜옵션매도　　　④ 풋옵션매도

• 콜옵션의 매수(도)자

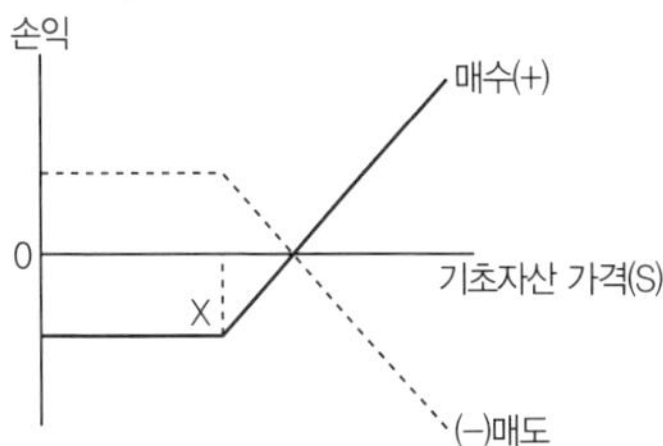

• 풋옵션의 매수(도)자

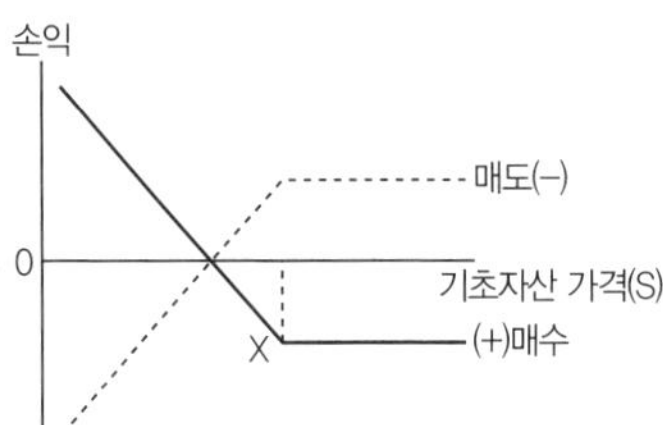

[X : 행사가격, 콜 매수자는 기초자산의 상승 시(S−X), 풋 매수자는 기초자산의 하락 시 수익이 발생(X−S)]

조정 내지는 소폭 하락이 예상되기 때문에 콜옵션 매도가 적절하다.

002

다음 표와 관련된 설명 중 가장 거리가 먼 것은?

구분	A기업	B기업
고정금리시장	5% 차입 가능	6% 차입 가능
변동금리시장	CD+ 0.3% 차입 가능	CD + 0.5% 차입 가능

① A기업은 B기업에 비해 자금 조달 시 절대우위가 있다.
② A기업은 고정금리시장에서, B기업은 변동금리시장에서 비교우위가 있다.
③ A기업과 B기업이 금리스왑을 하면 각각 0.4%P씩 스왑효과가 있다.
④ 스왑 후 A기업은 고정금리로 차입한 효과가 있다.

문제해설

A기업은 먼저 고정금리시장에서 차입 후 B기업과 금리스왑을 하므로 결과적으로 변동금리로 차입한 효과를 가진다. 스왑효과는 두 기업의 차입 시의 금리차, 즉 고정금리 차이인 1%와 변동금리 차이인 0.2%의 차이인 0.8%가 총스왑 효과이고 이것을 두 기업이 나누어 가지면 각각 0.4%가 된다.

003

다음 중 이자율추출전략과 가장 가까운 것은?

① 주식을 매수하고 콜옵션을 매수한다.
② 주식을 매수하고 파생상품을 매수한다.
③ 파생상품을 매수하고 콜옵션을 매수한다.
④ 채권을 매수하고 콜옵션을 매수한다.

문제해설

이자율추출전략은 투자금액 대부분을 채권을 매수하여 원금이 되도록 한 후 나머지 금액은 콜옵션과 같이 레버리지가 높은 상품에 투자하는 전략으로 포트폴리오 보험전략 중 하나이다.

정답 001 ③ | 002 ④ | 003 ④

004

다음의 수익구조를 가지는 채권은?

기초자산의 통화와 손익을 지급하는 통화가 다른 구조화 채권

① Dual Index FRN ② Quanto Note
③ Puttable Note ④ Inverse FRN

Quanto Note이다.

005

신용디폴트스왑(CDS)에 대한 설명 중 가장 거리가 먼 것은?

① 기초자산에 대한 신용위험을 보장 매입자가 보장 매도자에게 프리미엄을 지불하는 계약이다.
② 신용파생상품 중 가장 기본적인 거래이다.
③ 신용사건이 발생할 경우 보장 매도자는 손실금(채무원금 － 회수금액)을 보장 매입자에게 지불한다.
④ 보장 매입자가 준거기업에 대한 신용위험을 이전하면 보장 매도자의 신용위험은 존재하지 않는다.

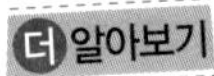

신용디폴트스왑(Credit Default Swap : CDS)

- 가장 기본적인 신용파생상품으로 기초자산(준거자산)에 대한 지급보증과 유사한 성격
- 보장 매입자가 보장 매도자에게 일정기간 CDS 스프레드(일종의 보험료)를 지급하고 신용사건 발생 시 손실의 전부나 일부를 보상받기로 하는 쌍방 간의 계약
- CDS를 이용하면 은행과 같은 대출기관의 경우 신용위험만을 분리해서 매각할 수 있게 되어 효율적인 위험관리가 가능
- 준거자산(기초자산)의 위험이 클수록 CDS 스프레드가 크다.
- 최초거래 시의 보장 매입자와 보장 매도자의 포지션의 가치는 비슷하다.
- 준거자산의 신용등급이 문제가 발생되면 보장 매입자와 보장 매도자의 포지션의 가치는 달라진다.
- 다른 조건이 일정할 때 신용이벤트가 발생하면 보장 매입자의 포지션의 가치는 상승하고 보장 매도자의 포지션의 가치는 하락한다.

보장 매입자가 준거기업에 대한 신용위험을 이전해도 보장 매도자 자기의 신용위험은 존재한다.

006

원금 100%에서 95%를 1년 만기 국채에 투자하고 나머지 5%의 자금으로 Warrant(파생상품 등)를 매수하는 원금보장형 ELS가 되기 위한 1년 만기 국채수익률은(소수점 둘째 자리에서 절상)?

① 5% ② 5.3%
③ 10% ④ 10.6%

현재 95%가 1년 후 100%가 되기 위해서는 95 × (1 + r) = 100, r = 5.3%

007

KOSPI200의 행사가격이 205인 풋옵션의 가격이 6.0이다. Knock-In 풋옵션 가격이 2.0이면, Knock-Out 풋옵션의 가격은 얼마인가?

① 2.0 ② 3.0
③ 4.0 ④ 6.0

표준옵션 = Knock-In 옵션가격 + Knock-Out 옵션가격

008

행사가격이 210이고, 약속한 수취금액이 0과 5인 풋 디지털 옵션에서 만기 시 기초자산의 가격이 220일 때 받게 되는 금액은 얼마인가?

① 0 ② 1
③ 5 ④ 10

풋 디지털 옵션은 만기 시 옵션이 내가격 상태이면 약속한 5를 받게 되나 외가격이면 수취금액이 제로이다.

정답 004 ② | 005 ④ | 006 ② | 007 ③ | 008 ①

009

다음의 선도거래 시장에 대한 설명 중 가장 거리가 먼 것은?

① 거래장소가 반드시 특정한 곳이 아니어도 된다.
② FRA도 일종의 선도거래이다.
③ 계약불이행의 위험이 존재한다.
④ 회원권이 있는 회원들만이 참가할 수 있는 시장이다.

선도거래는 거래참여에 대한 제한이 없다.

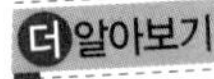

- 선도거래란 계약은 현재하고, 결제(인수도)는 미래의 일정시점(만기일)에 이행하는 일종의 예약거래
- 계약과 동시에 결제(인수도)하는 현물거래(Spot)와는 차이가 대비된다.
- 선도거래와 현물거래의 차이

구분	선도	현물
기능	위험전가	자본이전
레버리지	큼	작음

010

정상시장에서 스프레드가 확대될 것으로 예측될 때 취할 수 있는 알맞은 전략은?

① 근월물 매수, 원월물 매수
② 근월물 매도, 원월물 매도
③ 근월물 매도, 원월물 매수
④ 근월물 매수, 원월물 매도

스프레드 확대 시 '근월물 매도 + 원월물 매수', 축소 시 '근월물 매수 + 원월물 매도'가 적절한 전략이다.

스프레드 거래

- 선물 상품간의 가격 차이(스프레드)를 이용하여 한 쪽은 매수하는 동시에 다른 한 쪽은 매도하여 수익을 얻는 거래
- 시장 내(결제월 간) 스프레드(Intra Market Spread)는 시간 스프레드(Time Spread) 혹은 달력 스프레드(Calendar Spread)라고 하며 동일한 시장 내의 상품을 이용하는 거래

011

선물거래의 특징에 대한 설명 중 가장 거리가 먼 것은?

① 공개호가방식으로 다중 경매방식으로 진행된다.
② 기초자산이 되는 상품에 기후, 범죄 등은 포함되지 않는다.
③ 증거금 납부와 일일대차로 결제한다.
④ 높은 유동성과 레버리지 효과가 있다.

기후, 범죄 등도 선물거래의 기초상품이다.

더알아보기 선물거래의 특징

- **조직화된 거래소** : 자격이 있는 거래소회원의 중개를 통해 거래 또는 공개호가방식이나 전자거래방식
- **표준화된 계약조건** : 대량의 거래가 가능하며 시장의 유동성이 높고 반대매매가 용이
- **청산기관(Clearing House)** : 계약이행 보증을 위해 선물 거래소는 대부분 청산기관을 운영
- **일일정산제도(Mark to Market)** : 매입자와 매도자의 손익을 제로(Zero)로 만드는 일일 대차제도
- **레버리지(Leverage) 효과** : 코스피200 선물거래는 개시증거금이 계약금액의 15%이어서 약 6.67배의 레버리지 보유
- **높은 유동성** : 표준화가 되어 있고 거래소를 통해 다수의 참여자가 집중매매하여 유동성이 높다.
- **증거금 제도** : 일일정산 시 발생할 수 있는 계약불이행을 방지할 수 있는 수단으로 예치

012

펀드 운용 시 법적위험 등에 대한 다음의 설명 중 가장 거리가 먼 것은?

① 투자제안서는 판매사가 고객을 위해 만든 자료이다.
② 법적위험에는 주로 계약관계에서 생기는 문제들이 많다.
③ 감독당국의 요청에 의해 투자설명서를 요약하여 기술한 것을 핵심설명서라고 한다.
④ 파생펀드에 편입되는 장외파생상품을 외국계 투자은행과 직접 거래하는 경우 거래조건의 내용은 Termsheet로 확인한다.

투자제안서는 운용사가 판매사와 고객을 위해 만든 자료이다.

정답 009 ④ | 010 ③ | 011 ② | 012 ①

2과목 파생상품펀드

013

선도금리계약(FRA)에 관한 설명 중 가장 거리가 먼 것은?

① 미래의 일정시점부터 만기일까지의 기간 동안 적용될 이자율을 만기시점에 고정시키는 것이다.
② 5% '6×9'FRA는 6개월 후부터 3개월간의 기간에 적용되는 금리를 5%로 고정시키는 것이다.
③ FRA의 만기일에는 실세금리에 의하여 산출된 이자와 계약금리에 의하여 산출된 이자와의 차액이 지급된다.
④ FRA는 장외파생상품이므로 만기일에 정산이 이루어진다.

미래일정시점부터 만기일까지의 기간 동안 적용될 이자율을 계약시점에 고정시키는 것이다.

014

선물거래의 전략에 대한 다음의 설명 중 가장 거리가 먼 것은?

① 헤지 후에도 베이시스 위험이 존재한다.
② 투기거래 전략은 단순투기 전략과 복합투기 전략으로 구분한다.
③ '근월물 매수 + 원월물 매도' 포지션을 강세스프레드라고 한다.
④ '현물 매도 + 선물 매수'로서 차익거래를 행하는 것을 매도차익거래라고 한다.

더 알아보기 투기거래

- 선물시장에만 참여하여 위험을 감수하고 이익을 얻고자하는 거래
- 초단기 거래자(Scalpher), 일일거래자(Day Trader), 포지션거래자(Position Trader)로 구분
- 매입은 롱(Long), 매도는 숏(Short)이라고 한다.
- 한 쪽의 이익은 상대방의 손실로 나타나는 제로섬 게임이다.

투기거래 전략은 단순투기전략과 스프레드 거래전략으로 구분한다.

015

변동금리 CD + 1%P로 백만 달러를 차입한 시스컴사는 다음의 금리스왑 고시표를 보고 고정금리지급 스왑으로 전환하였다. 시스컴사가 실질적으로 부담하게 되는 금리는?

- CD 스왑 금리
- 3.50/3.40

① 3.5%　　② 4.4%
③ 4.5%　　④ 5.5%

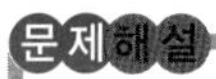

스왑금리표에 의거 고객입장에서 3.50이 보정금리 지급, 3.40이 고정금리 수취이다. 따라서 고정금리 지급스왑을 체결하면 'CD 금리수취 + 3.5%지급'이므로 실질적인 금리는 3.5% + 1% = 4.5%가 된다.

016

옵션의 감마에 대한 설명 중 가장 거리가 먼 것은?

① 감마는 OTM일수록 0에 가까워지고, ITM일수록 1 에 가까워진다.
② 기초자산의 가격 변동분에 대한 델타의 변동분을 의미한다.
③ 기초자산 변동에 대한 옵션가격의 2차 미분값으로 가속도를 의미한다.
④ 감마는 종모양을 보이며 쎄타와는 대칭적 상반관계가 있다.

감마는 종모양을 보이기 때문에 ATM일 때 가장 크고 OTM과 ITM으로 가면서 감소한다.

더 알아보기

- 감마는 기초자산가격이 1단위 변화할 때의 델타값의 변화분이다.
- '감마 = 델타의 변화분/기초자산의 변화분'으로 2차 미분값이다.
- 옵션의 포지션이 매수일 경우는 감마의 값이 양(+)의 값을 가지고 매도일 경우에는 음(−)의 값을 가진다.
- 감마는 델타의 변화분이기 때문에 기초자산 가격이 상승할 때 델타의 변화는 기존 델타와 감마의 합이다. 반면에 기초자산 가격이 하락할 경우에는 기존의 델타값에서 감마를 차감한다.
- 델타의 변화분 = 기초자산의 변화분 × 감마
- 감마의 값은 ATM에서 가장 크고, ITM이나 OTM으로 갈수록 작아지는 종모양의 곡선을 형성한다.

정답 013 ① | 014 ② | 015 ③ | 016 ①

017

현재 KOSPI200지수는 200P이다. 만기가 3개월인 ATM 콜옵션 가격이 10이다. 커버드 콜의 만기 시 손익이 '0'이 되는 기초자산의 가격은?

① 180P ② 190P
③ 200P ④ 210P

커버드 콜(Covered Call)

- '주식 + 콜옵션 매도', '채권 + 콜옵션 매도'하는 합성전략이다.
- 주식시장이나 채권시장의 하락의 변동성이 작을 것으로 예상할 때 대비하는 전략이다.
- 옵션의 매도로 자금이 유입된다.

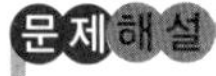

커버드 콜(Covered Call)은 '기초자산 + 콜 매도'의 포지션으로 초기에 프리미엄을 수취하게 된다. 따라서 손익분기점은 '기초자산 가격 – 콜 프리미엄'이 된다. 그러므로 (200P – 10P) = 190P가 된다.

018

Swap Spread에 대한 설명으로 옳은 것은?

① Swap Rate 결정 시 미국채 수익률에 부과되는Credit Risk Premium을 말한다.
② 금리 Swap Rate와 통화 Swap Rate의 차이를 말한다.
③ 장기고정금리와 LIBOR 금리의 차이를 말한다.
④ Basis Swap에서 변동금리와 변동금리 간의 스프레드를 말한다.

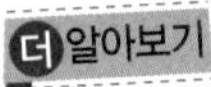

- Swap Offered Rate(매도율 또는 수취율)은 딜러가 고객에게 고정금리 수취스왑을 할 때 적용하고, Swap Bid Rate(매입률 또는 지급률)은 딜러가 고객에게 고정금리 지급스왑을 할 때 적용
- 항상 Swap Offered Rate 〉 Swap Bid Rate 〉 미국 국채수익률
- 미국 국채수익률은 채권시장의 미국 국채 채권가격(Bid–Offer Price)을 이용하여 구한다.

Swap Rate는 여러 가지로 결정될 수 있는데 미국채 수익률을 이용할 경우 '미 재무성 국채수익률 + Swap Spread'의 형태로 나타낸다.

019

콜옵션 매수와 동일한 손익구조를 가진 포트폴리오를 합성하기 위해 필요한 포지션이 아닌 것은?

① 주식 매입　　② 무위험 이자율 차입
③ 선물 매수　　④ 풋 매수

풋-콜 패리티 정리에 의해 C = P + S − X/(1 + r)으로 풋 매수, 주식 매입, 무위험 이자율 차입이 필요하다.

020

수직적 약세 콜옵션 스프레드 전략에 대한 설명 중 가장 거리가 먼 것은?

① 기초자산의 가격이 약세일 때 이익을 얻으려는 전략이다.
② 포지션 구성 시 옵션의 프리미엄 차액을 수령한다.
③ 손익분기점은 낮은 행사가격에 프리미엄의 차액을 차감한 가격이다.
④ 행사가격이 낮은 콜옵션을 매도하고 행사가격이 높은 콜옵션을 매수하여 구성한다.

더 알아보기 베어(약세장) 스프레드
행사가격이 낮은 콜옵션을 매도하고 높은 콜옵션을 매수할 경우, 기초자산 가격이 오르면 손해를 보고, 떨어지면 이익을 보되, 그 손실이나 이익의 폭이 제한된 수익 구조를 지닌 전략이다.

손익분기점은 낮은 행사가격에 프리미엄의 차액을 더한 가격이다.

021

시스컴 기업은 200만 달러의 수입대금을 6개월 후에 결제해야 한다. 현재 현물환율은 달러당 1,200원이다. 환율상승의 리스크를 피하기 위하여 행사가격이 1,250원인 콜옵션(프리미엄 30원)을 200계약 매수하였다. 만기의 현물환율이 1,300원이 되었다면 총 결제비용은 얼마인가?

① 25억6천만 원　　② 26억원
③ 26억 2천만 원　　④ 26억 4천만 원

- 수입대금 = 200만 달러 × 1,300원 = 26억 원
- 옵션행시 손익 = 26억 원(행사이익 50원 − 프리미엄 30원) × 10,000 × 200 계약 = 4천만 원 따라서 총결제비용은 = 26억 − 4천만 원 = 25억 6천만 원이 된다.

정답 017 ② | 018 ① | 019 ③ | 020 ③ | 021 ①

022

시장금리 변화에 따른 FRA와 이자율 SWAP의 손익변화에 대한 다음 설명 중 가장 거리가 먼 것은?

① FRA 매입 시 시장금리가 하락하면 손실이 발생한다.
② Payer SWAP 시 시장금리가 하락하면 수익이 발생한다.
③ FRA 매도 시 시장금리가 상승하면 손실이 발생한다.
④ Receiver SWAP 시 시장금리가 상승하면 손실이 발생한다.

Payer SWAP 시 시장금리가 상승하면 수익이 발생한다.

023

주가의 상승이 예측되나 이익과 손실을 일정 수준으로 제한시키고, 초기에는 자금이 들어오기를 바랄 때의 전략은?

① 스트래들 매수 ② 풋 매도
③ 강세 콜 스프레드 ④ 강세 풋 스프레드

더알아보기 불(강세장) 스프레드
행사가격이 낮은 옵션을 매입하고 높은 옵션을 매도할 경우, 기초 자산가격이 오르면 이익을 보고 떨어지면 손해를 보되, 그 손실이나 이익의 폭이 제한된 수익구조를 지닌 전략이다.

강세 풋 스프레드 전략이다. '행사가격 낮은 풋 매수(낮은 프리미엄) + 행사가격 높은 풋 매도(높은 프리미엄)'이므로 초기에 자금이 유입된다.

024

만기가 동일하고 기초자산의 가격과 행사가격이 200일 때 유럽형 풋옵션의 가격이 5라면 유럽형 콜옵션의 가격은 약 얼마인가(무위험 이자율은 연6%, 잔존기간 2개월, 배당금은 없음)?

① 5 ② 6
③ 7 ④ 8

풋-콜 패리티에 의거하여 계산하면,
$C = P + S - X/(1 + r) = 5 + 200 - 200/(1 + 0.06 \times 1/6) = 7$

025

다음 중 비선형 구조의 파생상품이 아닌 것은?

① 주식 스왑　　② Digital 옵션
③ 변동 금리채권　　④ 금리 옵션

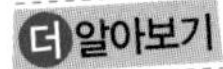
채권은 원점에 볼록한 형태의 구조를 가지고 있어서 금리와 가격이 서로 역의 관계에서 체감 상황과 체증 상황이 일어난다. 콜옵션은 오목한 형태로 풋옵션은 볼록한 형태의 구조를 가진 비선형이다.

옵션 및 채권상품이 비선형 구조이다.

026

시스컴사는 그동안 싼 엔화대출을 사용하고 있었다. 그런데 최근 엔시세가 불안하여 이를 원화대출로 전환시키려고 한다. 다음 중 가장 적절한 방법은?

① 원화원리금을 지급하고 엔화원리금을 영수하는 통화스왑거래를 한다.
② 엔화고정금리와 변동금리를 교환하는 금리스왑을 한다.
③ 원화원리금을 영수하고 엔화원리금을 지급하는 통화스왑을 한다.
④ 달러 Libor를 영수하고 엔화원리금을 지급하는 통화스왑을 한다.

문제해설 

엔화원리금을 영수하여 엔화대출상환을 하게 되면 엔시세의 위험을 피할 수 있다.

027

가격위험에 대한 다음 결정 중 틀린 것은?

① 원자재 가격 상승은 소비패턴에 영향을 받는다.
② 콘탱고는 선물가격이 현물가격보다 큰 경우를 의미한다.
③ KIKD는 원화 약세 시 투자손실이 발생한다.
④ 캐리 트레이딩 전략은 환율차이를 이용한 거래이나 금리에 더욱 큰 영향을 받는다.

캐리 트레이딩은 금리차이를 이용한 거래이므로 금리에 더욱 큰 영향을 받는다.

정답 022 ② | 023 ④ | 024 ③ | 025 ① | 026 ① | 027 ④

028

행사가격이 200인 샤우트 풋옵션에서 195가 되었을 때 샤우트를 한 후 190까지 하락하였으나 그 이후 다시 상승하여 만기에 195가 되었을 경우 옵션 매수자에게 지급되는 금액은 얼마인가?

① 0 ② 5
③ 10 ④ 15

문제해설

샤우트한 시점에서 행사가격이 재설정되기 때문에 만기 지급액은 5이다.

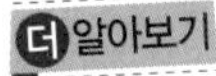
더알아보기 샤우트옵션(Shout Option)

- 옵션보유자가 가장 유리하다고 생각되는 시점의 가격을 행사가격으로 선언(샤우트)함으로써 행사가격이 변경되고 정산도 이루어지는 옵션이다.
- 예를 들어 초기의 행사가격이 200인 샤우트 콜옵션이 있으면 기초자산이 205가 되었을 때 샤우트하면 205 − 200 = 5만큼 이익이 확보되고, 계속 가격이 오른다면 새로 형성된 행사가격인 205와 차이만큼 이익이 추가로 확보된다.

029

유럽식과 미국식 옵션의 중간 형태로 미리 정해 놓은 특정 일자들 중에서 한 번만 행사가 가능한 옵션은?

① 후불옵션 ② 평균옵션
③ 아시아옵션 ④ 버뮤다옵션

문제해설

버뮤다옵션에 대한 설명이다.

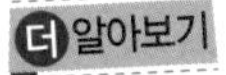
더알아보기 버뮤다옵션(Bermuda Option)

- 미리 정한 특정 일자들 중에서 한 번만 권리행사가 가능하다.
- 미국식과 유럽식의 중간으로 아시아식 옵션이라고도 한다.
- 조기변제 요구권부 채권(Puttable Bond) 혹은 전환사채의 발행자가 위험을 대비하여 계약을 체결을 한 경우이다.

030

다음 중 스왑거래에 대한 내용 중 가장 거리가 먼 것은?

① 스왑거래는 두 개의 서로 다른 자금 흐름을 일정기간 동안 서로 교환하기로 계약하는 거래이다.
② 스왑거래는 효용성은 있지만 시장의 불안정성으로 인하여 감소되는 추세이다.
③ 금리스왑의 효과 중 하나는 시장 간의 신용격차의 차이를 이용한 자금비용감소효과이다.
④ 금리스왑의 효과 중 하나는 자금구조의 변화 효과이다.

문제해설 

스왑거래는 융통성이 있는 기법으로서 최근에 규모가 증가하는 추세이다.

031

현재 코스피 200지수는 200, 배당 수익률이 1%, 만기가 3개월 남은 지수 선물의 이론가격은 202일 때 시장의 차입 이자율은?

① 4% ② 5%
③ 6% ④ 8%

선물 이론가격 = S × [1 + (r − d) t/365]
200 × [1 + (r − 0.01) × 3/12] = 202 r = 5%(0.05)

032

옵션의 민감도에 대한 다음 설명 중 가장 거리가 먼 것은?

① (−)값의 감마를 가지는 옵션의 포지션을 Negative 감마라고 한다.
② 풋옵션의 델타는 기초자산이 상승하면 0에, 하락하면 (−)1에 접근한다.
③ 쎄타는 일반적으로 (+)값을 가진다.
④ 베가와 카파는 동일어이며, 모두 종모양의 양상을 보인다.

쎄타는 (−)값이 일반적이다.

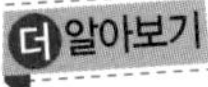

- 쎄타는 잔존기간의 변화에 따른 옵션가격의 변화분이다.
- 쎄타 = 옵션가격의 변화/시간의 변화
- 쎄타의 가치는 시간 가치의 감소(Time Decay)로 대체로 음수(−)값을 가진다.
- 쎄타는 ATM일 때 가장 크고 ITM이나 OTM으로 갈수록 작아진다.
- 쎄타와 감마는 대칭적 상반관계를 가지고 있다.

정답 028 ② | 029 ④ | 030 ② | 031 ② | 032 ③

033

파생결합증권의 발행에 대한 다음 설명 중 가장 거리가 먼 것은?

① 고객은 발행사인 증권사에 실질금액의 자금을 지급하고 파생결합증권을 제공받는다.

② 분기별로 CD금리를 지급하기 때문에 CD SWAP이라고 한다.

③ 중도환매 시 중도환매수수료를 납부해야 한다.

④ 발행사 대부분은 위험을 회피하기 위해 델타헤지를 한다.

문제해설 

고객은 발행사인 증권사에 명목금액의 자금을 지급하고 파생결합증권을 제공받는다.

034

파생상품 리스크에 대한 다음 설명 중 가장 거리가 먼 것은?

① 파생상품의 활용은 파생결합증권 편입과 파생상품거래로 구분한다.

② 장내파생상품거래를 통해 거래상대방에게 위험을 전가시키는 것을 BTB거래라고 한다.

③ BTB거래를 통해서 시장리스크를 완벽하게 제거할 수 있다.

④ 신용리스크로 인해 영업용 순자본 비율에 영향을 미친다.

문제해설 

장내가 아니라 장외파생상품거래를 통해 거래상대방에게 위험을 전가시키는 것을 BTB거래라고 한다.

035

리스크의 자체 헤지에 대한 다음 설명 중 가장 거리가 먼 것은?

① 자체 헤지는 발행사가 헤지북을 운용하면서 시장리스크를 직접 조절하는 경우를 말한다.

② 법률적 리스크를 해소하기 위해서는 ISDA 표준 계약서를 활용하는 것이 좋다.

③ 장외파생상품은 상품유동성리스크가 거의 없다고 간주한다.

④ 자체 헤지 시에는 BTB거래를 하지 않으므로 거래상대방에 대한 채무불이행 리스크는 없다.

문제해설 

현물과 장내파생상품의 경우 상품유동성리스크가 거의 없다고 보는 반면 장외파생상품의 경우에는 유동성리스크가 높다.

036

다음 중 파생상품을 이용한 포트폴리오의 분산투자 효과에 대한 설명 중 가장 거리가 먼 것은?

① 옵션은 비선형적인 수익구조를 가지고 있어 위험경감의 효과가 있다.
② 증권과 함께 파생상품에 투자하면 효율적 투자선의 개선이 가능하다.
③ 파생상품 운용 시 비용을 절감하기 위해서는 포트폴리오 투자보다는 개별상품을 복제하여 운용하는 것이 비용면에서 더 효율적이다.
④ 파생상품펀드가 원금보존형이면 채권의 성격이 강하다.

개별상품을 복제하는 데 따른 비용이 많이 부담되므로 포트폴리오로 운용하는 것이 효율적이다.

037

다음 중 선물거래의 경제적 기능과 가장 거리가 먼 것은?

① 위험전가 기능
② 새로운 시장의 형성
③ 효율성의 증대
④ 고수익의 확보 기능

고수익의 확보 기능과는 거리가 멀다.

더 알아보기 파생거래의 경제적 기능

- **새로운 시장의 형성** : 현물중심의 시장에서 동일상품의 미래가치를 형성하는 새로운 시장이 형성되었다.
- **미래 가격의 발견** : 동일상품의 미래가치를 현시점에서 알게 되었다.
- **효율성의 증대** : 현물, 선물시장 간의 자원배분의 효율성을 가질 수 있다.
- **위험전가 기능** : 현물가격의 변동위험을 선물시장에서 헤지가 가능하여 위험을 전가 시킬 수 있다.

038

파생상품의 옵션에 대한 설명 중 가장 거리가 먼 것은?

① 옵션은 채권과 달리 만기가 없다.
② 곡물, 금, 은, 실물자산도 옵션거래의 기초자산이 될 수 있다.
③ 옵션의 가치는 시간가치와 내재가치로 구성된다.
④ 옵션에는 콜옵션과 풋옵션이 있다.

파생상품은 모두 만기가 있다.

정답 033 ① | 034 ② | 035 ③ | 036 ③ | 037 ④ | 038 ①

039

현재 KOSPI200 지수가 200P이고 1년 만기 주가자수 선물가격이 202P, 무위험 이자율이 5%, 배당 수익률이 4%이면 다음 설명 중 맞는 것은?

① 현시장은 콘탱고 시장이다.
② 현시장은 백워데이션 시장이다.
③ 현시장은 균형시장이다.
④ 현시장은 선물가격이 고평가 되어 있다.

문제해설 

선물시장 이론가격 = 200 + 200(0.05 − 0.04) = 202, 시장 선물가격과 이론 선물가격이 일치하고 있는 균형시장이다.

040

다음 중 비율 스프레드(Ratio Vertical Spread)에 대한 설명 중 가장 거리가 먼 것은?

① 옵션의 매수 수량과 매도 수량을 비율 배분하는 전략이다.
② 기초자산의 변동성이 클 때 유용하다.
③ 콜 비율 스프레드와 풋 비율 스프레드로 구분한다.
④ 방향성이 가미된 변동성 전략이다.

더알아보기 비율 스프레드

레이쇼 콜 스프레드(ratio call spread)와 레이쇼 풋 스프레드(ratio put spread)가 있다. 레이쇼 콜 스프레드는 낮은 행사가격으로 콜을 매입하고 높은 행사가격으로 더 많은 콜을 매도하는 것으로 기초자산의 가격이 일정수준 이하인 경우에는 언제나 이익을 얻을 수 있다. 레이쇼 풋 스프레드는 높은 행사가격에 풋을 매입하고 낮은 행사가격에 매입한 양보다 더 많은 풋을 매도하는 것으로 기초자산의 가격이 일정수준 이상인 경우에는 언제나 이익을 얻을 수 있다.

기초자산의 변동성이 적을 때, 즉 안정적으로 움직일수록 유용하다.

041

신용연계채권(CLN)에 대한 다음 설명으로 가장 올바른 것은?

① 현재 시장에서는 총수익률 스왑(TRS)이 가미된 CLN 거래가 대부분을 차지한다.
② CLN 거래는 프리미엄만 지급되는 거래이다.
③ CLN 투자수익은 발행자의 일반채권 수익률보다 높다.
④ CLN은 대상기업의 신용위험만 내재되어 있다.

현재 시장에서는 신용부도스왑(CDS)이 가미된 CLN 거래가 대부분을 차지한다. CLN 거래는 원금과 프리미엄이 함께 거래된다. CLN은 대상기업의 신용위험과 발행자의 신용위험이 모두 존재한다.

042

다음의 장외옵션 중 가격이 가장 높은 것은?

① 미국식옵션
② 버뮤다옵션
③ 장애옵션
④ 선택옵션

선택옵션(Chooser Option)

만기일 이전 미래의 특정시점에서 이 옵션이 콜옵션인지 풋옵션인지 여부를 선택할 수 있는 권리를 가진 옵션으로 스트래들 매수자와 유사하다.

Call이나 Put을 선택할 수 있는 선택옵션의 가격이 가장 높다.

043

신용파생상품에 대한 다음 설명 중 가장 거리가 먼 것은?

① CDS 거래는 일반적으로 Unfunded 형태이다.
② 신용파생지수는 일반적으로 단일 준거자산 상품이다.
③ 대상자산이 채권으로 구성되는 경우 CBO라고 한다.
④ 대상자산이 대출로 구성되는 경우 CLO라고 한다.

더알아보기 CDS 거래

- 신용디폴트스왑이다.
- 신용보장 매입자가 신용보장 매도자에게 프리미엄을 제공한다.
- 만약에 신용보장 매입자의 보유채권이 부도가 날 경우에는 신용 보장매도자가 미회수되는 금액을 보전해 주는 스왑으로 신용스왑의 일종이다.

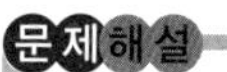

신용파생지수는 일반적으로 복수 준거자산 상품이다.

정답 039 ③ | 040 ② | 041 ③ | 042 ④ | 043 ②

044

구조화펀드의 투자위험 및 펀드구조에 대해 투자자에게 설명한 다음 내용 중 가장 거리가 <u>먼</u> 것은?

① 펀드수익구조 및 투자위험에 대해 설명하였다.
② 펀드 발행사의 신용위험보다는 판매회사의 신용위험이 더 중요하다고 설명하였다.
③ 중도 환매 시 투자자가 부담하는 환매수수료에 대해서 설명하였다.
④ 펀드에 편입된 파생상품에 대해서 설명하였다.

문제해설

펀드 발행사의 신용위험이 더 중요하다.

045

투자위험에 대한 다음의 설명 중 가장 거리가 <u>먼</u> 것은?

① 파생 결합증권은 투자위험측면에서 장외파생상품과 동일하다.
② 시장을 상승으로 예측하고 투자한 경우 예상치 못한 큰 폭의 하락은 투자자를 공포에 몰아넣기도 한다.
③ 투자대상자산의 가격이 비슷하게 움직이면 분산투자 효과가 커진다.
④ 금리는 주가에 비해 변동성의 폭이 크지 않다.

문제해설

투자대상자산의 가격이 비슷하게 움직이면 상관관계가 크기 때문에 분산투자 효과가 적어진다.

046

주가지수 선물의 이론가격에 관한 설명 중 옳은 것은?

① 현물 주가지수가 상승하면 선물이론가격이 하락한다.
② 이자율이 상승하면 선물이론가격이 하락한다.
③ 배당수익률이 상승하면 선물이론가격은 하락한다.
④ 잔존만기 일수가 짧을수록 선물이론가격은 상승한다.

더 알아보기 보유비용 모형

$$F = S + S(r-d) \times \frac{t}{365}$$

- F : 주가지수 선물의 이론가격
- S : 현물주가지수
- t : 잔존일수
- d : 배당수익률
- r : 무위험이자율

문제해설

① 현물가격(S)이 상승하면 선물이론가격(F)도 상승한다.
② 이자율(r)이 상승하면 선물이론가격(F)도 상승한다.
③ 배당수익률(d)이 하락하면 선물이론가격(F)은 상승한다.
④ 잔존일수(t)가 증가하면 선물이론가격(F)도 상승한다.

047

옵션거래에서 옵션 매도자의 손익에 대한 설명으로 옳은 것은?

① 옵션 매도자의 손실은 기초자산가격과 행사가격의 차이로 결정된다.
② 옵션 매도자는 옵션 매입자가 옵션을 행사하지 아니하면 프리미엄만큼 손실이 된다.
③ 옵션 매도자의 손실에는 일정한 한계가 있다.
④ 옵션 매도자는 옵션 매입자가 옵션을 행사하면 이익이다.

문제해설

② 옵션 매도자는 옵션 매입자가 옵션을 행사하지 않은 채 그 옵션이 소멸되면 프리미엄만큼 이익이 된다.
③ 옵션 매도자의 손실에는 일정한 한계가 없다. 무제한일 수도 있다.
④ 옵션 매도자는 옵션 매입자가 옵션을 행사하여 프리미엄을 무시할 경우, 콜옵션의 경우에는 '기초자산가격 – 행사가격'만큼, 풋옵션의 경우에는 '행사가격 – 기초자산가격'만큼 손실이 발생한다.

048

금리스왑과 통화스왑의 성격에 대한 다음 설명 중 가장 거리가 먼 것은?

① 통화스왑은 만기에 원금이 교환되기 때문에 환율변동이 중요한 요소이다.
② 통화스왑은 계약 시 채권, 채무가 대차대조표상에 표시된다.
③ 금리스왑은 원금이 교환되지 않고 중도 이자교환만 한다.
④ 금리스왑 시의 변동금리는 달러의 경우 Libor를 원화는 CD금리를 주로 사용한다.

문제해설

통화스왑, 금리스왑 모두 대차대조표에 올리지 않는 부외 거래이다.

049

고객에게 투자권유 시 설명해야 할 위험 중에서 채권 보유자의 신용위험으로 볼 수 없는 것은?

① 부도위험
② 수의상환위험
③ 신용등급 하향위험
④ 신용스프레드 확대위험

문제해설

수의상환위험은 채권의 발행자가 수익률 하락 시 임의로 채권을 매수하여 원리금을 상환해주는 것을 의미하므로 채권 보유자 입장에서는 신용위험이 아니다.

정답 044 ② | 045 ③ | 046 ③ | 047 ① | 048 ② | 049 ②

050

파생상품 중 신용파생상품에 대한 다음 설명 중 가장 거리가 먼 것은?

① TRS 준거자산은 여러 자산으로 구성된 포트폴리오일 수도 있다.
② CDS 거래 시 보장 매도자와 준거자산의 상관관계가 클수록 프리미엄은 커진다.
③ CDS Index는 개별기업에 대한 CDS보다 거래비용이 저렴하다.
④ Unfunded SWAP은 원금이 수반되지 않은 구조이다.

총 수익스왑(Total Return Swap : TRS)

- 개요
  - 기초자산에서 발생하는 모든 수익을 상대방에게 지급하는 대신 기초자산이 만기 전에 부도가 나는 경우 그 손실을 상대방이 책임지도록 하는 계약
  - 상대방은 모든 위험을 떠안으므로 기초자산의 지급보증을 제공한 효과가 있다.
  - 보장 매입자는 기초자산으로부터 발생하는 이자, 자본수익(손실) 등 총 수익(손실)을 지급하는 대신 보장 매도자는 보장 매입자에게 일정한 약정이자를 지급한다.
- 신용사건(Credit Event)
  - 발행기업의 부도(Bankruptcy)
  - 채권이자 미지급(Failure to Pay)
  - 채무구조조정(Restructuring) : 기존 채무의 원리금 지급조건 변경
  - 채권계약에 정한 기한이익 상실(Repayment Acceleration on Default)
  - 국가 부도 또는 대외 채무 부인(Repudiation/Moratorium)

문제해설 

준거자산과 거래상대방의 상관관계가 낮을수록 보다 확실하게 보호를 받을 수 있기 때문에 프리미엄이 높아진다.

051

다음 장외파생 상품 중 콜이나 풋옵션을 기초자산으로 하는 옵션은?

① Asian 옵션
② Chooser 옵션
③ 클리켓 옵션
④ Compound 옵션

중첩(Compound) 옵션으로 옵션에 대한 옵션이다.

052

금리 캡의 이율이 5%로 되어 있는 상황에서 구간의 금리가 5.5%, 5.2%, 4.8%, 4.5%로 되었다면 캡의 활용 횟수는?

① 1회　　② 2회
③ 3회　　④ 4회

문제해설 

약정 기간 중 5% 이상인 경우에 행사가 가능하므로 2번 행사된다.

053

다음 중 기초자산의 가격변동 시 콜 혹은 풋 중에 유리한 것을 고를 수 있는 옵션은?

① 바스켓옵션　　② 콴토옵션
③ 무지개옵션　　④ 선택옵션

문제해설 

선택옵션은 변동성이 클수록 콜이나 풋 중에서 고를 수있으며, 일반적 옵션의 스트래들 전략과 유사하다.

054

다음 중 신용파생상품에 대한 설명으로 가장 거리가 <u>먼</u> 것은?

① CLN의 경우 기초자산이 여러 개로 이루어지고 이 중 하나라도 파산하면 책임을 지는 상품으로 발전하였다.
② 펀드에서 Protection Buyer로서 CDS를 거래한다면 신용리스크를 제거하면서 고수익을 올릴 수 있는 기회가 된다.
③ 합성 CDO는 기초자산으로 다양한 CDS를 활용하여 투자대상을 확대시킨다.
④ First to Default 형태의 CLN은 1개 종목을 기초자산으로 한 경우보다 높은 프리미엄을 받는다.

Buyer이므로 Protection Fee(CDS 수수료)를 지급하여야 한다. 따라서 신용리스크를 제거하는 대신 그만큼 수익이 감소한다.

더알아보기

First to Default CLN
- 여러 개의 기업을 대상으로 하나라도 파산하면 책임을 지는 구조이다.
- 1개의 기초자산인 경우보다 프리미엄이 높다.

합성 CDO
- 다양한 채권구조를 CDS(Credit Default SWAP)로 대체한 것이다.
- CLN과 같이 CDS의 리스크 및 CDS 간의 상관관계에 대한 정확한 설명이 필요하다.

정답 050 ② | 051 ④ | 052 ② | 053 ④ | 054 ②

055

가격위험 분석에 대한 설명 중 가장 거리가 먼 것은?

① 투자자들이 가격에 대한 주관적 전망에 차이가 있어 시장에서 거래가 원활하게 형성된다.
② 투자자들은 기대 수익률을 낙관적으로 예측하는 경우가 많다.
③ 손실이 발생할 가능성이 객관적인 확률적 분포에서 50%에 이르지만 투자자의 주관적 분포는 그보다 작다.
④ 투자자들이 주관적이 아닌 시장 전망으로 가격위험이 발생한다.

문제해설 

투자자들이 객관적이 아닌 시장 전망, 즉 자기의 주관적 판단으로 전망하면 가격위험이 발생한다.

056

환율과 이자율에 대한 위험 관리 중 캐리 트레이딩에 대한 설명으로 가장 거리가 먼 것은?

① 캐리 트레이딩은 환율변화가 금리수익을 상쇄할 수 있기 때문에 수익의 가능성이 높지 않다.
② 엔 캐리 트레이딩은 일본의 저금리 현상을 반영한 결과이다.
③ 엔 캐리 트레이딩 전략은 엔화가 강세일 때 유리한 전략이다.
④ 캐리 트레이딩은 세계적으로 유동성이 풍부할수록 유효한 전략이다.

문제해설 

엔 캐리 트레이딩 전략은 엔화가 약세일 때 유리한 전략이다. 엔화를 빌려서 갚을 때 엔이 약세이면 환차익이 발생한다.

057

펀드 운용 시 신용위험에 관한 다음의 설명 중 가장 거리가 먼 것은?

① 신용위험을 줄이는 방법으로 Funded SWAP에서 Unfunded SWAP으로 전환시키는 방법이 있다.
② 구조화펀드에서는 수익구조가 중요하지만 발행사의 신용위험은 중요하지 않다.
③ 신용등급이 높으면 지급 불이행 가능성이 낮다.
④ Unfunded SWAP을 하면 거래상대방 위험이 축소되나 완전히 제거하지는 못한다.

구조화펀드에서는 수익구조와 함께 발행사의 신용위험도 중요하다.

058

파생펀드 운용 시 보험 전략 중 보호적 풋과 Covered Call에 대한 설명 중 가장 거리가 먼 것은?

① 보호적 풋은 보험 포트폴리오 전략 중 하나이다.
② 보호적 풋은 기초자산인 주식을 매수하고 풋옵션을 매수하는 전략이다.
③ Covered Call은 헤지전략의 하나이다.
④ 보호적 풋을 합성 풋 매수라고 한다.

더 알아보기 Protective Put 거래
- '주식 + 풋옵션 매수' 혹은 '채권 + 풋옵션 매수' 하는 합성전략이다.
- 주식시장이나 채권시장의 하락 변동성이 클 것으로 예상될 때 대비하는 전략이다.
- 포트폴리오 보험전략의 일종이다.
- 옵션의 매수로 자금이 유출된다.

문제해설

결합하면 보호적 풋은 합성 콜 매수가 되고, Covered Call은 합성 풋 매도와 같게 된다.

059

발행사의 위험에 대한 다음의 설명 중 가장 거리가 먼 것은?

① 발행사가 1개인 경우보다 발행사가 3개인 경우 1개사의 파산 확률이 높다.
② 신용등급이 높으면 지급불이행 가능성이 낮다.
③ Unfunded SWAP을 하면 현금흐름이 일시에 일어나 발행사 신용위험이 늘어난다.
④ 파생상품펀드의 중요한 두 가지 위험은 수익구조와 발행사의 신용위험이다.

문제해설

Unfunded SWAP을 하면 현금흐름이 일시에 일어나지 않아 발행사 신용위험이 줄어든다.

060

금리가 현 수준에서 안정적으로 유지될 것으로 전망하는 경우 바람직한 금리파생투자전략은?

① Long 스트래들　　② Short 스트래들
③ Long Call　　④ Long 스트랭글

문제해설

Long은 매수를 의미, Short는 매도를 의미한다. 따라서 스트래들 매도의 경우 금리가 안정적으로 움직이면 수익이 발생한다.

정답 055 ④ | 056 ③ | 057 ② | 058 ④ | 059 ③ | 060 ②

061

1년 만기 현물금리가 10.0%, 2년 만기 현물금리가 11%라 가정하면 1년 후 1년 동안의 내재선도금리는?

① 10%　　② 11%
③ 12%　　④ 12.5%

내재선도금리
= (11.0% × 2 − 10% X 1)/(2 − 1)
= 12%

062

다음 중 장외옵션 경로의존형이 아닌 것은?

① 경계옵션　　② 룩백옵션
③ 인버스플로터　　④ 래더옵션

경로의존형 옵션의 종류에는 경계옵션(베리어 옵션 : 녹아웃옵션 또는 녹인옵션), 룩백옵션, 래더옵션, 클 리켓 혹은 래칫옵션, 샤우트 옵션, 평균옵션(평균가격옵션 및 평균행사가격옵션)이 있다.

063

금리스왑에 대한 설명 중 가장 거리가 먼 것은?

① 스왑 개시 시점에 수취와 지급 포지션의 가치는 대부분 동일하다.
② IRS의 이론금리는 국채금리보다 높다.
③ 수익률 곡선의 커브가 완만해지면 수취 포지션의 가치가 상승한다.
④ 이자율스왑의 가치는 금리수준 및 금리기간 구조의 변경에 관계없이 일정하다.

금리스왑
금리스왑은 금리상품의 가격변동으로 인한 손실을 보전하기 위해 금융 기관끼리 고정금리와 변동금리를 일정기간동안 상호교환하기로 약정하는 거래를 말한다. 이때 원금은 바꾸지 않고 서로 이자지급의무만을 바꾼다. 보통 금리상승에 따른 위험을 줄이기 위해 금리스왑을 활용한다.

이자율스왑의 가치는 금리수준 및 금리기간 구조의 변경에 따라 계속 변한다.

064

행사가격이 1,200원인 미달러 콜옵션을 15원의 프리미엄을 주고 10계약 매수한 후, 만기에 환율이 1,185원이 되었다면 투자손익은 얼마인가?

① 50만 원 이익　　② 100만 원 이익
③ 150만 원 손실　　④ 200만 원 손실

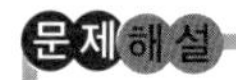

행사가격 아래로 떨어져 외가격 상태가 되어 권리행사를 포기하므로 손실은 150만 원(15 × 10계약 × 10,000원)이 된다.

065

상품선물시장에서 근월물 가격이 원월물 가격보다 낮은 경우의 시장은?

① 역조시장　　② 정상시장
③ 약세시장　　④ 강세시장

정상시장(콘탱고 시장)은 원월물 가격이 근월물보다 크다.
역조시장(백워데이션 시장)은 근월물 가격이 원월물보다 크다.

066

통화스왑에 대한 다음 설명 중 가장 거리가 <u>먼</u> 것은?

① 이종통화 간의 교환이다.
② 원금교환이 이루어진다.
③ 외환스왑은 장기인 반면 통화스왑은 단기인 경우가 많다.
④ 만기 시 환율에 영향을 받는다.

외환스왑은 단기, 통화스왑은 장기인 경우가 많다. 외환스왑과 통화스왑은 모두 초기에 이종통화 간의 원금교환이 일어나고 만기에도 이종통화 간의 원금교환이 발생한다는 점에서는 같다. 다만, 외환스왑은 중도에 이자교환이 일어나지 않고 통화스왑은 이자교환이 발생한다는 점에서 다르다.

정답 061 ③ | 062 ③ | 063 ④ | 064 ③ | 065 ② | 066 ③

067

신용파생상품인 CDS에 대한 다음 설명 중 가장 거리가 먼 것은?

① CDS 거래는 채권시장의 유동성에 직접적인 영향을 미치지 않는다.
② CDS는 원금의 투자 없이도 레버리지가 가능하다.
③ CDS는 보장 매입을 통해 신용위험에 대한 매도 포지션을 쉽게 취할 수 있다.
④ CDS는 신용위험을 타인에게 전가할 수 없다.

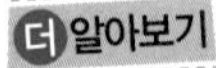

신용연계채권(CLN)

- 일반채권에 CDS를 결합해 증권화한 신용파생상품이다.
- 보장 매입자가 기초자산의 신용상태와 연계된 채권(CLN)을 발행해 보장 매도자에게 매도하고 신용사건이 발생하면 신용연계채권을 상환하는 대신 약정조건에 따라 상계하거나 기초자산과 교환 및 회수하는 구조이다.

CDS는 신용위험을 타인에게 전가할 수 있다.

068

옵션의 델타에 대한 설명으로 가장 거리가 먼 것은?

① 기초자산 변화에 대한 옵션가격 변화의 민감도이다.
② 옵션이 행사될 확률을 의미한다.
③ 콜옵션의 델타는 (−1)과 (+1) 사이에서 움직인다.
④ 콜 · 풋옵션 델타는 상호 반대 방향으로 움직인다.

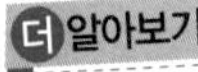

- 델타는 기초자산의 가격이 1단위 변화할 때의 옵션가격의 변화분이다.
- 델타 = 옵션가격의 변화분/기초자산의 변화분으로 1차 미분값이다.
- 델타의 범위는 $-1 \leq D_P \leq 0$이다.
- Deep-ITM으로 갈수록 D_C는 1에, D_P는 −1에 근접한다.
- Deep-OTM으로 갈수록 델타는 0에 근접한다.
- 기초자산이 상승할수록 콜옵션, 풋옵션 델타 모두 상승한다.
- 델타는 헤지비율(h)을 결정하는 데 사용된다.

h x 델타 = 1

- 델타 중립포지션은 델타가 0(zero)이 되어 기초자산가격의 움직임과 무관한 포지션이 된다.
- 잔존기간이 길수록 델타는 ±0.5(ATM 옵션)에 근접한다.

콜옵션의 델타는 0과 1사이, 풋옵션의 델타는 (−)1과 0 사이에서 움직인다.

069

장내거래는 거래소에서 이루어지고 장외거래는 거래소 밖에서 이루어지고 있다. 다음 중 장외거래가 발생할 수 없는 거래는?

① 선물환계약　　② 스왑계약
③ 상품선물계약　　④ ELS 계약

문제해설 

선물계약은 장내에서 이루어지는 계약을 가리키므로 상품선물계약은 거래소에서 거래되고 장외거래가 발생하지 않는다. 선물은 장내를 의미하고 선도 · 선물환은 장외를 의미한다.

070

선물시장에서 차익거래인 아비트리지(Arbitrage)의 특징이 아닌 것은?

① 현물과 선물시장 간의 가격차이를 이용한다.
② 무위험 거래의 일종이다.
③ 시장이 효율성을 가질 때 취하는 전략이다.
④ 매매의 동시성을 지니는 전략이다.

문제해설 

차익거래는 시장이 비효율적으로 놓여있을 때 현 · 선물 중 저평가된 것은 매수하고 동시에 고평가된 것은 매도하여 수익을 취하는 무위험 거래이다.

071

옵션 전략 중 스트래들(Straddle) 매수 전략에 관한 설명 중 가장 거리가 먼 것은?

① 동일한 행사가격의 콜옵션, 풋옵션을 동시에 매수하는 전략이다.
② 기초자산 가격이 크게 상승하면 이익이 발생한다.
③ 기초자산가격이 콜옵션, 풋옵션 행사가격과 일치하면 이익이 발생한다.
④ 기초자산의 가격이 크게 하락하면 이익이 발생한다.

스트래들 매수는 행사가격에서 최대손실(프리미엄의 합)이 발생한다.

정답 067 ④ | 068 ③ | 069 ③ | 070 ③ | 071 ③

072

파생펀드 운용 시 주요한 리스크(위험)의 종류로 볼 수 없는 것은?

① 가격위험 ② 유동성위험
③ 판매위험 ④ 법적위험

문제해설

①, ②, ④ 및 신용위험과 운영위험이 주요한 리스크이다.

073

파상상품의 이자율스왑에 대한 다음 설명 중 가장 거리가 먼 것은?

① 동일한 통화 간의 일정한 현금흐름을 정한 조건대로 특정기간 동안 교환하는 거래이다.
② 일반적으로 고정금리와 변동금리를 교환한다.
③ 통화스왑과 달리 원금교환이 발생하지 않는다.
④ 수취포지션은 변동금리를 수취하고 고정금리를 지급한다.

문제해설

수취포지션, 지급포지션의 구분은 고정금리를 기준으로 한다. 고정금리수취, 변동금리지급을 수취포지션이라 하고, 고정금리지급, 변동금리 수취를 지급포지션이라 한다.

074

파생펀드 운용 시 신용위험에 대한 다음 설명 중 가장 거리가 먼 것은?

① 증권사가 자기자본 비율을 유지 못하는 경우 조건을 충족시킬 때까지 장외파생거래를 중지한다.
② 신용위험을 줄일 수 있는 방법으로 신용도가 높은 발행사의 상품을 편입한다.
③ 신용위험은 거래상대방의 계약불이행 위험이다.
④ 장외파생거래는 당사자 간 혹은 시장여건 등의 이유가 있어도 계약을 조기에 종결할 수 없다.

더 알아보기 파생상품의 위험요인

- 장내파생상품을 활용할 경우 레버리지를 사용하므로 베이시스위험, 변동성위험 등이 있다
- 장외파생상품이 편입된 펀드의 경우 거래상대방의 신용위험도를 고려해야 한다.

문제해설

장외파생거래는 당사자 간 혹은 시장여건 등의 이유가 있으면 계약을 조기에 종결할 수 있다.

075

옵션의 민감도에 대한 설명 중 옳은 것은?

① 옵션 델타의 절댓값은 ATM 옵션이 가장 크다.
② 기초자산의 가격 상승을 기대하는 투자자는 델타의 값을 (−)로 갖는 전략이 유용하다.
③ 쎄타는 옵션의 매수자에게는 (−), 매도자에게는 (+) 상태이다.
④ 베가는 옵션의 매수자에게는 (−), 매도자에게는 (+) 상태이다.

옵션 델타는 ITM일수록 절댓값이 크고, 기초자산은 가격의 상승을 기대하는 투자자는 델타의 값을 (+)로 갖는 전략이 유용하며 베가는 콜, 풋 매수자는 (+), 매도자는 (−) 상태이다.

더 알아보기 옵션의 포지션과 민감도 값

구분	포지	델타	감마	쎄타	베가
콜옵션	매수	+	+	−	+
	매도	−	−	+	−
풋옵션	매수	−	+	−	+
	매도	+	−	+	−

구분	방향	기대 상황
델타	+ −	주가지수의 상승을 기대 주가지수의 하락을 기대
감마	+ −	주가지수의 방향보다는 급격한 변화를 기대 주가지수의 방향보다는 안정된 상황을 기대
쎄타	+ −	만기가 빨리 도래할 것을 기대(매도자) 만기가 늦게 도래할 것을 기대(매수자)
베가	+ −	변동성이 커질 것을 기대 변동성이 작아질 것을 기대

076

주식을 매입할 때 체계적 위험은 헤지하고 비체계적 위험은 보유할 경우의 전략은?

① 개별 주식선물 매입　　② 주가지수 선물 매입
③ 개별 주식선물 매도　　④ 주가지수 선물 매도

개별 주식선물 매도는 모든 위험이 헤지된다. 주가지수 선물 매도는 체계적 위험만 헤지된다.

정답 072 ③ | 073 ④ | 074 ④ | 075 ③ | 076 ④

077

파생펀드 운용 시 금리 관련 위험에 대한 다음 설명 중 가장 거리가 먼 것은?

① 주가에 비해서 변동성의 폭이 작다.
② 시장금리는 기준금리를 기준으로 같은 추세를 나타낸다.
③ 금리 연계상품은 금리 변동이 작고 마진이 낮아 쿠폰이 높다.
④ 대체적으로 금리연계상품은 기관투자가를 상대로 발행되는 경우가 많다.

문제해설 

금리연계상품은 금리 변동이 작고 마진이 낮아 쿠폰(수익률)이 낮다.

078

신용파생상품시장의 관행에서 신용사건(Credit Event)으로 볼 수 없는 것은?

① 발행기업의 부도(Bankruptcy)
② 채권이자의 미지급(Failure to Pay)
③ 채무구조 조정 (Restructuring)
④ 원리금 조기상환(Early Payment of Loan)

더 알아보기 신용사건

- 부도, 이자 미지급, 모라토리움, 채무구조조정 등이 있다.
- 신용사건이 발생하면 보장 매도자는 보장 매입자에게 미회수 채권액을 보전한다.

문제해설 

원리금 조기상환은 신용사건에 해당하지 않는다.

079

장외파생상품의 시장 참여자에 대한 다음 설명 중 가장 거리가 먼 것은?

① 발행사는 원 발행사의 상품을 받아 파생결합증권을 제공한다.
② 원 발행사는 운용위험에 노출되어 있다.
③ 판매사는 고객에게 위험을 설명하고 판매한다.
④ 파생상품투자자의 손실이 커지면 발행사의 이익이 커진다.

문제해설 

발행사의 수익은 투자자의 손실과 제로섬이 아니고 기초자산의 변동성에 따라 움직인다.

080

펀드 운용 시 상품가격 위험에 대한 설명 중 가장 거리가 먼 것은?

① 이론적으로 만기가 멀수록 선물가격이 상승하는 것은 콘탱고 현상이다.
② 이론적으로 만기가 짧을수록 선물가격이 상승하는 것은 백워데이션 현상이다.
③ 콘탱고 시장은 선물가격이 현물가격보다 높은 것을 의미한다.
④ 백워데이션 시장은 현물가격이 선물가격보다 낮은 것을 의미한다.

백워데이션 시장은 현물가격이 선물가격보다 높은 것을 의미한다. 콘탱고 시장은 현물가격이 선물가격보다 낮은 것을 의미한다.

081

파생상품펀드에서 신용위험이 발생할 경우를 대비하는 방법들을 묶은 것은?

㉠ 환매 혹은 조기상환
㉡ 발행사를 변경하여 동일구조에 투자
㉢ 신용도가 높은 발행사의 상품편입
㉣ Unfunded SWAP에서 Funded SWAP 구조로 변경

① ㉠, ㉡, ㉢, ㉣　　② ㉡, ㉢, ㉣
③ ㉠, ㉢, ㉣　　④ ㉠, ㉡, ㉢

더 알아보기 Unfunded SWAP의 유형

- 원금보존추구형은 국고채, 통안채 등에 투자하며 신용리스크와 이자율변동리스크를 없앤다.
- SWAP거래는 거래상대방과 현금흐름을 주고받는 교환거래로서 신용리스크가 발생한다.
- 경기방안이 필요하고 보증 혹은 담보부거래의 형식을 취하게 된다.
- Unfunded 형태로 신용리스크는 경감될 수 있으나 펀드운용사의 운용리스크는 커지는 위험에 유의해야 한다.

㉣ Funded SWAP에서 Unfunded SWAP 구조로 변경하는 것이 신용위험을 대비하는 방법이다.

정답 077 ③ | 078 ④ | 079 ④ | 080 ④ | 081 ④

082

아래 표에 의거 아시안옵션의 만기 시 콜 및 풋옵션의 내재가치를 구하여라.

날짜	기초자산가격
9/30	150
10/30	175
11/30	175
12/30(만기)	200

	Call	Put
①	20	0
②	25	0
③	50	25
④	100	50

기초자산의 평균가격은 175이고 만기가격이 200이므로 Call의 내재가치는 25, Put의 내재가치는 0이다.

083

펀드 운용 시 위험(Risk)에 대한 다음의 설명 중 가장 거리가 먼 것은?

① 위험은 투자의 기대수익률에 대한 불확실성의 정도이다.
② 위험관리의 단계는 인식 → 측정 → 통제 → 감시의 단계로 구분한다.
③ 기초자산 가격의 변동위험은 유동성위험이다.
④ 리스크는 수익의 원천이며 투자자는 특정한 리스크를 부담하게 된다.

기초자산의 가격은 변동위험은 유동성위험이 아니라 가격위험에 속한다.

084

다음 선물을 이용한 헤지 거래에 대한 설명 중 가장 거리가 먼 것은?

① 매입 헤지는 현물가격의 하락위험에 대비한 것으로서 가격하락 위험이 실제로 발생하더라도 선물가격은 당초 정한대로 유지되므로 현물 포지션의 손실을 상쇄하여 준다.

② 매도 헤지는 현재 현물을 보유하고 있거나 미래에 현물을 불확실한 가격으로 팔아야 하는 상황에 있는 경우 해당 현물에 대응하여 선물을 미리 팔기로 계약하는 것이다.

③ 매도 헤지를 하려는 사람이 많으면 선물가격은 현물가격보다도 낮아져 백워데이션 상태가 될 수 있다.

④ 선물을 통해 현물가격 변동위험을 제거하고자 하는 경우 완전 헤지를 달성하는 것은 사실상 불가능하다.

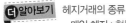

헤지거래의 종류

- **매입 헤지** : 현물가격 상승을 대비하여 현물매입가격 고정을 위해 선물을 매입하는 것
- **매도 헤지** : 현물보유가 가격하락 위험을 회피하기 위해 선물을 매도하는 것
- **직접 헤지** : 현물과 동일한 상품을 선물시장에서 매입/매도하는 것
- **교차 헤지** : 현물과 유사한 가격변동 패턴을 갖는 선물을 이용하여 헤지하는 것

문제해설

매도 헤지에 대한 설명이다.

085

헤지 거래인 보호적 풋과 Covered Call에 대한 설명 중 가장 거리가 먼 것은?

① 보호적 풋 전략은 보험 포트폴리오 전략 중 하나이다.

② 보호적 풋은 기초자산인 주식을 매수하고 풋옵션을 매수하는 전략이다.

③ 보호적 풋을 합성 풋 매수라고 한다.

④ Covered Call은 기초자산인 주식을 매수하고 콜옵션을 매도하는 전략이다.

문제해설

보호적 풋을 합성 콜 매수, Covered Call은 합성 풋매도라고 한다.

정답 082 ② | 083 ③ | 084 ① | 085 ③

086

옵션을 지금 행사하였을 경우 현 시세에 비추어 얼마만큼의 이익을 볼 수 있는가를 나타내는 옵션의 용어는?

① 행사가치 ② 시간가치
③ 행사가격 ④ 프리미엄

문제해설 

행사가치는 내재가치, 본질가치라고도 한다. 시간가치는 기대치에 대한 가격이다. 옵션의 가치는 '내재가치 + 시간가치', 콜옵션의 내재가치는 '기초자산가격 – 행사가격'이고 풋옵션의 내재가치는 '행사가격 – 기초자산가격'이다.

087

시스컴 기업은 금 10kg을 보유하고 있다. 현재 등가격 풋옵션 델타 = −0.5, 콜옵션 델타 = 0.5인 두 옵션을 이용하여 포지션의 델타를 중립으로 하고자 할 때 적절한 거래는?

① 콜옵션 10계약 매수 ② 콜옵션 10계약 매도
③ 풋옵션 20계약 매도 ④ 금선물 10계약 매도

현물 보유 시는 선물 매도, 풋매수, 콜매도가 헤지 전략이고, 델타를 중립으로 가져가려면 풋옵션 매수는 등가격 델타가 −0.5이므로 헤지비율은 2(0.5/1)이므로 10kg × 2 = 20계약(1kg이 1계약)의 풋옵션을 매수, 콜 매도의 경우 20계약 매도이다. 선물은 델타가 1이므로 10계약 매도가 된다.

088

LIBOR + 1.25% 채권을 발행한 A기업이 위험을 피하기 위하여 스왑으로 헤징하고자 한다. 스왑딜러의 고시율이 4.25%~4.50%라면 이 회사가 최종적으로 부담하는 금리는?

① 5.25 ② 5.50
③ 5.75 ④ 6.25

변동금리로 발행한 A기업이 스왑딜러와 고정금리 지급스왑을 체결하면 4.50%을 지급하고 Libor를 수취하므로 결과적으로 (4.50 + 1.25)인 5.75%의 고정차입 효과가 발생한다.

089

옵션 수익이 하나의 기초자산에 의해 결정되지만 위험의 노출이 다른 어느 한 통화의 변화에 의해서 결정되는 옵션은?

① 버뮤다옵션　　② 바스켓옵션
③ 선택옵션　　④ 콴토옵션

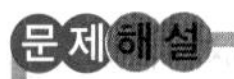

이종통화 옵션인 콴토옵션에 대한 설명이다.

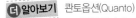

더 알아보기 콴토옵션(Quanto)
- 이종통화간의 가격변화에 의해 수익을 결정하는 옵션이다.
- 수량조절옵션이라고 한다.
  예 Nikkei225 지수를 기초자산으로 하되 수익은 달러로 지급한다.
- 환위험의 고려가 필요하다.

090

5% 고정금리를 지급하고 변동금리 기준금리를 받기로 하는 금리스왑과 동일한 거래는?

① 5% 금리캡 매도 + 5% 금리플로어 매도
② 5% 금리캡 매도 + 5% 금리플로어 매수
③ 5% 금리캡 매수 + 5% 금리플로어 매수
④ 5% 금리캡 매수 + 5% 금리플로어 매도

고정금리를 지급하고 변동금리 기준금리를 받기로 하는 금리스왑은 금리상승을 대비한 스왑이다. 금리캡을 매수하고 금리플로어를 매도한다. 이 경우를 금리칼라라고 한다.

금리캡은 캡을 제공하는 캡매도인과 금리변동에 따른 리스크를 회피하고자 하는 캡 매수인 간의 약정이다. 자금을 차입, 증권을 발행, 증권투자를 하는 경우 1년 미만의 단기일 때에는 선물금리 · 금리선물 또는 금리옵션을 사용하나, 1년 이상의 장기 때에는 금리스왑이나 금리 캡을 사용한다.

정답 086 ① | 087 ④ | 088 ③ | 089 ④ | 090 ④

091

펀드 운용 시 장외파생상품에 대한 설명 중 가장 거리가 먼 것은?

① 발행사의 수익은 기초자산의 변동성에 좌우된다.
② 판매사는 고객에게 위험을 고지해야 한다.
③ 펀드평가위원회에서는 채권평가사의 평가가격을 주로 이용한다.
④ 구조화 상품은 특정의 옵션구조를 복제하는 운용으로 인해 확실성이 크다.

문제해설 

구조화 상품은 특정의 옵션구조를 복제하는 운용으로 인해 불확실성이 크게 존재한다.

092

금리상승 위험에 대한 다음 설명 중 가장 거리가 먼 것은?

① 변동금리 자금을 차입자는 금리상승 위험에 노출된다.
② 고정금리 투자자산을 보유하고 있는 경우 금리 상승위험에 노출된다.
③ 채권 보유자가 풋옵션을 보유하고 있으면 금리상승에 대한 헤지가 가능하다.
④ 고정금리 채권 발행자는 금리상승 위험에 노출된다.

문제해설 

고정금리 채권 발행자는 금리하락 위험에 노출된다.

093

펀드 운용 시 유동성위험에 대한 설명 중 틀린 것은?

① 유동성이란 최소의 비용으로 투자자산을 현금화할 수 있는 정도이다.
② 유동성이 풍부해야 상환 시 가격충격을 최소화할 수 있다.
③ 장외파생상품의 구조에서 중도환매 시 비용부담이 크다는 점이 약점 중의 하나이다.
④ 현실적으로 장외파생상품의 환매는 판매한 판매회사와의 거래이다.

문제해설 

현실적으로 장외파생상품의 환매는 발행한 발행사와의 거래이기 때문에 비용이 적은 발행사를 선택하는 것이 중요하다.

094

다음 중 리스크 관리의 개념에 대한 설명 중 가장 거리가 먼 것은?

① 금융기관의 리스크 관리는 크게 본질적인 사업 리스크와 부수적인 리스크로 구분된다.
② 거시적 리스크 관리는 리스크 관리 부서에서 수행하고 미시적 리스크 관리는 일선 특정부서에서 혹은 특정상품 단위로 이루어진다.
③ 선물환은 통화선물에 비해 유동성이 풍부하여 리스크의 관리 수단으로 많이 사용된다.
④ 파생상품의 리스크 매도자는 시장조성자나 차익 거래자로도 활동한다.

문제해설 

통화선물이 선물환에 비해 유동성이 풍부하여 리스크의 관리 수단으로 많이 사용된다.

095

금리가 상승할 것을 예상하여 취할 수 있는 전략으로 가장 거리가 먼 것은?

① 채권펀드의 보유채권 중 일부를 매각하여 현금비중을 확대한다.
② 채권펀드에서 보유하고 있는 장기 채권을 단기 채권으로 교체한다.
③ 금리를 기초자산으로 하는 금리선물을 매수한다.
④ 지급 포지션을 갖는 이자율스왑을 체결한다.

문제해설 

금리 상승은 가격하락이므로 금리선물을 매도해야 한다.

096

다음 중 기초자산 가격의 큰 폭 하락이 확실하다면 가장 좋은 전략은?

① 수직약세 콜 스프레드
② 콜 매도
③ 수직약세 풋 스프레드
④ 풋매수

기초자산 가격의 큰 폭 하락이 확실하다면 풋 매수가 가장 좋은 전략이다.

정답 091 ④ | 092 ④ | 093 ④ | 094 ③ | 095 ③ | 096 ④

097

다음과 같은 차입조건을 갖는 두 기업이 있다. 다음의 설명 중 가장 거리가 먼 것은?

구분	A기업	B기업
고정금리차입	5.7%	6.5%
변동금리차입	L	L+30bp

① A기업 고정금리에서 비교우위, B기업 변동금리에서 비교우위에 있다.
② A기업 고정금리영수 금리스왑을 B기업과 체결하여 이익을 얻을 수 있다.
③ 두 기업 간 신용도 차이는 0.8%이다.
④ 만일 딜러가 개입하여 0.2%의 이익을 취하는 경우, 두 기업이 스왑을 통해 얻을 수 있는 이익의 합은 0.3%가 될 것이다.

신용도 차이는 고정금리 차이(0.8)와 변동금리 차이(0.3)의 차이(0.5)이다. 따라서 두 기업이 스왑을 통해 얻을 수 있는 이익의 합은 0.5%가 된다.

098

다음 옵션의 민감도지표에 대한 설명으로 가장 거리가 먼 것은?

① 쎄타 포지션이 양(+)일 때 시간의 경과는 옵션의 가치를 증대시킨다.
② 델타 포지션이 양(+)일 때 대상자산의 가격이 상승하기를 바라는 상태이다.
③ 감마 포지션이 양(+)일 때 방향과 관계없이 급히 움직이기를 바라는 상태이다.
④ 베가 포지션이 양(+)일 때 변동성이 작아지기를 원하는 상태이다.

더 알아보기 옵션의 포지션과 시장상황

구분	방향	기대 상황
델타	+ –	주가지수의 상승을 기대 주가지수의 하락을 기대
감마	+ –	주가지수의 방향보다는 급격한 변화를 기대 주가지수의 방향보다는 안정된 상황을 기대
쎄타	+ –	만기가 빨리 도래할 것을 기대(매도자) 만기가 늦게 도래할 것을 기대(매수자)
베가	+ –	변동성이 커질 것을 기대 변동성이 작아질 것을 기대

베가 포지션이 양(+)일 때 변동성이 커지기를 원하는 상태이다.

099

다음의 금리옵션에 대한 설명 중 가장 거리가 먼 것은?

① 금리칼라 매수는 '금리캡 매수 + 금리플로어 매도' 이다.
② 금리칼라 매도는 '금리캡 매도 + 금리플로어 매수' 이다.
③ '금리캡 매수 + 금리플로어 매도'는 고수변지(고정금리 수취, 변동금리 지급)스왑과 같다.
④ 금리칼라 매수와 매도 시 가격은 캡 매수와 플로어 매수 시의 가격보다 작다.

금리캡 매수 + 금리플로어 매도는 고지변수(고정금리지급, 변동금리수취)스왑과 같다.

100

다음은 어떤 장외파생상품에 대한 설명인가?

> 만기에서 기초자산과 행사가격이 같은 등가격옵션을 받게 되며, 피리어드 캡처럼 주기적으로 계속 옵션이 생성되고 행사된다.

① 콴토옵션 ② 행사가격 결정 유예옵션
③ 인버스 플로터옵션 ④ 디지털옵션

행사가격 결정 유예옵션에 대한 설명이다.

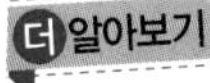

- 역변동금리채(인버스 플로터)
  - 고정금리 : CD금리의 형태로 이자지급하는 채권의 경우에 (고정금리 – CD) 부분을 인버스 플로터라고 한다.
  - 고정금리를 행사가격으로 하는 풋옵션 구조로 해석한다.
- 행사가격 결정 유예옵션(Delayed Option)
  - 미리 특정시점에서 당일의 기초자산 가격과 같도록 행사가격이 설정된 또 다른 옵션을 획득할 수 있는 옵션이다. 계속적으로 옵션을 생성해 나갈 필요가 있을 때 사용한다.
- 디지털 옵션(Digital or Binary Option)
  - 옵션이 만기일에 내가격 상태이면 사전에 약정된 금액을 지불하고 등가격, 외가격인 경우에는 '0'이 되는 옵션으로 내가격이냐 아니냐가 중요하다.

정답 097 ③ | 098 ④ | 099 ③ | 100 ②

at it
000
com-
bil-
ary

r of
net
ent
ion
by
ate
by

gained 6.
1,662.74.

3과목

부동산펀드

1장 부동산펀드 법규

001

부동산펀드의 운용에 대한 다음 설명 중 가장 거리가 먼 것은?

① 집합투자업자는 펀드재산으로 부동산개발사업에 투자하고자 하는 경우에는 사업계획서를 작성하여야 한다.

② 부동산의 개발 및 부수업무, 부동산의 관리 · 개량 및 부수업무, 부동산의 임대 및 부수업무를 제3자에게 위탁할 수 있다.

③ 집합투자업자는 신탁업자로부터 사업계획서가 적정한지의 여부에 대하여 확인을 받아야 하며, 이를 인터넷 홈페이지 등을 이용하여 공시하여야 한다.

④ 부동산펀드에서 금전을 대여하는 경우, 그 대여금의 한도는 해당 부동산펀드의 자산총액에서 부채총액을 뺀 가액의 100%로 한다.

더 알아보기 사업계획서

집합투자업자는 펀드재산으로 부동산개발사업에 투자하고자 하는 경우에는 다음 사항이 기재된 사업계획서를 작성하여야 한다.

- 부동산개발사업의 추진일정
- 부동산개발사업의 추진방법
- 건축계획 등이 포함된 사업계획에 관한 사항
- 자금의 조달, 투자 및 회수에 관한 사항
- 추정손익에 관한 사항
- 사업의 위험에 관한 사항
- 공사시공 등 외부용역에 관한 사항
- 그 밖에 투자자를 보호하기 위하여 필요한 사항으로서 금융위원회가 정하여 고시하는 사항

문제해설

집합투자업자는 신탁업자가 아니라 감정평가업자로부터 사업계획서가 적정한지의 여부에 대하여 확인을 받아야 하며, 이를 인터넷 홈페이지 등을 이용하여 공시하여야 한다.

002

부동산펀드에서 금전차입이 가능한 차입기관이 아닌 것은?

① 보험회사　　② 투자중개업자
③ 상호저축은행　　④ 대한주택공사

더 알아보기 부동산펀드에서 금전차입이 가능한 차입기관

- 보험회사
- 은행, 한국산업은행, 중소기업은행, 한국수출입은행, 투자매매업자 또는 투자중개업자, 증권금융회사, 종합금융회사, 상호저축은행
- 국가재정법에 따른 기금
- 다른 부동산펀드

문제해설 

대한주택공사에서는 금전차입이 가능하지 않다.

003

부동산펀드에서 펀드재산으로 부동산을 운용함에 있어서 금지되는 행위와 가장 거리가 먼 것은?

① 부동산을 취득한 후 국내에 있는 부동산 중 주택을 3년 이내에 처분하는 행위
② 부동산을 취득한 후 국외에 있는 부동산을 집합투자규약에서 정하는 기간 이내에 처분하는 행위
③ 건축물, 그 밖의 공작물이 없는 토지로서 그 토지에 대하여 부동산개발사업을 시행하기 전 그 토지를 처분하는 행위
④ 부동산펀드가 합병, 해지, 해산되는 경우 부동산을 처분하는 행위

부동산펀드가 합병, 해지, 해산되는 경우는 예외사항이다.

004

부동산의 개념에 대한 다음 설명 중 가장 거리가 먼 것은?

① 선박, 항공기 등은 준부동산으로 분류된다.
② 건폐율은 (건축면적/대지면적) × 100이다.
③ 용적률은 (건축물의 지상층 전면적/대지면적) × 100이다.
④ 부동산 등기사항증명서상 소유권에 관한 사항은 표제부에 등제되어 있다.

등기사항증명서는 표제부, 갑구, 을구로 나누어져 있다.

- **표제부** : 부동산표시와 소재지
- **갑구** : 부동산의 소유권 표시
- **을구** : 소유권 이외의 권리 표시

정답 001 ③ | 002 ④ | 003 ④ | 004 ④

005

다음 중 부동산펀드의 설정 · 설립 시의 주체가 다른 하나는?

① 부동산투자회사
② 부동산투자유한회사
③ 부동산투자합자조합
④ 부동산투자익명조합

부동산펀드의 설정 · 설립

구분	설립주체	집합투자규약	설립절차
부동산투자신탁	집합투자업자	신탁계약서	신탁계약 금융위원회 등록
부동산투자회사	발기인	정관	정관작성 설립등기 금융위원회 등록
부동산투자유한회사	집합투자업자	정관	
부동산투자합자회사		정관	
부동산투자합자조합		조합계약	조합계약 금융위원회 등록
부동산투자익명조합		익명조합계약	익명조합계약 금융위원회 등록

문제해설 

부동산투자회사는 발기인이 설립하나 ②, ③, ④는 집합투자업자가 설립한다.

006

부동산펀드에 대한 다음 설명 중 가장 거리가 먼 것은?

① 일정한 요건을 갖추면 공모 및 사모부동산펀드에서도 부동산 실물로 납입이 가능하다.
② 투자신탁형 부동산펀드는 폐쇄형으로 하여야 하며 반드시 거래소에 상장하여야 한다.
③ 감정평가사로서 감정평가 분야 또는 부동산 관련 분야에 5년 이상 종사한 자는 부동산 운용전문인력 이다.
④ 부동산펀드에서 투자가능한 부동산에 대한 권리로는 지상권, 지역권, 임차권, 전세권, 분양권 등이 있다.

사모부동산펀드에서만 일정요건을 갖추어야 금전이 아닌 부동산 실물로도 납입이 가능하다.

007

다음 부동산펀드 중 영업자 1인이 펀드를 대표하는 것은?

① 투자조합형　　② 투자유한회사형
③ 투자신탁형　　④ 투자익명조합형

영업자 1인이 펀드를 대표하는 경우는 투자익명조합형이다.

더알아보기 관련 당사자 및 주요 역할

구분	운용주체	관리, 판매, 사무	투자자
부동사투자신탁	집합투자업자	• 관리주체 – 신탁업자 • 판매주체 – 투자매매업자 – 투자중개업자 • 일반사무업무 주체 – 일반시무관리 회사	수익자총회/수익자
부동산투자회사	법인이사 (집합투자업자)		주주총회/주주
부동산투자유한회사			사원총회/사원
부동산투자합자회사	업무집행사원인 집합투자업자		유한책임사원
부동산투자조합	업무집행조합원인 집합투자업자		유한책임조합원
부동산투자익명조합	영업자 (집합투자업자) 1인		익명조합원총회 /익명조합원

008

부동산펀드에서 펀드재산의 50/100을 초과하여 부동산 및 부동산 관련 자산에 투자한 후 나머지를 펀드재산으로 투자할 수 있는 증권 중 채무증권에 해당하지 않는 것은?

① 국채증권　　② 지방채증권
③ 사채권　　④ 주권

주권은 지분증권에 해당한다.

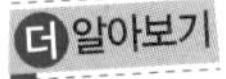
채무증권

- 국채증권
- 지방채증권
- 특수채증권
- 사채권
- 기업어음증권
- 지급청구권이 표시된 것

정답 005 ① | 006 ① | 007 ④ | 008 ④

009

다음 중 부동산펀드의 집합투자업자가 제3자에게 업무를 위탁할 수 없는 경우는?

① 부동산의 개발 및 부수업무
② 부동산의 평가 및 부수업무
③ 부동산의 관리, 개량 및 부수업무
④ 부동산의 임대 및 부수업무

문제해설

부동산의 평가업무, 펀드의 설립, 해지업무, 운용업무 등은 본질적 업무로서 제3자에게 위탁할 수 없다.

010

부동산펀드 자금 납입 방법에 대한 설명 중 가장 거리가 먼 것은?

① 집합투자업자 또는 투자자는 부동산펀드에 현금으로 납입해야 한다.
② 시가 또는 평가일 현재 신뢰할 만한 시가가 없는 경우 감정평가사가 제공하는 공정가액으로 한다.
③ 사모부동산펀드의 경우 다른 투자자 전원의 동의를 받아 현물로 납입할 수 있다.
④ 사모부동산펀드의 경우 부동산으로 투자할 수 있다.

감정평가사가 아니라 펀드재산 평가위원회가 정한 공정가액으로 한다.

011

부동산펀드의 설립주체가 발기인인 것은?

① 부동산투자유한회사　② 부동산투자신탁
③ 부동산투자조합　④ 부동산투자회사

부동산투자회사는 설립주체가 발기인이다.

012

펀드재산의 50%를 초과하여 부동산과 관련된 법인의 대출에 투자하는 부동산펀드는?

① 임대형 부동산펀드 ② 증권형 부동산펀드
③ 대출형 부동산펀드 ④ 개발형 부동산펀드

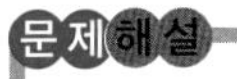

대출형 부동산펀드에 대한 설명이다.

더 알아보기 실물형 부동산펀드
펀드재산의 50%를 초과하여 실물 부동산에 투자하는 부동산펀드로 매매형 부동산펀드, 임대형 부동산펀드, 개량형 부동산펀드, 경 · 공매형 부동산펀드, 개발형 부동산펀드가 있다.

013

부동산펀드 집합투자업자의 금전차입에 대한 설명 중 가장 거리가 먼 것은?

① 부동산펀드에서 금전을 차입하는 경우와 부동산펀드가 아닌 펀드에서 금전을 차입하는 경우 차입한도가 다르다.
② 차입한 금전은 원칙적으로 부동산을 운용하는 데 사용해야 한다.
③ 금융기관과 자금을 대여하는 곳 등 어느 곳에서나 차입이 가능하다.
④ 금전을 차입할 경우 원칙적으로 펀드가 보유하고 있는 부동산을 담보로 제공하여야 한다.

차입은 금융기관 및 다른 펀드 그리고 정부기금 등으로 제한되어 있다.

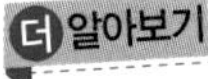

부동산펀드에서 부동산 취득 시 금전의 차입을 허용한 사유
- 부동산펀드에서 부동산을 취득함에 있어 금전의 차입을 허용한 것에 대해 레버리지 효과로 인해 부동산펀드의 위험을 확대시킬 수 있다는 의견도 있으나,
- 부동산을 취득함에 있어 자기자본으로만 취득하는 경우보다는 일정부분 타인자본을 활용하여 취득하는 것이 일반적이라는 현실을 수용하여 금전의 차입을 허용한 것으로 이해할 수 있다.

정답 009 ② | 010 ② | 011 ④ | 012 ③ | 013 ③

014

부동산펀드의 운용에 관한 규제 내용 중 가장 거리가 먼 것은?

① 집합투자업자는 부동산 취득 또는 처분하는 경우 실사보고서를 작성, 비치하여야 한다.
② 국내의 부동산 중 주택은 취득 후 3년 이내의 처분이 금지된다.
③ 나대지에 대하여 개발사업을 시행하기 전에 해당 토지의 처분이 금지된다.
④ 국외에 있는 부동산은 1년 이내에 해당 부동산을 처분하는 행위를 할 수 없다.

처분행위금지
- 부동산을 취득한 후 다음 기간에 이를 처분하는 행위
  - 국내에 있는 부동산 중 주택은 3년 이내, 주택이 아닌 경우는 1년 이내
  - 국외에 있는 부동산은 집합투자규약에서 정하는 기간 이내
- 예외
  - 부동산개발사업에 따라 조성하거나 설치한 토지, 건축물을 분양하는 경우
  - 투자자를 보호하기 위하여 필요한 경우로서 부동산펀드가 합병, 해지, 해산되는 경우

토지처분 금지
- 건축물, 그 밖의 공작물이 없는 토지로서 그 토지에 대하여 부동산개발사업을 시행하기 전에 그 토지를 처분하는 행위
- 예외
  - 부동산펀드가 합병, 해지, 해산되는 경우
  - 부동산개발사업을 하기 위하여 토지를 취득한 후 관련 법령의 제정, 개정 또는 폐지 등으로 인하여 사업성이 뚜렷하게 떨어져서 부동산개발사업을 수행하는 것이 곤란하다고 객관적으로 증명되어 그 토지의 처분이 불가피한 경우

문제해설 

국외에 있는 부동산의 처분은 집합투자규약에 정하는 기간 이내에 따른다.

015

다음 펀드재산 평가에 대한 설명 중 빈칸에 적당한 용어는?

> 집합투자업자의 재산평가위원회는 부동산펀드의 펀드재산을 (㉠)에 따라 평가하되 신뢰할 만한 (㉡)가 없는 경우에는 (㉢)으로 평가해야 한다.

	㉠	㉡	㉢		㉠	㉡	㉢
①	시가,	시가,	공정가액	②	시가,	시가,	장부가
③	장부가,	장부가,	시가	④	장부가,	장부가,	공정가액

시가가 원칙이며 시가가 없는 경우 공정가액을 기초로 평가한다.

016

부동산펀드의 이익배당과 손실배분에 대한 설명 중 가장 거리가 먼 것은?

① 부동산투자합자회사의 이익은 무한책임사원과 유한책임사원의 배당률, 배당순서 등을 달리 정할 수 없다.
② 부동산투자합자회사의 손실은 무한책임사원과 유한책임사원의 배분율, 배분순서 등을 달리 정할 수 없다.
③ 부동산투자조합의 이익은 무한책임조합원과 유한책임조합원의 배당률, 배당순서 등을 달리 정할 수 있다.
④ 부동산투자조합의 손실은 무한책임조합원과 유한책임조합원의 배분율, 배분순서를 달리 정할 수 없다.

부동산투자합자회사의 이익은 무한책임사원과 유한책임사원의 배당률, 배당순서 등을 달리 정할 수 있다.

017

토지 이용상의 용어에 대한 설명 중 가장 거리가 먼 것은?

① 가간지는 개간이 가능한 토지이다.
② 승역지는 지상권 설정의 경우 편익을 제공하는 토지이다.
③ 이행지는 용도지역 간 전환되고 있는 토지이다.
④ 선하지는 고압선 아래의 토지이다.

승역지는 지상권이 아니라 지역권 설정의 경우 편익을 제공하는 토지이다.

더알아보기 토지의 이용활동상의 분류

- **나지** : 지상에 건축물이 없는 토지
- **갱지** : 지상에 건축물이 없는 토지이나 공법상 · 행정상 규제를 받는 토지
- **공지** : 건축법에 의한 건폐율의 적용으로 한 필지 내에서 비워 둔 토지
- **맹지** : 도로에 접속면을 가지지 못한 토지
- **택지** : 주거지, 상업지, 공업지의 건물부지로 이용되거나 이용되는 것이 사회적, 경제적, 행정적으로 합리적이라고 인정되는 토지
- **요역지** : 승역지에 상대되는 개념으로 지역권 설정의 경우 편익을 받는 토지
- **공한지** : 도시 내의 택지 중 지가상승만을 기대하여 장기간 방치하는 토지
- **후보지** : 택지, 농지, 임지 상호 간에 전환되고 있는 토지

정답 014 ④ | 015 ① | 016 ① | 017 ②

018

부동산펀드에서 금전차입이 가능한 차입기관이 아닌 것은?

① 삼성생명 주식회사　　② 중소기업은행
③ 한국수출입은행　　④ 한국토지개발공사

더 알아보기 차입금의 한도
- 부동산펀드의 자산총액에서 부채총액을 뺀 가액의 200%
- 집합투자자총회에서 다르게 의결한 경우 그 의결 한도
- 부동산펀드가 아닌 펀드로 부동산을 취득할 경우 해당 펀드에 속하는 부동산 가액의 70%

부동산펀드에서 금전차입이 가능한 차입기관
- 보험회사
- 다른 집합투자기구
- 국가재정법에 따른 기금
- 은행, 한국산업은행, 중소기업은행, 한국수출입은행, 투자매매업자 또는 투자중개업자, 증권금융회사, 종합금융회사, 상호저축은행

019

부동산과 관련된 집합투자증권에 투자하는 펀드에 대한 설명 중 가장 거리가 먼 것은?

① 과거에는 부동산펀드의 집합투자증권에 투자하는 펀드를 재간접펀드(Fund of Funds) 형태로 허용하였다.
② 일부 자산운용회사에서 해외부동산펀드의 집합투자 증권에 투자하는 재간접펀드의 개발을 추진한 바가 있으나 실제로 개발된 사례는 많지 않다.
③ 자본시장법에서는 부동산 관련 권리의 집합증권에 투자하는 펀드를 부동산펀드로 인정하지 않는다.
④ 부동산펀드에서 직접 부동산, 지상권 및 기타 부동산 관련 권리, 부동산담보부 금전채권 등에 투자하기 곤란한 경우 다른 펀드를 통해 간접적으로 투자할 목적으로 개발 가능하다.

자본시장법에서 부동산 관련 권리(부동산, 지상권, 지역권, 전세권, 임차권, 분양권 등), 금융기관이 채권자인 부동산 담보부 금전채권 중 어느 하나에 해당하는 자산이 펀드재산의 50% 이상을 차지하는 펀드의 집합증권을 부동산으로 간주하여 이러한 집합증권에 투자하는 펀드를 부동산펀드로 인정한다.

020

다음 ( )에 공통으로 들어갈 것 중 알맞은 것은?

> 부동산투자회사의 발기인은 투자회사재산의 ( )을 초과하여 부동산에 투자하는 부동산투자회사를 설립할 수 없으며, 설립 후에 투자회사재산의 ( )을 초과한 형태로 정관의 변경을 금지한다.

① 30/100　② 50/100
③ 70/100　④ 80/100

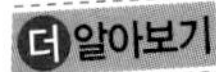

더알아보기 증권에 투자하는 경우 운용제한(사모부동산펀드 제외)

- 각 공모부동산펀드 자산총액의 10%를 초과하여 동일증권에 투자하는 행위
- 전체 펀드 자산총액으로 동일법인 등이 발행한 지분증권 총수의 20%를 초과하여 투자하는 행위
- 각 공모부동산펀드 자산총액으로 동일법인 등이 발행한 지분증권 총수의 10%를 초과하여 투자하는 행위

집합투자증권에 투자하는 경우 운용제한

- 각 공모부동산펀드 자산총액의 50%를 초과하여 같은 집합투자업자가 운용하는 펀드의 집합투자 증권에 투자하는 행위
- 각 공모부동산펀드 자산총액의 20%를 초과하여 같은 펀드의 집합투자 증권에 투자하는 행위
- 집합투자증권에 자산총액의 40%를 초과하여 투자할 수 있는 펀드의 집합투자증권에 투자하는 행위
- 사모펀드의 집합투자증권에 투자하는 행위(사모부동산펀드 제외)
- 각 공모부동산펀드의 펀드재산으로 같은 펀드의 집합투자증권 총수의 20%를 초과하여 투자하는 행위(사모부동산펀드 제외)

문제해설

투자한도

- 설립 시 투자회사재산의 70/100을 초과 금지
- 설립 후 투자회사재산의 70/100을 초과한 형태로 정관변경 금지

021

지적법에서 규정하고 있는 지적 공부로만 나열된 것은?

① 임야대장, 공유지연명부, 부동산등기부
② 대지권등록부, 토지대장, 행정구역도
③ 토지대장, 임야대장
④ 지적도, 임야도, 일람도

문제해설

지적법에서 규정하고 있는 지적공부로는 토지대장, 임야대장, 지적도, 임야도, 공유지연명부, 대지권등록부가 있다. 이외에는 지적사무에 이용되는 장부라 할지라도 지적공부가 아니다.

정답 018 ④ | 019 ③ | 020 ③ | 021 ③

3과목 부동산펀드

022

자본시장법상 부동산펀드의 법적 형태에 해당하지 않는 것은?

① 부동산투자조합 ② 부동산투자합자회사
③ 부동산투자유한회사 ④ 부동산투자합명회사

문제해설 

합명회사는 법적 형태에 포함되지 않는다.

023

부동산펀드의 차입에 대한 설명 중 가장 거리가 먼 것은?

① 펀드의 자산총액에서 부채총액을 뺀 가액의 200/100
② 집합투자자총회에서 달리 의결한 경우에는 그 의결한 한도
③ 부동산펀드가 아닌 펀드에서 부동산을 취득함에 있어서 금전을 차입하는 경우는 해당 펀드에 속하는 부동산 가액의 70/100
④ 부동산펀드가 아닌 펀드에서 부동산을 취득함에 있어 금전을 차입하는 경우, 부동산 가액의 평가는 금융위원회가 정한 가액으로 한다.

부동산펀드가 아닌 펀드에서 부동산을 취득함에 있어서 금전을 차입하는 경우는 부동산의 가액평가는 펀드재산평가위원회가 펀드재산평가기준에 따라 정한 가액으로 한다.

024

집합투자업자가 사업계획서가 적정한지의 여부에 대하여 확인을 받아야 하는 기관은?

① 감정평가업자 ② 금융기관
③ 금융위원회 ④ 기획재정부

집합투자업자는 부동산가격 공시 및 감정평가에 관한 법률에 따른 감정평가업자로부터 그 사업계획서가 적정한지의 여부에 대하여 확인을 받아야 하며, 이를 인터넷 홈페이지 등을 이용해 공시하여야 한다.

025

다음은 무엇에 대한 설명인가?

부동산 목적의 물권을 의미하며 거래객체로 거래가 형성 인정되는 광업권, 어업권 등을 말한다.

① 협의의 부동산 ② 광의의 부동산
③ 준부동산 ④ 복합부동산

준부동산 혹은 의제간주 부동산에 대한 설명이다.

026

다음 중 지적의 3요소와 가장 거리가 먼 것은?

① 토지 ② 건물
③ 등록 ④ 지적공부

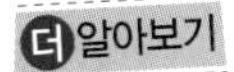

지적의 의의
지적은 소관청이 국토를 필지 단위로 구획하여 토지에 관한 물리적 현황 및 법적 권리관계 등을 조사 · 측량하여 등록 · 공시하는 국가의 사무를 말한다. 지적의 종류에는 전, 답, 과수원, 목장용지, 임야, 광천지, 염전, 대, 공장용지, 학교용지, 주차장, 주유소 용지, 창고용지, 도로, 철도용지, 하천, 제방, 구거, 유지, 양어장, 수도용지, 공원, 체육용지, 유원지, 종교용지, 사적지, 묘지, 잡종지가 있다.

지적의 3대 요소는 토지, 등록, 지적공부이다.

027

다음 중 부동산펀드의 법적 형태로 볼 수 없는 것은?

① 투자지주회사 ② 투자신탁
③ 투자익명조합 ④ 투자합자회사

7개 형태의 법적 형태는 ②, ③, ④ 외에 투자유한회사, 투자회사, 투자유한책임회사, 투자합자조합 등이 있다.

정답 022 ④ | 023 ④ | 024 ① | 025 ③ | 026 ② | 027 ①

028

부동산펀드의 운용에 대한 다음의 내용 중 가장 거리가 먼 것은?

① 부동산펀드에서 투자 가능한 특별자산에는 지적재산권, 탄소배출권, 통화, 신용위험 등이 있다.
② 국내에 있는 부동산 중 주택은 취득 후 3년 이내에 처분이 제한된다.
③ 집합투자규약에서 정한 경우 공모부동산펀드에서 자산총액의 30%까지 부동산개발회사의 증권에 투자할 수 있다.
④ 각 부동산펀드 자산총액의 10%를 초과하여 동일증권에 투자할 수 없다.

집합투자규약에서 정한 경우에는 100%까지 투자할 수 있다.

029

부동산펀드에서 펀드재산의 50/100을 초과하여 부동산 및 부동산 관련 자산에 투자한 후 나머지 펀드재산으로 투자할 수 있는 특별자산에 해당하는 증권이 아닌 것은?

① 특별자산이 신탁재산의 50/100 이상을 차지하는 수익증권
② 특별자산이 집합투자재산의 50/100 이상을 차지하는 집합투자증권
③ 특별자산이 유동화자산의 50/100 이상을 차지하는 유동화증권
④ 특별자산이 선박투자회사자산의 50/100 이상을 차지하는 선박투자회사가 발행한 주식

특별자산에 해당하는 증권

- 신탁재산의 50/100 이상을 차지하는 수익증권
- 유동화자산의 50/100 이상을 차지하는 유동화증권
- 집합투자재산의 50/100 이상을 차지하는 집합투자증권
- 사회기반시설에 대한 민간투자법에 따른 사회기반시설사업의 시행을 목적으로 하는 법인이 발행한 주식과 채권

030

부동산펀드의 운용에 대한 다음의 내용 중 가장 거리가 먼 것은?

① 전체 펀드 자산총액에서 동일법인이 발행한 지분증권 총수의 20%를 초과하여 투자할 수 있다.
② 각 부동산펀드의 자산총액에서 동일법인이 발행한 지분증권 총수의 10%를 초과하여 투자할 수 없다.
③ 각 부동산펀드의 자산총액의 20%를 초과하여 하나의 다른 펀드에 투자할 수 없다.
④ 전체 펀드의 재산으로 다른 하나의 펀드의 20%를 초과하여 투자할 수 없다.

전체 펀드가 아니라 각 부동산펀드의 재산으로 다른 하나의 펀드의 20%를 초과하여 투자할 수 없다.

031

다음 중 부동산펀드의 법적 유형으로 볼 수 없는 것은?

① 신탁형　　② 법인형
③ 조합형　　④ 회사형

①, ③, ④가 법적 유형이다.

032

전국의 토지를 대상으로 지정하여 그 지정 목적에 따라 건축물의 용도와 건폐율 · 용적률 · 높이 등을 제한하는 등 토지의 효율적 이용을 위해 중복되지 않게 도시관리계획으로 결정하는 지역을 무엇이라고 하는가?

① 용도지역　　② 용도지구
③ 용도구역　　④ 용도영역

용도지역을 의미하며 국토계획 및 이용에 관한 법률에 따르면 용도지역은 전국의 모든 토지를 대상으로 하고 중복지정은 안 된다.

033

부동산펀드의 실사보고서에 포함되지 않는 것은?

① 거래비용　　② 수익에 영향을 미치는 요소
③ 부동산의 현황　　④ 부동산 등기 내용

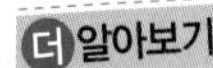
집합투자업자는 펀드재산으로 부동산을 취득하거나 처분하는 경우 실사보고서를 작성 · 비치해야 한다.

부동산 등기 내용은 포함되지 않는다.

정답 028 ③ | 029 ④ | 030 ④ | 031 ② | 032 ① | 033 ④

034

부동산의 법 · 제도적 개념에 대한 설명으로 가장 거리가 먼 것은?

① 협의의 개념으로 민법상 부동산은 토지 및 그 정착물을 말한다.
② 협의의 부동산과 준부동산을 합하여 광의의 부동산이라고 한다.
③ 준부동산은 토지와 그 정착물과의 권리관계가 특별하게 설정되어 있거나, 상호가치나 이용 등의 영향력이 복합개념의 관계에 있는 경우를 말한다.
④ 준부동산에 해당하는 것은 등기된 선박, 등록된 자동차, 항공기 건설기계, 광업재단, 공장재단, 어업권, 입목 등이 있다.

복합부동산에 대한 설명이다. 준부동산은 부동산은 아니지만 등기 · 등록 등의 공시방법을 갖추어 부동산에 준하여 취급되는 특정의 동산이나 동산과 일체로 된 부동산 집단을 의미한다.

035

부동산 관련 확인서류에 대한 설명 중 가장 거리가 먼 것은?

① 공법적 규제사항은 등기사항증명서를 통해 확인할 수 있다.
② 건축물의 표시, 소유자 현황 등은 건축물대장을 통해 확인할 수 있다.
③ 토지의 경계 등은 지적도(임야도)를 통해 확인할 수 있다.
④ 토지의 물리적 현황 등은 토지대장(임야대장)을 통해 확인할 수 있다.

공법적 규제사항은 토지이용계획확인원을 통해 확인할 수 있다. 등기사항증명서는 토지등기사항과 건물등기사항을 확인할 수 있다.

036

등기사항증명서 구성에 대한 설명 중 가장 거리가 먼 것은?

① 토지등기의 표제부에는 토지의 표시, 건물등기의 표제부에는 건물의 표시를 기록한다.
② 토지등기 표제부는 표시번호란, 접수란을 비롯하여 소재지번 및 건물번호란, 건물내역란으로 구분된다.
③ 을구에는 소유권 외의 권리에 관한 사항을 기록한다.
④ 갑구에는 소유권에 관한 사항을 기록한다.

건물등기 표제부에 대한 내용이다. 토지등기 표제부에는 건물번호란, 건물내역 대신 지목란, 면적란이 포함된다.

037

토지에 대한 지역 · 지구 등의 지정 내용, 지역 · 지구 등에서의 행위제한 내용, 국토계획법에 따라 지정된 토지거래계약에 관한 허가구역 등이 포함된 토지이용규제기본법상의 서류로, 토지에 대한 공법상의 제한상태를 확인할 수 있는 것은?

① 토지대장(임야대장)　② 지적도(임야도)
③ 토지이용계획확인서　④ 등기사항증명서

문제해설
토지이용계획확인서에 대한 설명이다.

038

토지의 분류에 대한 설명 중 가장 거리가 먼 것은?

① 지적의 3요소에는 토지, 등록, 지적공부가 해당된다.
② 지목은 토지의 주된 용도에 따라 토지의 종류를 구분하여 지적공부에 등록한 것을 말한다.
③ 지적은 전 국토를 필지 단위로 구획하여 지적공부에 토지에 관한 물리적 현황 및 법적 권리관계 등을 조사 · 측량하여 등록 · 공시하는 것을 말한다.
④ 용도구역제는 토지를 위치와 기능 및 적성에 따라 구분하고 적절한 용도를 부여하여 용도에 어긋나는 이용행위를 규제하는 것이다.

문제해설
용도지역 · 지구제에 대한 설명이다. 용도구역제는 도시의 과밀화 · 과대화 현상과 이로 인한 폐해를 예방하기 위해 획일적으로 지정된 일정한 지역에 대해 도시계획적인 측면에서 토지이용에 제한을 가하는 제도이다.

039

토지의 이용 및 건축물의 용도 · 건폐율 · 용적률 · 높이 등에 대한 용도지역의 제한을 강화하거나 완화하여 적용함으로써 용도지역의 기능을 증진시키고 미관 · 경관 · 안전 등을 도모하기 위하여 도시 · 군관리계획으로 결정하는 지역은?

① 용도지역　② 용도지구
③ 용도구역　④ 계획관리지역

문제해설
용도지구에 대한 설명이다.

정답 034 ③ | 035 ① | 036 ② | 037 ③ | 038 ④ | 039 ②

040

용도구역 지정과 가장 거리가 먼 것은?

① 개발제한구역 : 도시의 무질서한 확산을 방지하고 도시주변의 자연환경을 보전하여 도시민의 건전한 생활환경을 확보하기 위하여 도시의 개발을 제한할 필요가 있거나 국방부장관의 요청이 있어 보안상 도시의 개발을 제한할 필요가 있다고 인정되는 구역

② 도시자연공원구역 : 도시의 자연환경 및 경관을 보호하고 도시민에게 건전한 여가 · 휴식공간을 제공하기 위하여 도시지역 안에서 식생이 양호한 산지의 개발을 제한할 필요가 있다고 인정되는 구역

③ 시가화조정구역 : 도시지역과 그 주변지역의 무질서한 시가화를 방지하고 계획적 · 단계적인 개발을 도모하기 위하여 5년 이상 20년 미만의 일정기간 동안 시가화를 유보할 필요가 있다고 인정되는 구역

④ 특정용도제한지구 : 주거기능 보호나 청소년 보호 등의 목적으로 청소년 유해시설 등 특정시설의 입지를 제한할 필요가 있는 지구

문제해설 

특정용도제한지구는 용도지구 지정에 따른 구분에 해당한다. 용도구역에는 개발제한구역, 도시자연공원구 역, 시가화조정구역, 수산자원보호구역으로 구분된다.

- **수산자원보호구역** : 수산자원을 보호 · 육성하기 위하여 필요한 공유수면이나 그에 인접한 토지에 대한 개발을 제한할 필요가 있다고 인정되는 구역

041

건폐율에 대한 설명 중 가장 거리가 먼 것은?

① 건폐율의 최대한도는 관할구역의 면적과 인구규모, 용도지역의 특성 등을 고려한다.

② 건폐율은 대지면적에 대한 건축면적의 비율을 말하며 [(건축면적/대지면적) × 100]으로 구한다.

③ 건축면적은 건축물의 지상층 각 층의 바닥면적의 합계(지하층의 면적은 미포함)를 말하며, [대지면적 × 법정건폐율]로 구한다.

④ 대지면적은 건축할 수 있는 대지의 넓이를 말한다.

문제해설 

연면적에 대한 설명이다. 건축면적은 건축물의 바닥면적으로서 면적이 가장 넓은 1개층의 면적을 말하며, 대지에 건축물이 둘 이상 있는 경우에는 이들 건축면적의 합계이다.

042

다음 중 공동주택이 아닌 것은?

① 아파트　　② 연립주택
③ 다세대주택　　④ 다가구주택

- **단독주택** : 단독주택, 다중주택, 다가구주택, 공관
- **공동주택** : 아파트, 연립주택, 다세대주택, 기숙사

043

부동산펀드의 정의에 대한 설명 중 가장 거리가 먼 것은?

① 펀드재산의 50%를 초과하여 부동산에 투자하는 집합투자기구를 말한다.
② 펀드재산의 50%를 초과하여 부동산개발과 관련된 법인에 대한 대출을 하는 경우도 부동산펀드에 해당한다.
③ 부동산과 관련된 권리 · 금전채권 · 증권 등은 투자대상에 해당하지 않는다.
④ 부동산투자회사로서 공모 부동산투자회사를 부동산 간접투자상품으로 인정한다.

펀드재산으로 부동산 자체에 투자하는 경우 외에도 펀드재산의 50%를 초과하여 부동산과 관련된 권리에 투자하는 경우, 부동산과 관련된 금전채권에 투자하는 경우, 부동산과 관련된 증권에 투자하는 경우, 부동산을 기초자산으로 한 파생상품에 투자하는 경우 각각 부동산펀드에 해당하는 것으로 규정하고 있다.

044

부동산투자회사 법상 부동산투자회사의 종류에 해당하지 않는 것은?

① 부동산투자자문회사　　② 자기관리부동산투자회사
③ 위탁관리부동산투자회사　　④ 기업구조조정부동산투자회사

② **자기관리부동산투자회사** : 자산운용전문인력을 포함한임직원을 상근으로 두고, 자산의 투자 · 운용을 직접 수행하는 실체회사형태의 부동산투자회사
③ **위탁관리부동산투자회사** : 자산의 투자 · 운용을 자산관리회사에 위탁하는 명목회사형태의 부동산투자회사
④ **기업구조조정부동산투자회** : 부동산투자회사법에서 정하는 기업구조조정부동산을 투자대상으로 하며, 자산의 투자 · 운용을 자산관리회사에 위탁하는 명목회사형태의 부동산투자회사

정답 040 ④ | 041 ③ | 042 ④ | 043 ③ | 044 ①

045

부동산투자회사법에서 정의하는 부동산개발사업에 대한 내용 중 가장 거리가 먼 것은?

① 공유수면을 매립하여 토지를 조성하는 사업
② 토지를 택지 · 공장용지 등으로 개발하는 사업
③ 건축물이나 그 밖의 인공구조물을 이전하는 사업
④ 건축물이나 그 밖의 인공구조물을 연면적의 50% 이상의 범위에서 증축 · 개축하는 사업

부동산개발업법에서는 부동산개발을 타인에게 공급할 목적으로 토지를 건설공사의 수행 또는 형질변경의 방법으로 조성하는 행위, 타인에게 공급할 목적으로 건축물을 건축 · 대수선 · 리모델링 또는 용도변경 하거나 공작물을 설치하는 행위를 하여 그 행위로 조성 · 건축 · 대수선 · 리모델링 · 용도변경 또는 설치되거나 될 예정인 부동산 등의 전부 또는 일부를 공급하는 것으로 정의한다(시공을 담당하는 행위 제외).

문제해설 

건축물이나 그 밖의 인공구조물을 연면적 10% 이상의 범위에서 증축하거나 개축하는 사업으로서 증축 또는 개축되는 면적이 2,000제곱미터를 초과하는 사업이 해당된다. 또한 건축물이나 그 밖의 인공구조물을 신축하거나 재축하는 사업도 해당된다.

046

부동산펀드의 설정 · 설립 절차에 대한 설명 중 가장 거리가 먼 것은?

① 부동산투자신탁을 설정하는 집합투자업자는 신탁계약서에 의해 신탁업자와 신탁계약을 체결해야 한다.
② 부동산투자회사를 설립하는 집합투자업자는 정관을 작성하여 무한책임사원 1인과 유한책임사원 1인이 기명날인 또는 서명해야 하고, 설립등기를 해야 한다.
③ 부동산투자합자조합을 설립하는 집합투자업자는 조합계약을 작성하여 업무집행조합원 1인과 유한책임조합원 1인이 기명날인 또는 서명해야 한다.
④ 부동산투자익명조합을 설립하는 집합투자업자는 익명조합계약을 작성하여 영업자 1인과 익명조합원 1인이 기명날인 또는 서명해야 한다.

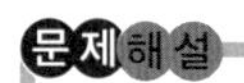 

부동산투자합자회사 설립에 관한 부동산투자회사를 설립하는 발기인은 정관을 작성하여 발기인 전원이 기명날인 또는 서명해야 한다.

047

부동산펀드의 설정 · 설립에 대한 설명 중 가장 거리가 먼 것은?

① 집합투자업자 등이 부동산펀드를 설정 · 설립하고자 하는 경우 환매금지형펀드로 설정 · 설립해야 한다.
② 기존투자자 전원의 동의를 받은 경우로서 기준가격과 증권시장에서 거래되는 가격을 고려하여 산정한 가격으로 발행하는 때에는 집합투자증권을 추가로 발행할 수 있다.
③ 부동산과 관련된 증권 등 시가 또는 공정가액으로 조기에 현금화가 가능한 자산에 투자하는 경우에는 해당 부동산펀드를 환매금지형펀드로 설정 · 설립하지 않아도 된다.
④ 환매금지형부동산펀드를 설정 · 설립한 경우 모든 공모환매금지형부동산펀드는 집합투자증권 최초발행일의 90일 이내에 그 집합투자증권을 증권시장에 상장해야 한다.

이익분배금의 범위에서 집합투자증권을 발행하는 경우, 기존투자자의 이익을 해할 염려가 없다고 해당 펀드의 신탁업자로부터 확인을 받은 경우, 기존투자자 전원의 동의를 받은 경우로서 기준가격과 증권시장에서 거래되는 가격을 고려하여 산정한 가격으로 발행하는 때에 한하여 집합투자증권을 추가로 발행할 수 있다.

문제해설 

공모환매금지형부동산펀드 중 부동산투자신탁, 부동산투자회사가 아닌 다른 펀드의 경우 상장의무가 없다.

048

투자대상으로서의 부동산과 관련된 내용 중 가장 거리가 먼 것은?

① 부동산을 기초자산으로 한 파생상품에 투자하는 것도 가능하다.
② 대출과 같은 투자행위는 부동산펀드의 법적 요건을 충족하는 것으로 인정하지 못한다.
③ 지상권 · 지역권 · 전세권 · 임차권 · 분양권 등 부동산 관련 권리 등에 투자하는 것도 가능하다.
④ 부동산의 관리 및 개량의 방법, 부동산의 임대의 방법 및 부동산의 개발의 방법으로 부동산에 투자하는 것도 가능하다.

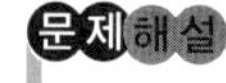 

부동산과 관련성이 있는 투자행위로 부동산 개발과 관련된 법인에 대한 대출을 규정하고 있다.

정답 045 ④ | 046 ② | 047 ④ | 048 ②

049

펀드재산의 50%를 초과하여 투자해야 하는 부동산 관련 증권에 해당하지 않는 것은?

① 선박투자회사법에 따른 선박투자회사가 발행한 주식
② 부동산투자회사법에 따른 부동산투자회사가 발행한 주식
③ 특정한 부동산을 개발하기 위하여 존속기간을 정하여 설립된 회사가 발행한 증권
④ 부동산이 자산의 50% 이상을 차지하는 경우의 수익증권 · 집합투자증권 · 유동화증권

문제해설 

선박투자회사법에 따른 선박투자회사가 발행한 주식은 부동산펀드에서 펀드재산의 50%를 초과하여 투자대상자산에 투자한 후, 나머지 펀드재산으로 투자할 수 있는 '특별자산'에 해당하는 증권이다.

050

공모부동산펀드에서 파생상품에 투자하는 경우의 운용제한 중 가장 거리가 먼 것은?

① 적격요건을 갖추지 못한 자와 장외파생상품을 매매하는 행위를 할 수 없다.
② 파생상품매매에 따른 위험평가액이 각 펀드자산총액에서 부채총액을 뺀 가액의 400%를 초과하여 투자하는 행위를 할 수 없다.
③ 같은 거래상대방과의 장외파생상품매매에 따른 거래상대방 위험평가액이 각 펀드자산총액의 10%를 초과하여 투자하는 행위를 할 수 없다.
④ 파생상품매매와 관련하여 기초자산 중 동일법인 등이 발행한 증권의 가격변동으로 인한 위험평가액이 각 펀드 자산총액의 10%를 초과하여 투자하는 행위를 할 수 없다.

사모부동산펀드일 경우 400%를 초과할 수 없고, 공모부동산펀드는 각 펀드자산총액에서 부채총액을 뺀 가액의 100%를 초과하여 투자하는 행위를 할 수 없다.

051

부동산 취득하거나 처분하는 경우 작성 · 비치하는 실사보고서에 포함되는 사항이 아닌 것은?

① 부동산과 관련된재무자료
② 부동산의 수익에 영향을 미치는 요소
③ 공사시공 등 외부용역에 관한 사항
④ 담보권 설정 등 부동산과 관련한 권리의무관계에 관한 사항

공사시공 등 외부용역에 관한 사항은 사업계획서에 포함되는 사항이다. 실사보고서에는 ①, ②, ④ 외에 부동산의 현황, 부동산의 거래가격, 부동산의 거래비용, 실사자에 관한 사항 등이 포함된다.

052

부동산개발사업에 투자하고자 하는 경우 작성하는 사업계획서에 대한 내용 중 가장 거리가 먼 것은?

① 부동산개발사업 추진일정과 추진방법이 포함된다.
② 공사시공 등 외부용역에 관한 사항이 포함된다.
③ 자금의 조달 · 투자 및 회수에 관한 사항과 추정손익에 관한 사항이 포함된다.
④ 집합투자업자는 신탁업자로부터 그 사업계획서가 적정한지의 여부에 대하여 확인을 받아야 한다.

문제해설

집합투자업자는 사업계획서를 작성하여 감정평가업자로부터 그 사업계획서가 적정한지의 여부에 대하여 확인을 받아 공시해야 한다.

053

집합투자업자가 제3자에게 위탁할 수 있는 업무들로만 묶은 것은?

㉠ 신탁계약의 체결 · 해지업무	㉡ 부동산의 개발 및 부수업무
㉢ 부동산의 관리 · 개량 및 부수업무	㉣ 부동산의 임대 및 부수업무
㉤ 펀드재산의 운용 · 운용지시업무	㉥ 펀드재산의 평가업무

① ㉠㉡㉢　　② ㉠㉢㉤
③ ㉡㉢㉣　　④ ㉡㉣㉥

집합투자업자가 제3자에게 위탁할 수 있는 업무
- 부동산의 개발 및 부수업무
- 부동산의 관리 · 개량 및 부수업무
- 부동산의 임대 및 부수업무

정답 049 ① | 050 ② | 051 ③ | 052 ④ | 053 ③

2장 부동산펀드 영업

001

부동산펀드에서 투자할 수 있는 부동산권리 중 자본시장법에서 추가하여 명시적으로 규정한 것은?

① 지역권 ② 분양권
③ 전세권 ④ 임차권

분양권은 자본시장법에 명시적으로 추가되었다.

더알아보기 권리형부동산펀드

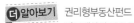

펀드재산의 50%를 초과하여 지상권, 지역권, 전세권, 임차권, 분양권 등 부동산관련 권리의 취득, 채권금융기관이 채권자인 금전채권(부동산을 담보로 하는 경우)의 취득과 같은 방법으로 부동산에 투자

002

개발형펀드에서 개발사업에 투자할 수 있는 최고한도는?

① 펀드자산의 10% ② 펀드자산의 50%
③ 펀드자산의 100% ④ 펀드자산의 200%

개발형펀드는 개발사업에 100%까지 허용한다.

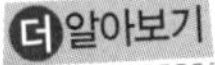
자본시장법상 개발형펀드

펀드재산의 100% 이내에서 부동산개발을 허용하여 개발전문 부동산투자회사들이 설립되어 운영되고 있다.

003

자산운용회사의 부동산펀드 중 최초로 개발한 것은?

① 대출형부동산펀드　② 임대형부동산펀드
③ 경공매형부동산펀드　④ 개량형부동산펀드

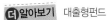

대출형펀드
- 운용목적 : 시행사로부터 안정적인 대출이자를 지급받는다.
- 프로젝트 파이낸싱(Project Fiancing) 방식 부동산펀드를 의미한다.
- 운용방법 : 부동산개발사업을 영위하는 법인(시행사 : Developer) 등에 대출

대출형부동산펀드가 최초로 개발하여 판매한 것으로 PF형이라고 한다.

004

자본시장법상 특정한 부동산을 개발하기 위하여 존속기간을 정하여 설립한 회사를 지칭하는 용어는?

① 시행사　② 시공사
③ 부동산투자목적회사　④ 부동산개발회사

부동산개발회사라고 규정하며 개발회사가 발행한 증권은 부동산 관련 증권에 속한다

005

일종의 NPL(Non-Performing Loan)에 투자하는 권리형 부동산펀드의 개발을 모색할 수 있는 것은?

① 분양권에 투자하는 권리형부동산펀드
② 부동산관련 신탁수익권에 투자하는 권리형부동산펀드
③ 부동산담보부 금전채권에 투자하는 권리형부동산펀드
④ 특정 부동산자산관련 증권에 투자하는 증권형부동산펀드

금융기관이 보유 중인 부동산담보부 금전채권 중에서 부실화된 부동산담보부 금전채권 즉, 일종의 NPL에 투자하는 권리형부동산펀드의 개발이 모색될 수 있다.

정답 001 ② | 002 ③ | 003 ① | 004 ④ | 005 ③

006

대출형부동산펀드의 사전 점검사항과 가장 거리가 먼 것은?

① 대출목적의 조달한 차입금과 대출금의 Margin
② 사업부지 확보가능성
③ 시행사의 신용수준
④ 부동산개발사업의 사업성

더 알아보기 주요 점검사항
- 시행사의 사업부지 확보 가능성
- 지급보증, 채무인수를 한 시공사의 신용평가등급을 확인
- 부동산개발사업과 관련된 인허가 진행 경과 확인
- 부동산개발사업의 사업성 유무와 사업성 규모 분석

대출형부동산펀드는 대출을 목적으로 차입을 할 수 없다.

007

부동산펀드에 대한 다음 설명 중 가장 거리가 먼 것은?

① Designated형은 펀드자금 모집 후 사전에 특정한 부동산에 투자하는 형태이다.
② Blind형은 사전에 부동산을 특정하지 않은 상태에서 펀드자금을 모집하는 형이다.
③ 액티브펀드는 시장 상황에 맞는 최적으로 포트폴리오를 변동시켜 수익률을 실현하는 구조이다.
④ 패시브펀드는 시장의 상황에 맞도록 포트폴리오를 리밸런싱하는 구조이다.

리밸런싱은 액티브형이다. 패시브형은 인덱스를 추종하거나 손익구조를 구조화하는 형태이다.

008

다음 중 Capital gain이 펀드의 주요 목적인 부동산펀드는?

① 매매형부동산펀드 ② 임대형부동산펀드
③ 개발형부동산펀드 ④ 증권형부동산펀드

매매형이 '매각대금–매수대금'인 매매차익(Capital gain)의 주요 목적인 펀드이다.

009

경공매형부동산펀드의 점검사항과 가장 거리가 먼 것은?

① 우량한 시공사의 선정 여부
② 부동산운용전문인력의 전문성 보유 여부
③ 경공매부동산펀드 규모의 적정성 여부
④ 체계적이고 투명한 펀드운용 가능성 여부

토지를 조성하거나 건축물 등을 신축하기 위해 우량한 시공사가 선정되어 있는지 점검해야 하는 것은 개발형부동산펀드이다. 경공매형부동산펀드에서는 ②, ③, ④ 외에 펀드 관련비용의 적정성 여부를 점검해야 한다.

010

다음 중 임대형부동산의 일반적인 위험과 가장 거리가 먼 것은?

① 임차인의 임대료 연체 등의 위험
② 공실률 하락위험
③ 제반경비의 과다
④ 차입관련 비용의 과다

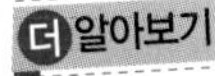

임대형의 주요 점검사항
- **임대료** : 임대료 현황, 향후 임대료 추이 점검, 임대료 하락은 임대형 부동산에 부정적인 영향을 미치는 가장 기본적인 요소이다.
- **공실률** : 공실률 현황, 향후 공실률 추이 점검, 공실률 증가는 임대수익률 하락에 직접 영향을 준다.
- **차입규모** : 차입규모가 과다하면 대출이자의 원활한 지급이 곤란해질 위험이 있다.

공실률이 상승할 경우 위험해진다.

정답 006 ① | 007 ④ | 008 ① | 009 ① | 010 ②

011

권리형부동산펀드 투자대상 관련 권리에 대한 설명 중 가장 거리가 먼 것은?

① 임차권은 임대차계약에 의하여 목적물을 사용 · 수익할 수 있는 임차인의 채권적 성격의 권리를 말한다.
② 지상권은 일정한 목적을 위하여 타인의 토지를 자기토지의 편익에 이용할 수 있는 민법상의 용익물권을 말한다.
③ 분양권은 건물이 완공되어 등기되기 이전에 해당 건물을 분양자로부터 분양받은 후 건물이 완공되면 등기할 수 있는 채권적 성격의 권리를 말한다.
④ 전세권은 전세금을 지급하고 타인의 부동산을 점유하여 그 부동산의 용도에 좇아 사용 · 수익하며 그 부동산 전부에 대하여 후순위권리자보다 전세금의 우선변제를 받을 수 있는 민법상의 용익물권을 말한다.

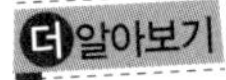
부동산담보부금전채권
금전소비대차계약에 의하여 차주에 대해 대주가 가지는 채권적 성격의 권리로서 부동산담보가 설정되어 있는 권리

지역권에 대한 설명이다. 지상권은 타인의 투지에 건물 기타 공작물이나 수목을 소유하기 위하여 그 토지를 사용할 수 있는 민법상의 용익물권을 말한다.

012

개발형부동산펀드의 점검사항에 대한 내용 중 틀린 것은?

① 부동산개발사업을 위해 필요한 요소들이 실사보고서상에 충분히 포함되어 있는지 점검한다.
② 부동산개발사업을 추진하기 위해 필요한 사업부지가 완전히 확보되어 있는지 점검한다.
③ 토지를 조성하거나 건축물 등을 신축하기 위해 우량한 시공사가 선정되어 있는지 점검한다.
④ 부동산개발사업을 추진함에 필요한 인허가는 받았는지 또는 받을 가능성이 충분한지 점검한다.

부동산개발사업을 성공적으로 추진하기 위해 필요한 요소들이 사업계획서상에 충분히 포함되어 있는지 점검해야 한다. 또한 당해 부동산개발사업의 사업성이 충분한지 즉, 조성한 토지 또는 신축한 건물 등의 분양 · 매각 또는 임대가능성이 충분한지 검토해야 한다.

013

해외부동산펀드 투자의 장점과 가장 거리가 먼 것은?

① 해외부동산펀드에 투자함으로써 동일 기대수익률하에서 분산투자를 통해 위험이 축소된다.

② 성장하고 있는 해외부동산시장에 투자할 수 있는 기회이다.

③ 여러 지역에 소재하여 포트폴리오 구성이 불가능하다.

④ 위험분산차원에서 투자자의 최적 포트폴리오를 구성하는 데 해외부동산펀드가 도움이 된다.

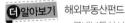

더 알아보기 해외부동산펀드

- 국내부동산시장의 위험요인 증가로 인하여 대안적 투자 방안으로 개발되었다.
- 대출형부동산펀드는 해외의 우수한 부동산개발사업에 대출하는 부동산펀드로 개발되었다.
- 임대형부동산펀드는 다양한 지역, 다양한 손익구조를 가진 부동산과 포트폴리오를 구성하여 분산투자하는 형태로 개발되었다.

문제해설

여러 지역에 소재하는 부동산 자산에 분산투자함으로 포트폴리오 구축의 효과가 있다.

014

펀드 설립국가 기준에 따른 부동산펀드와 관련된 내용 중 가장 거리가 먼 것은?

① 국내부동산펀드는 국내의 자본시장법에 의해 설정 · 설립되고 국내 금융감독원의 감독을 받는다.

② 외국부동산펀드는 미국, 일본, 호주 또는 조세피난처 등 외국의 법에 의한 설정 · 설립되고 국내 금융감독원에 의해 감독을 받는다.

③ 외국부동산펀드 중 일반적인 형태는 실물부동산에 투자하는 부동산펀드이다.

④ 실물부동산 중에서도 수익형 오피스빌딩과 같은 업무용부동산에 투자하는 부동산펀드 형태가 대표적이다.

외국부동산펀드는 해당 국가의 금융감독기관에 의해 감독을 받는다.

정답 011 ② | 012 ① | 013 ③ | 014 ②

015

임대형부동산펀드의 수익 및 위험에 대한 설명 중 가장 거리가 먼 것은?

① 기본적인 수익원천은 임대기간 동안 발생하는 임대수익과 매각시점에서 발생하는 매각차익을 들 수 있다.
② 일반적으로 매도자와 사전합의를 통해 확정한 매매가격으로 펀드의 만기일 이전 특정시점에 당해 부동산을 매입하도록 하는 내용의 사전매매계약을 체결한다.
③ 원금만기 일시상환방식 또는 원리금균등분할상환방식으로 차입한 경우 대출이자나 대출취급수수료 등 차입관련비용이 과다한 경우 위험요인으로 작용한다.
④ 공실률이 높거나 임차인이 임대료 지급을 연체하거나 임차인에게 임대료 지급을 할 수 없는 사정이 발생된 경우 임대수익이 감소하여 수익률을 하락시킨다.

사전매매계약은 일반적이라고 보기 힘들다. 일반적인 임대형부동산펀드는 책임임대차계약이나 사전매매계약의 체결 없이 시장을 통해 해당 부동산에 대한 임차인을 구성하여 임대하여야 하고, 시장에서 해당 부동산의 매수자를 찾아 매각해야 한다.

016

신축예정 부동산을 사전매매방식으로 취득하는 매매형부동산펀드의 추가 점검사항과 가장 거리가 먼 것은?

① 시행사 등이 사업부지 확보를 위한 재무능력을 갖추고 있는지 점검한다.
② 시행사 등이 부동산개발사업과 관련된 각종 인허가를 취득하였는지 점검한다.
③ 시행사 등이 우량한 시공사로부터 장래 신축되어질 부동산에 대한 책임준공확약을 받아두었는지 점검한다.
④ 장래 신축되어질 부동산에 대한 질적 수준을 감독하는 전문건설관리회사를 두고 있는지 점검한다.

부동산을 신축하여 매도해야 하는 시행사 등이 해당 사업부지를 완전히 확보하고 있는지를 점검해야 한다. 또한 장래 신축되어질 부동산을 사전적으로 취득하는 만큼 해당 부동산의 입지가 사전적으로 매입할 정도로 우수한지, 해당 부동산에 대해 완전한 소유권을 확보할 수 있는지, 시공사가 준공예정일에 맞게 준공을 완료할 수 있는지도 확인해야 한다.

017

경공매형부동산펀드에 대한 내용 중 가장 거리가 먼 것은?

① 경공매부동산시장이 과열되는 경우 낙찰가율 증가로 시세차익을 취하고자 하는 목적을 달성하기 어려운 경우가 발생하기도 한다.
② 시장가격 대비 상대적으로 낮은 가격에 부동산을 취득하여 적정가격 도달 시 매각함으로써 매각차익을 추구한다.
③ 투자대상 부동산 등을 미리 특정하지 않은 상태에서 펀드자금을 모집하는 사전불특정형 방식을 취한다.
④ 규모가 매우 클 경우 펀드의 수익률이 상당기간 높은 상태를 유지하게 될 것이다.

규모가 너무 클 경우 경공매부동산을 펀드의 적정 수준까지 편입할 때까지 펀드 내 미운용자금의 비중이 높아 펀드의 수익률이 상당기간 낮은 상태를 유지하게 될 것이다.

018

다음 경공매형부동산펀드에 대한 설명 중 가장 거리가 먼 것은?

① 자본소득의 취득이 주된 운용목적이다.
② 펀드운용프로세스 및 펀드운용메뉴얼이 필요하다.
③ 규모가 너무 크면 경매 및 공매 부동산을 펀드의 적정수준에 편입할 때까지 펀드 내 미운용자금(Idle Money)의 비중이 높아 펀드의 수익률이 낮다.
④ 아웃소싱 비용과 펀드수익률은 관련이 없다.

경공매형부동산펀드의 아웃소싱 비용이 과다할 경우는 펀드수익률의 저하를 가져온다

더알아보기 경공매형부동산펀드

- 법원이 실시하는 경매, 자산관리공사, 은행이 실시하는 공매를 통하여 주로 업무용, 상업용 부동산을 저가에 매입한 후 임대하거나 매각함으로써 임대수익 또는 시세차익을 노리는 것을 운용목적으로 하는 가치(Value) 투자형 부동산펀드이다.
- 임대형부동산펀드가 임대소득의 주된 운용목적인 반면 경공매형부동산펀드는 시세차익에 의한 자본소득의 취득이 주된 운용목적이다.

정답 015 ② | 016 ① | 017 ④ | 018 ④

019

다음 중 준동산펀드에 해당하지 않는 것은?

① 부동산개발사업에 투자하는 회사의 발행채권에 투자하는 증권펀드
② 건물개량사업에 투자하는 회사의 발행어음에 투자하는 증권펀드
③ 부동산개발사업을 영위하는 회사의 발행주식에 투자하는 증권펀드
④ 부동산투자회사 발행주식에 투자하는 펀드

더알아보기 준부동산펀드
- 자본시장법상의 형식적인 분류로는 증권펀드에 해당한다.
- 실질적인 투자내용 및 경제적인 효과 측면에서는 부동산펀드의 범주에 속한다.
- 증권에 투자하지만 종국적으로는 부동산에 관련되어 증권의 손익구조가 부동산과 관련된 자산이나 사업에 의해 결정되는 펀드이다.

문제해설

부동산투자회사(REITs) 발행주식에 투자하는 펀드는 부동산펀드로 분류된다.

020

임대형부동산펀드의 점검사항에 대한 설명 중 가장 거리가 먼 것은?

① 매입한 업무용 부동산의 임대료 하락 가능성
② 매입한 부동산의 공실률 증가 가능성
③ 매입한 수익성 부동산의 관리비용의 적정성
④ 부동산개발사업의 사업성 유무

문제해설

부동산개발사업의 사업성 유무는 대출형부동산펀드의 점검사항이다.

021

매매형부동산펀드에 대한 설명 중 가장 거리가 먼 것은?

① 완성된 부동산을 취득하는 경우가 대부분이며, 신축예정 부동산을 사전매매방식으로 취득하기도 한다.
② 부동산의 가격이 취득시점 대비 적정수준 상승하는 때에 매각하여 매각차익에 따른 자본소득을 획득한다.
③ 부동산의 자산가치를 증대시키기 위한 제반활동(개량)을 거치는 것이 일반적이다.
④ 해당 부동산의 수익가치를 높이기 위한 제반활동(임대사업)을 하지 않는다.

문제해설

자산가치를 증대시키기 위한 제반활동, 즉 개량을 하지 않는다.

022

대출형부동산펀드에서 시행사의 채무불이행으로부터 대출채권을 담보하기 위한 방법과 가장 거리가 먼 것은?

① 부동산에 대해 담보권을 설정한다.
② 미분양부동산에 대한 금융기관의 담보대출 확약 등의 신용보강장치를 마련한다.
③ 시공사의 지급보증, 채무인수, 책임분양, 공사비 후순위, 부족자금 충당 등의 신용보강장치를 마련한다.
④ 인허가 진행경과를 확인하고 인허가 가능성을 철저히 점검한다.

문제해설

대출형부동산펀드에 대한 점검사항 중 인허가와 관련된 내용이다.

023

다음 중 임대형부동산펀드의 운용방법에 해당하는 것은?

① 부동산을 취득하여 임대사업 영위 후 매각
② 부동산을 취득하여 개량한 후에 단순히 매각하거나 또는 임대사업 영위 후 매각
③ 부동산을 매입한 후 부동산개발사업을 통해 개발된 부동산을 분양하거나 또는 임대 후 매각
④ 부동산 중에서 경매부동산 또는 공매부동산을 취득하여 단순히 매각하거나 또는 임대사업 영위 후 매각

문제해설

② 개량형부동산펀드
③ 개발형부동산펀드
④ 경공매형부동산펀드

024

프로젝트파이낸싱형 부동산펀드인 대출형부동산펀드에 대한 설명 중 가장 거리가 먼 것은?

① 자본시장법은 대출금에 대한 회수 수단에 대한 강제 규정은 없다.
② 대출금 회수 방안으로는 부동산에 대하여 담보권 설정이 있다.
③ 대출금 회수 방안으로는 시공사 등으로부터 지급보증을 받는 경우가 있다.
④ 대출채권담보장치의 확보가 많을수록 대출형부동산펀드가 개발될 수 있는 여지가 축소된다.

자본시장법은 대출금을 회수하기 위한 적절한 수단을 확보할 것을 규정하고 있다.

정답 019 ④ | 020 ④ | 021 ③ | 022 ④ | 023 ① | 024 ①

025

해외부동산 투자에 대한 다음 설명 중 가장 거리가 먼 것은?

① 글로벌자산시장에서 부동산이 차지하는 비중이 주식, 채권보다는 낮다.
② 부동산은 주식 등 다른 자산과의 상관관계가 낮다.
③ 해외부동산펀드는 해외의 복수의 부동산에 분산투자하는 경우가 많다.
④ 각국의 기업연금펀드에서 해외부동산을 장기투자대상으로 편입하는 사례가 늘고 있다.

문제해설

글로벌자산시장에서 부동산이 차지하는 비중이 주식, 채권보다도 오히려 높은 비중을 차지하고 있다.

026

대출형부동산펀드의 대출 시 고려사항과 가장 거리가 먼 것은?

① 개발회사의 신용도
② 분양 및 마케팅 능력
③ 정부의 부동산세율 인상
④ 사업부지의 적절성

더 알아보기

- **대출형부동산펀드(Project Financing)**: 부동산개발회사에게 개발자금을 빌려주는 방식으로 수익을 올리는 방법이다.
- **대출 시 검토사항**: 담보능력, 건설사와 시공사의 담보 및 보증

문제해설

대출 시 고려사항으로는 개발회사의 신용도, 사업부지의 적절성, 인허가의 난이도, 분양 및 마케팅 능력 등이 있다.

027

전형적인 투자대상을 명시하지 않은 블라인드(Blind) 방식으로 운용되므로 펀드운용의 최적화 및 투명성을 기할 수 있는 체계적이고 합리적인 펀드운용프로세스 및 펀드운용메뉴얼이 필요한 펀드는?

① 경공매형부동산펀드
② 증권형부동산펀드
③ 대출형부동산펀드
④ 개발형부동산펀드

문제해설

경공매형부동산펀드에 대한 설명이다.

028

임대형부동산펀드에 대한 설명 중 가장 거리가 먼 것은?

① 매입, 임대방식이다.
② 운용방법은 업무부동산 또는 상업용 부동산 등을 매입하여 임대한다.
③ 운용목적은 금융소득의 확보이다.
④ 리츠(REITs)는 수익성 부동산 매입, 임대사업을 할 수 있다.

문제해설

임대형부동산펀드의 운용목적은 임대소득과 향후의 부동산자산 가치 증가에 따른 자본소득의 확보이다.

029

부동산투자회사(REITs)와 부동산펀드에 대한 설명 중 바른 것은?

① 부동산투자회사(REITs)는 자본시장법상 집합투자기구로서 부동산을 취득하여 투자하는 구조이다.
② 부동산투자회사(REITs)는 반드시 상장을 전제로 하고 있다.
③ 부동산집합투자기구는 펀드재산의 200%까지 부동산개발사업을 시행하는 시행사에게 대출해 줄 수 있다.
④ 부동산집합투자기구는 투자신탁 형태와 투자회사 형태로 구분한다.

문제해설

부동산투자회사(REITs)는 부동산투자회사법상 집합투자기구이다. REITs는 상장이 전제된 상품은 아니다. 부동산집합투자기구는 순자산총액의 100% 이내에서 대출해 줄 수 있다.

030

부동산관련 신탁수익권에 투자하는 권리 형부동산펀드에 해당하지 않는 것은?

① 부동산관련 증권의 신탁수익권에 투자하는 권리형부동산펀드
② 부동산관련 금전채권의 신탁수익권에 투자하는 권리 형부동산펀드
③ 부동산담보부 금전채권에 투자하는 권리형부동산펀드
④ 부동산의 신탁수익권에 투자하는 권리형부동산펀드

①, ②, ④ 외에 지상권, 전세권, 부동산임차권, 부동산소유권 이전등기 청구권, 그밖에 부동산 관련 권리의 신탁수익권에 투자하는 권리형부동산펀드

정답 025 ① | 026 ③ | 027 ① | 028 ③ | 029 ② | 030 ③

031

경공매형부동산펀드의 수익 및 위험에 대한 설명 중 가장 거리가 먼 것은?

① 다양한 법적 문제의 처리에 소요되는 시간과 과다한 비용문제로 수익률에 부정적 영향을 미칠 수 있다.
② 사전적으로 모집된 자금을 보유하고 있더라도 경공매부동산의 미확보 상태가 지속되는 경우, 기간이 경과할수록 수익률이 하락할 수 있다.
③ 경공매부동산시장이 과열되는 경우 일반적으로 시세보다 싼 가격에 낙찰되므로 비교적 단기간에 시세차익을 기대할 수 있다.
④ 다른 부동산 대비 유동성 측면에서 열위에 있는 경공매부동산을 보유하고 있는 특성상 유동화방안을 마련하기가 용이하지 않다.

문제해설 

경공매부동산시장이 과열되는 경우 경매부동산에 대한 감정가격 대비 낙찰가격의 비율인 낙찰가율이 증가하게 되어 시세차익을 취하고자 하는 경공매형부동산펀드의 목적을 달성하기 어려운 경우가 발생할 수 있다.

032

부동산펀드 중 대출형부동산펀드에 대한 설명으로 가장 거리가 먼 것은?

① 공모펀드, 사모펀드 모두 시행사로부터 대출 원리금 상환 및 지급을 담보하기 위하여 별도의 대출채권 담보장치 마련이 의무적이다.
② 시행사가 적법하게 사업 부지를 확보하지 못할 경우 대출형부동산펀드의 조기상환이 우려된다.
③ 지급보증 또는 채무인수를 하는 시공사의 신용평가등급은 투자 적격 등급인 BBB(−) 이상인 것이 일반적이다.
④ 시행사가 대출받은 자금으로 사업 부지를 매입한 후, 인허가를 획득 못한 경우 해당 사업부지를 시장에 매각하여야 한다.

문제해설 

공모펀드는 시행사로부터 대출 원리금 상환 및 지급을 담보하기 위하여 별도의 대출채권 담보장치 마련이 의무적이나, 사모펀드는 의무 사항이 아니다

033

증권형부동산펀드의 유형이 아닌 것은?

① 부동산투자회사 발행주식에 펀드재산의 50%를 초과하여 투자하는 증권형부동산펀드
② 부동산개발회사 발행증권에 펀드재산의 50%를 초과하여 투자하는 증권형부동산펀드
③ 부동산투자목적회사 발행지분에 펀드재산의 50%를 초과하여 투자하는 증권형부동산펀드
④ 특정한 부동산 관련 자산이 유동화자산의 30% 이상을 차지하는 경우의 유동화증권에 펀드재산의 30%를 초과하여 투자하는 증권형부동산펀드

특정한 부동산 관련 자산이 신탁재산, 집합투자재산, 유동화자산의 50% 이상을 차지하는 경우의 해당 수익증권, 집합투자증권, 유동화증권에 펀드재산의 50%를 초과하여 투자하는 증권형부동산펀드가 해당된다.

034

매매형부동산펀드의 주요 점검사항과 가장 거리가 먼 것은?

① 취득대상 부동산과 관련된 기준의 권리관계로 인해 소유권의 이전 및 권리행사에 제약을 받을 위험은 없는지 점검한다.
② 취득대상 부동산이 선호지역에 위치하는지와 거래가 활성화되어 있는 형태의 부동산인지 점검한다.
③ 향후 해당 부동산을 매각해야 하는 시점의 해당 부동산과 관련된 시장의 전망은 어떤지 점검한다.
④ 개량비용에 상응하는 경제적 효과가 펀드의 수익률 제고로 연계될 수 있는지 점검한다.

개량형부동산펀드의 점검사항이다. ①, ②, ③ 외에 취득하는 해당 부동산의 매입가격이 적정한지, 취득하는 해당 부동산에 물리적이고 기술적인 하자는 없는지를 고려해야 한다.

정답 031 ③ | 032 ① | 033 ④ | 034 ④

035

부동산개발회사 발행증권에 투자하는 증권형부동산펀드에 대한 설명 중 가장 거리가 먼 것은?

① 펀드재산의 50%를 초과하여 부동산개발회사 발행증권에 투자하는 증권형부동산펀드이다.
② 부동산개발회사에 해당하는 대표적인 예로서는 '프로젝트금융투자회사(PFV)'가 있다.
③ 해당 프로젝트금융회사(PFV)가 발행한 주식만을 매입하는 증권형부동산펀드를 개발할 수 있다.
④ 프로젝트금융투자회사가 발행한 주식을 매입할 경우 개발사업 종료 시점에 투자자금 회수는 물론 추가로 개발사업으로 발생하는 개발이익을 취하는 것을 목적으로 한다.

문제해설 

해당 프로젝트금융회사(PFV)가 발행한 채권 및 주식을 동시에 매입하는 증권형부동산펀드를 개발할 수 있다. 채권을 매입할 경우 채권의 만기까지 안정적인 원리금을 취하는 것을 목적으로 한다.

036

개량형부동산펀드에 대한 설명 중 가장 거리가 먼 것은?

① 개량형부동산펀드에서 취득한 부동산을 개량하기 위해 소요되는 개량비용은 일반적인 지출이다.
② 취득한 부동산에 대해 개량 후 단순매각하는 경우와 개량 수 임대 및 매각을 목적으로 하는 경우로 구분된다.
③ 취득한 부동산의 적극적인 개량을 통해 해당 부동산의 자산가치 및 수익가치를 증대시킴으로써 매각차익 또는 임대수익 및 매각차익의 증대를 기하고자 한다.
④ 개량에 소요되는 비용 대비 매각차익 또는 임대수익 및 매각차익이 기대에 미치지 못하는 경우에는 오히려 펀드의 수익률을 떨어뜨릴 수 있다.

개량형부동산편드에서 취득한 부동산을 개량하기 위해 소요되는 개량비용은 해당 부동산과 관련된 광열비, 전기 및 수도료 등과 같은 일반적인 경비가 아니라 해당 부동산의 가치를 증가시키기 위한 일종의 자본적 지출이다.

037

다음 중 임대형부동산펀드의 주요 점검사항에 대한 설명으로 틀린 것은?

① 대출채권자와의 차입조건에 대해 일방적으로 불리한 내용은 없는지 면밀히 확인해야 한다.
② 판매시점의 해당 부동산의 공실률 · 임대료 현황과 향후 공실률 · 임대료 추이를 점검해야 한다.
③ 수익률 감소 위험의 점검을 위해 향후의 경기전망 및 주변상권의 추이 등에 대한 사전적인 점검을 충분히 해야 한다.
④ 임대형부동산펀드는 개량형부동산펀드와 유사하기 때문에 개량형부동산펀드의 사전 점검사항을 참고하면 된다.

개량형문동산펀드가 아닌 매매형부동산펀드의 사전 점검사항을 참고할 수 있다. 임대형부동산펀드는 부동산을 취득하여 향후 해당 부동산의 가격이 취득시점 대비 적정 수준으로 상승하는 때에 해당 부동산을 매각하여 매각차익을 획득하고자 하는 점에서는 매매형부동산펀드와 동일하기 때문이다.

038

사전불특정형 부동산펀드에 대한 설명 중 가장 거리가 먼 것은?

① 펀드재산으로 투자할 부동산 등이나 대출할 대상 개발사업을 미리 특정하지 않은 상태에서 펀드자금을 모집하여 펀드를 설정 · 설립한다.
② 펀드의 설정 · 설립 이후에 투자할 부동산 등이나 대출할 대상 개발사업을 탐색한다.
③ 자금이 사전적으로 모집되지 않은 상태에서는 투자가능한 우량한 부동산 등이나 대출가능한 최적의 개발사업을 적시에 확보하기가 곤란하다는 점에서 실익을 찾을 수 있다.
④ 국내에서 설정 · 설립되는 부동산펀드 중에서는 대출형부동산펀드가 이에 해당되는 것으로 볼 수 있다.

경공매형부동산펀드가 이에 해당된다.

정답 035 ③ | 036 ① | 037 ④ | 038 ④

039

분양권에 투자하는 부동산펀드에 대한 설명 중 가장 거리가 먼 것은?

① 자본시장법은 부동산펀드의 투자대상으로 분양권을 명시하여 열거하였다.
② 과거 간접투자법에서는 분양권을 부동산 관련 권리의 하나라고 명시적으로 예시하지 않았다.
③ 분양 아파트 등에 청약, 당첨된 부동산의 사용, 수익할 권리에 투자하는 부동산펀드이다.
④ 정부는 부동산경기가 위축되면 투기과열지구 등의 지정을 통해 분양권의 전매를 금지한다.

문제해설

분양권은 분양지역, 입지여건, 단지규모, 브랜드이미지 등과 경기상황에 따라 높은 프리미엄이 형성되어 전매될 경우에 부동산시장 과열의 주범으로 평가를 받아 왔다. 정부는 부동산경기가 과열되면 투기과열지구 등의 지정을 통해 분양권의 전매를 금지하거나, 부동산경기가 위축되면 분양권의 전매를 허용함으로 부동산의 경기를 조율하는 정책적인 수단으로 활용하였다.

040

부동산담보부 금전채권에 투자하는 권리형부동산펀드와 관련된 내용 중 가장 거리가 먼 것은?

① 펀드재산의 50%를 초과하여 채권금융기관이 채권자인 부동산담보부 금전채권에 투자하는 권리형부동산펀드이다.
② 부동산담보부 금전채권에 투자하는 경우와 함께 권리형부동산펀드에 해당되는 것은 분양권에 투자하는 경우, 부동산관련 신탁수익권에 투자하는 경우 등이 있다.
③ 자본시장법은 기업구조조정촉진법에 따른 채권금융기관이 채권자인 금전채권을 특별자산으로 규정하고 이러한 금전채권에 투자하는 펀드를 특별자산펀드의 하나로 허용하였다.
④ 금융기관이 보유 중인 부동산담보부 금전채권 중에서 부실화된 부동산담보부 금전채권, 즉 일종의 NPL(Non-Performing Loan)에 투자하는 권리형부동산펀드의 개발도 모색될 수 있을 것이다.

문제해설

간접투자법이 적용되었을 때와 관련된 설명이다. 자본시장법은 기업구조조정촉진법에 따른 채권금융기관이 채권자인 금전채권(부동산을 담보로 한 경우만 해당)에 투자하는 펀드를 부동산펀드의 하나로 인정하고 있다. 부동산을 담보로 하고 있는 금전채권은 부동산과 관련된 금전채권의 성격을 띠고 있으므로 이를 부동산펀드로 인정한 것이다.

041

다음의 부동산펀드 운용 중 Passive 운용펀드로 볼 수 없는 것은?

① 시스템펀드 ② 섹타펀드
③ 구조화펀드 ④ 시장중립운용전략 펀드

섹타펀드는 Active 운용펀드의 일종이다.

042

다음 중 부동산펀드의 유형으로 볼 수 없는 것은?

① 매매형 ② 임대형
③ 개선형 ④ 개발형

실물형 펀드의 유형

- **매매형** : 펀드의 50%를 초과하여 부동산을 취득하여 매각으로 매매차익이 목적
- **임대형** : 펀드의 50%를 초과하여 부동산을 취득하여 임대수익을 올리는 것이 목적
- **경공매형** : 펀드재산의 50%를 초과하여 경공매 부동산을 취득하여 매각 혹은 임대 목적
- **개발형** : 펀드재산의 50%를 초과하여 부동산을 취하여 개발사업을 통해 매각 혹은 임대가 목적
- **개량형** : 펀드재산의 50%를 초과하여 부동산을 취하여 개량하여 가치를 증대한 후 매각 혹은 임대 목적

문제해설

부동산펀드의 5가지 유형에는 ①, ②, ④ 외에 개량형, 경공매형 등이 있다.

043

프로젝트파이낸싱의 특징과 가장 거리가 먼 것은?

① 자금 공급의 규모가 큰 편이다.
② 비소구 금융의 특징을 가지고 있다.
③ 부내금융(On-Balance)의 성격을 가진다.
④ 다양한 주체의 참여가 가능하고 위험배분이 가능하다.

더알아보기 PF의 개념

- 크게 볼 때 대형 프로젝트 수행을 위하여 필요한 자금을 조달하기 위한 모든 금융을 포괄적으로 지칭
- 협의의 개념은 특정 프로젝트로부터 발생할 현금 흐름만을 담보하여 프로젝트회사에 자금을 공급하는 것

부내금융(On-Balance)이 아니라 부외금융(Off-Balance)의 성격을 가지고 있다.

정답 039 ④ | 040 ③ | 041 ② | 042 ③ | 043 ③

044

대출형부동산펀드에 대한 설명 중 가장 거리가 먼 것은?

① 부동산개발을 영위하는 시행사에 자금을 대출형태로 빌려주고, 시행사로부터 약정한 대출이자를 받아 이를 재원으로 부동산펀드의 투자자에게 이익금을 지급하는 형태의 부동산펀드이다.
② 자금을 제공하고 확정된 이자를 받는다는 점에서 주식에 투자하는 것과 유사한 성격이다.
③ 시행사로부터 대출 원리금상환 및 지급을 담보하기 위하여 별도의 대출채권담보장치 마련이 필요하다.
④ 대출채권담보장치의 확보에 과도한 집착을 하는 경우 대출형부동산펀드의 본질적 기능이 약화될 우려가 있다.

문제해설
자금을 제공하고 확정된 이자를 받는다는 점에서 회사채에 투자하는 것과 유사한 성격이다.

045

부동산 투자 시 레버리지 효과에 대한 설명 중 가장 거리가 먼 것은?

① 대출을 통한 자금조달의 전형적인 효과이다.
② 공실의 발생을 방지한다.
③ 부동산 자산가치의 상승 및 임대수익 증가 시 효과가 크다.
④ 부동산 자산가치의 하락 시 손실이 가중된다.

문제해설
공실발생의 방지는 레버리지 효과와 관련이 없다.

046

다음 중 부동산펀드의 운용방법과 가장 거리가 먼 것은?

① 부동산개발사업을 하는 법인에 대한 대출
② 부동산 관련 권리에 대한 투자
③ 부동산 담보부의 모든 채권에 대한 투자
④ 부동산을 기초자산으로 하는 파생상품에 투자

문제해설
부동산담보부 금전채권에 대한 투자는 부동산펀드 운용방법의 하나이다.

047

다음 중 경공매형부동산펀드에 대한 설명 중 가장 거리가 먼 것은?

① 임대소득의 취득이 주된 운용목적이다.
② 펀드운용의 최적화 및 투명성을 기할 수 있는 체계적이고 합리적인 펀드운용 프로세스 및 펀드운용 매뉴얼이 필요하다.
③ 규모가 너무 크면 경매 및 공매 부동산을 펀드의 적정수준으로 편입할 때까지 펀드 내 미운용자금(Idle Money)의 비중이 높아서 펀드 수익률이 낮아진다.
④ 아웃소싱 비용이 과다할 경우 펀드 수익률 저하를 가져온다.

임대형부동산펀드는 임대소득이 주된 운용목적인 반면, 경공매형부동산펀드는 시세차익에 의한 자본소득의 취득이 주된 운용목적이다.

048

부동산투자회사(REITs) 발행주식에 투자하는 증권형부동산펀드에 대한 설명 중 가장 거리가 먼 것은?

① 부동산투자회사의 발행주식을 매입함으로 직간접 투자한 것과 유사한 효과를 기할 수 없다.
② 해외의 수익성 부동산을 직접 매입함으로써 따르는 제반 위험을 회피하고 다양한 지역의 다양한 부동산에 분산투자 효과를 기할 수 있다.
③ 글로벌 부동산시장의 침체로 해외부동산투자회사의 주식에 투자하는 부동산펀드의 활성화는 한계가 있으나, 중장기적 관점에서 볼 때에는 매력적인 투자대상이다.
④ 선진시장의 부동산투자회사 주식과 신흥시장의 부동산투자회사 주식에 분산투자하거나 수익성 부동산의 형태를 달리하는 다양한 부동산투자회사 주식에 분산투자하는 등 위험을 최소화하는 방안을 모색해야 한다.

수익성 부동산을 직접 발굴하여 매입하는 대신 부동산투자회사의 발행주식을 매입함으로써 직접 투자한 것과 유사한 효과를 기할 수 있다.

정답 044 ② | 045 ② | 046 ③ | 047 ① | 048 ①

049

다음 중 권리형부동산펀드와 관련된 권리가 아닌 것은?

① 임차권 ② 사용권
③ 지상권 ④ 분양권

문제해설 

권리가 인정되는 것으로 ①, ③, ④ 외에 전세권, 지역권 등이 있다.

050

집합투자업자들이 시장의 수요에 부합되는 다양한 부동산펀드를 지속적으로 개발할 것으로 예상되는 것이 아닌 것은?

① 해외부동산시장을 선진시장과 신흥시장으로 구분하여 집중 또는 분산투자하는 형태의 부동산펀드의 개발
② 시행사에 대한 대출만 하는 형태에서 벗어나 자본출자를 병행하거나 자본출자만 하는 형태의 부동산펀드의 개발
③ 해외 시행사에 집중투자만 하는 부동산펀드의 개발
④ 수익성 있는 부동산 및 관련 자산을 사후적으로 발굴하여 투자하는 일종의 투자대상이 명시되지 않은 형태의 부동산펀드의 개발

문제해설 

해외 시행사의 지분을 대상으로 분산투자하는 부동산펀드의 개발이다.

051

개발형부동산펀드가 부동산개발사업에 투자 가능한 최대 한도는?

① 펀드 자산총액의 10% ② 펀드 자산총액의 50%
③ 펀드 자산총액의 100% ④ 펀드 자산총액의 200%

펀드 자산총액의 100% 이내에서 개발사업의 투자에 허용되어 있다.

052

부동산투자회사인 REITs와 가장 유사한 부동산펀드는?

① 임대형부동산펀드 ② 대출형부동산펀드
③ 준부동산펀드 ④ 개발형부동산펀드

부동산투자회사인 REITs는 부동산 매입 후 임대형이 많아 자본시장법상의 임대형부동산펀드와 가장 유사하다.

053

분양권에 투자하는 부동산펀드에 대한 설명 중 가장 거리가 먼 것은?

① 분양아파트 등에 청약, 당첨된 부동산의 사용 · 수익할 권리에 투자하는 부동산펀드이다.
② 자본시장법은 부동산펀드의 투자대상으로 분양권을 명시하지 않고 있다.
③ 부동산펀드에서 분양권에 투자하기 위해서는 분양권을 취득할 수 있는 법적 및 정책적 여건의 조성이 필요하다.
④ 분양권프리미엄을 평가하여 적정 가치를 산정할 수 있는 분양권 평가모델이 구축되어야 한다.

자본시장법은 부동산펀드의 투자대상으로 분양권을 명시하여 열거하고 있다.

054

펀드재산의 50%를 초과하여 부동산을 취득한 후 직접 부동산개발사업을 추진하여 부동산을 분양 · 매각하거나 또는 임대 후 매각함으로써 부동산개발사업에 따른 개발이익을 획득하는 것을 목적으로 하는 실물형 부동산펀드는?

① 임대형부동산펀드 ② 증권형부동산펀드
③ 대출형부동산펀드 ④ 개발형부동산펀드

개발형부동산펀드에 대한 설명이다.

더알아보기 개발형부동산펀드
- 부동산펀드가 시행사의 역할을 수행함으로써 직접 부동산개발사업을 추진하여 분양이나 임대를 통해 개발이익을 얻는 개발(Development) 방식의 부동산펀드이다.
- 투자비율의 제한이 없어 향후 부동산펀드가 개발될 여지가 있다.
- 부동산투자회사법은 법률개정을 통해 회사재산의 100% 이내에서 부동산개발을 허용하여 개발전문 부동산투자회사들이 설립되어 운영되고 있다.

정답 049 ② | 050 ③ | 051 ③ | 052 ① | 053 ② | 054 ④

3과목 부동산펀드

055

부동산투자법에 의한 부동산투자회사(REITs) 중 수익성 부동산 매입, 임대사업을 할 수 없는 회사는?

① 개발전문 부동산투자회사 ② 자기관리 부동산투자회사
③ 위탁관리 부동산투자회사 ④ 기업구조조정 부동산투자회사

문제해설

개발전문 부동산투자회사는 임대사업을 할 수 없다.

056

부동산펀드의 글로벌부동산 투자에 대한 설명 중 가장 거리가 먼 것은?

① 자본시장법은 과거에 비해 투자대상 부동산의 범위를 확대하여 글로벌펀드시장의 흐름을 반영하는 법적 기반을 마련하였다.
② 글로벌시장에서 자산 중 부동산이 차지하는 비율이 주식, 채권의 비중보다 높음으로 부동산을 배제한 포트폴리오 구성은 바람직하지 않다.
③ 글로벌부동산은 주식 등 다른 자산과의 상관관계가 높아 위험관리를 위한 자산으로 활용이 곤란하다.
④ 글로벌부동산은 국가 간 상관관계가 낮아 다수 국가에 분산투자함으로써 펀드의 위험관리에 효율적이다.

문제해설

글로벌부동산은 주식 등 다른 자산과의 상관관계가 낮아 위험관리를 위해 핵심자산으로 활용가능하다.

057

경공매형부동산펀드에서 고려해야 할 경매의 개념과 장단점에 대한 설명 중 가장 거리가 먼 것은?

① 강제경매는 집행권원을 가지고 있는 채권자가 채무자 소유의 일반재산을 압류한 후 그것을 매각시켜 그 매각 대금에서 금전채권의 만족을 얻는 것을 말한다.
② 경매는 시세보다 싼 값에 부동산의 취득이 가능하다는 장점이 있다.
③ 경매는 권리관계가 복잡하며 권리분석은 본인의 책임하에 이루어지기 때문에 경우에 따라서는 큰 문제가 발생할 수도 있다.
④ 임의경매는 담보권의 실현을 위한 경매로서 반드시 집행권원이 있어야 한다.

문제해설

임의경매는 담보물권이 설정된 채권에서 채무불이행 시에 담보권의 실행을 위한 경매이므로, 집행권원을 요구하지는 않는다. 집행권원에는 종국 판결문, 화해조서, 집행력 있는 공정증서 등이 있다.

058

부동산투자회사인 리츠(Reits)의 종류에 포함되지 않는 것은?

① 자기관리 부동산 리츠 ② 위탁관리 부동산 리츠
③ 대출전문 부동산 리츠 ④ 개발전문 부동산 리츠

더알아보기 리츠
부동산투자신탁으로 소액투자자 들로부터 자금을 모아 부동산이나 부동산 관련대출에 투자하여 발생한 수익을 투자자에게 배당하는 회사나 투자신탁을 말한다. 증권의 뮤추얼펀드와 유사하여 '부동산 뮤추얼펀드'라고도 한다. 부동산개발사업, 임대, 주택저당채권 등에 투자하여 수익을 올린다.

문제해설
리츠의 종류로는 ①, ②, ④ 외에도 기업구조조정 리츠가 있다.

059

부동산펀드 중 경공매형부동산펀드의 부동산 운용인력의 전문성에 대한 점검사항과 가장 거리가 먼 것은?

① 매입가치가 있는 경공매부동산의 탐색
② 해당 부동산의 투자수익분석
③ 아웃소싱 대상 전문기관의 적절성
④ 해당 부동산확보를 위한 입찰참가

문제해설
아웃소싱 대상 전문기관의 적절성은 펀드 관련 비용에 대한 내용이다.

060

부동산투자목적회사 발행 지분증권에 투자하는 증권형부동산펀드에 대한 설명 중 가장 거리가 먼 것은?

① 부동산펀드에서 해외부동산을 직접 매입하는 것은 한계가 있다.
② 해당 국가의 직접매입 제한 및 부동산법규의 복잡으로 법적위험에 노출된다.
③ 부동산매입에 소요되는 기간의 장기화로 투자시기를 놓칠 수 있다.
④ 신흥국가에 집중 투자하여 펀드소득의 극대화를 추진한다.

문제해설
신흥국가는 특유의 부동산 매매관행에 대한 미숙으로 투자위험이 상존한다.

정답 055 ① | 056 ③ | 057 ④ | 058 ③ | 059 ③ | 060 ④

061

부동산펀드 중 개발형부동산펀드에 대한 설명 중 가장 거리가 먼 것은?

① 부동산펀드가 시행사의 역할을 수행함으로서 직접 부동산개발사업을 추진하여 분양 · 임대를 통해 개발이익을 얻는 개발(Development) 방식의 부동산펀드이다.

② 과거에는 부동산펀드 자산총액의 30%를 초과하여 부동산개발사업에 투자하는 것을 금지하는 제한으로 인하여 개발형부동산펀드가 개발된 사례가 거의 없었다.

③ 자본시장법은 투자비율의 제한이 없어 향후 부동산펀드가 개발될 여지가 있다.

④ 부동산투자회사법은 법률개정을 통해 회사재산의 50% 이내에서 부동산개발을 허용하여 개발전문 부동산투자회사들이 설립되어 운영되고 있다.

문제해설

부동산투자회사법은 법률개정을 통해 회사재산의 100% 이내에서 부동산개발을 허용하여 개발전문 부동산투자회사들이 설립되어 운영되고 있다.

더알아보기 개발형부동산펀드

- 투자비율의 제한이 없어 향후 부동산펀드가 개발될 여지가 있다.
- 부동산투자회사법은 법률개정을 통해 회사재산의 100% 이내에서 부동산개발을 허용하여 개발전문 부동산투자회사들이 설립되어 운영되고 있다.
- 부동산펀드가 시행사의 역할을 수행함으로서 직접 부동산개발 사업을 추진하여 분양이나 임대를 통해 개발이익을 얻는 개발(Development) 방식의 부동산펀드이다.

062

준부동산펀드에 대한 설명 중 가장 거리가 먼 것은?

① 개발사업을 목적으로 하는 특수목적 부동산회사가 발행한 증권에 투자하는 것은 준부동산펀드로 볼 수 없다.

② 준부동산펀드는 투자 내용을 기준으로 한 자본시장법상의 펀드이다.

③ 건물개량사업에 투자하는 회사의 발행어음에 투자하는 증권펀드는 준부동산펀드이다.

④ 부동산개발산업에 투자하는 회사의 발행채권에 투자하는 증권펀드는 준부동산펀드에 속한다.

문제해설

개발사업을 목적으로 하는 특수목적 부동산회사가 발행한 증권에 투자하는 것도 준부동산펀드에 속한다.

063

다음 설명 중 대출형부동산펀드에 해당하는 것을 모두 고르면?

㉠ 부동산을 임대하거나 매각함으로써 임대수익 또는 자본소득을 얻는 것이 목적이다.
㉡ 확실한 자금회수를 위해 별도의 담보장치가 필요하다.
㉢ 시공사 등의 신용등급을 평가하는 것이 가장 중요하다.
㉣ 최근에 가장 활발히 이루어진 형태이다.

① ㉠
② ㉠, ㉡, ㉢
③ ㉡, ㉢, ㉣
④ ㉠, ㉡, ㉢, ㉣

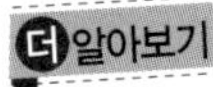

임대형부동산펀드

- 펀드재산의 50%를 초과하여 부동산을 취득한 후 해당 부동산을 임차인에게 임대하여 임대소득을 획득하고, 해당 부동산의 가격이 취득시점 대비 상승한 때에 매각함으로써 매각차익을 획득하는 것을 목적으로 하는 실물형부동산펀드이다.
- 당초 목표로 한 적정수준의 임대수익을 확보하기 위해서는 임대기간 동안 임차인으로부터 적정수준의 임대료를 안정적으로 수령해야 한다.
- 임대료 이외의 관리비 · 주차료 · 전용선임대료 등의 기타 소득도 병행하여 수령할 필요가 있다.
- 적정수준의 관리비는 임대수익에 기여한다.
- 공실률이 높을수록 임대수익이 감소한다.
- 전기 및 수도로 보안비용, 관리인건비, 청소비, 보험료 등 제반 경비가 과다한 경우 임대수익이 감소한다.
- 부동산을 취득하기 위해 원리금 만기일시 상환방식 또는 원리금 균등분할 상환방식 등으로 차입을 한 경우 대출이자가 과다하게 부과될 수 있다.

㉠은 임대형부동산펀드에 대한 설명이다.

정답 061 ④ | 062 ① | 063 ③

064

부동산펀드의 글로벌부동산 투자에 대한 설명 중 가장 거리가 먼 것은?

① 글로벌부동산투자는 국가 간 상관관계가 낮으므로 다수 국가에 분산투자하는 것이 좋다.
② 글로벌부동산에 투자하는 부동산펀드는 투자자의 다양한 요구에 적합하다.
③ 국내펀드 및 역외펀드에서 단기적인 자산운용을 위해 글로벌부동산에 투자한다.
④ 국내부동산 이외의 새로운 투자기회를 가지기 위해 글로벌부동산에 투자한다.

문제해설 

해외부동산 등 글로벌 투자는 단기적인 면이 아니라 장기적 관점에서 투자한다.

065

다음 중 프로젝트파이낸싱(PF) 방식 부동산펀드에 해당하는 것은?

① 개발형부동산펀드　　② 경공매형부동산펀드
③ 임대형부동산펀드　　④ 대출형부동산펀드

대출형부동산펀드가 프로젝트파이낸싱 방식이다.

066

부동산펀드에 대한 다음 설명 중 가장 거리가 먼 것은?

① 개발형부동산펀드란 부동산개발사업을 하여 분양, 임대 등을 통해 개발이익을 얻는 부동산펀드이다.
② 증권형부동산펀드란 부동산을 기초자산으로 하는 파생상품에 투자하는 부동산펀드이다.
③ 임대형부동산펀드란 업무용 부동산 등을 매입하여 임대소득과 자본소득의 확보를 목적으로 하는 부동산펀드이다.
④ 대출형부동산펀드는 자금을 제공하고 고정된 이자를 받는다는 점에서 회사채에 투자하는 것과 비슷하다.

증권형이 아니라 파생상품형부동산펀드에 대한 설명이다.

067

부동산펀드 중 임대형부동산펀드의 점검사항과 가장 거리가 먼 것은?

① 매입가격　　② 임대료
③ 공실률　　④ 펀드 관련 비용의 적정성

펀드 관련 비용의 적정성은 경공매형부동산펀드의 점검사항이다.

068

부동산펀드 중 파생상품형부동산펀드에 대한 설명 중 가장 거리가 먼 것은?

① 부동산을 기초자산으로 한 파생상품에 주로 투자하는 부동산펀드이다.
② 자본시장법의 파생상품형부동산펀드는 과거 간접투자법상의 파생상품펀드를 부동산펀드의 하나로 흡수한 것이다.
③ 자본시장법상의 파생상품펀드가 개발된 사례가 많다.
④ 임대형부동산펀드에서 수익성 부동산의 가격하락을 헤지하기 위한 목적으로 부동산을 기초자산으로 하는 파생상품에 투자하는 경우와 같이 제한적인 범위 내에서 모색될 수 있을 것이다.

자본시장법상 부동산의 파생형 펀드가 개발된 선례가 거의 없다.

정답 064 ③ | 065 ④ | 066 ② | 067 ④ | 068 ③

3장 부동산펀드 투자 · 리스크 관리

001

정부의 부동산정책 중 수요정책과 가장 거리가 먼 것은?

① LTV(Loan To Value) ② Zoning
③ DTI(Debt To Income) ④ Call 금리 조정

Zoning은 지역 자구제로서 공급정책의 하나이다.

수요정책

구분	내용	비고
주택담보 대출비용소득공제	담보대출을 받은 소유주에게 연말정산 시에 원리금 상환액에 대한 소득공제 혜택을 부여하여 주택 수요 촉진	
부동산 담보대출 규제	LTV나 DTI를 통하여 대출규모를 조절하여 부동산 수요를 조절	• LTV : 부동산 가격대비 대출금액비율 • DTI : 소득대비 대출서비스비율
부동산 담보 대출기준금리조정	부동산 담보대출의 기준이 되는 금리를 조정하여 부동산 수요를 조절	
부동산 임대사업 제도	부동산 임대사업자의 세제혜택 여건을 변경하여 부동산 수요를 조절	
임대료 보조	일정 수준 이하의 소득 수준의 임차인에게 최저 수준의 주거환경을 제공하기 위하여 주거비를 보조하는 제도로 임대수요를 촉진시킴	

002

부동산시장 분석에 대한 설명 중 가장 거리가 먼 것은?

① 공간시장은 공간이용에 관한 권리를 사고파는 시장을 말하며, 자산시장은 자산으로서의 부동산을 사고파는 시장을 말한다.
② 부동산을 개발하게 되면 공간시장에 새로운 임대공간을 제공하는 한편 자산시장에 새로운 자산을 공급하게 되는 것이다.
③ 공간시장의 공급은 주로 지역 및 국가경제 상황에 가장 크게 영향을 받게 되고 공간시장의 수요는 건설하여 완공되는 물량에 따라 결정된다.
④ 자산시장의 현금흐름과 지본시장의 영향을 받아 형성된 시장요구자본환원율로 부동산의 시장가격을 추정할 수 있다.

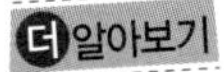
직접환원법
현금흐름 / 시장요구자본환원율 = 자산의 시장가격

공간시장의 수요는 주로 지역 및 국가경제 상황에 가장 크게 영향을 받게 되고 공간시장의 공급은 건설하여 완공되는 물량에 따라 결정된다.

003

부동산 투자위험에서 사업상 위험에 대한 설명 중 가장 거리가 먼 것은?

① 사업상 위험은 시장위험, 운영위험, 입지위험으로 분류된다.
② 시장위험은 시장상황으로부터 발생하는 위험이다.
③ 입지위험은 개별 부동산에 발생되는 위험이다.
④ 운영위험은 부동산 관리 등 수익성의 불확실성을 폭넓게 지칭한다.

입지위험은 부동성으로 인해 사업상 안게 되는 위험으로 모든 사업에 공통되는 위험이다.

3과목 부동산펀드

정답 001 ② | 002 ③ | 003 ③

004

다음 중 부동산가격의 상승 요인과 가장 거리가 먼 것은?

① 통화량 증가 ② 물가상승
③ 금리상승 ④ 주가상승

금리상승 시에는 부동산가격이 하락한다.

005

거시경제변수와 부동산시장 간의 관계에 대한 설명 중 가장 거리가 먼 것은?

① 경제가 성장하면 일반적으로 경기가 활성화되고 기업이나 가계의 수요가 증가한다.
② 부동산 매매가격이 상승하게 되면 부동산 보유자의 자산평가금액이 커지게 된다.
③ 토지가격이 상승하면 토지사용량이 증가할 것이고, 토지를 동반한 자본투자가 증가할 것이다.
④ 부동산 가격이 상승하면 생산비가 늘어나고, 이로 인하여 수출경쟁력은 약화될 것이다.

토지가격이 상승하면 토지사용량이 감소할 것이고, 토지를 동반한 자본투자가 감소할 것이다.

더알아보기 거시경제변수와 부동산시장

- **경제성장** : 경제가 성장하면 임대수요가 증가하여 임대료가 상승하고 이는 매매가격의 상승으로 이어진다.
- **소비** : 부동산 매매가격이 상승하면 자산효과로 인해 소비가 증가한다.
- **투자** : 토지가격이 상승하면 토지사용량이 감소하며, 그에 따라 보완적 자본투자가 감소한다.
- **순수출** : 부동산가격이 상승하면 생산비가 상승하여 수출은 감소하고 수입은 증가한다.
- **총공급** : 부동산가격 상승으로 인해 근로의욕이 저하되어 노동생산성이 감소한다. 주택가격이 상승하면 노동의 지역 간 이동이 둔화되고 인력수급에 난조를 겪게 된다. 이는 곧 임금 상승 및 임대료 상승을 불러일으키고 생산비를 상승시킨다.
- **총통화** : 통화량이 증가하면 물가가 상승하고 그에 따라 부동산가격도 상승한다.
- **물가** : 물가의 상승은 인플레이션 헤지효과로 인해 부동산가격 상승의 주요인이 된다.
- **주가** : 주가가 상승하면 부동산 가격이 상승한다.
- **금리** : 물가의 상승은 명목금리의 상승을 부추기고 대출금리 역시 상승하게 되고 이는 부동산 투자에 대한 요구수익률을 높여 부동산 가격을 하락시킨다.

006

다음 중 부동산 투자위험과 가장 거리가 먼 것은?

① 사업상위험 ② 금융위험
③ 환경위험 ④ 법적위험

부동산 투자위험으로는 사업상 위험, 금융위험, 법적위험, 인플레이션 위험 등이 있다.

더 알아보기

시장위험
- 일반경제의 위축으로 부동산수요의 감소로 공실률이 증가하여 임대료가 하락하게 된다.
- 인구구조나 기술수준의 변화가 부동산의 수요와 공급에 영향을 미쳐 임대료가 변화된다.
- 수요와 공급의 변화는 부동산 투자의 수익성에 대한 위험을 중대시키는 중요한 요인이다.

운영위험
- 경영 및 관리위험
- 부동산의 관리, 근로자의 파업, 영업경비의 변동 등으로 수익의 불확실성

입지위험
- 지리적 부동성으로 야기되는 위험
- 불리한 지리적 위치에 있는 부동산에 투자함으로서 발생하는 위험
- 부동산의 수익이나 가치상승에 대한 기대는 위치의 유 · 불리에 의해 결정된다.

007

부동산 투자의 위험(리스크)에 대한 다음 설명 중 가장 거리가 먼 것은?

① 경제적 · 비경제적 손실을 부담하게 될 가능성 또는 잠재적인 손실 정도를 의미한다.
② 부동산 투자의 위험은 대안투자로서의 위험으로 인식해야 한다.
③ 베타위험, 이자율 스프레드 위험은 운영위험에 속한다.
④ 신용위험은 확정된 위험, 미확정된 위험, 결제위험 등으로 구분한다.

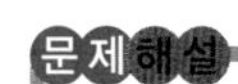

베타위험은 주식위험이고, 이자율 스프레드 위험은 금리위험이므로 모두 시장위험에 속한다.

정답 004 ③ | 005 ③ | 006 ③ | 007 ③

008

다음 중 대안투자의 특성과 가장 거리가 먼 것은?

① 투자대상으로 역사가 짧다.
② 전통적인 투자에 비해 유동성이 작다.
③ 성과수수료, 취득수수료 등이 일반적으로 높다.
④ 전통적 투자자산과 달리 투명하게 거래되고 공정가치를 평가하는 데 어려움이 없다.

대안투자의 특성 및 위험

- 짧은 역사
- 장기 투자
- 높은 수수료
- 전문성 필요
- 보기 드문 투자의 형태
- 개인보다는 법인의 투자
- 공정가치 산출의 어려움
- 전통적 자산과의 낮은 상관관계
- 전통적 투자에 비해 낮은 유동성
- 벤치마크가 없고 절대적 수익률의 개념

대안투자는 주식, 채권 등의 전통적 투자자산과는 달리 투명하게 거래되지 않아서 공정가치를 평가하기가 어렵다.

009

다음 표에서 설명하는 위험의 종류는 무엇인가?

> 부동산의 지리적 부동성이 위험을 제공하는 원인이 되어 사업상 안게 되는 위험이 커진다.

① 시장위험　　② 입자위험
③ 운영위험　　④ 유동성위험

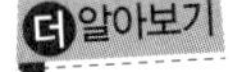

입지위험

- 지리적 부동성으로 야기되는 위험
- 불리한 지리적 위치에 있는 부동산에 투자함으로서 발생하는 위험
- 부동산의 수익이나 가치상승에 대한 기대는 위치의 유 · 불리에 의해 결정된다.

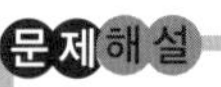

입지위험에 대한 설명으로 모든 사업이 가지게 되는 공통적 위험이지만 특히 부동산 투자의 경우 그 정도가 심하다.

010

경공매형부동산펀드의 법률리스크에 관한 설명과 가장 거리가 먼 것은?

① 펀드의 규모가 너무 크면 미운용자금(Idle Money)의 비중이 낮아진다.
② 펀드 규모가 너무 작으면 소수에 집중투자됨에 따라 리스크가 증가한다.
③ 경공매 시장의 상황을 고려하여 펀드모집액의 적정성을 사전 검토한다.
④ 경공매형부동산펀드는 사전에 투자자산이 정해져 있지 않은 상태에서 운용되는 블라인드(Blind) 방식이므로 체계적인 운용프로세스 및 운용메뉴얼이 필요하다.

펀드의 규모가 너무 크면 미운용자금(Idle Money)의 비중이 높아진다.

011

부동산펀드 운용 시 투자위험에 대한 다음 설명 중 가장 거리가 먼 것은?

① 부동산에 대한 수요가 줄어들어 임대료가 하락하는 위험은 시장위험이다.
② 인플레이션위험은 물가상승으로 인해 장래 발생할 투자수익의 현재가치가 하락할 수 있는 위험을 의미한다.
③ 금융위험은 타인자본 비율의 감소로 지분수익률이감소할 수 있는 위험을 의미한다.
④ 토지이용규제, 조세제도 등의 환경변화로 인한 부동산 투자의 위험은 법적 위험에 속한다.

더알아보기 부동산 투자 위험의 종류

- **사업상 위험** : 시장위험, 운영위험, 입지위험이 있다.
- **금융위험** : 타인자본을 사용하여 투자하게 되면 지렛대효과로 인해 자기자본에 대한 수익률, 즉 지분수익률이 증가할 수 있다. 부채비율이 크면 클수록 지분 수익률이 커질 수 있으나 채무불이행 위험, 파산 위험 등 부담해야 될 위험이 커지게 된다.
- **법적위험** : 부동산 투자의 의사결정은 정책 및 각종 규제 등 법적 환경 아래서 이루어지므로 법적 환경의 변화가 부동산 투자의 위험을 야기한다.
- **유동성위험** : 부동산을 원하는 시기에 현금화하기 어렵고, 급매할 경우 낮은 가격으로 매각해야 하는 위 험(환금성 위험)이다. 부동산 규모가 클수록 유동성이 떨어지나 수익률은 높아진다.

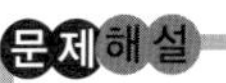

금융위험은 부채비율(타인자본)이 클수록 지분수익률이 높은 반면 위험도 커질 수 있는 위험을 의미한다. ③의 타인자본의 감소로 지분수익률이 감소한다는 설명은 맞으나 위험은 커질 수 있는 쪽으로 대비를 해야 한다는 의미에서 금융위험에 대한 설명으로는 적절하지 못하다.

정답 008 ④ | 009 ② | 010 ① | 011 ③

012

대출형부동산펀드의 리스크 유형과 가장 거리가 먼 것은?

① 사업인허가 위험 ② 공실률 위험
③ 사업부지 관련 위험 ④ 위험부도 위험

더 알아보기 대출형부동산펀드 리스크 유형
- 부도위험
- 계약불이행 위험
- 사업인허가 위험
- 투자원금손실 위험
- 사업부지 관련 위험
- 원리금 미상환 위험

공실률 위험은 임대형 부동산펀드와 관련된 리스크이다.

013

부동산투자 위험관리절차 중 위험대응전략과 가장 거리가 먼 것은?

① 위험 회피 ② 위험 분리
③ 위험 보유 ④ 위험 전가

위험 분리가 아닌 위험 감소가 해당된다.

014

부동산수요에 대한 설명 중 가장 거리가 먼 것은?

① 소득수준의 향상 열등재인 경우 소득이 늘면 가격이 하락한다.
② 핵가족화로 단일 가족의 수가 증가하면 소형주택의 가격이 상승한다.
③ 대체관계에 있는 부동산의 상승은 해당 부동산의 수요를 증가시켜서 가격을 하락시킨다.
④ 부동산의 가격이 오를 것으로 기대하면 부동산의 수요는 증가한다.

대체관계에 있는 부동산의 상승은 해당 부동산의 수요를 증가시켜서 가격을 상승시킨다.

015

임대형부동산펀드의 청산단계 위험과 가장 거리가 먼 것은?

① 매각 위험
② 타인자본 위험
③ 사업계획미달 위험
④ 추가비용발생 위험

타인자본 위험은 운용단계에서 발생할 수 있는 위험이다.

016

부동산리스크 관리절차에 관한 내용 중 다음의 설명과 가장 가까운 것은?

> 객관적 자료 및 계량화된 정보와 자료를 이용하여 식별된 위험인자의 중요도를 파악함으로서 대안 설정과 전략수립이 가능한 단계

① 위험분류　② 위험분석
③ 위험식별　④ 위험대응

위험분석에 대한 설명으로 부동산 위험관리의 절차는 식별 → 분류 → 분석 → 대응의 순이다.

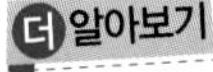

부동산리스크 관리절차

- **리스크 식별**(Risk Identification)
  - 리스크의 근원인식, 리스크 인자의 유형과 특성 파악, 상황을 이해하는 단계
  - 부동산 투자의 주요 리스크
  - 시장 및 사업 리스크, 프로젝트 리스크, 거시적 리스크 등
- **리스크 분류**(Risk Classification)
  - 리스크 인자를 유형과 특성별로 분류하여 각 인자들 사이의 상호 관련성을 파악, 상황을 이해하는 단계
  - 통제 가능한 리스크와 통제 불가능한 리스크로 분류
- **리스크분석**(Risk Analysis) : 식별된 리스크 인자의 중요도를 파악하여 대안설정과 전략수립 가능 여부를 판단한다.
- **리스크대응**(Risk Response)
  - 리스크 요인을 식별하고 분석된 리스크 인자의 처리 방안을 고려하는 단계
  - 리스크의 부정적인 영향을 제거하고 리스크에 대한 통제력을 강화
  - 리스크 대응전략은 리스크 회피, 리스크 감소, 리스크 보유, 리스크 전가로 분류한다.

정답 012 ② | 013 ② | 014 ③ | 015 ② | 016 ②

017

대출형부동산펀드의 위험에 대한 다음 설명 중 가장 거리가 먼 것은?

① 시행사와 시공사의 신용위험이 존재한다.
② 초기 분양률이 높으면 조기상환위험이 존재한다.
③ 토지 매수와 관련된 계약위험이 존재한다.
ⓒ 토지 소유권을 확보한 경우에는 모든 위험이 제거된다.

문제해설

토지 소유권을 확보해야 대부분의 위험이 제거되나 추가적인 위험은 여전히 존재한다.

018

부동산개발사업의 위험에 대한 다음 설명 중 가장 거리가 먼 것은?

① 개발형펀드의 경우 초기 분양률이 낮게 되면 자금조달에 문제점이 발생한다.
② 개발사업의 개발단계에서 설계변경, 공기연장 등의 리스크가 발생할 수 있다.
③ 개발산업의 리스크 중 하나로 매장문화재, 환경변화 등의 예상치 못한 리스크가 발생할 수도 있다.
④ 개발형 사업의 가장 큰 위험은 미래 청산과정에서의 부동산 매각가액이다.

문제해설

미래 청산과정에서의 부동산 매각가액의 리스크는 임대형펀드의 경우이고, 개발형의 경우에는 사업초기의 분양률이 가장 큰 위험이다.

019

임대형펀드의 투자 및 리스크에 대한 다음 설명 중 가장 거리가 먼 것은?

① 임대형펀드의 경우 리츠(부동산투자회사)의 형태와 운용방식이 유사하다.
② 매수자 우위시장에서 공개경쟁을 하는 경우 회계법인 등이 동원되어 최고 매입자격을 산정하기도 한다.
③ 매입 부동산의 안전진단 및 시설물 관리 등은 물리적 위험에 속한다.
④ 임대료, 공실률, 부동산 시장의 수급상황 등을 파악하여 목표수익률을 산정하는 등 재무적 타당성을 검토해야 한다.

문제해설

매수자 우위시장은 최소 매입가격, 매도자 우위시장일 경우 최고 매입가격을 산정한다.

020

임대형펀드의 운용단계 위험으로 가장 거리가 먼 것은?

① 임차인 위험 ② 공실 위험
③ 자기자본 위험 ④ 관리비증가 위험

문제해설
보유 부동산을 매입하는 데 외부자금조달을 통한 타인자본이 동원되었기 때문에 자본의 위험은 자기자본이 아니라 타인자본 위험이 존재한다.

021

해외부동산펀드의 투자 및 리스크에 대한 다음 설명 중 가장 거리가 먼 것은?

① 역외펀드는 외국에서 펀드를 만들어 국내에서 판매하는 펀드이다.
② 리스크의 유형으로는 현지인위험, 실사비용위험, 조세위험, 환율위험 등이 있다.
③ 해외부동산에 투자한 후 환율이 하락하였다면 투자수익과 환차익이 동시에 발생한다.
④ 일반투자자의 경우 환율변동 리스크를 해소하기 위해서 환헤지 여부를 검토해야 한다.

문제해설
환율이 하락(예: 1달러 1,200원에서 1,000원으로 하락) 시에는 원화로 환전할 때 환차손이 발생한다.

022

대출형부동산펀드의 리스크 유형 중 투자원금 손실 위험에 대한 설명 중 가장 거리가 먼 것은?

① 투자원금의 전부 또는 일부에 대한 손실의 위험이 있다.
② 판매사는 발행 가능한 위험 요소까지 설명하는 법적 책임이 있다.
③ 부동산펀드 판매 시 판매사는 투자자에게 상품약관을 교부한다.
④ 투자금액의 손실 또는 감소 위험의 일부는 운용자가 부담한다.

투자금액의 손실 또는 감소의 위험은 투자자가 부담한다.

정답 017 ④ | 018 ④ | 019 ② | 020 ③ | 021 ③ | 022 ④

023

사업타당성 분석과 관련된 내용 중 가장 거리가 먼 것은?

① 물리 · 기술적 타당성 분석 : 시설물관리회사 등으로부터 하자나 장래 필요한 자본적 지출에 대한 정보를 얻게 되며 이를 사업계획에 반영한다.

② 재무적 타당성 분석 : 투자가 이루어지면 사업기간 중에 자금을 조기 회수할 수 없으므로 사업의 수익성, 자금조달 및 상환, 현금흐름 등을 철저히 분석한다.

③ 실행가능성 분석 : 분양성 검토보고서, 오피스시장 동향보고서 등의 자료를 활용하며, 이를 통해 주변시세, 분양사례, 매매동향, 임대시장 동향, 매매사례 등의 정보를 분석한다.

④ 법률 · 정책적 타당성 분석 : 프로젝트 관련 법률과 정책에 대해서 정책 변경 가능성, 법률상 하자 여부와 인허가 가능성 등을 고려해 사업 추진 절차와 방법이 적절한지 판단하고 대출과 매입 등 관련 계약서에 법률상 하자가 없는지 검토한다.

문제해설 

시장환경 분석에 대한 내용이다. 상권, 수요, 경쟁구조 등의 분석으로 일반 경기나 부동산 경기 및 정책 환경 분석, 부동산 소재지의 정치, 경제, 사회, 인구 동향과 부동산 수요, 공급의 분석을 통한 잠재수요 예측 등을 통해 매출 또는 운영수입의 규모 및 실현가능성을 분석하는 데 SWOT 분석을 활용한다.

024

대출형부동산펀드의 위험요인 중 토지비 점검에 대한 내용은?

① 사업수지표상 산출근거를 검토하여 개별항목에 대한 내용이 적절한지 파악해야 한다.

② 평당 매입금액이 주변시세 및 사업비에서 차지하는 비중이 적절한 수준인지를 검토한다.

③ 분양평형, 세대수, 평당 분양가로 분양수입을 산정하고, 분양대금 납입스케줄과 월별 분양률 추정으로 분양수입의 유입시점을 예상한다.

④ 시공예정건설회사의 제안서상 평당 건축비를 확인하고 기타 설계비, 홍보비 등 사업수지표상 다양한 항목들이 누락 없이 반영되었는지 검토한다.

① 사업수지표
③ 분양수입
④ 공사비

025

해외부동산펀드의 리스크 유형에 해당하는 것은?

① 조세위험 ② 관리비 증가 위험
③ 투자자산 확보의 위험 ④ 자산평가 위험

조세위험
자본이득 과세로 인한 수익률 저하를 방지하기 위해 조세회피지역에 서류상회사(SPC)를 세워 우회적으로 투자하기도 한다. 부동산 매각 시 현지 부동산을 매각하지 않고 SPC 지분을 매각하여 자본이득에 대한 과세를 회피하는 것이다. 하지만 자본이득에 대한 세금을 근본적으로 회피할 수는 없기 때문에 매각가액이 낮아진다는 위험이 있다.

해외부동산펀드의 리스크 유형에는 해당국의 정치 · 경제 · 법률적 차이, 현지인 위험, 제도 및 실사비용 위험, 조세위험, 환매 유동성 위험, 환율 위험, 펀드정보의 제한, 글로벌 신용경색 위험 등이 있다.
② 임대형부동산펀드
③, ④ 경공매형부동산펀드

026

부동산 투자안의 민감도 분석에 대한 설명 중 가장 거리가 먼 것은?

① 민감도 분석을 통해서 투자안의 수익성에 크게 영향을 주는 변수가 예상과 다르게 변동할 때, 투자안의 수익성에 어떤 영향을 미치는지 파악한다.
② 일반적으로 한 변수 이외에 다른 변수는 그대로 있다고 가정하고 해당 변수와 수익 간의 관계를 살핀다.
③ 투자안의 수익에 영향을 크게 주는 변수들은 집중적인 관리를 통해서 위험을 줄여야 한다.
④ 민감도 분석을 통해서만이 부동산 투자안의 비체계적인 위험을 제거할 수 있다.

민감도 분석을 통해서가 아니라 부동산 투자안에 편입되는 자산을 늘려야만 비체계적인 위험을 줄일 수 있다. 개별자산의 고유위험인 비체계적인 위험을 줄이기 위해서는 투자자산의 숫자를 늘려야 한다.

정답 023 ③ | 024 ② | 025 ① | 026 ④

027

경공매형부동산펀드의 투자자산 확보와 관련된 내용 중 가장 거리가 먼 것은?

① 일반인들의 참여가 용이할 경우 낙찰가율 증가로 수익률 달성이 어려울 수 있으며, 반대의 경우 낙찰가율이 상대적으로 낮게 유지되어 양호한 수익을 실현할 가능성이 높다.
② 아파트나 토지를 대상으로 하는 경공매시장은 일반인들의 참여가 용이하지 않은 반면, 상업용 또는 업무용 부동산의 경우 상대적으로 일반인들의 참여가 용이하다.
③ 양호한 대형 물건이 경매시장에 나오더라도 경매시장에서의 경쟁으로 인해 경공매형펀드가 원하는 일정 규모 이상의 투자자산을 확보하는 것은 현실적으로 쉽지 않다.
④ 투자자산이 소규모 다수일 경우 관리의 어려움으로 펀드수익률에 악영향을 미친다.

문제해설 

일반인들의 참여가 용이한 것은 아파트나 토지를 대상으로 하는 경우이다. 상업용 · 업무용 부동산의 경우 권리분석이나 명도과정이 복잡하고 경공매 참여에 필요한 자금도 크기 때문에 일반인들의 참여가 용이하지 않다.

028

부동산투자 위험의 종류에 대한 설명 중 가장 거리가 먼 것은?

① 인플레이션위험 : 인플레이션으로 인해 장래 투자수익의 현재가치가 하락할 위험을 말하며, 금융위험이나 운영위험 등을 파생시킨다.
② 법적위험 : 정부의 정책, 토지이용규제, 조세제도 등의 법적 환경의 변화로 부동산투자에 야기되는 위험을 말한다.
③ 금융위험 : 부채가 많아 원금과 이자에 대한 채무불이행의 가능성이 높아지며 파산할 위험도 그만큼 커지게 되는 위험을 말한다.
④ 시장위험 : 부동산을 원하는 시기에 현금화하는 것이 쉽지 않고, 급매를 할 경우에 낮은 가격으로 매각하야 하는 위험을 말한다.

유동성위험과 관련된 설명으로 환금성위험이라고도 한다. 부동산은 다른 자산에 비해 유동성위험이 매우 크다.

029

임대형부동산펀드의 매입단계 리스크 유형 중 재무타당성과 관련된 내용은?

① 유사거래사례, 감정평가금액, 임대수익, 예상수익률 등을 고려하여 적정매입가격을 산정한다.

② 매입 부동산의 물리적 · 기술적 위험 최소화를 위해 안전진단 및 시설물 관리 전문 업체를 통해 물건 실사를 한다.

③ 법무법인을 통해 해당 부동산에 발생가능한 법률적 하자를 검토한 내용을 바탕으로 해서 매매의 방식으로 부동산을 취득한다.

④ 대차대조표, 손익계산서, 이익잉여금처분계산서, 자본변동표, 현금흐름표, 미래부동산가치평가서 등의 검토를 통해서 예상세금과 공과금, 프로젝트의 예상수익률, 적정한 타인자본비용의 수준, 수익자에게 제시가능한 목표수익률을 파악한다.

문제해설 

① 매입가격의 적정성
② 물리적 위험
③ 법률적 위험

030

정부의 부동산정책 중 공급정책과 관련된 내용으로 가장 거리가 먼 것은?

① 개발제한구역을 해제하는 때에는 신규 부동산이 공급되는 효과를 기할 수 있다.

② 택지개발지구를 지정하거나 관련 규제를 완화하는 경우 택지공급이 늘어나 신규 부동산이 공급되는 효과를 기할 수 있다.

③ 도시 및 주거환경의 정비와 관련된 제반 규제를 완화하는 경우에는 정비사업을 통해 도시 내에 신규 부동산이 공급되는 효과를 기할 수 있다.

④ 용도지역 · 지구제도와 관련하여 도시의 밀도를 하향조정하면 공급되는 건축연면적이 늘어나 부동산의 공급을 촉진할 수 있다.

용도지역 · 지구제도와 관련하여 도시의 밀도를 상향조정하면 공급되는 건축연면적이 늘어나 부동산의 공급을 촉진할 수 있다. 또한 도시개발구역을 지정하거나 도시개발사업과 관련된 규제를 완화하는 경우 다양한 형태의 신규 부동산이 대량으로 공급되는 효과를 기할 수 있다.

정답 027 ② | 028 ④ | 029 ④ | 030 ④

031

현금흐름추정과 관련된 용어풀이 중 가장 거리가 먼 것은?

① DSCR(Debt Service Coverage Ratio) : 연간 원리금 상환 능력
② IRR(Internal Rate Return) : 투자에 따른 현금유출과 현금유입의 현재가치
③ ROI(Return On Investment) : 프로젝트 자체의 IRR
④ ROE(Return On Equity) : 자기자본 투자의 현재가치와 배당수익 및 잔여재산의 현재가치를 동일하게 하는 할인율

문제해설 

IRR(Internal Rate Return)은 투자에 따른 현금유출과 현금유입의 현재가치를 동일하게 하는 할인율을 의미한다.

032

부동산시장의 3가지 하부시장이 아닌 것은?

① 공간시장　　② 자산시장
③ 개발사업　　④ 자본시장

부동산시장의 3가지 하부시장은 ① 공간시장, ② 자산시장, ③ 개발사업이다.

033

부동산 공급요인에 대한 설명 중 가장 거리가 먼 것은?

① 건설비용이 늘어나면 부동산 신규공급은 감소한다.
② 기술수준이 향상되면 부동산 신규공급은 증가한다.
③ 공급자의 수가 늘어나면 부동산 공급은 증가한다.
④ 부동산가격이 오를 것으로 기대되면 부동산 공급은 감소한다.

부동산가격이 오를 것으로 기대되면 부동산 공급은 증가한다. 또한 부동산의 가격이 상승하면 부동산의 공급이 증가하고, 해당 부동산의 가격이 하락하면 부동산의 공급이 감소한다.

034

임대형부동산펀드 운용단계 중 물리적 위험 대비에 대한 내용은?

① 주요 임차인의 임대계약은 장기로 체결해 임차인 변동에 따른 공실률 증가와 임대수입 변동가능성을 최소화해야 한다.
② 매입 전 회계법인이나 시설관리 전문업체를 통해 월별관리비를 분석하고 장래 물가상승률을 반영하여 미래 관리비를 사업계획에 반영한다.
③ 운용기간 중 임차인의 계약갱신가능성에 대해 주의하고, 금융기관으로부터 단기차입이 가능하도록 준비한다.
④ 자연재해 위험, 기계장치 파손사고 위험, 물적 · 인적 손해에 대한 법률상 배상책임 위험 등에 대비해 필요한 보험에 가입해야 한다.

① 공실 위험
② 관리비 증가 위험
③ 타인자본 위험

035

정부의 주요 부동산정책 중에서 가격정책에 해당하는 것을 모두 고른 것은?

㉠ 임대료 보조제	㉡ 용도 지역 · 지구제
㉢ 분양가상한제	㉣ 개발제한구역제도
㉤ 임대료 상한제	㉥ 재산세 및 종합부동산세 적용

① ㉠, ㉢
② ㉡, ㉣
③ ㉢, ㉤
④ ㉣, ㉥

정부의 가격정책은 부동산시장에서의 수요 및 공급에 직접적인 영향을 미치는 정부정책이다. 자율적인 가격결정기능을 훼손하는 결과를 초래하기 때문에 부동산 시장의 안정이 절대적으로 필요한 경우가 아니라면 쉽게 도입하기 어렵다는 특징을 지닌다.

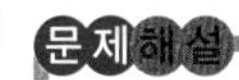

㉢ **분양가 상한제** : 신규 분양주택의 분양가를 최고가격 이하로 책정하게 하여 주택의 수요 및 공급을 조절
㉤ **임대료 상한제** : 임대인이 임차인으로부터 지급받는 임대료를 일정수준 이하로 책정하게 하여 임대주택의 수요 및 공급을 조절

정답 031 ② | 032 ④ | 033 ④ | 034 ④ | 035 ③

036

대출위험을 최소화하면서 이익을 극대화하기 위해 심사부서에서 대출의 실행에 대해 심사를 하게 되는데 구체적인 심사업무에 해당하지 않는 것은?

① 대출상환자원의 확보가능성
② 주기적인 내부감사 및 외부감사
③ 담보관계 등 채권서류 리뷰
④ 대출심사종합보고서 작성

①, ③, ④를 비롯하여 대출 금지법규 저촉 여부, 차주의 신용등급 분석, 자금용도의 적정성, 적정대출한도 심사, 대출조건심사, 여신정책의 일관성 여부 리뷰, 차주의 신용등급 리뷰, 자금용도 외 유용 여부 리뷰 등의 업무를 수행한다.

037

거시경제와 부동산의 관계에 대한 설명 중 틀린 것은?

① 경제성장 → 임대수요 증가 → 임대료 상승 → 매매 가격 하락
② 부동산가격 상승 → 소비증가
③ 토지가격 상승 → 토지사용량 감소 → 투자 감소
④ 부동산가격 상승 → 생산비 상승 → 수출 감소, 수입증가

경제성장 → 임대수요 증가 → 임대료 상승 → 매매 가격 상승

더 알아보기

거시경제변수	부동산과의 관계
경제성장	경제성장 → 임대수요증가 → 임대료 상승 → 매매가격 상승
소비	부동산가격 상승 → 소비증가(자산효과)
투자	토지가격 상승 → 토지사용량 감소 → 보완적 자본투자 감소
순수출	부동산가격 상승 → 생산비 상승 → 수출 감소, 수입증가
총공급	• 부동산가격 상승 → 근로의욕 저하 → 노동생산성 감소 • 주택가격 상승 → 노동의 지역 간 이동 둔화 → 인력수급의 어려움 → 임금상승 • 임대료 상승 → 생산비 상승
총통화	통화량 증가 → 물가 상승 → 부동산가격 상승
물가	물가 상승 → 부동산가격 상승(인플레이션 헤지 효과)
주가	주가 상승 → 부동산가격 상승
이자율	이자율 상승 → 부동산가격의 하락

038

임대형부동산펀드의 운용단계의 위험과 가장 거리가 먼 것은?

① 관리비 증가 위험　　② 매각위험
③ 임차인위험　　④ 공실위험

문제해설
매각위험은 청산단계의 위험이다.

039

부동산경기변동에서 경기회복국면에 해당하는 내용과 가장 거리가 먼 것은?

① 낮은 금리로 인하여 여유자금이 부동산에 투자되기 시작한다.
② 부동산거래와 관련된 고객 수가 감소하던 것이 멈추고 조금씩 증가하기 시작한다.
③ 일부지역시장의 경우 점차 시장 분위기가 개선되어 가는 징후를 보이기 시작한다.
④ 부동산의 거래가격이 계속 상승하며 매도인은 거래를 미루고, 매수인은 거래를 앞당긴다.

문제해설
호황국면에서 나타나는 현상이다. 경기회복국면에서는 ①, ②, ③의 현상을 비롯하여 부동산의 공실률이 줄어들기 시작하며, 매수인 우위시장에서 매도인 우위시장으로 조금씩 전환되는 모습을 보인다.

040

임대형부동산펀드의 레버리지에 대한 설명 중 가장 거리가 먼 것은?

① 위험을 줄이기 위해 펀드전문부동산관리회사의 위탁이나 지속적인 임대 마케팅이 필요하다.
② 부동산의 자산가치 상승 및 임대수익 상승 시 (+)레버리지 효과가 발생한다.
③ 부동산 자산가치 하락 시 손실이 가중될 수 있는 (−)레버리지 위험이 있다.
④ 레버리지 효과는 투자자금 전액을 자기자본으로 조달하면 극대화된다.

문제해설
대출을 통한 자금조달 및 채권을 발행하여 조달할 경우 전형적인 레버리지 효과가 발생하기 때문에 자금조달 없이 모두 자기 자금으로 사용할 경우 레버리지 효과는 없다.

정답 036 ② | 037 ① | 038 ② | 039 ④ | 040 ④

041

부동산시장의 수요요인에 대한 다음 설명 중 가장 거리가 먼 것은?

① 기펜재는 소득이 늘어나면 수요가 오히려 줄어드는 부동산을 의미한다.
② 대체재 부동산의 경우 수요가 상호 반대적 입장을 띠게 된다.
③ 부동산시장을 안정시키려면 LTV 비율을 높여야 한다.
④ 핵가족화의 영향으로 소형주택의 수요가 늘어 가격이 상승한다.

문제해설 

LTV는 대부 비율로서 높이게 되면 대출금액이 늘어나 부동산시장이 더욱 가열된다.

042

다음 부동산시장의 특징에 대한 설명 중 가장 거리가 먼 것은?

① 부동산시장은 완전경쟁시장의 요건을 충족시키기 어렵다.
② 같은 단지의 같은 평형, 같은 층의 아파트는 완전히 동질적이다.
③ 정보의 비대칭성이 주식시장보다 크다.
④ 매매 시 거래비용이 주식시장보다 크다.

완전히 동질적일 수 없다. 최소한 건물 방향과 전망도는 다를 수밖에 없다.

043

다음 중 부동산펀드의 체크포인트로 점검해야 할 사항이 잘못 연결된 것은?

① 대출형부동산펀드의 경우 시공사 신용등급 리스크
② 개발형부동산펀드의 경우 사업부지 관련 리스크
③ 경공매형부동산펀드의 경우 인허가 리스크
④ 경공매형부동산펀드의 경우 투명한 운용체계 보유 여부

더 알아보기 유형별 주요 점검사항

- **대출형** : 시행사의 사업부지 확보 가능성, 시공사의 신용수준
- **경공매형** : 부동산운용전문인력의 전문성 보유 여부, 투명한 펀드 운용체제 보유 여부.
- **임대형** : 임대료, 공실률, 매입가격, 매각가격과 매각지연

인허가 리스크는 개발형부동산펀드의 점검사항이다.

044

투자자 입장에서 개발부동산의 리스크가 높다고 판단되는 개발형펀드에 투자하면서 동시에 부동산을 기초상품으로 하는 파생부동산펀드에 투자하는 것은 다음 중 어디에 해당하는가?

① 위험수용 ② 위험전가

③ 위험감소 ④ 위험보유

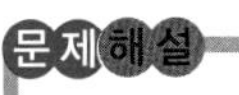

문제해설

위험전가의 내용이다. 하나의 기초상품에 투자하고 동시에 그 상품의 파생상품에 투자하는 것은 위험회피 혹은 위험전가에 해당한다.

045

거시경제변수와 부동산과의 관계에 대한 설명 중 가장 거리가 먼 것은?

① 금리가 높아지면 부동산 가격은 하락한다.

② 토지가격이 상승하면 자본투자가 감소한다.

③ 경제가 성장하면 부동산 가격이 상승한다.

④ 통화량이 늘어나면 부동산 가격은 하락한다.

문제해설

통화량이 늘어나면 금리가 하락하여 부동산의 수요가 늘어나게 되어 부동산 가격은 상승한다.

046

부동산시장의 조세정책에 대한 다음의 설명 중 가장 거리가 먼 것은?

① 조세부담이 발생하게 될 때 수요자가 조세를 일부 부담하게 되면 부동산 가격은 하락한다.

② 정부의 조세정책은 취 · 등록세율을 증감시키는 방법을 사용하기도 한다.

③ 수요자의 가격 탄력성이 공급자보다 비탄력적이면 공급자보다 더 많은 조세를 부담하게 된다.

④ 정부의 조세정책에 의한 시장개입으로 사회적 후생손실이 많이 발생한다.

문제해설

조세부담이 부동산 가격에 전가되어 부동산 가격이 상승한다.

더 알아보기 조세정책

- **부동산 자원배분(효율성 추구)** : 서민주택을 위한 조세상 특혜, 과다보유에 따른 보유과세의 중과세 등을 통해 부동산 자원의 적정배분추구
- **소득재분배(형평성 추구)** : 부동산의 상속세, 재산세 등에 대한 세율체제를 누진세나 차등세를 적용함으로써 소득재분배
- **지가안정** : 양도소득세, 개발부담금제도 등 조세를 통하여 지가를 안정시키고 투기를 억제
- 조세정책은 일반적으로 부동산 가격의 상승으로 이어진다.

정답 041 ③ | 042 ② | 043 ③ | 044 ② | 045 ④ | 046 ①

3과목 부동산펀드

047

정부가 부동산시장에 직접적으로 개입하는 정책은?

① 개발이익환수제 ② 양도소득세

③ 그린벨트 해제 ④ 분양가상한제

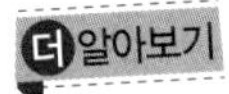

가격정책

- 저소득층의 실질소득 상승
- 시장의 가격기능에 개입하는 특단의 조치
- 정부가 부동산시장에 직접적으로 개입하는 정책
- **분양가 상한제** : 분양가를 시장가격 이하에서 최고가격을 설정하는 제도
- 주택의 소유자가 특정수준 이상으로 임차인에게 임대료를 부과할 수 없도록 하는 제도
- 규제임대료가 시장에서 형성되는 균형임대료보다 높은 경우 가격과 공급량에는 영향이 없다.
- 일정수준의 저소득층에게 정부가 직접적으로 무상으로 임대료의 일부를 보조해 주는 정책
- 일정한 한도의 과세소득을 공제해 주는 방법도 사용

분양가상한제, 임대료상한제 등의 가격정책은 정부가 부동산시장에 직접적으로 개입하는 정책으로 볼 수 있다.

048

임대형부동산펀드의 운용단계 위험관리와 가장 거리가 먼 것은?

① 임차인들의 구성과 주요 임차인에 대한 재무상태와 평판을 확인해야 한다.

② 주요 임차인의 임대계약은 가급적 장기로 체결해 임차인 변동에 따른 공실률 증가와 임대수입 변동가능성을 최소화해야 한다.

③ 공사도급계약에 시공사의 귀책사유에 따른 준공 지연 또는 공사 중단이 발생하는 경우 시공사의 지연손해배상금 의무조항을 삽입한다.

④ 부동산 매입 전 회계법인 등을 통해 직전 2~3년간 월별관리비를 분석하고 장래 물가상승률을 반영하여 미래관리비를 사업계획에 반영한다.

임대형부동산펀드의 건설 중인 부동산 매입위험 중 시행사의 책임으로 사업이 지연될 경우에 대비하는 내용이다.

① 임차인 위험관리

② 공실 위험관리

④ 관리비증가 위험관리

049

대출형부동산펀드의 투자단계 리스크 중 사업부지 확보와 관련된 확인 사항과 가장 거리가 먼 것은?

① 소유권을 확보하였더라도 대상부지 내 세입자 등에 대한 명도이행 약속 등에 대해 철저히 파악해야 한다.
② 초기 사업부지에 대한 자금 인출과 동시에 신탁등기 후 신탁수익증권서에 질권을 설정하기로 합의되었는지를 확인한다.
③ 사업부지 매매계약률, 미계약 필지의 매도동의 확보 여부 등을 확인하기 위해 사업주로부터 토지조서와 매매계약서 또는 토지사용승낙서 등을 징구해야 한다.
④ 일반분양 아파트 사업부지의 경우 대한주택보증(주) 앞 보증분양 신청 시 근저당권 또는 관리 · 처분신탁 등기 해지 후 부기등기로 전환되므로 시행사 및 시공사의 신용도가 중요하다.

문제해설

명도와 관련된 내용이다. 부동산펀드에서 대출은 위험회피를 위해 대부분의 사업부지를 매입했거나 대부분의 사업부지에 대해 매매계약을 체결한 상태에서 이루어지는데 이러한 경우에도 부지확보 위험에 노출되기도 한다.

050

정부의 부동산정책 중 수요정책과 관련된 내용과 가장 거리가 먼 것은?

① 정부가 부동산시장에 직접적으로 개입하여 정책목표를 달성하는 방식을 선호한다.
② 대출금액에 대한 세제혜택을 부여 및 임대료 보조제 실시를 통해 수요에 영향력을 행사할 수 있다.
③ LTV 또는 DTI와 같은 부동산담보대출기준의 조절을 통해 부동산 수요에 영향력을 행사할 수 있다.
④ 부동산담보대출금리 산정의 기초가 되는 기준금리를 변경하는 방법으로 부동산 수요에 영향력을 행사할 수 있다.

문제해설

정부가 수요정책을 실시하는 경우 부동산시장에 직접적으로 개입하는 방식보다는 부동산 시장의 수요에 영향을 미치는 요인, 즉 수요요인에 영향을 주어 부동산의 수요를 진작 또는 억제시킴으로써 정책목표를 달성하는 간접적인 방식을 선호한다.

정답 047 ④ | 048 ③ | 049 ① | 050 ①

051

대출형부동산펀드의 리스크 유형 중 부도위험에 대한 내용은?

① 시장상황에 따라 분양지연 및 분양률 저조 등으로 인해 원리금 상환 지연 및 미상환 위험이 존재한다.

② 인허가 과정에서 사업계획상의 사업규모 및 매출액 등이 변경될 수 있으며, 원리금 상환재원에 영향을 미칠 수 있는 위험요소를 가지고 있다.

③ 시행사 또는 시공사의 부도가 발생하는 경우 이로 인한 시행사, 시공사 교체 등으로 인하여 사업 지연과 원리금 상환 지연 또는 미상환 위험이 있다.

④ 사업부지 매입 시 근저당권, 압류, 가등기 등 각종 법률적 하자를 해소하는 데 리스크가 따르며, 임차인 명도 및 이주와 관련하여 상당한 기간이 소요될 수 있는 위험요소를 가지고 있다.

문제해설 

① 분양 위험
② 사업 인 · 허가 위험
④ 사업부지 관련 위험

052

부동산펀드의 대출 시 긍정적(+) 지렛대 효과에 대한 설명 중 가장 거리가 먼 것은?

① 투자의 기대수익률이 차입금 금리를 하회하는 경우이다.

② 차입금 사용으로 지분 투자자의 수익이 증대된다.

③ 타인지분을 이용하여 지분 수익률을 높이는 경우이다.

④ LTV가 높을수록 자기자본 수익률이 증가한다.

투자의 기대수익률이 차입금 금리를 하회하는 경우는 부정적 효과이다. 긍정적 효과로는 투자의 기대수익률이 차입금 금리를 상회하는 경우, 대출의 만기가 길수록 자기자본 수익률이 증가하는 경우가 있다.

더 알아보기

LTV(Loan to Value ratio)
담보가치 대비 대출비율로 주택담보대출비율이라고도 한다. 은행이나 보험사에서 주택을 담보로 대출해 줄 때 적용하는 담보가치(주택가격) 대비 최대 대출 가능한도를 의미한다.

DTI(Debt to Income)
소득수준 대비 부채 상환능력 비율을 말한다. 각종 대출 등에서 기준 잣대로 사용된다.

053

부동산경기변동에 대한 내용 중 가장 거리가 먼 것은?

① 호황국면, 경기후퇴국면, 불황국면, 경기회복국면으로 나뉜다.
② 부동산경기변동은 지역별, 부동산 유형별, 부동산 규모별로 다른 양상을 보일 수 있다.
③ 부동산경기는 도시마다 달리 변동하고 같은 도시의 하부지역에서는 동일한 변동을 보인다.
④ 장기적인 관점에서 보면 기본적인 부동산경기변동의 흐름은 비슷하게 움직이지만 단기적으로는 서로 상당한 시차를 두고 움직인다.

부동산경기는 도시마다 달리 변동하고 같은 도시라 하더라도 하부지역마다 각기 다른 변동을 보인다.

054

부동산의 취득단계, 보유단계, 처분단계별로 부동산관련 조세를 적용하여 부동산의 수요를 조절하고 토지의 개발사업을 통해 발생된 개발이익을 환수함으로써 부동산의 공급을 조절하는 정책은?

① 조세정책　　② 가격정책
③ 수요정책　　④ 공급정책

문제해설

조세정책에 대한 설명이다. 취득세, 재산세, 종합부동산세, 양도소득세, 개발부담금 조절 등의 방법을 통해 실행한다.

055

경공매형부동산펀드의 자산처분에 대한 설명 중 가장 거리가 먼 것은?

① 투자자산의 처분지연으로 펀드청산이 지연되어 환매대금 지급의 장애가 발생할 수 있다.
② 펀드청산시점을 감안하여 충분한 시간을 두고 투자부동산의 처분작업을 실시해야 한다.
③ 전속중개계약 및 부동산 컨설팅 계약체결로 중개회사와 매도시기를 조정해야 한다.
④ 불완전한 권리의 취득이나 경락자가 인수해야 하는 권리 등 법률적 위험에 대해 검토해야 한다.

불완전한 권리의 취득이나 경락자가 인수해야 하는 권리 등 법률적 위험에 대한 검토는 명도 시에 관한 사항이다.

정답 051 ③ | 052 ① | 053 ③ | 054 ① | 055 ④

056

가격이 2억 원인 아파트를 구입하고자 한다. LTV가 70%라면 모기지론으로 차입이 가능한 금액은 얼마인가?

① 6,000만 원　② 1억 원
③ 1억 2,000만 원　④ 1억 4,000만 원

LTV = 융자액/부동산의 가치이므로, 2억 × 70%인 1억 4천만 원의 차입이 가능하다.

057

부동산펀드 중 임대형펀드의 임대료 리스크에 대한 설명 중 가장 거리가 먼 것은?

① 기 계약부분은 확정된 임대료로 사용한다.
② 기간 만료부분, 공실부분은 임대료를 추정한다.
③ 임대료 추정은 현재 임대료에서 매년 일정한 금액으로 상승한다고 가정하여 추정한다.
④ 임대료의 예상 상승률과 예상 변동 폭은 투자대상부동산의 수익률에 상당한 영향을 주므로 추정 시 신중하게 검토한다.

임대료 추정은 현재 임대료에서 매년 일정한 비율로 상승한다고 가정하여 추정한다.

058

거시경제와 부동산의 관계에 대한 설명 중 가장 거리가 먼 것은?

① 경제성장 → 임대수요 증가 → 임대료 상승 → 매매가격 상승
② 부동산가격 상승 → 소비증가(자산효과)
③ 토지가격 상승 → 토지사용량 감소 → 보완적 자본투자 증가
④ 부동산가격 상승 → 생산비 상승 → 수출감소, 수입 증가

토지가격 상승 → 토지사용량 감소 → 보완적 자본투자 감소로 이어진다.

059

어떤 지역의 대형주택 가격이 평균 10% 인상됨에 따라 대형주택에 대한 수요가 20% 감소하였다. 대형주택에 대한 수요의 가격 탄력성은 얼마인가?

① 0.5　② 1.0
③ 1.5　④ 2.0

수요의 가격탄력성 결정요인
- 필수품의 경우 비탄력적인 반면 사치품의 경우 탄력적이다.
- 어떤 재화에 밀접한 대체재가 있으면 그 재화의 수요는 탄력적이다
- 재화의 범위가 좁을수록 대체재를 찾기 쉬우므로 탄력적이다.
- 시간을 길게 잡을수록 탄력적이다.

문제해설

수요의 탄력성

$$= \frac{\text{수요량의 변화율}}{\text{가격의 변화율}} = \frac{20}{10}$$

$= 2.0$

060

부동산경기변동에서 불황국면에 해당하는 내용과 가장 거리가 먼 것은?

① 건축허가신청 건수가 지속적으로 줄어든다.
② 부동산시장에서 매수인이 더욱 우위에 있게 된다.
③ 장기화되면 부동산의 공실률이 점차 늘어나게 된다.
④ 부동산가격이 지속적으로 하락하면서 부동산거래가 거의 이루어지지 않으며 금리가 높아지는 경향이 있다.

문제해설

장기화되었을 때 공실률이 늘어나는 것은 경기후퇴국면 때 나타나는 현상이다.

061

부동산펀드 중 경공매형부동산펀드 리스크의 개념에 대한 설명 중 가장 거리가 먼 것은?

① 다른 펀드보다 제한요소가 적다.
② 경공매부동산은 평가절하되어 있는 경우가 많으므로 시장가격보다 저렴하게 구입할 수 있다.
③ 개인이 직접 경공매 절차의 참여할 경우에는 법적 · 시간적 어려움이 있다.
④ 경공매형부동산펀드는 투자위험으로부터 개인을 보호하고 부동산컨설팅회사, 자산운용사에 의하여 사전위험요소를 최소화한 물건을 매입해야 한다.

문제해설

일정 규모 이상의 물건을 확보해야 함으로 다른 펀드보다 제한요소가 많다.

정답 056 ④ | 057 ③ | 058 ③ | 059 ④ | 060 ③ | 061 ①

062

부동산 간에 대체 또는 보완관계에 있을 때, 해당 부동산의 수요량의 변화율을 대체 또는 보완관계에 있는 부동산가격의 변화율로 나눈 것은?

① 수요의 교차탄력성　　② 수요의 가격탄력성
③ 수요의 소득탄력성　　④ 부동산의 공급탄력성

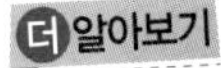

② 수요의 가격탄력성 = 수요량의 변화율/가격의 변화율
③ 수요의 소득탄력성 = 수요량의 변화율/소득의 변화율
④ 부동산의 공급탄력성 = 공급량의 변화율/가격의 변화율

수요의 교차탄력성에 대한 설명이다.

063

시장 전체에 영향을 미쳐 개별 부동산의 가격변동을 유발시키는 요인과 가장 거리가 먼 것은?

① 경제성장률　　② 정부정책의 변화
③ 원금의 회수시간 장기화　　④ 금리변동

원금의 회수시간 장기화는 채무불이행 위험의 요인이다.

064

부동산경기변동에 대한 내용 중 가장 거리가 먼 것은?

① 부동산경기는 일반경기에 비해서 후행하거나 동행한다.
② 부동산경기는 주가지수(주식시장경기)에 동행한다.
③ 호황기의 절반과 후퇴기의 절반의 시기에는 매각기회를 찾는 전략을 펴는 것이 적절하다.
④ 회복기의 절반과 불황기의 절반의 시기에는 시장진입전략을 검토할 시기이다.

일반경기에 비해서 주식시장경기가 선행하기 때문에 일반경기에 후행하거나 동행하는 부동산경기는 주식시장경기에 비해서 후행한다.

065

부동산펀드 중 대출형부동산펀드의 위험과 가장 거리가 먼 것은?

① 시공사의 재무건전성　　② 관리상 하자
③ 분양위험　　④ 명도위험

관리상 하자는 임대형부동산펀드의 위험이다.

066

리스크의 근원인식, 리스크 인자의 유형과 특성 파악, 상황을 이해하는 단계는?

① 리스크 식별　　② 리스크 분류
③ 리스크 분석　　④ 리스크 대응

리스크 식별 단계에 대한 설명이다.

067

시공사의 역할에 대한 설명 중 가장 거리가 먼 것은?

① 건축물이 준공되어 사용이 가능해져야 부동산의 가치가 발생하며 임대를 통한 이자충당과 매각에 의한 대출원금 회수가 가능하기 때문에 책임주공이 요구된다.

② 책임분양에 의해 준공시점까지 일정분양률을 달성하지 못할 경우 이를 책임지기 때문에 당초 사업계획에 비해 금융비용이 추가로 발생되지 않는다.

③ 기한이익의 상실사유 발생에도 개발사업진행으로 인해 시행사의 대출금 상환이 불가능할 경우, 시공사에서 시행사의 채무와 시행권을 인수하게 되므로 부동산개발사업의 위험이 시공사의 신용 위험으로 대체된다.

④ 시공사의 브랜드 이미지가 분양가격이나 분양률에 상당한 영향을 미치기 때문에 시공사의 브랜드 인지도와 선호도를 고려해야 한다.

일정분양률까지 시공사에서 책임을 진다하더라도 토지비, 민원해결 비용 증가 사유 등으로 인해 사업성이 하락할 경우 준공시점이나 준공 이후에 현금이 회수되기 때문에 당초 사업계획에 비해 금융비용이 과다하게 발생되는 경우가 있을 수 있다.

정답 062 ① | 063 ③ | 064 ② | 065 ② | 066 ① | 067 ②

068

아파트에 대한 수요와 공급의 탄력성에 관한 설명 중 가장 거리가 먼 것은(단, 다른 변수는 불변이라고 가정)?

① 공급이 증가할 때 수요의 가격 탄력성이 비탄력적일수록 가격이 더 내린다.
② 수요의 소득 탄력성은 소득의 변화율에 대한 수요량의 변화율이다.
③ 수요가 증가할 때 공급의 가격 탄력성이 비탄력적일수록 가격은 더 오른다.
④ 공급이 가격에 대해 완전 비탄력적일 때 수요가 증가해도 가격은 변하지 않는다.

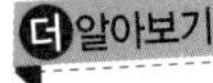

- **부동산의 공급탄력성** : 부동산의 공급에 영향을 미치는 부동산의 가격, 건설비용, 기술수준, 기대, 금리, 공급자의 수 등 요인의 변화에 부동산 공급이 어느 정도로 반응하는지 파악하기 위해 사용된다.
- **공급의 가격탄력성** : 공급량의 변화율을 부동산 가격의 변화율로 나눈 값으로, 부동산 가격변화에 따른 공급량의 변화를 나타내는 지표이다.

문제해설 

공급이 가격에 대해 완전 비탄력적일 경우는 공급곡선이 수직일 경우가 되므로 수요의 변화가 가격에 그대로 반영된다. 즉, 수요가 증가하면 그만큼 가격이 상승하고, 수요가 감소하면 그만큼 가격이 하락하게 된다.

069

임대형부동산펀드의 위험요인 점검과 관련된 내용 중 가장 거리가 먼 것은?

① 매입금액, 취득세, 매입수수료, 실사수수료, 차입금 관련 담보설정비, 금융비용자본화 등의 항목을 점검해야 한다.
② 부동산매각금액은 연간순영업이익(NOI)에 부동산의 연간순운용수입을 부동산투자액으로 나눈 비율인 환원이율(Cap Rate)을 적용하여 할인한 가액을 적용하여 추정한다.
③ 현재 임대차계약 조건이 사업계획상 임대료수입과 관리비수입에 적절히 반영되었는지와 향후 임대료 인상률과 공실률에 대한 가정이 합리적인지 검토해야한다.
④ 부동산개발사업에 있어서 통제하기 가장 어려운 위험은 미래 청산시점에서의 부동산 매각가액인 반면에 부동산임대사업에 있어서 가장 큰 위험은 사업초기의 예상분양률일 것이다.

부동산개발사업에 있어 통제하기 가장 어려운 위험은 사업초기의 예상분양률인 반면 부동산임대사업에 있어 가장 큰 위험은 미래 청산시점에서의 부동산 매각가액이다.

070

다음 부동산 투자에 대한 일반적인 내용 중 가장 거리가 먼 것은?

① 위험은 투자안으로부터 얻어지게 될 미래의 현금흐름이다.
② 위험은 수익에 대한 불확실성으로부터 발생하는 자산이나 부채의 가치 변동성이다.
③ 부동산은 투자 의사결정이나 포트폴리오 구성과는 별도의 위험을 가지고 있다.
④ 실물자산의 관리위험은 일반 투자자산에도 가지고 있는 공통된 위험이다.

문제해설 

실물자산인 부동산은 임대차, 유지, 개보수, 개발하는 데 따른 관리위험을 추가로 부담해야 한다. 이는 부동산의 고유한 위험이다.

071

공간시장(Space Market)으로서의 부동산시장에 대한 다음 설명 중 가장 거리가 먼 것은?

① 공간시장은 공급시장을 의미한다.
② 공간시장의 수요는 지역 및 국가경제 상황에 영향을 받는다.
③ 공간시장의 공급은 개발산업으로부터 건설되어 공급되는 물량에 영향을 받는다.
④ 공간시장은 자산시장, 개발산업과 유기적으로 연결되어 있다.

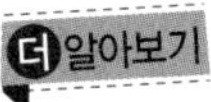

- 부동산의 공간에 대한 수요와 공급에 의하여 부동산의 임대료와 이에 대한 점유율이 결정
- **공간시장의 수요** : 지역 및 국가경제 상황에 영향을 받음
- **공간시장의 공급** : 개발산업으로부터 건설되어 공급되는 물량에 영향을 받음

문제해설 

공간시장(Space Market)은 임대시장을 의미한다.

072

Zoning 지정을 통하여 용도, 밀도 등을 통제하고 부동산의 공급을 조절하는 정책은?

① 지역지구제　　② 그린벨트제도
③ 도시정비사업　　④ 뉴타운사업

Zoning 지정은 지역지구제에 대한 설명이다.

정답 068 ④ | 069 ④ | 070 ④ | 071 ① | 072 ①

073

자산시장(Asset Market)으로서의 부동산시장에 대한 설명 중 가장 거리가 먼 것은?

① 시장요구자본환원율의 수준이 결정된다.
② 공간시장의 임대료와 점유율에 따라 자산시장의 현금흐름이 결정된다.
③ 현금흐름과 시장기대수익률을 통해서 자산의 시장가치가 추정된다.
④ 추정된 시장가격은 개발산업의 사업성 분석의 기초자료가 된다.

더 알아보기 자산시장(Asset Market)

- 현금흐름과 시장요구수익률을 통해서 자신의 시장가치를 추정한다.
- 공간시장의 임대료와 점유율에 따라 자산시장의 현금흐름이 결정된다.
- 시장요구자본환원율(Market Required Capitalization)의 수준이 결정된다.
- 자산시장의 수급에 따라 해당 부동산시장의 시장요구자본환원율의 수준이 결정된다.

문제해설 

현금흐름과 시장요구수익률을 통해서 자산의 시장가치가 추정된다.

074

부동산 정책 중 조세부담의 귀착에 대한 설명 중 가장 거리가 먼 것은?

① 수요곡선이 수직이면 소비자가 전부 부담한다.
② 수요탄력성이 작을수록 소비자부담이 커진다.
③ 공급이 완전 비탄력적이면 생산자가 전부 부담한다.
④ 공급탄력성이 작을수록 소비자 부담이 커진다.

공급탄력성이 작을수록 공급자 부담이 커진다.

075

부동산투자 위험관리방안에 대한 설명 중 가장 거리가 먼 것은?

① 개발위험 회피를 위해서는 리싱 패키지를 활용하는 방안을 들 수 있다.
② 유동성위험을 관리하는 방법으로는 각종 사전옵션계약을 활용하는 방안을 들 수 있다.
③ 관리운영과 관련된 위험을 관리하는 방안으로는 임차인과의 장기임대계약을 맺는 방법 등이 있다.
④ 가격변동위험을 관리하는 방법으로는 파생금융상품을 활용하는 방안이 있지만, 부동산가격지수 개발 미흡 등의 이유로 적용이 어렵다.

개발위험을 회피하기 위해서는 확정가격에 의한 일괄 도급계약을 활용할 수 있다. 리싱 패키지 활용은 관리위험에 대한 방안이다. 리싱 패키지란 부동산 소유자와 관리회사가 통제할 수 없는 외부시장여건 변화에 대응하기 위하여 통제가능한 내부여건을 변화시켜서 적극적으로 대응해 나가는 전략이다.

076

경공매형부동산펀드의 리스크 관리방안에 대한 내용 중 가장 거리가 먼 것은?

① 투자대상 개별 부동산 후보군의 자산가치, 임대현황, 시장현황, 물리적 하자, 법률적 하자 등에 대해 사전조사 및 평가시스템을 갖추고 있는지 검토한다.
② 다른 펀드의 편입 부동산에 비해 상대적으로 선호도나 유동성이 높지만 처분지연을 방지하기 위해 펀드 청산시점으로부터 충분한 시간을 두고 처분작업을 실시한다.
③ 해당 펀드운용사가 체계적인 운용프로세스 및 운용매뉴얼을 비롯하여 경공매형부동산펀드를 효율적으로 운용할 수 있는 체계를 구축하고 있는지 점검한다.
④ 명도에 대해 민사집행법상의 인도명령 및 명도소송의 법률적 검토를 해야 하며 추가적으로 발생할 수 있는 명도지연 및 추가비용에 대한 대비책이 있는지 검토해야 한다.

경공매형부동산펀드는 다른 펀드의 편입 부동산에 비해 상대적으로 선호도나 유동성이 떨어질 수 있기 때문에 매각 시스템이나 계획을 사전에 점검하는 것이 매우 중요하다.

077

부동산시장의 가격결정에 대한 설명 중 가장 거리가 먼 것은?

① 수요곡선과 공급곡선이 교차하는 점에서의 가격과 거래량을 균형가격, 균형거래량이라고 한다.
② 균형가격과 균형거래량은 부동산시장에 영향을 미치는 수요와 공급요인들이 변할 때 변동한다.
③ 수요와 공급요인의 변화로 수요곡선과 공급곡선이 이동하면 이들이 새롭게 만나는 점에서 새로운 균형가격과 균형거래량이 형성된다.
④ 부동산가격이 균형가격보다 아래로 이탈한 경우 초과공급이 발생되고 이후 부동산가격이 하락하여 균형가격으로 회복한다.

부동산가격이 균형가격보다 아래로 이탈한 경우 초과수요가 발생되고 이후 부동산가격이 상승하여 균형가격으로 회복된다. 부동산가격이 균형가격보다 위로 이탈한 경우에는 초과공급이 발생되고 이후 부동산가격이 하락하여 균형가격으로 회복한다.

정답 073 ③ | 074 ④ | 075 ① | 076 ② | 077 ④

078

경제여건과 부동산시장에 대한 설명 중 가장 거리가 먼 것은?

① 국민소득의 증가 · 감소폭을 의미하는 경제성장의 변화는 부동산시장에 많은 영향을 미친다.
② 투자가 크게 늘어나면 산업용 부동산이나 오피스 등과 같은 업무용 부동산에 긍정적인 영향을 준다.
③ 순수출입이 크게 늘어나면 수출 중심의 기업이 많이 입지한 지역의 부동산에 좋은 영향을 준다.
④ 지역 및 국가의 경제여건은 공간시장에는 영향을 주지 않지만 자산시장 및 개발시장에 영향을 미치게 된다.

문제해설 

지역 및 국가의 경제여건은 특히 공간시장의 수요 측면에 직접적인 영향을 주며, 나아가 자산시장 및 개발시장에까지 직 · 간접적인 영향을 미치게 된다.

079

임대형부동산펀드의 건설 중인 부동산 매입위험 중 개발사업위험과 가장 거리가 먼 것은?

① 전문 건설관리회사를 통해 신축건물의 질적 수준이 떨어지지 않도록 감독해야 한다.
② 사업부지 확보 여부와 사업 관련 각종 인허가 취득 여부를 검토해야 하며 미비한 점이 있을 경우 우량 시공사에 책임을 전가하는 형태로 회피한다.
③ 공사기간 중에는 사업대상 토지에 대해 계약금 및 중도금 등에 120%~130% 정도를 채권최고액으로 하는 담보신탁을 설정하여 우선 수익권을 확보한다.
④ 우량시공사의 책임준공확약을 받을 필요가 있으며 어렵다면 최소한 건물이 2~3층 정도 골조가 올라가고 있는 상태에서 매입해야 개발사업 초기단계의 위험을 회피할 수 있다.

문제해설 

부동산권리 확보 위험에 대한 설명이다. 준공시점에는 기타 담보 및 근저당 말소를 확인한 후 소유권을 등기하면서 잔금을 지급하는 방법 등으로 위험을 회피할 수 있다.

080

다음 중 부동산 투자의 사업상 위험에 해당되는 것은?

① 입지 위험 ② 금융 위험
③ 법적 위험 ④ 인플레이션 위험

입지 위험, 운영 위험, 시장 위험 등이 사업상 위험이다.

081

다음 중 부동산 위험의 관리절차로 올바른 것은?

① 위험식별 → 위험분류 → 위험분석 → 위험대응
② 위험식별 → 위험분석 → 위험분류 → 위험대응
③ 위험식별 → 위험대응 → 위험분석 → 위험분류
④ 위험식별 → 위험분류 → 위험대응 → 위험분석

문제해설

위험의 관리절차로서 위험식별 → 위험분류 → 위험분석 → 위험대응의 단계를 밟는다.

082

자산시장으로서의 부동산시장에 대한 설명 중 가장 거리가 먼 것은?

① 시장요구자본환원율은 자산시장의 거래지표이다.
② 금리가 하락하고, 다른 투자자산의 예상수익률이 낮아지면 부동산의 자산시장요구자본환원율도 낮아진다.
③ 현금흐름과 시장요구수익률을 통해서 자산의 시장가치를 추정하는 것을 부동산 감정평가의 세 가지 방식의 하나인 소득접근법 중에서 비교법이라 한다.
④ 공간시장의 임대료와 점유율에 따라 자산시장의 현금흐름이 결정된다.

문제해설

현금흐름과 시장요구수익률을 통해서 자산의 시장가치를 추정하는 것을 부동산 감정평가의 세 가지 방식의 하나인 소득접근법 중에서 직접환원법이라 한다.

083

경공매형펀드의 투자 및 리스크에 대한 다음 설명 중 가장 거리가 먼 것은?

① 일반적으로 경매시장의 경쟁이 치열하여 투자자산의 확보에 어려움이 있다.
② 상가, 토지 등을 시장가격보다 저렴하게 매수하여 임대수익과 시세차익을 동시에 얻을 수 있다.
③ 유치권, 선순위권 등의 권리상의 하자 등으로 낙찰을 받았다 하더라도 포기해야 하는 위험도 존재한다.
④ 펀드 규모가 작을수록 미운용자금(Idle Money)의 비중이 높아져 펀드수익률이 낮아질 가능성이 크다.

문제해설

펀드규모가 커질수록 미운용자금의 비중이 높아져서 펀드수익률이 낮아질 가능성이 크다.

정답 078 ④ | 079 ③ | 080 ① | 081 ① | 082 ③ | 083 ④

084

다음의 부동투자위험 중 시장위험으로 가장 거리가 먼 것은?

① 조기상환위험　　② 결제위험
③ 환율변동위험　　④ 상관관계위험

대금결제가 이루어지지 못하는 결제위험은 신용위험으로 분류된다.

085

다음 중 부동산 투자에서 대안투자의 특성이 아닌 것은?

① common 형태의 투자이다.
② 전통적 투자에 비해 유동성이 낮다.
③ 높은 수수료가 요구된다.
④ 전통적 투자보다는 상관관계가 낮다.

부동산투자는 Uncommon(보기 드문, 보편적이지 않은) 형태의 투자이다.

더 알아보기 대안투자 위험

- 짧은 역사
- 투자 포트폴리오에서 보편적이지 않은 투자형태
- 장기간 환매불가 기간 및 낮은 유동성
- 높은 수수료(취득 및 처분수수료, 성과보수, 운용보수 등)
- 기관의 투자 수단으로 활용
- 공정가치 평가의 어려움
- 적절한 벤치마크가 없고, 절대적 수익률을 고려
- 투자 또는 운용역의 전문성에 의존하는 경우가 많음

086

임대형펀드의 위험 및 관리에 대한 설명 중 가장 거리가 먼 것은?

① 리츠와 유사한 형태로 부동산을 매입하여 소유하는 형태이다.
② 매입 부동산의 물리적, 기술적 위험을 검토하여 가치를 정상유지 해야 한다.
③ 일반적으로 20층 오피스텔의 공실률을 20%선으로 감안하여 공실위험을 관리한다.
④ 타인자본의 효과로 수입이 감소할 때 레버리지가 크게 작용하여 전체 수입이 격감할 수 있다.

일반적으로 공실률을 5%선으로 책정하는 것이 타당하다.

087

경공매형펀드의 위험 및 관리에 대한 설명 중 가장 거리가 먼 것은?

① 경매시장의 경쟁으로 투자자산 확보의 위험이 있다.
② 운용인력의 전문성의 위험이 존재한다.
③ 유치권, 선순위 임차인 등의 권리상의 문제인 법률위험이 상존한다.
④ 사전에 투자자산이 정해진 블라인드(Blind) 방식으로 최적화 및 투명성의 체계를 갖추어야 한다.

경공매형은 경락 받기 전에는 투자자산이 정해진 상태가 아니기 때문에 블라인드(Blind) 방식이라고 하며, 펀드운용프로세스 및 운용메뉴얼이 필요하다.

088

해외부동산펀드의 리스크 및 관리에 대한 다음 설명 중 가장 거리가 먼 것은?

① 환헤지를 할 경우 환헤지 상대방인 금융기관은 신용위험이 없다.
② 해외 현지사업의 경우 현지인위험에 노출된다.
③ 해외부동산펀드는 역외펀드, 해외 재간접펀드인 경우가 많다.
④ 외환에 대한 위험회피를 위해 해외사업자에게 원화대출을 함으로써 환율변동위험을 해외사업자에 전가시킬 수 있다.

더 알아보기

해외부동산펀드의 장점
- 해외부동산에 투자하게 되면 동일 수익률하에서의 분산투자로 인해 위험이 감소한다.
- 국내부동산 시장의 침체기에 펀드의 수익률 보상을 받을 수 있는 대안투자가 된다.

환헤지
- 투자시점과 자금 회수시점의 환율의 차이로 인해 환리스크에 노출된다.
- 투자자에게 환율변동위험과 환헤지의 내용을 설명해 주어야 한다.
- 원화표시펀드는 대부분 펀드 내에서 환위험을 관리해 주나 외화표시펀드의 경우는 투자자가 선택해야 한다.

환매
- 해외부동산펀드는 리츠와 재간접펀드 형태로 많이 운용되므로 국내부동산펀드와 달리 환매가 가능한 경우가 많다.
- 환매가 가능한 경우에도 환매과정이 복잡하고 결제, 환전, 송금 등의 과정을 거쳐야 하므로 사전에 투자자에게 환매규정을 잘 설명하여야 한다.

환헤지 상대방인 금융기관은 신용위험에 노출된다.

정답 084 ② | 085 ① | 086 ③ | 087 ④ | 088 ①

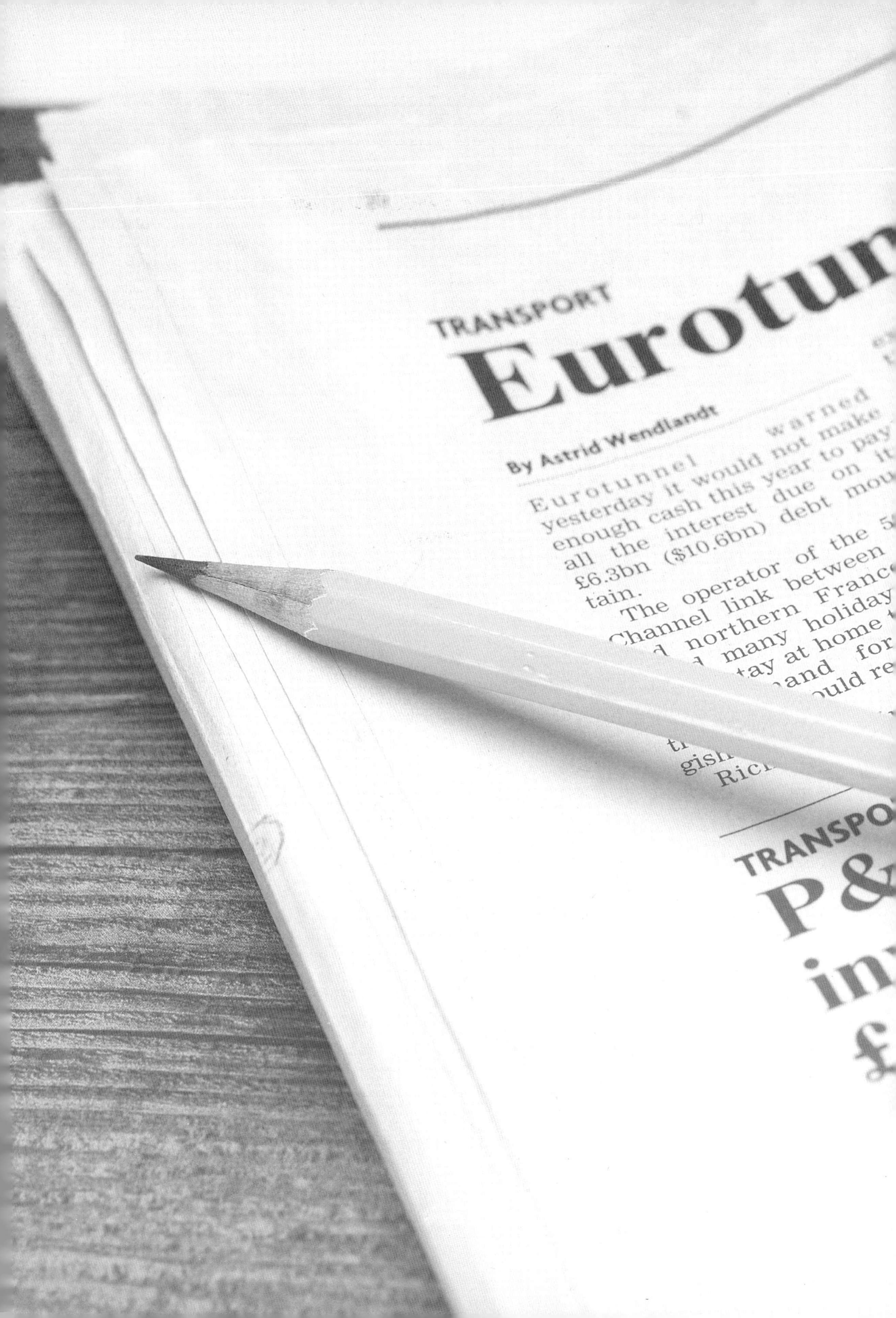

TRANSPORT

Eurotun

By Astrid Wendlandt

Eurotunnel warned
yesterday it would not make
enough cash this year to pay
all the interest due on it
£6.3bn ($10.6bn) debt mou
tain.

The operator of the 5
Channel link between
northern Franc
many holiday
tay at home
and for
ould re

TRANSPO

P&
in
£

실전모의고사

실전모의고사

001 **금융투자상품이 예금이나 보험상품과 다른 점 중 가장 특징적인 것은?**

① 위험성
② 투자성
③ 수익성
④ 안정성

002 **투자신탁의 수익증권에 대한 다음 설명 중 가장 거리가 먼 것은?**

① 신탁업자의 확인을 받아 집합투자업자가 발행한다.
② 발행가액은 집합투자업자와 신탁업자가 상호 협의하여 발행한다.
③ 원칙적으로 금전을 납입이나 사모투자신탁의 경우 수익자 전원의 동의하에 실물자산으로 납입이 가능하다.
④ 무액면, 기명식으로 발행한다.

003 **부당권유 및 불건전 영업행위 금지의 예외사항과 가장 거리가 먼 것은?**

① 자신의 위법행위 여부가 불명확한 경우 사적 화해의 수단으로 손실을 보상하는 행위
② 위법행위로 인하여 손해를 배상하는 행위
③ 분쟁조정 또는 재판상의 화해절차에 따라 손실을 보상하거나 손해를 배상하는 행위
④ 재산상 이익을 제공하거나 제공받는 행위

004 **투자권유에 대한 다음 설명 중 가장 거리가 먼 것은?**

① 단순한 상품설명, 금융투자상품의 매매 또는 계약체결의 권유가 수반되지 않는 상담 등은 투자권유로 보기 어렵다.
② 투자예정기간 및 투자자금 등의 성격이 달라도 동일고객이면 펀드별로 투자목적 등의 확인이 불필요하다.
③ 다른 금융기관에서 작성된 '일반투자자 투자정보 확인서'는 사용할 수 없다.
④ 자금이체 및 단순주문수탁은 투자권유가 수반되지 않으므로 고객정보확인의무가 없다.

005 **다음 중 펀드투자의 단점에 해당되는 것은?**

① 전문가에 의한투자
② 실적 배당상품으로 투자원금손실 가능성
③ 소액으로 분산투자가 가능
④ 일부펀드를 제외하고는 언제든지 현금화가 가능

006 **공모펀드 자산운용의 제한에 대한 설명 중 가장 거리가 먼 것은?**

① 각 집합투자기구별 동일종목 증권에 대한 10% 이상은 투자를 제한한다.
② 전체 집합투자기구로 동일법인 발행 지분증권 총수의 10% 초과투자는 금지한다.
③ 각 집합투자기구별로 동일법인 발행 지분증권 총수의 10% 초과투자는 금지한다.
④ 전문투자자 및 적격신용등급자격을 갖추지 못한 자와 장외파생상품 매매를 금지한다.

007 투자펀드의 운영구조에 따른 분류로 묶은 것은?

① 신탁형펀드, 조합형펀드, 회사형펀드
② 공모펀드, 사모펀드
③ 개방형펀드, 폐쇄형펀드
④ 내국펀드, 외국펀드

008 신탁업자의 업무와 거리가 가장 먼 것은?

① 자산의 취득과 처분
② 투자신탁재산 보관과 관리
③ 수익증권 환매대금과 이익금 지급
④ 투자신탁의 설정 · 해지

009 설명의무와 적합성 원칙 등이 적용되는 투자자는?

① 지방자치단체
② 상호저축은행 및 그 중앙회
③ 금융투자상품 잔고가 50억 이상인 개인
④ 금융투자상품 잔고가 50억 이상인 법인 · 단체

010 동일종목 증권에 자산총액의 10%까지 투자할 수 있는 것은?

① 일반 증권
② 시가총액비중이 10%를 넘는 지분증권
③ 국채, 통안증권, 정부 원리금보증채권
④ 지방채, 특수채 증권, 파생결합증권, OECD 회원국 정부 발행채권

011 투자신탁의 임의해지 사유와 가장 거리가 먼 것은?

① 수익자 전원이 동의하는 경우
② 수익자의 총수가 1인이 되는 경우
③ 공모 · 개방형펀드로서 설정 후 1년이 되는 날의 원본액이 50억 원 미만인 경우
④ 당해 투자신탁의 수익증권 전부에 대한 환매청구를 받아 신탁계약을 해지하는 경우

012 외국집합투자업자의 요건에 대한 내용 중 가장 거리가 먼 것은?

① 적격 연락책임자를 국내에 둘 것
② 최근 사업연도 말 현재의 운용자산규모가 10조 원 이상일 것
③ 국내에서 판매하려는 외국집합투자기구의 종류에 따라 집합투자업 인가업무 단위별 최저자기자본 이상일 것
④ 최근 3년간 본국 또는 국내감독기관으로부터 업무정지 이상에 해당하는 행정처분을 받거나 벌금형 이상에 상당하는 형사처벌을 받은 사실이 없을 것

013 투자회사의 위탁을 받아 투자회사재산의 운용 외에 투자회사의 운영에 관한 업무 담당하는 곳은?

① 예탁결제원
② 채권평가회사
③ 일반사무관리회사
④ 집합투자기구평가회사

014 다음 중 특수한 형태의 집합투자기구에 속하지 않는 것은?

① 인덱스펀드
② 종류형펀드
③ 전환형펀드
④ 모자형펀드

015 **다음 중 자본시장법상의 적용을 받지 않는 집합투자기구는?**

① 기업구조조정투자회사
② 상장지수형집합투자기구
③ 익명조합집합투자기구
④ 단기금융집합투자기구

016 **다음 중 사모펀드의 특징과 가장 거리가 먼 것은?**

① 법적 형태는 Limited Partnership이다.
② 적격투자자와 소수투자자로 제한된다.
③ 금융당국의 엄격한 규제에서 벗어나 있으나 공모펀드와 같이 성과보수가 인정되지 않는다.
④ 공모펀드에 비해 기대수익율과 리스크가 크다.

017 **투자유한회사에 대한 설명 중 가장 거리가 먼 것은?**

① 출자금액이 납입된 날부터 2주 이내에 설립등기를 하여야 한다.
② 투자유한회사에는 집합투자업자인 이사 1인과 감독이사 2인을 둔다.
③ 투자유한회사의 사원은 출자금액의 반환 및 이익의 분배 등에 관하여 지분증권의 수에 따라 균등한 권리를 가진다.
④ 투자유한회사의 사원총회는 법인이사가 소집한다.

018 **폐쇄형펀드에 대한 다음 설명 중 가장 거리가 먼 것은?**

① 초기에 설정된 펀드의 규모가 변동되지 않고, 환매가 허용되지 않는 펀드이다.
② 부동산펀드, 특별자산펀드, 혼합자산펀드는 폐쇄형만 가능하다.
③ 자산총액의 50%를 초과하여 시장성 없는 자산에 투자하는 경우에는 폐쇄형이 가능하다.
④ 고정된 자본금을 유지하여 운용이 원활하고 차입이 용이하다.

019 투자설명서에 대한 설명으로 가장 거리가 <u>먼</u> 것은?

① 집합투자업자 또는 투자회사는 펀드를 발행하는 경우 투자설명서를 작성하여 판매회사에 제공한다.
② 집합투자업자 또는 투자회사는 투자설명서의 작성 시에 투자자가 이해하기 어렵더라도 펀드매니저의 전문적인 운용내용을 상세히 기재하여야한다.
③ 판매회사는 투자설명서를 투자자에게 제공하고 서명날인을 받아야 한다.
④ 판매회사는 펀드의 취득권유 시 투자설명서의 주요내용을 투자자에게 상세히 설명해야 한다.

020 종류형펀드에 대한 다음 설명 중 가장 거리가 <u>먼</u> 것은?

① 종류형펀드로 인해 소형 펀드의 양산구조를 해소할 수 있었다.
② 투자자의 유형에 따라 수수료를 달리하여 class를 설정한다.
③ Class의 수는 일정 숫자 이내에서 제한을 받는다.
④ 일부 종류형펀드는 전환형의 기능을 추가할 수도 있다.

021 펀드상품 중 투자대상의 내용에 대한 설명 중 가장 거리가 <u>먼</u> 것은?

① 주식혼합형은 주식에 50% 이상 투자한다.
② 채권혼합형은 주식에 50% 미만 투자한다.
③ 채권형은 60% 이상을 채권에 투자한다.
④ 주식형은 50% 이상을 주식에 투자한다.

022 무한책임사원과 유한책임사원으로 구성되어 있는 펀드의 법적 구조는?

① 투자회사형 ② 투자신탁형
③ PEF형 ④ 투자유한회사형

023 특별자산펀드에 대한 다음 설명 중 가장 거리가 먼 것은?

① 특별자산펀드는 반드시 환매금지형으로 설정 · 설립하도록 의무화되어 있다.
② 지적 재산권에 50% 이상 투자하는 경우 특별자산펀드로 분류된다.
③ 강수량, 재해, 범죄의 지표 등을 연계한 파생상품 등에 투자하는 특별자산펀드도 개발될 수 있다.
④ 2010년부터 양도 불가능한 보험 청구권도 특별자산에 포함되었다.

024 수익자가 특정되어 있지 않을 경우 신탁행위로서 또는 법원이 이해관계인의 청구 및 직권으로써 수익자에 갈음하여 지정하는 권리행사자를 말하는 것은?

① 위탁자 ② 수탁자
③ 신탁관리인 ④ 신탁재산관리인

025 신탁재산의 법적 특성과 가장 거리가 먼 것은?

① 신탁재산의 불혼동
② 신탁재산의 상계 가능
③ 신탁재산에 대한 강제집행의 금지
④ 수탁자의 상속 및 파산으로부터의 독립

026 **다음 중 특정금전신탁을 설명한 것은?**

① 위탁자로부터 부동산을 신탁 받아서 위탁자의 지시 또는 신탁계약에서 정한 바에 따라 신탁회사가 그 부동산을 관리 · 운용 · 처분 및 개발

② 위탁자인 고객이 신탁재산의 운용방법을 수탁자인 신탁회사에 지시하고 신탁회사는 위탁자의 운용지시에 따라 신탁재산을 운용한 후 실적배당

③ 하나의 신탁으로 여러 가지 종류의 재산을 한꺼번에 신탁하는 상품으로서 상속을 목적으로 하거나, 여러 종류의 자산을 유동화하여 자금을 조달

④ 금전의 급부를 목적으로 하는 금전채권을 신탁재산으로 인수한 후 신탁회사가 신탁계약에서 정한 바에 따라 신탁된 금전채권의 관리 · 추심업무 및 추심된 자금의 운용업무 등을 수행

027 **출자자들이 유한책임을 지면서 이사나 감사를 의무적으로 선임하지 않아도 되는 등 설립 · 운영 등에서 사적 영역을 인정하는 형태의 집합투자기구를 말하는 것은?**

① 투자합자회사
② 투자합자조합
③ 투자익명조합
④ 투자유한책임회사

028 **인덱스펀드와 관련된 내용 중 가장 거리가 먼 것은?**

① 패시브운용전략 펀드의 대표적인 펀드이다.
② 주식의 부도 등과 같은 개별종목의 리스크를 피하는 데에는 부적합하다.
③ 인덱스펀드에 부과되는 보수 등 비용에 의해 추적오차가 발생하게 된다.
④ 기간을 장기화할 경우 동일한 수준의 수익률을 실현하는 액티브펀드보다 실현수익률이 높다.

029 특별자산펀드에 대한 내용 중 가장 거리가 먼 것은?

① 펀드재산의 50%를 초과하여 특별자산에 투자하는 펀드를 말한다.
② 자본시장법은 특별자산펀드에서 투자할 수 있는 특별자산을 열거주의로 규정한다.
③ 증권 및 부동산을 제외한 경제적 가치가 있는 모든 자산에 투자할 수 있다.
④ 선박투자회사법에 따라 설립되는 공모선박투자회사는 자본시장법의 적용을 받는 특별자산 간접투자상품으로 인정된다.

030 듀레이션의 특징에 대한 다음 설명 중 가장 거리가 먼 것은?

① 중도에 현금흐름이 없는 할인채의 듀레이션은 만기보다 짧다.
② 채권의 만기가 짧을수록 듀레이션이 짧다.
③ 채권의 수익률이 높을수록 듀레이션이 짧다.
④ 쿠폰 이자율이 높을수록 듀레이션이 짧다.

031 다음과 같은 경우 채권가격 변동율은?

- 만기수익률 10%
- 듀레이션 2.2, 만기수익률 변동 폭 1%

① (−)0.01 ② (−)0.02
③ (+)0.01 ④ (+)0.02

032 소극적 투자운용에 대한 설명으로 가장 거리가 먼 것은?

① 증권시장이 비효율적인 것을 전제로 기대수익 이상의 초과수익을 포기하는 전략이다.
② 시장지수와 비슷한 수익을 얻고자 한다.
③ 분산투자를 중시한다.
④ 정보비용 및 거래비용이 적게 발생한다.

033 집합투자기구의 수익률 달성을 위해서 구체적으로 고려해야 할 요소로 가장 거리가 먼 것은?

① 투자대상유형별 자산배분의 선택
② 국내외 경제환경의 변화
③ 시장예측을 통한투자시점의 결정
④ 투자한 집합투자기구의 운용수익률

034 2년간 투자한 펀드가 첫해에는 100% 수익률을 달성하였으나 이듬해 (−)50%의 수익률을 냈다면 2년간 투자한 수익률은 얼마인가?

① −50%　② 0%
③ 25%　④ 50%

035 샤프지수에 대한 설명으로 가장 거리가 먼 것은?

① 샤프지수는 포트폴리오의 성과가 위험을 고려한 절대적인 성과분석에 기인한다는 가정 하에 측정되며, 위험도의 고려 시 베타를 사용한다.
② 샤프지수가 양(+)이면서 수치가 클수록 펀드의 성과가 높음을 나타낸다.
③ 펀드의 실제수익률이 적정수익률을 초과한 경우, 펀드의 종목선택능력이 있는 것으로 해석한다.
④ 자본시장선의 원리를 이용하여 투자수익률 대 변동성 비율로 포트폴리오 성과를 측정한다.

036 **펀드 평가 시 성과요인 분석에 대한 다음 설명 중 가장 거리가 먼 것은?**

① 성과요인 분석이란 성과의 요인을 파악하는 일련의 계량 분석과정이다.
② 일반적으로 성과요인은 시장 예측능력과 종목선정능력으로 나눌 수 있다.
③ 시장예측이란 시장이 강세일 때는 민감도가 낮은 종목을 펀드에 편입하고 시장이 약세일 때는 민감도가 높은 종목을 편입한다.
④ 성과요인을 분석하는 방법으로는 수리모형과 가상 포트폴리오를 이용하는 방법이 있다.

037 **위험조정성과의 측정에 대한 내용 중 트레킹 에러를 설명한 것은?**

① 집합투자의 체계적 위험 한 단위당 무위험 초과수익률을 나타내는 지표
② 집합투자기구 수익률에서 균형 하에서의 기대수익률을 차감한 값을 나타내는 지표
③ 일정기간 펀드의 수익률이 이에 대응하는 지수 수익률에 비해 어느 정도 차이를 보이는가를 측정하는 지표
④ 적극적 투자활동의 결과로 발생한 초과수익률과 집합투자기구의 초과수익률에 대한 표준편차의 비율

038 **환매수수료에 대한 설명으로 가장 거리가 먼 것은?**

① 환매수수료는 투자자가 부담한다.
② 징수한 환매수수료는 집합투자재산에 귀속된다.
③ 환매수수료는 펀드운용에 대한 일종의 벌칙성 수수료이다.
④ 환매수수료는 환매 시 항상 징수한다.

039 저축금의 인출에 대한 다음 설명 중 가장 거리가 먼 것은?

① 일반적으로 선입선출법에 의거 지급한다.
② 저축기간종료 이후 저축금 인출이 없어도 저축기간이 끝난 것으로 간주된다.
③ 저축기간종료 이전에 환매를 청구할 경우 저축자는 환매수수료를 부담해야 한다.
④ 저축자가 현물인출을 요구하는 경우 현물로 지급한다.

040 상환금에 대한 다음 설명 중 가장 거리가 먼 것은?

① 이익분배금을 제외한 원본해당 금액을 의미한다.
② 운용실적이 나쁘거나 기준가격이 하락한 경우 원본에 미달할 수 있다.
③ 집합투자업자는 신탁업자로 하여금 판매회사를 경유하여 수익자에게 지급한다.
④ 상환금 및 이익분배금의 시효는 10년이다.

041 펀드환매에 대한 다음 설명 중 가장 거리가 먼 것은?

① 주식 50% 이상 펀드의 3시 이전 환매신청 시 기준가격 적용일은 T + 2일이다.
② 주식 50% 미만 펀드의 5시 이전 환매신청 시 기준가격 적용일은 T + 2일이다.
③ 채권형 펀드의 5시 이전 환매신청 시 기준가격 적용일은 T + 2일이다.
④ 단기금융펀드의 5시 이전 환매신청 시 기준가격 적용일은 T + 1일이다.

042 결산에 대한 다음 설명 중 가장 거리가 먼 것은?

① 집합투자업자는 투자신탁재산의 운용에 따라 발생한 이익금을 투자신탁회계기간 종료일에 배분한다.
② 결산절차에 의거 상환금 및 이익분배금, 각종 보수들이 확정되어 배분된다.
③ 수익자는 이익분배금에서 세액을 공제한 금액의 범위 내에서 분배금지급일의 기준가격으로 당해 수익증권을 매수할 수 있다.
④ 이익분배금이 전액 지급될 경우 펀드의 기준가는 다시 1,000원으로 시작된다.

043 수익증권저축의 종류에 대한 다음 설명 중 가장 거리가 먼 것은?

① 임의식, 목적식으로 크게 분류한다.
② 거치식은 일정금액을 일정기간 저축한다.
③ 정액적립식은 일정기간정액으로 저축한다.
④ 목표식은 목표금액을 정해서 일정금액을 일정기간 저축한다.

044 다음 중 배당소득으로 볼 수 없는 것은?

① 국내외에서 받는 투자신탁의 이익
② 주가연계증권(ELS)에서 발생하는 분배금
③ 파생결합증권(DLS)에서 발생하는 분배금
④ 주가연동예금(ELD)에서 발생하는 이자

045 금전 등의 납입일부터 기산하여 제3영업일에 공고되는 기준가격을 적용하는 경우는?

① 일반 매수 ② Late Trading
③ 집합투자 최초 설정 · 설립 시 ④ 판매회사 변경 시

046 **판매보수에 대한 내용과 가장 거리가 먼 것은?**

① 판매회사가 투자자에게 제공하는 용역의 대가로 집합투자기구로부터 받는 금전을 말한다.
② 매일의 집합투자재산의 규모에 비례하여 집합투자기구로부터 받을 수 있다.
③ 투자자의 체감수수료가 낮아 판매 시 마케팅에 유리하게 작용한다.
④ 납입금액 또는 환매금액의 2%를 한도로 한다.

047 **수익증권 매매 시의 출금산식을 나타낸 것은?**

① 잔고좌수 × 평가일기준가격/1000
② 저축금액 ÷ (매수 시 기준가격/1000)
③ 저축금액 ÷ (환매 시 기준가격/1000)
④ 환매 시 평가금액 − 환매수수료 − 세액

048 **다음 중 판매와 관련하여 판매직원의 고객보호의무사항이 아닌 것은?**

① 판매회사는 투자설명서를 제공하고 주요 내용을 설명해야 하므로 '투자설명서를 제공하지 않아도 된다'는 문구는 사용할 수 없다.
② 투자경험이 풍부한 고객에게는 설명을 생략할 수 있다.
③ 보수적 투자성향을 가진 고객에게 원금이나 수익률을 보장하는 각서를 교부하고 투자를 권유하는 행위는 고객보호의무가 아니다.
④ 주요내용을 충분히 고객에게 설명하였을 경우에도 반드시 투자설명서를 제공해야 한다.

049 다음 설명 중 불공정한 거래에 포함되는 것은?

① 현물시장과 선물시장 간의 가격차이를 이용한 차익거래
② 당해 매매로 인해 고객의 매매 조건이 악화되지 않는 경우
③ 고유재산 운용자가 사전에 고객의 매매 주문을 알고 거래한 것이 아님을 입증하는 경우
④ 고객으로부터 매매 주문을 받은 후, 그 주문을 이행하기 이전에 자기의 계정으로 당해 종목을 매매하는 경우

050 분쟁조정절차에 대한 다음 설명 중 가장 거리가 먼 것은?

① 전화, 인터넷, 팩스, 우편 혹은 직접 방문하여 분쟁조정을 신청한다.
② 조정신청접수 후 60일 이내에 당사자 간의 합의가 이루어지지 않으면 조정위원회에 회부한다.
③ 조정위원회는 회부된 날부터 60일 이내에 심의하여 조정안을 작성하고 관련인에게 통지하고 수락을 권고한다.
④ 관련자들이 조정안을 통지 받은 날로부터 20일 이내에 조정이 성립되면 재판상의 화해와 동일한 효력을 가진다.

051 금융투자업종사자가 항상 담당 직무에 관한 이론과 실무를 숙지하고 그 직무에 요구되는 전문능력을 유지하고 향상시켜야 함을 의미하는 것은?

① 신의성실의무
② 전문지식 배양의무
③ 독립성 유지의무
④ 법규 등 준수의무

052 회사의 중요 정보가 정당한 접근권한이 없는 부서나 임직원, 외부 등으로 유출되는 것을 차단하기 위하여 사용하는 유·무형의 모든 수단, 절차, 규정 및 시스템을 말하는 것은?

① Chinese Wall
② product guidance
③ informed investment
④ Know-You-Customer-Rule

053 일반투자자를 상대로 파생상품을 판매하는 경우 추가적으로 적용되는 원칙은?

① 설명의무
② 적정성의 원칙
③ Know-You-Customer-Rule
④ 적합성의 원칙(Suitability Rule)

054 다음 자료들 중 기록유지 기간이 다른 하나는?

① 장부외거래기록
② 주주총회 또는 이사회 결의 관련 자료
③ 내부통제기준, 위험관리 등 준법감시 관련 자료
④ 주요사항보고서에 기재해야 하는 사항에 관한 자료

055 불공정거래와 관련된 내용 중 가장 거리가 먼 것은?

① 선행매매와 스캘핑은 불건전 영업행위로 위반 시 형사처벌한다.
② 거래의 불공정성이 의심이 가는데도 이를 묵인하거나 방치하는 것도 금지행위에 포함된다.
③ 금융투자분석사가 소속회사에서 조사분석자료를 공표한 금융투자상품을 매매하는 경우 공표 후 7일이 경과해야 한다.
④ 증권의 모집·매출 관련 계약체결일부터 최초 상장된 후 40일 이내에 그 증권에 대한 조사분석자료를 공표하거나 특정인에게 제공하는 행위는 금지된다.

056 **준법감시인과 관련된 내용 중 가장 거리가 먼 것은?**

① 금융투자업자는 원칙적으로 준법감시인을 1인 이상 두어야 한다.
② 준법감시 인은 해당 금융투자업자의 고유재산 운용업무를 담당해서는 안 된다.
③ 내부통제기준의 준수 여부를 점검하고 위반 시 감사위원회 또는 감사에게 보고한다.
④ 준법감시인은 대표이사와 감사에 보고할 내용이 있을 때 금융투자업자가 정하는 규정에 따라 대표이사와 감사에 보고할 수 있다.

057 **개인정보처리자가 규정에 의해 개인정보를 제3자에게 제공하려고 정보주체의 동의를 받을 때, 정보주체에게 알려야 하는 사항에 속하지 않는 것은?**

① 개인정보를 제공받는 자
② 제공하는 개인정보의 항목
③ 개인정보를 제공받는 자의 개인정보 이용 목적
④ 동의를 거부할 권리가 없다는 사실

058 **공모파생펀드에서 파생상품거래에 따른 위험지표를 홈페이지 등에 공시해야 할 경우의 위험평가액은?**

① 펀드 자산총액의 1% 초과 시
② 펀드 자산총액의 5% 초과 시
③ 펀드 자산총액의 10% 초과 시
④ 펀드 자산총액의 30% 초과 시

059 **파생상품 위험평가액 산정방식에 대한 설명 중 가장 거리가 먼 것은?**

① 대상 자산의 델타를 중립으로 하는 위험회피거래는 명목계약금액산정에서 제외할 수 있다.
② 파생상품펀드의 운용 시 계약금액, 위험지표 등을 공시하여야 한다.
③ 최대손실금액(VaR)은 30영업일의 보유기간을 기준으로 일일단위 측정한다.
④ 최대손실금액(VaR)은 매일 공시하여야 한다.

060 **파생상품펀드의 운용에 관한 다음의 설명 중 가장 거리가 먼 것은?**

① 계약금액은 명목계약의 총액을 기재한다.
② 만기시점의 손익구조는 도표와 서술식으로 요약하여 기재한다.
③ 펀드의 손익구조 변동은 시나리오법에 따른 옵션 위험액 산정방식을 택한다.
④ 장외파생운용에 따른 위험관리방법을 작성하여 금융감독원장에게 신고한다.

061 **자본시장법상 금융투자상품에 해당하지 않는 것은?**

① 파생결합증권
② 장내파생상품
③ 장외파생상품
④ 신탁법상의 관리형 신탁수익권

062 파생결합증권 및 파생상품 투자 시의 운용규제 내용 중 가장 거리가 먼 것은?

① 장외파생상품매매를 하는 경우 적격요건을 갖추지 못한 자와의 매매는 금지된다.
② 동일종목의 파생결합증권에 투자하는 경우 펀드자산총액의 10%를 초과하여 투자할 수 없다.
③ 파생상품매매를 하는 경우 파생상품매매에 따른 위험평가액이 각 펀드 순자산총액의 100%를 초과할 수 없다.
④ 같은 거래상대방과의 장외파생상품매매에 따른 거래상대방 위험평가액이 각 펀드자산총액의 10%를 초과할 수 없다.

063 만 65세 이상이고 투자경험 1년 미만인 개인투자자에게 투자권유할 수 있는 파생상품은?

① 제한 없음
② 원금보장형 파생결합증권
③ 원금손실률이 20% 이내인 파생결합증권
④ 원금손실률이 20% 이내인 파생상품 집합투자증권

064 옵션의 명목계약금을 산정하는 방법 중 틀린 것은?

① 옵션 매수 : 옵션가격 × 계약수 × 승수
② 풋옵션 매도 : 행사가격 × 계약수 × 승수
③ 콜옵션 매도 : 행사가격(또는 기초자산가격 중 큰 가격) × 계약수 × 승수
④ 만기손익구조의 최대손실금액이 제한되어 있는 옵션합성거래 : 최대손실금액

065 주가연계파생펀드에 대한 다음 설명 중 가장 거리가 먼 것은?

① 주가연계파생상품은 파생상품의 수익이 주가에 연계되어 결정된다.
② 주가연계파생상품은 거래소나 장외에서도 계약형태로 거래할 수 있다.
③ ELD는 은행자체의 신용으로 원금보장구조의 발행이 가능하다.
④ ELF의 경우에는 원금보장이라는 표현은 사용할 수 있다.

066 워런트구조에 대한 다음 설명 중 가장 거리가 먼 것은?

① 워런트는 가격위험과 신용위험에 동시에 노출된다.
② 상승형 구조는 Call, 하락형 구조는 Put의 구조를 가진다.
③ 기초자산이 특정구간에 있을 때 수익이 발생하는 구조는 레인지형이다.
④ 기초자산이 일정수준에 도달하면 기존 손익구조가 사라지는 것을 낙인이라고 한다.

067 파생상품펀드에 대한 다음 설명 중 가장 거리가 먼 것은?

① 낙인, 낙아웃 옵션은 일반적인 옵션보다 가격이 다소 비싸다.
② 원자재 상품에 연계된 파생상품에 아시아형의 워런트 구조가 많이 이용된다.
③ 기초자산의 참여율이 90%인 경우 기초자산이 30%상승하면 워런트 수익은 27%이다.
④ 리베이트는 일종의 보상수익이다.

068 파생상품펀드의 특성에 대한 다음 설명 중 가장 거리가 먼 것은?

① 기초자산이 두 개 이상인 경우 수익률 산출 시 Worst구조가 주로 이용된다.
② 인덱스 차익거래는 베이시스 위에 노출된다.
③ 금융시장의 발전과 새로운 금융지표의 등장으로 시장의 불확실성이 축소되었다.
④ 다우존스 산업지수는 대표적인 원자재 관련 인덱스이다.

069 파생상품펀드의 발전에 대한 다음 설명 중 가장 거리가 먼 것은?

① 파생펀드의 등장은 금융시장의 거래규모를 증대시켰다.
② 투자자산의 범위가 확대되고 있으며 기후, 날씨를 기초자산으로 한 상품에 대한 투자도 가능하다.
③ 멀티에셋상품은 기초자산이 많아 만기에 수익률이 확정되는 단순한 구조만 가능하다.
④ 복수의 자산군에 투자하는 멀티에셋상품도 가능하다.

070 구조화펀드에 대한 다음 설명 중 가장 거리가 먼 것은?

① 기초자산이 일정한 구간 사이에 있을 때는 지속적으로 쿠폰이 상승하다가 일정가격을 넘어서면 동일한 쿠폰만을 받는 구조를 스프레드라 한다.
② 기초자산 가격이 정한 가격에 도달하면 기존 손익구조가 사라지는 것은 낙아웃, 새로운 손익구조가 발생하는 것을 낙인이라고 한다.
③ 기초자산이 특정구간에 있을 때만 일정한 수익을 받고 그 밖의 구간에서는 수익이 없는 구조는 베이시스형이라고 한다.
④ 상승형이나 하락형에서 일정한 쿠폰을 받거나 받지 못하는 구조를 디지털형이라고 한다.

071 금리 관련 파생펀드에 대한 다음 설명 중 가장 거리가 먼 것은?

① 쿠폰을 축적하는 구조를 Range Accrual 이라고 한다.
② 원금보존추구형이 많다.
③ Range Accrual 구조는 만기일의 금리로 쿠폰이 결정된다.
④ 안정적인 수익을 위해 스프레드형도 이용하고 있다.

072 투자자가 파생상품펀드 구매 시 유의해야 할 상황으로 볼 수 없는 것은?

① 발행사의 신용도
② 신탁사와 판매사의 일치 여부
③ 파생펀드의 만기수익구조
④ 파생펀드의 위험도

073 다음 표에 대한 설명에 가장 적절한 용어는?

미리 정해진 비율만큼 위험자산승수를 적용하여 위험자산에 투자하며, 포트폴리오 보험을 구성한 후 레버리지 계수 및 위험자산 승수에 따라 계산된 위험자산 배분금액을 유지하는 전략

① Static Allocation Strategy
② Constant Mix Strategy
③ Covered Call Strategy
④ CPPI

074 파생결합증권의 특징에 대한 다음 설명 중 가장 거리가 먼 것은?

① 쿠폰이 높으면 기초자산의 안전성이 떨어진다.
② 기초자산의 변동성이 가격에 중요한 역할을 한다.
③ 발행사는 가격의 적정성을 평가하여 투자제안서를 작성한다.
④ 발행사는 자체적인 회사 포지션을 감안하여 수익구조를 만들어야 한다.

075 파생상품펀드의 투자기법에 대한 다음 설명 중 가장 거리가 먼 것은?

① 파생상품펀드는 선형적 수익구조를 가지고 있어 비선형적 구조를 가진 상품보다 위험을 경감시킬 수 있다.
② 파생상품펀드에 투자하면 투자 효율성의 개선이 가능하다.
③ 디지털 옵션은 하나만 복제하기보다는 여러 개를 한꺼번에 복제할 때 비용이 적게 발생한다.
④ 원금보존추구형은 일반적 펀드보다 훨씬 보수적으로 운용한다.

076 신용위험에 대한 다음 설명 중 가장 거리가 먼 것은?

① 신용위험은 거래상대방의 계약불이행 위험이다.
② Unfunded SWAP으로는 신용위험이 완전히 제거되지 못한다.
③ 구조화펀드에서는 발행사의 신용도보다는 수익구조가 중요하다.
④ 장외파생상품 발행사의 부도 시 자금의 회수가 불가능해지는 경우가 있다.

077 고정금리로 운용하면서, '고정금리지급–변동금리수취'의 금리스왑을 취하게 되면 궁극적으로 어떤 포지션이 되는가?

① 변동금리 차입
② 고정금리 차입
③ 변동금리 운용
④ 고정금리 운용

078 선도거래의 일반적 특징과 거리가 먼 것은?

① 가격을 미리 알수 없다는 단점이 있다.
② 기업의 파산위험을 줄여주는 효과가 있다.
③ 사후 현물시세에 대한 거래 평가 시, 사후적 제로섬게임이 되어 한쪽 당사자가 손실을 볼 수 있다.
④ 사후적 제로섬게임으로 계약불이행위험이 존재한다.

079 헤징과 관련된 용어들 중 베이시스를 의미하는 것은?

① 매수계약을 통해 리스크 회피
② 선물환 매도계약을 통해 환위험 헤지
③ 임의의 거래인에 있어서 현물가격과 선물가격의 차이
④ 랜덤베이시스헤지에서 현물가격 및 선물가격 변화의 폭이 일정하지 않아 발생하는 현물포지션과 선물포지션 간의 괴리에 대해 적정한 선물포지션을 산정

080 다음 중 풋옵션 매도의 만기 순수익구조를 나타낸 그래프는?

①
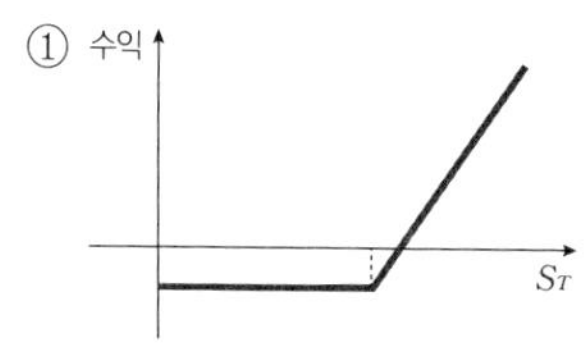

②
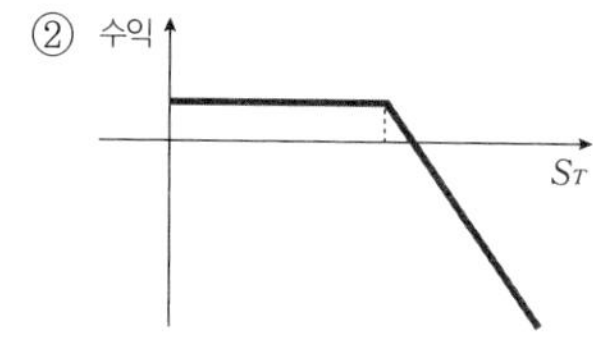

③
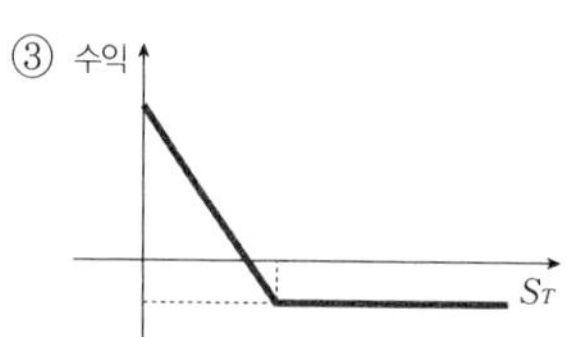

④
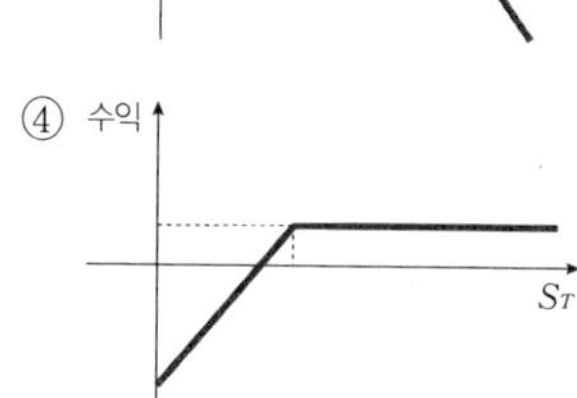

081 프리미엄이 비싼 옵션 한 계약 매수와 프리미엄이 싼 옵션 두 계약을 매도하는 포지션을 지닌 것은?

① 콜백 스프레드
② 풋백 스프레드
③ 콜 레이쇼 버티컬 스프레드
④ 풋 레이쇼 버티컬 스프레드

082 옵션 민감도 지표와 관련된 내용 중 가장 거리가 먼 것은?

① 델타는 기초자산의 가격이 변화할 때 옵션프리미엄이 얼마나 변하는가 민감도를 보여주는 지표이다.
② 감마는 기초자산의 변화에 따른 델타값의 변화비율을 나타내는 값이다.
③ 쎄타는 시간의 경과에 따른 옵션가치의 변화분을 나타내는 지표이다.
④ 베가는 금리의 변화에 다른 옵션의 프리미엄의 민감도를 나타내는 지표이다.

083 **신용부도스왑에서 보장에 대한 프리미엄에 영향을 주는 요인들 중 가장 거리가 먼 내용은?**

① 거래의 만기에 의해 영향을 받는다.
② 채무불이행의 가능성이 높아질수록 프리미엄이 높아진다.
③ CDS 거래상대방의 신용등급이 영향을 미친다.
④ 준거자산 신용과 거래상대방 신용 간의 상관관계가 높을수록 프리미엄이 높아진다.

084 **다중변수옵션 중에서 수익은 하나의 기초자산가격에 의해서 결정되지만 위험에 노출된 정도나 크기는 다른 자산의 가격에 의해서 결정되는 옵션은?**

①퀀토옵션
② 무지개 콜(풋)옵션
③스프레드옵션
④ 바스켓옵션

085 **부동산펀드의 운용 특례에 대한 다음 설명 중 가장 거리가 먼 것은?**

① 집합투자업자는 부동산의 취득과 처분 시 실사보고서를 작성 · 비치하여야 한다.
② 부동산펀드에서는 다른 부동산펀드로부터 자금을 차입할 수 없다.
③ 부동산펀드가 차입할 수 있는 한도는 펀드 순자산의 200%까지이다.
④ 집합투자자 총회에서 200% 이상까지 차입할 수 있도록 의결한 경우에는 의결한 한도까지 차입이 가능하다.

086 공모부동산펀드에서 증권에 투자하는 경우 운용제한에 해당하지 않는 것은?

① 공모부동산펀드에서 증권에 투자하는 경우 펀드 자산총액의 10/100을 초과하여 동일증권에 투자하는 행위
② 대통령령으로 정하는 적격요건을 갖추지 못한 자와 장외파생상품을 10/100을 초과하여 매매하는 행위
③ 전체 펀드 자산총액으로 동일법인 등이 발행한 지분증권 총수익의 20/100을 초과하여 투자하는 행위
④ 각 펀드 자산총액으로 동일법인 등이 발행한 지분증권 총수익의 10/100을 초과하여 투자하는 행위

087 부동산펀드의 금전 대여에 대한 설명 중 가장 거리가 먼 것은?

① 부동산펀드는 펀드재산으로 부동산개발사업을 영위하는 법인에 대하여 금전을 대여할 수 있다.
② 대여금의 한도는 펀드의 자산총액에서 부채총액을 뺀 가격의 50/100이다.
③ 집합투자규약에서 금전의 대여에 관한 사항을 정하고 있어야 한다.
④ 집합투자업자가 부동산에 대하여 담보권을 설정하거나 시공사 등으로부터 지급보증을 받는 등 대여금을 회수하기 위한 적절한 수단을 확보해야 한다.

088 다음 부동산펀드 관련 설명 중 가장 거리가 먼 것은?

① 집합투자업자는 부동산펀드의 재산을 반드시 공정가액으로 평가하여야 한다.
② 공정가액이란 부동산가격공시 및 감정평가에 관한 법률에 따른 참정평가업자가 제공한 가격을 기초로 하여 집합투자재산평가위원회가 법 제79조제2항에 따른 충실업무를 준수하고 평가의 일관성을 유지하여 평가한 가격을 말한다.
③ 공모부동산투자신탁의 집합투자업자 또는 공모부동산투자회사는 신탁계약 또는 정관에 투자자의 환금성 보장 등을 위한 별도의 방법을 정하지 않은 경우에는 환매금지형 펀드의 집합투자증권을 최초로 발행한 날부터 90일 이내에 그 집합투자증권을 증권시장에 상장하여야 한다.
④ 공모부동산투자신탁 또는 공모부동산투자회사가 아닌 다른 공모부동산펀드, 사모부동산펀드는 상장의무가 없다.

089 부동산집합투자기구(Fund)가 대출을 하기 위한 조건 중 가장 거리가 먼 것은?

① 부동산에 담보권을 설정할 것
② 신탁법에 따라 부동산이 신탁된 경우로서 그 신탁의 수익자가 되거나, 신탁에 질권을 설정할 것
③ 시공사 등으로부터 대여금 상환액의 지급이 보증될 것
④ 시행사의 신용등급이 적격등급 이상일 것

090 다음 중 실사보고서에 작성되어야 하는 것은?

① 추정손익에 관한 사항
② 공사시공 등 외부용역에 관한 사항
③ 건축계획 등이 포함된 사업계획에 대한 사항
④ 담보권 설정 등 부동산과 관련된 권리의무관계에 관한 사항

091 **부동산개발회사 발행증권에 투자하는 증권형부동산펀드에 대한 설명 중 가장 거리가 먼 것은?**

① 특정한 부동산을 개발하기 위하여 존속기간을 정하여 설립된 회사(부동산개발회사)가 발행한 증권에 투자하는 부동산펀드이다.

② 대형 부동산개발을 목적으로 설립된 집합투자업자가 발행한 주식, 채권에 투자하는 부동산펀드가 있다.

③ 프로젝트금융투자회사가 시행하는 개발사업에 따른 사업수익 또는 이자수익을 취하는 것을 목적으로 한다.

④ 향후 대형 부동산개발사업이 확대되는 경우에는 해당 부동산펀드의 활성화가 가능하다.

092 **다음 중 임대형펀드가 일정률 이상의 임대수익 향상을 가져올 수 있는 계약방식으로 볼 수 없는 것은?**

① 수입비례 임대론
② 주기적인 임대료 인상
③ 상가임대차 보호법의 준수
④ 임차인들의 지출비 부담

093 **부동산 관련 신탁수익권에 투자하는 권리형부동산펀드에 대한 설명 중 가장 거리가 먼 것은?**

① 과거에는 시행사가 가지는 금전채권을 신탁회사에 신탁하고 받은 신탁수익권에 투자하는 부동산펀드이다.

② 시행사 또는 시공사가 소유하고 있거나 개발하고 있는 미분양아파트 중 일정한 요건을 갖춘 미분양아파트를 부동산신탁사에 관리, 처분신탁 받은 신탁수익권을 분양가 대비 일정 수준 할인된 가격에 취득하는 구조의 준부동산펀드 성격의 특별자산펀드도 개발된 바가 있다.

③ 실물이 아닌 신탁수익권에 투자하는 것이기 때문에 취득세, 등록세나 양도소득세 등 세금부담이 없는 것이 특징이다.

④ 자본시장법에서는 시행사에 대한 금전채권 또는 미분양아파트와 관련된 신탁수익권에 투자하는 간접투자 법상의 준부동산펀드 성격의 특별자산 펀드를 부동산펀드의 하나로 흡수한다.

094 **경공매형부동산펀드에 대한 설명 중 가장 거리가 먼 것은?**

① 초기 입찰 시 높은 가격으로 부동산 취득이 요구된다.
② 투자자산의 가치평가는 전문인력에 의한 투자자산의 시장성, 수익성, 환금성 등의 종합적인 판단이 필요하다.
③ 부동산펀드의 수익률은 투자자산의 보유로 발생하는 임대수익과 매각 시 발생하는 시세차익을 근거로 수익률이 결정된다.
④ 자산가치를 지나치게 높게 판단하여 입찰가격을 높게 설정하면 임대수익의 하락과 재매각 시 가격하락에 따른 수익률이 저하된다.

095 **대출형부동산펀드의 특징이 아닌 것은?**

① 부외금융(Off-Balance Financing)이다.
② 자본집약적인 프로젝트가 대부분으로서 투자된 자금을 회수하기까지 상당한 기간이 요구된다.
③ 항상 환매가 가능하다.
④ 규모면에서 계획의 단계에서 건설 및 운영의 단계에 이르기까지 매우 크고 방대하다.

096 **다음 표에 알맞은 성격의 펀드는?**

> 펀드 투자자로부터 펀드자금을 모집하기 이전에 사전적으로 펀드의 투자대상자산 또는 투자행위를 특정하고 펀드자금을 모집한 후에 사전에 특정된 투자행위를 하는 펀드

① Blind형 ② Designated형
③ Active형 ④ Passive형

097 **리스크 인자의 중요도를 파악하여 대안설정과 전략수립 가능 여부를 판단하는 단계는?**

① 리스크식별
② 리스크분류
③ 리스크분석
④ 리스크대응

098 **임대형부동산펀드의 청산단계 시의 매각위험이 아닌 것은?**

① 부동산의 수익이 낮아져 자산의 평가가 낮아진다.
② 부동산시장에 비우호적인 환경이 형성된다.
③ 펀드의 환금성 확보에 어려움이 있다.
④ 임대 계약만료 전 신규 임차인에 대한 임대 마케팅의 어려움이 있다.

099 **부동산 경기에 관한 다음 설명 중 옳은 것은?**

① 일반적으로 부동산 경기는 부동산 유형과 지역에서 동시에 같은 국면으로 진행하는 경향이 있다.
② 부동산 경기 후퇴국면에서는 매수자보다 매도자를 중시하게 된다.
③ 방학동안 대학가 원룸의 공실이 늘어나는 것은 무작위적 변동에 해당한다.
④ 경제주체들이 모두 부동산 가격상승에 대한 기대를 갖고 있다면 부동산 가격이 급등할 수 있다.

100 **자산시장으로서의 부동산시장에 대한 설명 중 가장 거리가 먼 것은?**

① 시장요구자본 환원율은 자산시장의 거래지표이다.
② 금리가 하락하고, 다른 투자자산의 예상수익률이 낮아지면 부동산의 자산시장요구자본 환원율도 낮아진다.
③ 현금흐름과 시장요구수익률을 통해서 자산의 시장가치를 추정하는 것을 부동산 감정평가의 세 가지 방식의 하나인 소득접근법 중에서 비교법이라 한다.
④ 공간시장의 임대료와 점유율에 따라 자산시장의 현금흐름이 결정된다.

01	②	02	②	03	④	04	②	05	②
06	②	07	③	08	④	09	④	10	①
11	②	12	②	13	③	14	①	15	①
16	③	17	②	18	③	19	②	20	③
21	④	22	③	23	④	24	③	25	②
26	②	27	④	28	②	29	②	30	①
31	②	32	①	33	②	34	②	35	①
36	③	37	③	38	④	39	②	40	④
41	①	42	①	43	④	44	④	45	②
46	④	47	④	48	②	49	④	50	②
51	②	52	①	53	②	54	②	55	③
56	④	57	④	58	③	59	③	60	④
61	④	62	②	63	②	64	①	65	④
66	④	67	①	68	④	69	③	70	③
71	③	72	②	73	④	74	③	75	①
76	③	77	③	78	①	79	③	80	④
81	③	82	④	83	④	84	①	85	②
86	②	87	②	88	①	89	④	90	④
91	②	92	③	93	①	94	①	95	③
96	②	97	③	98	④	99	④	100	③

001 정답 ②

투자성이 가장 특징적인 것이다. 투자성은 원본이 손실을 볼 수 있는 경우를 의미한다.

금융투자상품의 조건
- 이익을 얻거나 손실을 회피할 목적이 있다.
- 현재 또는 장래의 특정시점에 금전, 그 밖의 재산적 가치가 있는 것을 지급하기로 한다.
- 금전 등의 지급시점이 현재이면 증권으로 구분한다.
- 금전 등의 지급시점이 장래의 특정시점이면 파생상품으로 구분한다.
- '투자성'이 전통적인 예금상품과 구분된다.
- '투자성'이 보험상품과 구분된다.

002 정답 ②

발행가액은 기준가격으로 발행한다.

투자신탁 수익증권
- 신탁업자의 확인을 받아 집합투자업자가 발행
- 수익증권 발행가액 전액이 납입된 경우 신탁업자의 확인을 받아 수익증권 발행
- 원칙적으로 금전을 납입이나 사모투자신탁의 경우 수익자 전원의 동의하에 실물자산으로 납입 가능
- 무액면, 기명식으로 발행

003 정답 ④

재산상 이익을 제공하거나 제공받는 행위는 불건전영업행위로 금지사항이다.

004 정답 ②

동일고객이라도 투자예정기간 및 투자자금 등의 성격이 다를 수 있으므로 펀드별로 투자목적 등의 확인이 필요하다.

005 정답 ②

투기원금의 손실가능성과 보수와 수수료 등의 각종 비용이 직접 투자에 비해 크다.

006 정답 ②

전체 집합투자기구로 동일법인 발행 지분증권 총수의 20% 초과투자는 금지한다.

007 정답 ③

① 법적 형태에 따른 분류
② 투자자 모집방식에 따른 분류
④ 설립 국가에 따른 분류

008 정답 ④

신탁업자는 ①, ②, ③을 비롯하여 집합투자업자의 운용지시에 대한 법률 위반 여부 감시, 집합투자업자가 작성한 투자설명서, 자산평가, 기준가격 산정이 적정한지 확인한다.

집합투자업자의 업무
- 투자신탁의 설정 · 해지
- 투자신탁재산의 투자 · 운용
- 수익증권의 발행

009 정답 ④

설명의무와 적합성 원칙 등은 일반투자자에게만 적용되고 전문투자자에게는 적용되지 않는다. ①, ②, ③을 비롯하여 금융투자상품 잔고가 100억 이상인 법인 · 단체가 전문투자자에 해당된다.

010 정답 ①

② 시가총액비중까지 투자 가능
③ 100%까지 투자 가능
④ 30%까지 투자 가능

011 정답 ②

①, ③, ④를 비롯하여 공모 · 개방형펀드를 설정하고 1년이 지난 후 1개월간 계속하여 투자신탁의 원본액이 50억원에 달하는 경우 임의해지가 가능하다. 수익자의 총수가 1인이 되는 경우는 법정해지한다.

012 정답②

최근 사업연도 말 현재의 운용자산규모가 1조원 이상인 경우가 해당된다.

013 정답 ③

일반사무관리회사는 투자회사 운영에 관한 업무, 투자회사의 주식의 발행 및 명의개서, 투자회사재산의 계산, 법령 또는 정관에 의한 통지 및 공고, 이사회 또는 주주총회의 소집 및 운용에 관한 사무, 기타 투자회사로부터 위탁받은 사무를 행한다.

014 정답 ①

종류형펀드, 전환형펀드, 모자형펀드, 환매금지형펀드, 상장지수형펀드가 특수한 형태에 포함된다.

015 정답 ①

기업구조조정 투자회사는 기업구조조정 투자회사 법의 적용을 받는다.

016 정답 ③

사모펀드는 성과보수가 인정되며, 공모펀드도 일정한 요건하에서는 성과보수가 가능하다.

017 정답 ②

- **집합투자기구** : 투자유한회사
- **집합투자기구 당사자 등** : 사원, 사원총회, 이사[법인이

사(집합투자업자) 1인]
• **집합투자재산 운용주체** : 법인이사인, 집합투자업자

018 **정답 ③**

자산총액의 20%를 초과하여 시장성 없는 자산에 투자하는 경우에는 폐쇄형이 가능하다.

019 **정답 ②**

집합투자업자 또는 투자회사는 투자설명서의 작성 시에 투자자가 이해하기 쉽게 작성해야 한다.

020 **정답 ③**

Class의 수의 제한을 받지 않고 설정, 설립이 가능하다.

종류형집합투자기구(Class 펀드)
• 소형의 많은 집합투자기구의 대형화 유도
• 규모의 경제 달성
• 주요내용
㉠ Class의 수에는 제한이 없다.
㉡ 비종류형에서 종류형으로 전환 가능하다.
㉢ 종류형 내에서도 전환이 가능하도록 기능을 추가할 수 있다.

021 **정답 ④**

주식형은 60% 이상 주식에 투자하여야 한다.

022 **정답 ③**

투자합자회사형이나 PEF(사모투자 전문회사)는 무한책임 및 유한책임사원으로 구성되어 있다.

023 **정답 ④**

현재까지는 양도 불가능한 보험청구권은 특별자산으로 적용되지 않는다.

024 **정답 ③**

① **위탁자** : 타인에게 자신의 재산을 맡기고 신탁을 설정
② **수탁자** : 위탁자와 신탁계약을 통해서 위탁자로부터 재산을 넘겨받아 관리 및 운용
④ **신탁재산관리인** : 수탁자의 임무가 종료되거나 수탁자와 수익자 간의 이해가 상반되어 수탁자가 신탁사무를 수행하는 것이 적절하지 아니한 경우 법원이 이해관계인의 청구에 의해 수탁자에 갈음하여 선임하는 신탁재산관리자

025 **정답 ②**

신탁재산에 속하는 채권과 신탁재산에 속하지 않는 채무는 상계할 수 없다.

026 **정답 ②**

① 부동산신탁
③ 종합재산신탁
④ 채권금전신탁

027 **정답 ④**

투자유한책임회사에 대한 설명이다. 회사의 주주들이 채권자에 대하여 자기의 투자액의 한도 내에서 법적인 책임을 부담하는 회사이다.

028 **정답 ②**

인덱스펀드는 시장 전체를 투자하여 시장수익률과 동일한 수익률을 실현하는 것을 목표로 하고 있기 때문에 개별 종목투자 리스크를 피하기에 유리하다.

029 **정답 ②**

자본시장법은 특별자산펀드에서 투자할 수 있는 특별자산을 포괄주의로 규정하고 있다.

030 정답 ①

중도에 현금흐름이 없는 할인채의 듀레이션은 만기와 같다.

듀레이션의 특징
- 중도에 현금흐름이 없는 할인채의 듀레이션은 만기와 같다.
- 채권의 만기가 짧을수록 듀레이션이 짧다.
- 채권의 수익률이 높을수록 듀레이션이 짧다.
- 쿠폰 이자율이 높을수록 듀레이션이 짧다.
- 이자지급 횟수가 많을수록 듀레이션이 짧다.

031 정답 ②

$\Delta P/P$(채권가격 변동률) $= \{(-)D/(1+r)\} \times \Delta r$
$= \{(-)2.2/(1+0.1)\} \times 0.01$
$= (-)0.02$

032 정답 ①

소극적 투자운용은 증권시장이 효율적인 것을 전제로 한다.

033 정답 ②

국내외 경제환경의 변화는 총체적인 관점에서 고려할 대상이고 구체적으로 고려할 요소로 볼 수 없다.

034 정답 ②

기하평균 수익률을 산출하면 0%이다. 100을 투자한 후 100% 수익이면 200이 되고 그 다음 (−)50%이면 다시 100이 되어 수익률은 0%가 된다.

035 정답 ①

샤프지수는 위험도의 고려 시 표준편차를 사용한다.

$$\text{샤프지수} = \frac{\text{포트폴리오 평균수익률} - \text{무위험평균이자율}}{\text{포트폴리오 수익률의 표준편차}}$$

036 정답 ③

시장예측이란 시장의 흐름을 예측하여 저점에 매수하고 고점에 매도하는 전략으로 시장이 강세일 때는 민감도가 높은 종목을, 시장이 약세일 때는 민감도가 낮은 종목을 편입한다.

037 정답 ③

① 트레이너 비율
② 젠센의 알파
④ 정보 비율

038 정답 ④

환매수수료 부과기간 이후에 출금하는 경우, 전환형펀드와 외국펀드의 경우에는 대체로 징수하지 않는다.

환매수수료
- 환매청구로 인한 펀드재산의 운용상의 제한과 펀드에 대한 단기투자를 막기 위한 벌칙성 수수료
- **부과기준** : 환매금액 혹은 이익금
- **납부자** : 투자자
- **환매수수료의 귀속** : 집합투자재산에 귀속

039 정답 ②

저축기간종료 이후에도 저축금이 인출이 없는 경우는 인출청구 시까지 저축기간이 연장된다.

040 정답 ④

상환금 및 이익분배금의 시효는 5년이다.

상환금
- 이익분배금을 제외한 원본 해당금액
- 상환금 및 이익분배금의 시효는 5년이다.
- 운용실적이 나쁘거나 기준가격이 하락한 경우 원본에 미달할 수 있다.
- 집합투자업자는 신탁업자로 하여금 판매회사를 경

유하여 수익자에게 지급
• 자산의 매각지연 등으로 상환금지급이 지연되는 경우 한국예탁 결제원을 통해서 수익자에게 통지

041 정답 ①

주식 50% 이상 펀드의 3시 이전 환매신청 시 기준가격 적용일은 T+1일이다.

042 정답 ①

집합투자업자는 투자신탁재산의 운용에 따라 발생한 이익금을 투자신탁회계기간 종료일 익영업일에 배분한다.

043 정답 ④

목표식은 목표금액을 정해서 수시로 저축한다.

수익증권저축의 종류

구분			저축방식
임의식			저축기간과 저축금액을 정하지 않고 임의로 저축함
목적식	거치식		일정금액을 일정기간 저축함
	적립식	정액	일정기간 정액으로 저축함
		자유	일정기간 자유롭게 저축함
	목표식		목표금액을 정해서 수시로 저축함

044 정답 ④

주가연동예금(ELD)에서 발생하는 이자는 이자소득이다. 참고로 주식워런트증권(ELW)의 권리행사로 인한 소득은 이자소득이나 배당소득 등에 해당하지 않는다.

045 정답 ②

① 금전 등을 납입한 후 최초로 산정되는 기준가격 적용
③ 집합투자기구의 최초 설정 · 설립일에 공고되는 기준가격 적용
④ 환매 후 15일 이내에 집합투자규약에서 정하는 판매회사의 효력이 발생하는 날에 공고되는 기준가격 적용

046 정답 ④

집합투자재산의 연평균가액의 1%를 한도로 한다.

047 정답 ④

① 입금산식(평가금액)
② 입금산식(좌수환산 수납 시)
③ 입금산식(좌수환산 지급 시)

048 정답 ②

투자경험이 풍부한 고객에게도 설명해야 한다.

049 정답 ④

④의 경우는 Front Running(선행매매)으로 불공정거래에 해당한다.

050 정답 ②

조정신청접수 후 30일 이내에 당사자 간의 합의가 이루어지지 않으면 조정위원회에 회부한다.

051 정답 ②

전문지식은 이론과 실무 양 부분 모두에 걸쳐 요구되고 이는 부단한 학습과 공부에 의해서만 향상될 수 있다.

052 정답 ①

Chinese Wall에 대한 설명이다.

053 정답 ②

적정성의 원칙은 파생상품 등과 같이 위험성이 특히 큰 금융투자상품을 판매하는 경우에는 투자자보호를 위하여 각별한 주의를 기울여야 하고, 해당 파생상품 등이 그 투자자에게 적정하지 아니하다고 판단되는 경우에는 그 사실을 알리는 등의 적절한 조치를 취해야 함을 뜻한다.

054 정답 ②

① **장부외거래기록** : 5년
② **주주총회 또는 이사회 결의 관련 자료** : 10년
③ **내부통제기준, 위험관리 등 준법감시 관련 자료** : 5년
④ **주요사항보고서에 기재해야 하는 사항에 관한 자료** : 5년

055 정답 ③

금융투자분석사가 소속회사에서 조사분석 자료를 공표한 금융투자상품을 매매하는 경우 공표 후 24시간이 경과해야 하며, 해당 금융투자상품이 공표일로부터 7일이 경과하지 아니한 때에는 공표내용과 같은 방향으로 매매하여야 한다.

056 정답 ④

준법감시인은 이사회 및 대표이사의 지휘를 받아 그 업무를 수행하며 대표이사와 감사에 아무런 제한 없이 보고할 수 있다.

057 정답 ④

동의를 거부할 권리가 있다는 사실 및 거부에 따른 불이익이 있는 경우에는 그 불이익의 내용을 알려야 한다. 또한 개인정보를 제공받는 자의 개인정보 보유 및 이용기간에 대해서도 알려야 한다.

058 정답 ③

10% 초과 시 위험지표를 홈페이지 등에 공시해야 한다.

059 정답 ③

최대손실금액(VaR)은 10영업일의 보유기간을 기준으로 일일단위 측정한다.

- 10영업일간 및 99%의 신뢰구간을 기준으로 매일 측정할 것
- 1년 이상의 자료를 기초로 시장상황에 따라 최소 3 개월에 1회 이상 수정하고, 중대한 변동 시에는 기간을 단축하여 수정
- 옵션의 경우는 간편법 및 델타 플러스법에 의거 산정

060 정답 ④

장외파생운용에 따른 위험관리방법을 작성하여 금융위원회에 신고한다. 장외파생상품에 투자하는 경우에는 위험관리방법을 작성하여 신탁업자의 확인을 받아 금융위원회에 신고해야 한다.

061 정답 ④

원화로 표시된 양도성 예금증서, 신탁법상의 관리형 신탁수익권, 상법상의 주식매수 선택권은 명시적으로 금융투자상품에 해당하지 않는 것으로 규정한다.

062 정답 ②

동일종목의 파생결합증권에 투자하는 경우 펀드자산 총액의 30%를 초과하여 투자할 수 없다.

063 정답 ②

3등급인 개인투자자는 원금보장형 파생결합증권, 원금보장형 파생상품 집합투자증권에 대한 투자만 가능하다.

064 정답 ①

옵션 매수 : 옵션가격 × 계약수

065 정답 ④

ELF는 집합투자업자가 운용하는 주가연계상품으로 원금보장이라는 표현은 금지되고 원금보존추구형으로 표현해야 한다.

066 정답 ④

기초자산이 일정수준에 도달하면 기존 손익구조가 사라지는 것을 낙아웃, 새로운 손익구조가 생기는 것을 낙인이라고 한다.

> **워런트 투자구조(Warrant)**
> - 워런트는 신주인수권이라는 용어로서 옵션의 구조와 유사하다.
> - 워런트의 가격을 프리미엄이라 하고 투자 시 레버리지 효과가 있다.
> - 원금보존형펀드를 만들기 위해 펀드자산의 대부분을 채권에 투자하고 남은 금액으로 워런트에 투자한다.

067 정답 ①

낙인, 낙아웃 옵션은 일반적인 옵션보다 가격이 저렴하다.

068 정답 ④

다우존스 관련 여러 가지 지수 중 대표적인 원자재 지수는 다우존스 UBS원자재 지수이다. 다우존스 산업지수는 우량주만으로 이루어진 미국의 대표적인 증권지수이다.

069 정답 ③

멀티에셋펀드는 적은 투자자금으로 다양한 자산에 분산투자가 가능하며 구조가 복잡한 경우가 많다.

> **멀티에셋**
> - 자산배분 시 주식, 채권, 상품을 포함하여 부동산 지수에 투자도 가능하다.
> - 멀티에셋의 경우 분산투자 효과가 있고 자산 상호간의 상관관계를 이용한 자산배분이 가능하다.
> - 각 자산 간의 변동의 헤지기능 및 탄력성을 감안한 자산배분이 가능하다.

070 정답 ③

기초자산이 특정구간에 있을 때만 일정한 수익을 받고 그 밖의 구간에서는 수익이 없는 구조는 레인지형이라고 한다.

071 정답 ③

Range Accrual구조는 만기일의 금리가 아니라 매일매일의 조건 달성여부가 쿠폰으로 축적되는 구조이다.

072 정답 ②

신탁사와 판매사가 일치해야 할 필요는 없다.

073 정답 ④

CPPI(Constant Proportion Portfolio Insurance)에 대한 설명이다.

074 정답 ③

운용사가 가격의 적정성을 평가하여 투자제안서를 작성하여 판매사에 제안한다.

075 정답 ①

파생상품펀드는 비선형적 수익구조를 가지고 있어 선형적 구조를 가진 상품보다 위험을 경감시킬 수 있다.

076 정답 ③

구조화펀드에서는 수익구조와 함께 발행사 신용도가 중요하다.

077 정답 ③

고정금리 운용과 고정금리 지급은 상호 상쇄되고 변동금리수취만 남게 되므로, 자금을 변동금리로 운용하는 결과가 된다.

078 정답 ①

가격을 미리 정해 놓음으로써 위험회피효과를 거둘 수 있다.

079 정답 ③

① 매수헤지
② 매도헤지
③ 베이시스
④ 헤지비율

080 정답 ④

① 콜옵션 매수의 만기 순수익구조
② 콜옵션 매도의 만기 순수익구조
③ 풋옵션 매수의 만기 순수익구조
④ 풋옵션 매도의 만기 순수익구조

081 정답 ③

① 프리미엄이 비싼 옵션 한 계약 매도와 프리미엄이 싼 옵션 두 계약을 매수
② 프리미엄이 비싼 한 계약을 매도하고 프리미엄이 상대적으로 싼 두 계약을 매수
④ 프리미엄이 비싼 한 계약을 매수하고 프리미엄이 상대적으로 싼 두 계약을 매도

082 정답 ④

베가는 변동성 계수의 증가에 따른 옵션 프리미엄의 증가분을 나타내는 지표이다. 금리의 변화에 다른 옵션의 프리미엄의 민감도를 나타내는 지표는 로이다.

083 정답 ④

준거자산 신용과 거래상대방 신용 간의 상관관계가 낮을수록 프리미엄이 높아진다.

084 정답 ①

② 수익이 둘 이상의 기초자산의 가격 중에서 가장 높은 가격(가장 낮은 가격)에 의해서 결정
③ 수익금이 두 기초자산 가격 차이에 의해서 결정
④ 무지개옵션과 동일한 방식에서 수익금이 옵션의 기초자산 가격들의 가중평균에 의해 결정

085 정답 ②

차입이 가능한 곳은 다른 펀드를 포함하여 금융기관, 국가기금법에 의한 기금 등이다.

086 정답 ②

공모부동산펀드에서 파생상품에 투자하는 것은 운용 금지 사항이다.

087 정답 ②

대여금의 한도는 펀드의 자산총액에서 부채총액을 뺀 가격의 100/100이다.

088 정답 ①

집합투자업자는 부동산펀드의 재산을 시가에 따라 평가하되, 평가일 현재 신뢰할 만한 시가가 없는 경우에는 공정가액으로 평가하여야 한다.

089 정답 ④

대출진행 요건에 차주(시행사)에 대한 신용등급 평가기준은 없다.

090 정답 ④

①, ②, ③은 집합투자업자가 펀드재산으로 부동산개발사업에 투자하고자 하는 경우 작성하는 사업계획서에 포함시켜야 하는 내용이다.

091 정답 ②

대형 부동산개발(도시환경정비사업, 도심역세권개 발사업, 대형리조트개발사업, 대형복합개발사업 등)을 목적으로 설립된 프로젝트금융투자회사(Project Financing Vehicle)가 발행한 주식, 채권에 투자하는 부동산펀드가 있다.

092 정답 ③

①, ②, ④는 임대료의 향상을 가지고 올 수 있는 계약방식이지만 상가임대차보호법의 준수는 매년 일정률 이상 임대료를 인상시키지 못하므로 임대수익의 향상을 가져올 수 없다.

093 정답 ①

과거에는 금융기관 등이 시행사에 대해 가지는 금전채권(대출채권)을 신탁회사에 신탁하고 받은 신탁수익권에 투자하는 일종의 준부동산펀드의 성격이다.

094 정답 ①

초기 입찰 시 낮은 가격으로 부동산 취득이 요구된다.

095 정답 ③

대출형부동산펀드는 일정기간 이상 환매가 제한된다.

096 정답 ②

사전 지정형 펀드인 Designated형이다. Blind형은 사전 불특정형 펀드이다.

097 정답 ③

리스크 분석단계이다.

098 정답 ④

임대 계약만료 전 신규 임차인에 대한 임대 마케팅의 어려움은 관리단계의 위험이다.

099 정답 ④

① 부동산 경기는 부동산의 특성으로 인하여 지역적이고, 개별적 성격이 강하다.
② 부동산 경기는 후퇴국면에서는 매도자 중시에서 매수자 중시로 변화하게 된다.
③ 방학기간 동안 대학가 원룸의 공실이 증가하는 것은 계절에 따른 순환적 변동이다.

100 정답 ③

현금흐름과 시장요구수익률을 통해서 자산의 시장가치를 추정하는 것을 부동산 감정평가의 세 가지 방식의 하나인 소득접근법 중에서 직접 환원법이라 한다.